雞冠壺

歷史考古劄記

劉未 著

上海古籍出版社

圖書在版編目（CIP）數據

鷄冠壺：歷史考古劄記/劉未著．—上海：上海古籍出版社，2019.12
ISBN 978-7-5325-9444-3

Ⅰ.①鷄… Ⅱ.①劉… Ⅲ.①考古學—中國—文集 Ⅳ.①K870.4-53

中國版本圖書館CIP數據核字（2019）第272050號

鷄冠壺：歷史考古劄記

劉　未　著

上海古籍出版社出版發行

（上海瑞金二路272號　郵政編碼200020）

（1）網址：www.guji.com.cn
（2）E-mail：guji1@guji.com.cn
（3）易文網網址：www.ewen.co

上海麗佳製版印刷有限公司印刷

開本 710×1000　1/16　印張 30.75　插頁 4　字數 437,000
2019年12月第1版　2019年12月第1次印刷
ISBN 978-7-5325-9444-3
K·2749　定價：128.00元

如有質量問題，請與承印公司聯繫

劉 未

男，1979年生，遼寧遼陽人。北京大學考古文博學院暨中國考古學研究中心副教授，主要從事宋元考古教學和研究。出版《遼代墓葬的考古學研究》專著一部，發表《宋代皇陵佈局與五音姓利說》、《蒙元創建城市的形制與規劃》、《中國東南沿海及東南亞地區沉船所見宋元貿易陶瓷》等論文近三十篇。

目 次

讀城

3　築城之制
7　馬面
10　坊門與柵門
15　金墉城與李密城
21　開封宋門
26　高頭街
29　鎮州子城
35　料敵塔與定州城
40　寶馬城
46　廣佑寺
56　吳越杭州城
61　杭城堪輿
66　晚清杭城圖
74　宋紹興城圖
81　蘭溪城
86　唐氏墓與嘉定城
93　嘉興砌街記
98　成都砌街記
102　一字城與雁翅城
109　夔州城
112　江邊城外
115　蘄州城
121　徽州城磚
125　高麗開城堪輿
129　石城與七丘

說墓

137　孫王墓
141　裴祇墓
146　長子位
150　墓之明堂
154　溫韜發陵
160　德妃墓
164　蕭貴妃墓
168　擇葬吉日
171　妻妾祔葬
182　入墓神殺
187　券函與告匣
192　山門闕角
196　東龍觀
201　四明火葬
204　風車口
211　楊墳
217　白鶴翁墓
221　趙雄墓
224　道士洑呂氏墓
230　蒙古秘葬
234　回回送終
238　明蜀王墓
243　王祥墓
248　何源墓
253　靈屋

談物

- 261　董昌器
- 264　趙李青瓷
- 268　揚州鏡
- 272　乾德四年鏡
- 275　太廟祭器
- 279　定器制度
- 282　寺龍口
- 287　餘姚秘色
- 290　板橋鎮
- 294　韓瓶
- 297　建盞
- 301　內府瓷瓶
- 304　窯變
- 307　牌印隨葬
- 311　從物
- 318　澄泥硯
- 322　綦陽犁鏡
- 327　《永樂大典·順天府》
- 334　杭州金箔鋪
- 339　九老仙都君印
- 345　秋思曲與得意詩
- 348　寄寄老人
- 352　坫
- 357　王氏祭器
- 363　姜氏銅爐

語石

- 371　武氏祠
- 375　挸先塋記
- 380　揚州贊賢坊
- 385　李琬石堂
- 393　賈府君墓
- 397　蔡家勑
- 402　三明寺碑
- 406　一墓兩誌
- 409　張澄石棺銘
- 413　何懷保地券
- 415　玉女地券
- 420　張寧鎮墓文
- 423　酆都山真形圖
- 429　酆都羅山真形
- 433　石若爛，人來換
- 437　金元墓儀石刻
- 440　宋碑仿漢
- 445　浙西安撫司殘碑
- 450　昭惠靈顯真君
- 455　天地日月國王父母
- 458　天運紀年
- 464　列子御風
- 471　小關管
- 475　倪瓚像
- 481　泰和寫真

- 486　致謝
- 487　後記

讀城

築城之制
馬面
坊門與柵門
金墉城與李密城
開封宋門
高頭街
鎮州子城
料敵塔與定州城
寶馬城
廣佑寺
吳越杭州城
杭城堪輿
晚清杭城圖

宋紹興城圖
蘭溪城
唐氏墓與嘉定城
嘉興砌街記
成都砌街記
一字城與雁翅城
夔州城
江邊城外
蘄州城
徽州城磚
高麗開城堪輿
石城與七丘

築城之制

宋代築城之制官方規定見諸《營造法式·壕寨制度》[1]："每高四十尺，則厚加高二十尺，其上斜收減高之半。若高增一尺，則其下厚亦加一尺，其上斜收亦減高之半；或高減者亦如之。城基開地深五尺，其厚隨城之厚。"即寬高三比二，收分一比四。熙寧八年至元豐元年（1075—1078）開封重修外城，"橫度之基五丈九尺，高度之四丈，而埤堄七尺"[2]，數值與稍後法式規制大體吻合。靖康元年（1126）同州增修舊城，"其高率四丈，下闊六丈，而上三之一"[3]，寬高比例亦如之，唯上闊疑當做"減三之一"。

《嘉泰會稽志》城郭條首錄一段築城之法，曰："城身高四丈，城闊五丈，上斂二丈。若城身高三丈五尺，則址闊四丈三尺七寸，上斂一丈七尺。"其下又詳列築瓮城、鑿城壕、築羊馬城、置馬面、敵樓、女墻、樓櫓之法。復云："此其名數之大略也，並塞控厄之地，人人習知。故其築城也，易爲力而堅致可守。內地既非臨邊，又郡邑安固，無寇盜之虞者，久雖興版築，或出草創。故略書梗概，欲在官者知城池之不可忽如此。"又夾行小字注云："劉忠顯以其久在兵間，身履西陲要害之地，至於城壁制度，尤其所悉。故在會稽修葺郡城，雖用功不多，而寇至可以無恐。使他人爲之，雖有才智，亦未必能也。"[4] 劉忠顯即劉韐，"宣和二年（1120）二月以大中大夫充徽猷閣待制知，四年（1122）五月召赴闕"[5]。其間方臘反，陷杭犯越，韐治城練兵却之。此前曾任職熙州，故熟知邊事[6]。其法寬高五比四，收分亦一比四，這一比例又見載於《淳熙三山志》所記福州城。其子城，熙寧二年（1069）就舊基修築，"厚五尋，而稍其半，崇得

讀城　3

五之四"[7]。其外城，宣和三年（1121）欲依元豐法式創建，"諸司以元豐法，邊城高二丈，廣加四之一，殺其半爲上之廣。……今打量外城長三千三百七丈，高二丈，底闊二丈五尺，上收一丈"[8]。所謂元豐法，應即《元豐城隍制度法式》，北宋晚期州城修築，屢以爲據[9]。

《武經總要》前集守城條亦有築城之法："平陸築城，下闊與上倍，其高又與下倍。假如城高五丈，則下闊二丈五尺，上闊一丈二尺五寸。""一說築城之法，每下闊

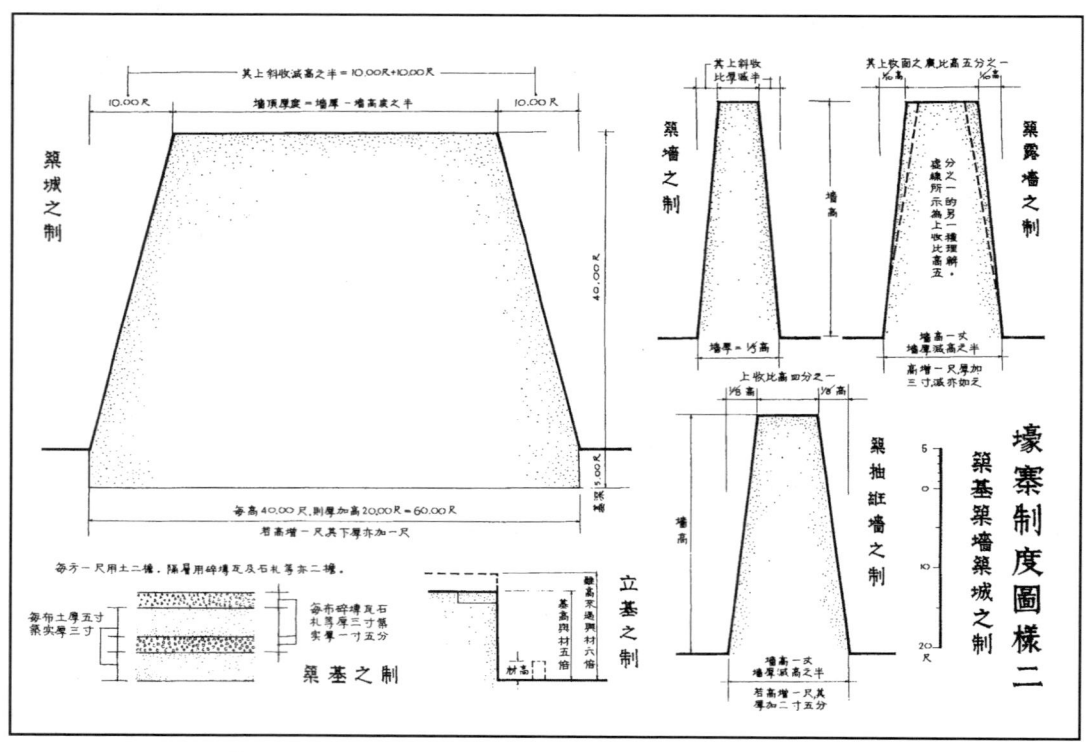

《營造法式》築城之制圖解[10]

一丈，上收四尺。凡城高五丈，底闊五丈，上收二丈，尤堅固矣。"[11] 前者寬高一比二，收分一比八，比例與《營造法式》所謂抽紝牆等同，過於峻狹，實襲自兵書[12]。後者寬高一比一，收分一比五，較元豐法式稍峻。建康城"上闊二丈五尺，下闊三丈五尺，高二丈五尺"[13]，收分與之相同。嘉定十年（1217），安慶府因金人進逼創建城壁，"自上至下各用磚厚二寸，除女牆外，城高二丈，自下而上，磚約百片。每片殺入八分，自下而上共殺八尺"[14]，收分則又倍之。

2016 年 8 月 28 日

1 李誡《營造法式》卷三《壕寨制度》城，上海：商務印書館影印陶氏仿宋刻本，1954 年，55 頁。

2 徐松《宋會要輯稿》方域一，上海：上海古籍出版社，2014 年，9278 頁。王應麟《玉海》卷一七四《宮室》元豐修都城記，京都：中文出版社影印合璧本，3301 頁。

3 唐重《同州修城記》，《新刊國朝二百家名賢文粹》卷一四六，《中華再造善本》影印中國國家圖書館藏宋慶元三年書隱齋刻本，葉一二。

4 沈作賓修、施宿等纂《嘉泰會稽志》卷一《城郭》，《宋元方志叢刊》影印清嘉慶十三年刻本，第 7 冊，北京：中華書局，1990 年，6723—6724 頁。

5 沈作賓修、施宿等撰《嘉泰會稽志》卷二《太守》，《宋元方志叢刊》影印清嘉慶十三年刻本，第 7 冊，北京：中華書局，1990 年，6756 頁。

6 王稱《東都事略》卷一一一《劉頜傳》，日本宮內廳書陵部藏宋眉山程舍人宅刻後修本，葉五。

7 梁克家《淳熙三山志》卷四《地里類》四《子城》，《宋元珍稀地方志叢刊》甲編第 5 冊，成都：四川大學出版社，2007 年，81 頁。

8 梁克家《淳熙三山志》卷四《地里類》四《外城》，《宋元珍稀地方志叢刊》甲編第 5 冊，成都：四川大學出版社，2007 年，88 頁。

9 李燾《續資治通鑑長編》卷四九八，北京：中華書局，1993 年，11854 頁。徐松《宋會要輯稿》方域八，上海：上海古籍出版社，2014 年，9431 頁。李新《進潼川府修城圖狀》，《跨鼇集》卷一三，《景印文淵閣四庫全書》第 1124 冊，臺北：臺灣商務印書館，1986 年，503 頁。

10 梁思成《營造法式注釋》,《梁思成全集》第 7 卷,北京:中國建築工業出版社,2001 年,370 頁。

11 曾公亮《武經總要》前集卷一二《守城》,明嘉靖三十九年刻本,葉二至三。

12 李筌《神機制敵太白陰經》卷五《築城篇》,清金山錢氏刻《守山閣叢書》本,葉一。杜佑《通典》卷一五二《兵》五《守拒法》,北京:中華書局,1988 年,3893 頁。許洞《虎鈐經》卷六《築城》,清南海伍氏刻《粵雅堂叢書》本,葉六。

13 周應合《景定建康志》卷二〇《城闕志》一《今城郭》,《宋元珍稀地方志叢刊》甲編第 2 冊,成都:四川大學出版社,2007 年,948 頁。

14 黃榦《申制置司行下安慶府催包砌城壁事》,《勉齋先生黃文肅公文集》卷三二,《宋集珍本叢刊》影印元刻本,第 68 冊,北京:綫裝書局,2004 年,674 頁。

馬　面

北宋沈括《夢溪筆談》論城防之事云[1]：

> 延州故豐林縣城，赫連勃勃所築，至今謂之赫連城，緊密如石，劚之皆火出。其城不甚厚，但馬面極長且密，予親使人步之，馬面皆長四丈，相去六七丈。以其馬面密，則城不須太厚，人力亦難攻也。予曾親見攻城，若馬面長則可反射城下攻者，兼密則矢石相及，敵人至城下則四面矢石臨之。須使敵人不能到城下，乃爲良法。今邊城雖厚，而馬面極短且疏，若敵人可到城下，則城雖厚，終爲危道。其間更多刓其角，謂之團敵，此尤無益。全藉倚樓角以發矢石，以覆護城脚。但使敵人備處多，則自不可存立。赫連之城，深可爲法也。

括以元豐三年至五年間（1080—1082）知延州[2]，此前熙寧八年（1075）兼判軍器監時曾"上所編《敵樓馬面團敵法式》及申明條約並《修城女墻法式》，詔行之"[3]，即《直齋書錄解題》所收《修城法式條約》二卷[4]，故其對城防規制有獨到見解。

關於馬面間距，文獻記載頗有差異。孟元老《東京夢華錄》記開封"新城每百步設馬面、戰棚"[5]；陳規《守城錄》則云"馬面，舊制六十步立一座，跳出城外不減二丈，闊狹隨地利不定，兩邊直覷城脚"[6]；《宋會要輯稿》言定州"所有馬面相去五十餘步去處，委是稍稀，如因今有摧塌，即將稍稀去處依《元豐城隍制度》添置"[7]；《嘉泰會稽志》錄劉韐築城之法又定"大城上每三十步置馬面、敵樓各一座"[8]。經勘查，金西京路界壕內諸邊城馬面間距通常在四十至五十步左右，可與宋制比照。

　　宋元故城或已荒廢崩圮，或經後代改建，大多無復原貌，故馬面個體尺度難以確定，然形制普遍不甚狹長，大略可知。近見河北陽原遼建順聖縣城[9]，馬面特異，突出城外達十余米，頗與沈括所述赫連城相仿。不獨馬面如此，角臺亦然，唯作四十五度斜出，可如沈括所言"倚樓角以發矢石，以覆護城脚"。該城南門未設甕城，但兩側各有一座超長馬面向外凸出達二十米。《東京夢華錄》[10]、《靖康傳信錄》[11]稱開封外城汴河上下水門之外均設有拐子城，即水門兩翼各有馬面隔河相望者。金兵來攻時又將作爲拐子城之馬面拓長以加強防禦[12]。順聖城南門兩馬面結構及功能正與開封拐子城雷同。類似做法後代亦有沿襲，如明清保定城，其馬蹄形甕城向側面開門，之外近處即設一超長馬面予以捍蔽。

2016 年 9 月 4 日

1　沈括《夢溪筆談》卷一一《官政》一，北京：中華書局，2015 年，110 頁。豐林縣城在今延安市李家渠鎮周家灣村西北，參：國家文物局主編《中國文物地圖集·陝西分冊》，西安：西安地圖出版社，1998 年，763 頁。

2　李燾《續資治通鑑長編》卷三〇四、卷三三〇，北京：中華書局，1990 年，7411、7948 頁。

3　李燾《續資治通鑑長編》卷二六一，北京：中華書局，1990 年，6361 頁。

4　陳振孫《直齋書錄解題》卷七《法令類》，上海：上海古籍出版社，1987 年，226 頁。

5　孟元老《幽蘭居士東京夢華錄》卷一《東都外城》，《中華再造善本》影印中國國家圖書館藏元刻本，葉一。

6　陳規《守城錄》，《全宋筆記》第 9 編第 1 册，鄭州：大象出版社，2018 年，255 頁。

7 徐松《宋會要輯稿》方域八,上海:上海古籍出版社,2014年,9431頁。
8 沈作賓修,施宿等纂《嘉泰會稽志》卷一《城郭》,《宋元方志叢刊》影印清嘉慶十三年刻本,第7冊,北京:中華書局,1990年,6724頁。
9 順聖故城在今陽原縣東城鎮西小莊村東南。
10 孟元老《幽蘭居士東京夢華錄》卷一《東都外城》,《中華再造善本》影印中國國家圖書館藏元刻本,葉一。
11 李綱《靖康傳信錄》卷上,《全宋筆記》第3編第5冊,鄭州:大象出版社,2008年,14頁。
12 李孝聰《宋代開封的拐子城》,《史學月刊》1985年3期,26—28頁。

坊門與柵門

北宋大中祥符初（1008）路振使遼，見幽州"城中凡二十六坊，坊有門樓，大署其額，有罽賓、肅慎、盧龍等坊，並唐時舊坊名也。居民棋布，巷端直，列肆者百室"[1]。五年（1012）王曾使遼過燕京，亦稱"城中坊門皆有樓"[2]。又據應縣木塔所出遼太平五年（1025）刻《妙法蓮華經》題記，有"燕京檀州街顯忠坊門南頰住馮家印造"字樣[3]。遼南京城市佈局承唐幽州之舊，爲大小十字街形式，然據出土墓誌顯示，坊名已不限於推擬十六坊格局之數。則所謂坊門，當與隋唐長安洛陽坊墻四面當心所設者有別，爲街頭巷口安置之獨立建築。燕京顯忠坊當在南北向檀州街之西，坊門東向。

南宋乾道五年（1169）樓鑰使金，入定州南門而趨子城中山門，其間"過信利、鮮虞、高陽三坊，坊各有小樓"[4]。據定州城圖，子城處東街以北、南街以東位置，民國照片中正門尚存，榜曰"古中山國"[5]。則鑰所過三坊當在南街兩側巷口，形式與燕京相同。定州城規模奠定於唐，亦爲河北重鎮。其主幹街道丁字相交，與成德同而與范陽異。通常以爲，此類城市佈局興於北宋，其實不然。唐元和五年（810）春正月"河東、河中、振武、義武四軍爲恒州北面招討，會於定州。會望夜，軍吏以有外軍，請罷張燈。張茂昭曰：三鎮，官軍也，何謂外軍！命張燈，不禁行人，不閉里門，三夜如平日，亦無敢喧嘩者"[6]。又可證其時坊（里）門雖處橫巷之口，仍可依時態啓閉，晚唐實與宋金無別。

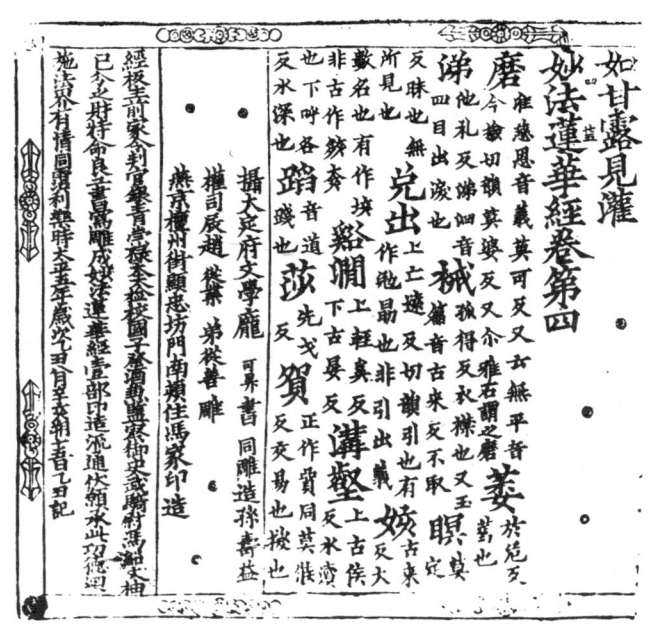

應縣木塔所出《妙法蓮華經》

宋元江浙城市文獻足徵，有關坊門之記錄不在少數。所謂"里有坊，坊有扁，所以識道里、視觀瞻也"[7]。或曰："唐人以在市爲坊，坊門縱閉，水涔瀼焉。然則唐之坊，古之閭也。其後植以雙木，結屋覆之，門不設而揭扁於上，爲美名以誌。"[8] 即多將坊門設立於城内主幹街道兩側巷口，其簡易形象可參見紹定二年（1229）刻石之《平江圖》碑[9]。

明代城市或設柵門。正德十一年（1516）兵部尚書王瓊奏疏涉京城捕盜事件，文曰[10]：

弘治元年（1488），百户王敏建言，要於京城内外小巷路口置立柵欄，夜間

讀城　11

關閉。本部會官計議，題準先於城内關廂試驗。令巡城御史督同兵馬司計算工程，先儘財主勸出銀兩，如法成造，果爲有益，城内另擬。後因兵馬司官奉行無法，一概科取，騷擾地方，又行禁止。其已修完柵欄，亦不如法，不久損壞。今照京城之内，大街小巷不止一處，巡捕官軍止有七百餘名，未免巡歷不周。一聞有盜，昏夜追趕，小街曲巷，輒被藏匿。合無除寬衝大路不必置立外，但係小街巷口，相應設門去處，各置立門柵，遇夜關閉。如遇追逐盜賊，不得委曲隱藏。本部仍委官一員，會同巡城御史督同兵馬司官，相視計議，如法修置。合用工料，勸倩本巷得過之家情願出辦，不許強逼科害，致生怨議。別有良法，具奏定奪。前件先年已行，未免騷擾地方，今不必舉行。

至正德十六年（1521），緣"京城内外多盜，或白晝肆劫。御史張欽上備盜六事：設柵門爲阻絕，聯什伍爲追逐，分官軍爲巡邏，立望樓爲防護，習武藝爲預備，立賞格爲勸懲。兵部議以爲便，從之"[11]。

嘉靖十三年（1534），大同兵變初平，禮部左侍郎黃綰奉旨撫賑。"綰疏言：大同街衢廣衍，故凶狡易於黌夜作惡。治亂於已著，不若防患於未萌。請於大小街衢各設門房、柵門，晨昏啓閉，堅其鍵鐍，委官不時督核，以消夜聚之奸。仍立十家牌法，挨門鱗次編爲保甲，各立長統之，令其互察奸慝，防禦外患，部覆綰奏實防奸易俗要務，宜悉如議。從之。"[12] 萬曆十年（1582）"杭州兵變，以才望簡張佳胤往撫。佳胤甫入境，而會城有市民之變。丁仕卿者，上虞流民也，久蓄奸謀，奮行保甲，藉建言號召市民，指恨鄉官爲名，嘯聚納喊，折更搜、柵門，焚劫鄉官宅舍，肆行標掠"[13]。

近古城市由封閉里坊轉爲開放街巷，已成學界共識。然則城市規劃與城市管理仍當分別討論，不宜混談。十字街形式規劃固然適應於里坊制管理體系，且京、府、州、縣等差分明，却可單立坊樓於巷口，"不禁行人，不閉里門"，呈開放之態。而縱街橫向形式規劃唐實已有之，亦無論南北，但凡時局緊張，僅需街側設置柵門，即可

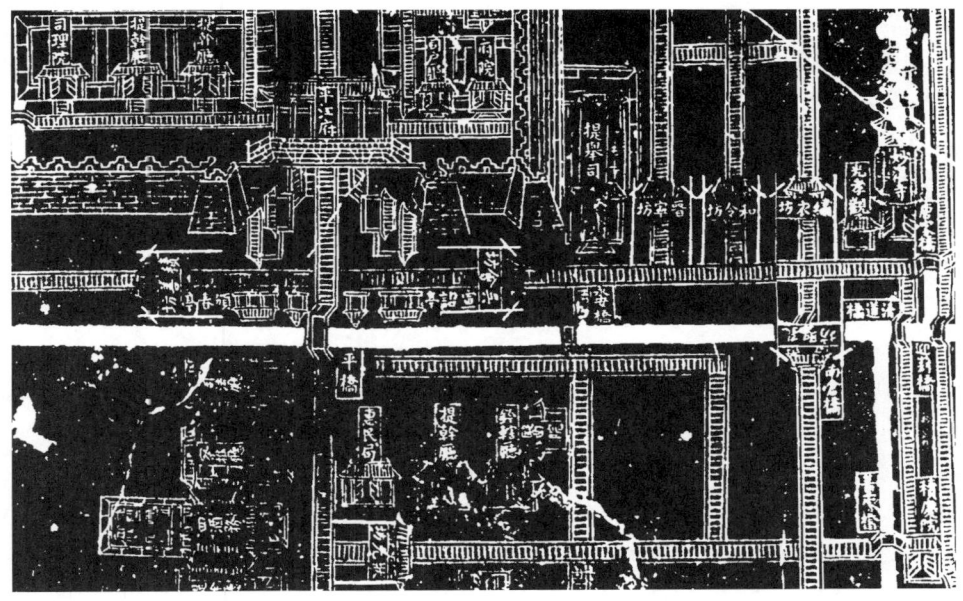

《平江圖》拓本局部

"晨昏啓閉,互察奸慝",行宵禁之實。考古者習以古今重疊理念復原城市佈局,自可得街巷之千載不易。惜乎城圖無言,如何探人事之世代滄桑?

2017 年 8 月 6 日

1 路振《乘軺錄》,《全宋筆記》第 8 編第 8 册,鄭州:大象出版社,2017 年,62 頁。
2 李燾《續資治通鑑長編》卷七九,北京:中華書局,1980 年,1795 頁。
3 山西省文物局、中國歷史博物館《應縣木塔遼代秘藏》,北京:文物出版社,1991 年,141 頁。
4 樓鑰《北行日録》上,《攻媿先生文集》卷一一九,《中華再造善本》影印北京大學圖書館藏宋四明樓氏家刻本,葉三一。

5　美國杜克大學圖書館藏甘博（Sidney Gamble）攝影。

6　司馬光《資治通鑑》卷二三八，北京：中華書局，1956年，7671頁。

7　項公澤修，凌萬頃、邊實纂《淳祐玉峰志》卷上《坊陌橋梁》，《宋元方志叢刊》影印清宣統五年《匯刻太倉舊志五種》本，北京：中華書局，1990年，1063頁。

8　戴栩《永嘉重建三十六坊記》，《浣川集》卷五，《景印文淵閣四庫全書》第1176冊，臺北：臺灣商務印書館，1986年，720頁。

9　張英霖主編《蘇州古城地圖》，蘇州：古吳軒出版社，2004年。

10　王瓊《晉溪本兵敷奏》卷一《京畿類》，《續修四庫全書》影印明嘉靖二十三年廖希顏刻本，第475冊，上海：上海古籍出版社，2002年，585頁。

11　《明世宗實錄》卷八，影印國立北平圖書館藏紅格鈔本，臺北：中研院史語所，1962年，314頁。

12　《明世宗實錄》卷一六三，影印國立北平圖書館藏紅格鈔本，臺北：中研院史語所，1962年，3618頁。

13　《明神宗實錄》卷一二四，影印國立北平圖書館藏紅格鈔本，臺北：中研院史語所，1962年，2321頁。蘇杭柵門之設詳見夫馬進《明末の都市改革と杭州民變》所引日本內閣文庫藏《鎮吳錄》及《居來先生集》附錄等文獻。《東方學報》（京都）第49冊，1977年2月，215—262頁。姜良棟《鎮吳錄》："往年，撫院移駐句容，武備懈弛，盜賊生發。有司出令，街坊樹柵，朝啓暮閉，禁止夜行。編民十家爲甲，輪夜巡警，點燈支更。"王世貞《張司馬定浙二亂志》："杭十萬室，丘民蟻襲……而城中諸柵，各設役夫司干揪，諸土著户捐錢粟募游手充之。"《紀錄彙編》卷四四，上海涵芬樓影印明萬曆刻本，葉二。

金墉城與李密城

北魏酈道元《水經注》云："穀水又東徑金墉城北，魏明帝於洛陽城西北角築之，謂之金墉城。"[1] 1954年閻文儒初次勘查漢魏洛陽城址，指翟泉鎮東北所謂阿斗城者爲金墉城[2]。1962年起中科院考古所詳細實測，發現城之西北隅實有小城三座南北相連，遂以甲乙丙別之，但認作一組完整建築，以爲即魏晉金墉城故址[3]。然經1995、1997年試掘顯示，三小城建造年代頗有差異，並非同時。其中南側丙城係依附東周以降大城西北城垣增築東南兩面而成，其時代不晚於東漢晚期至曹魏初期，應爲北魏以前之金墉城。而北側甲乙兩城創建時代則不早於北魏，發掘者提出北魏孝文帝、北周宣帝、隋末李密三種可能[4]，尤傾向於後者[5]。

質諸文獻，隋義寧二年（即大業十四年、唐武德元年，618），李密據洛口倉，與王世充對峙，大破之，"密於是修金墉故城居之，衆三十餘萬"，進逼東都洛陽。然密終爲世充所敗，"時王伯當棄金墉，保河陽，密以輕騎自武牢度河以歸之"[6]。故後世有"洛下金墉城，李密城也"之謂[7]，乃至將漢魏洛陽故城統稱爲李密城[8]。

據考古簡報，甲城西垣試掘探溝T5內夯土出有青瓷碗殘底，斜弧腹，假圈足，外底稍內凹，器壁較厚，內施青釉。應屬北方青瓷，然口沿缺失，難以精確斷代。概言之，墓葬所出同類器物多屬隋代，上限可至北齊晚期。就漢魏洛陽故城範圍而論，同類青瓷碗還曾出於西廓城內大市遺址，簡報將其年代定作北魏[9]。近年森達也撰文對該批器物重故排比分析，將其區分爲北魏與隋代兩組[10]。前者爲南方洪州窯、岳州

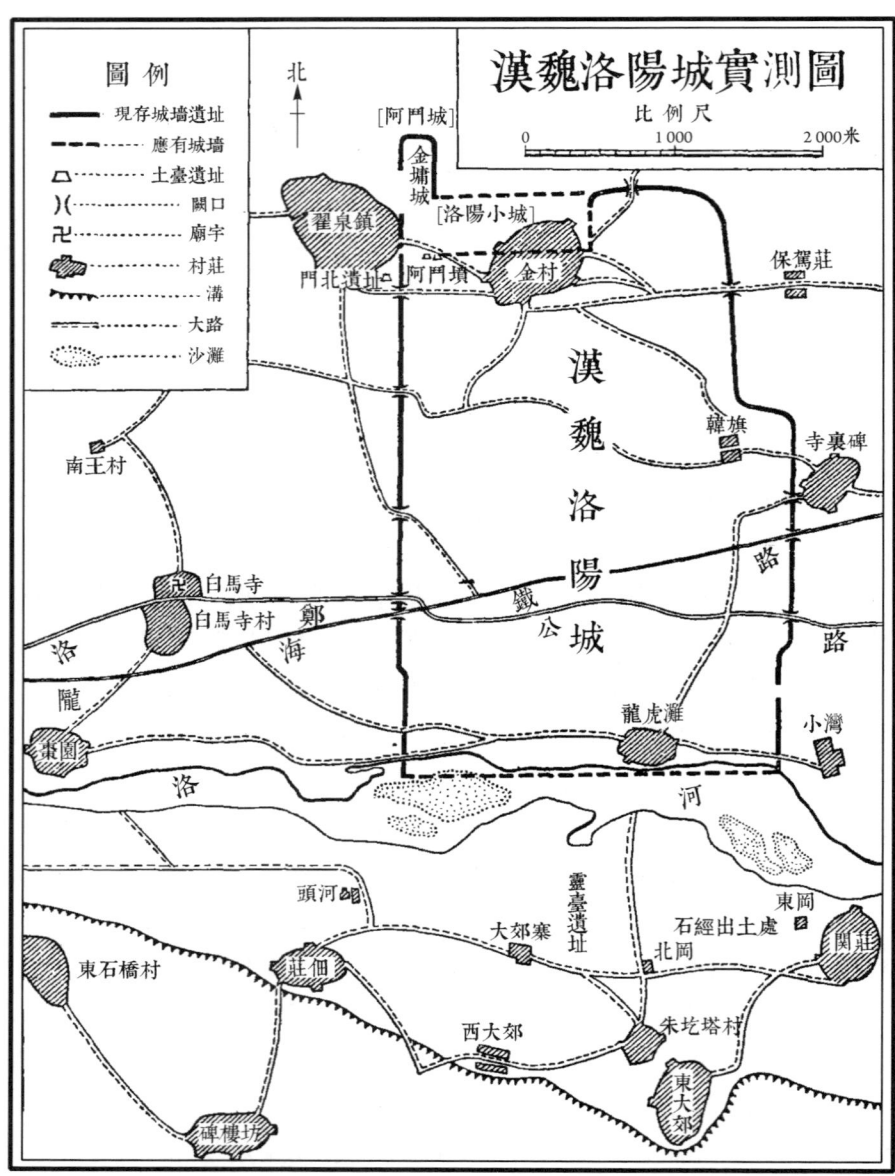

1955年閻文儒漢魏洛陽城圖

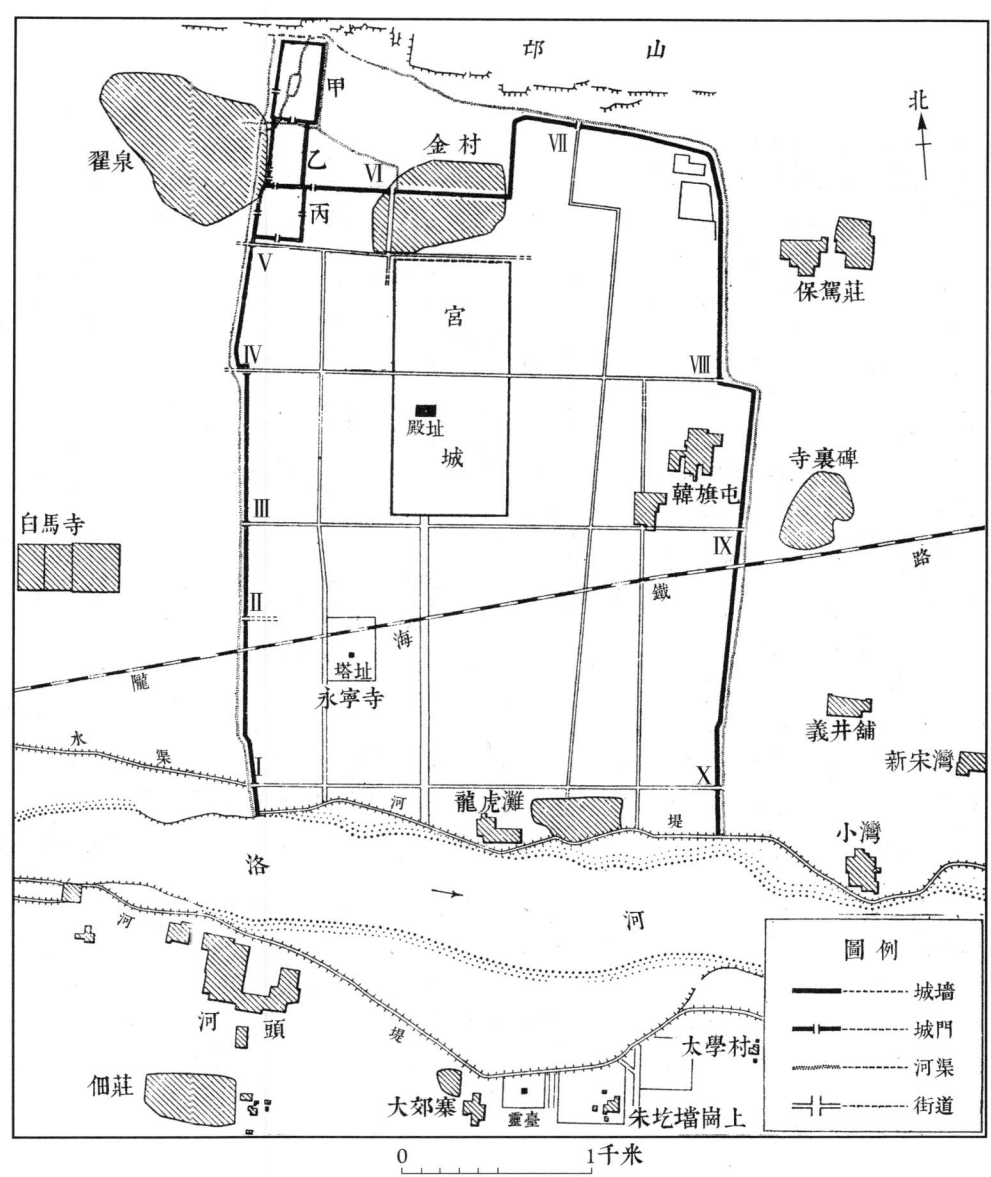

1973年中科院考古所漢魏洛陽城圖

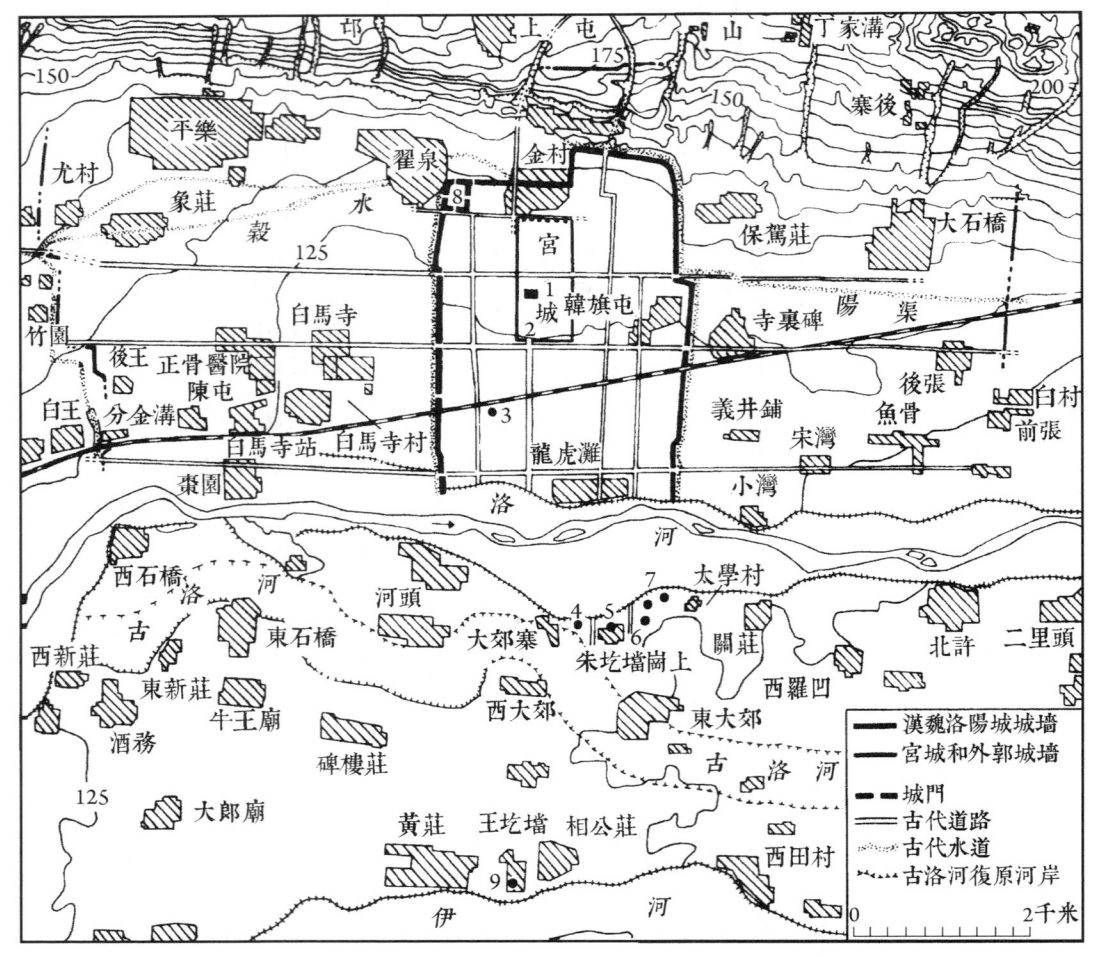

1. 太極殿 2. 閶闔門 3. 永寧寺 4. 靈臺 5. 明堂 6. 辟雍 7. 太學 8. 金墉城 9. 圜丘

2003年社科院考古所北魏洛陽城圖[11]

窯產品，而敞口青瓷碗、杯與黑瓷盂、杯等北方窯場產品均屬後者。此外，津陽門內大道遺址亦出土較多類似青瓷，簡報斷爲北朝晚期[12]。若與大市遺址所出器物對比，均屬北方產品，其中敞口碗、高足盤、盆等青瓷與黑瓷碗、B 型敞口白瓷杯可歸入隋代組，僅有所謂 A 型斂口白瓷杯（實爲鉛釉陶）別屬北齊。

準此，早年同被視作魏晉金墉城之甲乙二小城，就夯土包含青瓷而論，其創建年代當不早於北齊晚期，甚至很可能不早於隋代。參酌文獻記載及口傳信息，可綜合推定爲隋末李密與王世充攻戰時所築。以往認爲"北魏洛陽城廢棄後，僅北周時期有過短暫的修繕城池、營建宮室活動，北周之後漢魏洛陽城徹底毀棄"[13]。現從出土瓷器看來，隋人於洛陽故城範圍內仍有不少活動，至李密增築金墉城方爲其尾聲。

2016 年 7 月 10 日

1 酈道元《水經注》卷一六《穀水》，《四部叢刊》初編影印清乾隆三十九年武英殿聚珍本，葉九。
2 閻文儒《洛陽漢魏隋唐城址勘查記》，《考古學報》第 9 册，1955 年，120 頁。
3 中國科學院考古研究所洛陽工作隊《漢魏洛陽城初步勘查》，《考古》1973 年 4 期，207—208 頁。
4 中國社會科學院考古研究所洛陽漢魏故城隊《漢魏洛陽故城金墉城址發掘簡報》，《考古》1999 年 3 期，13—15 頁。
5 錢國祥《漢魏洛陽城金墉城形制佈局研究》，《新世紀的中國考古學：王仲殊先生八十華誕紀念論文集》，北京：科學出版社，2005 年，604 頁。
6 魏徵、令狐德棻《隋書》卷七〇《李密傳》，北京：中華書局，1973 年，1630、1632 頁。
7 陳維崧《迦陵詞全集》卷一二，《續修四庫全書》影印清康熙二十九年陳氏患立堂刻本，第 1724 册，上海：上海古籍出版社，2002 年，255 頁。
8 William Charles White, *Tombs of Old Lo-yang: A Record of the Construction and Contents of a group of Royal Tombs at Chi1-ts'un, Honan, probably dating 550 B.C.*, Shanghai: Kelly & Walsh, 1934.
9 中國社會科學院考古研究所洛陽漢魏城隊《北魏洛陽城内出土的瓷器與釉陶器》，《考古》1991 年 12 期，1091 頁。

10 森達也著，王淑津譯《白釉陶與白瓷的出現年代》，《中國古陶瓷研究》第 15 輯，北京：紫禁城出版社，2009 年，79—95 頁；森達也《北朝後期陶瓷編年の再檢討—北魏洛陽城大市遺跡と鞏義市白河窯出土陶瓷の年代をめぐって—》，《中國考古学》第 11 号，2011 年，171—185 頁。

11 中國社會科學院考古研究所洛陽漢魏故城隊《河南洛陽漢魏故城北魏宮城閶闔門遺址》，《考古》2003 年 7 期，21 頁。

12 中國社會科學院考古研究所洛陽漢魏故城隊《河南洛陽市北魏洛陽城津陽門內大道遺址發掘簡報》，《考古》2009 年 10 期，54—57 頁。

13 中國社會科學院考古研究所洛陽漢魏故城隊《河南洛陽市北魏洛陽城津陽門內大道遺址發掘簡報》，《考古》2009 年 10 期，57 頁。

開封宋門

北宋開封舊城，"即唐汴州城，建中初，節度使李勉築。國朝以來，號曰闕城，亦曰裏城"[1]。《東京夢華錄》云："舊京城，方圓約二十里許。……東壁其門有三：從南汴河南岸角門子，河北岸曰舊宋門，次曰舊曹門。"[2]

舊宋門與汴河南岸角門子夾河對峙，城門三門道、門樓七間。熙寧五年（1072）日僧成尋至開封，"見麗景門，七間高樓，有三戶"[3]。乾道五年（1169）宋使樓鑰過汴梁，"入舊宋門，舊曰麗景，今曰賓曜，亦列三門。由北門入，尤壯麗華好"[4]。過梁式三門道城門形象可參考傳元人王振鵬所繪《唐僧取經圖冊》中女人國國門，中門鐄閉，門樓七間，亦設三門[5]。此圖流傳不廣，世人熟知宋代城門形象源自北宋張擇端《清明上河圖》與南宋蕭照（傳）《中興瑞應圖》[6]，但均爲單門道五間門樓，實非都城規制。

另據《宋會要輯稿》所載：宣和三年（1121）承議郎樊漵奏，"比年以來，內城頗缺弗備，行人躡其顛，流潦穿其下。屢閱歲時，未聞有修治之詔"[7]。或以爲《清明上河圖》城門兩側似作殘垣雜樹狀，所表現應即北宋末年開封舊城頹圮情景[8]。然觀《中興瑞應圖》，其畫面上段一側磚砌城垣儼然完好，而下段却與《清明上河圖》相似，以土坡樹木掩映。城門兩側處理手法看似自相矛盾，實係繪畫理念使然，即不欲以城垣斜向切斷畫面，務使卷軸內容連貫[9]。且兩圖均將登城慢道繪於墩臺側面正中，佔據城垣本位，亦是圖繪非實景之明證。

《唐僧取經圖冊》女人國國門

《清明上河圖》、《中興瑞應圖》城門摹本

北宋開封新城,"周顯德三年(956)令彰信節度韓通董役興築。國朝以來,號曰國城,亦曰外城,又曰羅城"[10]。《東京夢華錄》云:東都外城"城門皆甕城三層,屈曲開門。唯南薰門、新鄭門、新宋門、封丘門,皆直門兩重。蓋此係四正門,皆留御路故也"[11]。

乾道五年宋使樓鑰"入東京城,虜曰南京。新宋門舊曰朝陽,虜曰弘仁。城樓雄偉,樓櫓壕塹壯且整,夾濠植柳,如引繩然。先入甕城,上設敵樓。次一甕城,有樓三間。次方入大城,下列三門,冠以大樓,由南門以入"[12]。淳熙四年(1177)宋使周煇"跨馬入新宋門,舊曰朝陽,虜名弘仁,樓櫓壕塹甚設,次入甕城,次入大城"[13]。可知外城城門亦爲三門道,其甕城有直門與屈曲開門兩種。《武經總要》前集云:"其城外甕城,或圓或方,視地形爲之,高厚與城等,惟偏開一門,左右各隨其便。"[14]《續資治通鑑長編》載:元祐四年(1089)右諫議大夫范祖禹言,"京城外門,正門即爲方城，偏門即爲甕城，其外門皆用純鐵裹之，此祖宗時所無有也。甕城乃邊城之制，非所以施於京師。今東、西、南三面偏門，亦欲爲甕城，臣不知大臣以何見而爲此謀也。"[15] 方形甕城與圓形甕城同見一城實例如元之上都，其皇城南北甕城均爲方形直門，東西甕城均爲圓形旁門[16]。直門兩重之新宋門據樓鑰所記，似由一道主城門及兩道甕城門構成，而甕城三層之制又見於樓鑰同次北使所記邢州城與中山府城[17]。及至明清，順德府城與定縣城仍采用屈曲開門多重甕城形式，均由一道主城門及三道甕城門構成[18]，或可作爲理解北宋開封甕城設計之參考。

2016 年 2 月 28 日

1　徐松《宋會要輯稿》方域一，上海：上海古籍出版社，2014 年，9265 頁。
2　孟元老《幽蘭居士東京夢華錄》卷一《舊京城》，《中華再造善本》影印中國國家圖書館藏元刻本，葉一。
3　成尋《參天台五臺山記》卷四，石家莊：花山文藝出版社，2008 年，106 頁。
4　樓鑰《攻媿先生文集》卷一一九《北行日錄》上，《中華再造善本》影印北京大學圖書館藏宋四明樓氏刻本，葉一七。
5　磯部彰編《唐僧取経図册》上册第 9 図《唐僧過女人國》，東京：二玄社，2001 年。
6　浙江大學中國古代書畫研究中心《宋畫全集》第 1 卷第 2 册，杭州：浙江大學出版社，2010 年，31 頁。謝稚柳編《唐五代宋元名跡》，上海：古典文學出版社，1957 年。龍美術館《敏行與迪哲：宋元書畫私藏集萃》，上海：上海書畫出版社，2016 年。兩圖城門摹本參：傅熹年《唐長安大明宮玄武門及重玄門復原研究》，《考古學報》1977 年 2 期，138 頁。
7　徐松《宋會要輯稿》方域一，上海：上海古籍出版社，2014 年，9277 頁。
8　久保田和男《北宋徽宗時代與張擇端〈清明上河圖〉：圍繞政治文化與對都城空間的視綫》，鄧小南等主編《宋史研究論文集（2010）》，武漢：湖北人民出版社，2011 年，80—81 頁。
9　明清新創清明上河圖仿本恰反其道而行之，均將城垣縱貫畫面，參：劉滌宇《歷代〈清明上河圖〉：城市與建築》附錄《本書相關〈清明上河圖〉主要版本一覽》，上海：同濟大學出版社，2014 年，354—376 頁。
10　徐松《宋會要輯稿》方域一，上海：上海古籍出版社，2014 年，9265 頁。

11 孟元老《幽蘭居士東京夢華錄》卷一《東都外城》,《中華再造善本》影印中國國家圖書館藏元刻本,葉一。

12 樓鑰《攻媿先生文集》卷一一九《北行日錄》上,《中華再造善本》影印北京大學圖書館藏宋四明樓氏刻本,葉一六。

13 周煇《北轅錄》,陶宗儀《説郛》卷五四,《説郛三種》影印涵芬樓本,上海:上海古籍出版社,1988年,836頁。

14 曾公亮《武經總要》前集卷一二《守城》,明嘉靖三十九年刻本,葉二。

15 李燾《續資治通鑑長編》卷四二八,北京:中華書局,1992年,10346—10347頁。

16 魏堅《元上都》,北京:中國大百科全書出版社,2008年,19—23頁。

17 樓鑰《攻媿先生文集》卷一一九《北行日錄》上,《中華再造善本》影印北京大學圖書館藏宋四明樓氏刻本,葉二七、三一。

18 石割平造《支那城郭ノ概要》,支那派遣軍總司令部,1940年,城郭圖第三七、三四。

高頭街

中華書局伊永文箋注本孟元老《東京夢華錄》卷二《東角樓街巷》篇云："自宣德東去東角樓，乃皇城東南角也。十字街南去薑行，高頭街北去，從紗行至東華門街、晨暉門、寶籙宮，直至舊酸棗門，最是鋪席要鬧。宣和間展夾城牙道矣。"[1] 此段文字原本描述皇城東南角十字街口南北兩個方向沿街情況。東華門爲皇城東門，晨暉門爲皇城以北延福宮東門，上清寶籙宮在街東與其相對，舊酸棗門即内城北垣居中之景龍門，均在十字街向北一綫。然高頭街位置何在？伊注本句讀頗不可解，試據史籍辨之。

元符三年（1100）哲宗晏駕，群臣討論奉安祖宗神御之景靈宫是否拓展問題時提及："或者以謂若東展舊基，則高頭街之地必見侵掘，國之左臂不可侵也。"[2] 此事始末以《皇朝編年綱目備要》記載稍詳：元符三年"八月，作景靈西宫。初，景靈宫神宗未有館御，而居英宗之後殿，及哲宗崩，又無以處之。蔡京言，若謂宫東迫民居難展，宜即其西對御道立西宫，首奉神宗館御，而哲宗次之。右僕射韓忠彥以下亦請立西宫以奉神宗。詔恭依，且命户部尚書李南公總其役。"[3] 故《東京夢華錄》云："御街大内前南去，左則景靈東宫，右則西宫。"[4] 景靈東宫者，大中祥符五年（1012）建，其前身舊爲開封府廨，後爲錫慶院。《宋會要輯稿》云：開封府"府廨在宣德門南街東。太宗爲晉王尹京，及秦王、許王爲尹，皆在南衙視事。時真宗尹京，還就府廨。今景靈宫即南衙舊址"[5]。同書又云：大中祥符元年（1008）十二月"二十八

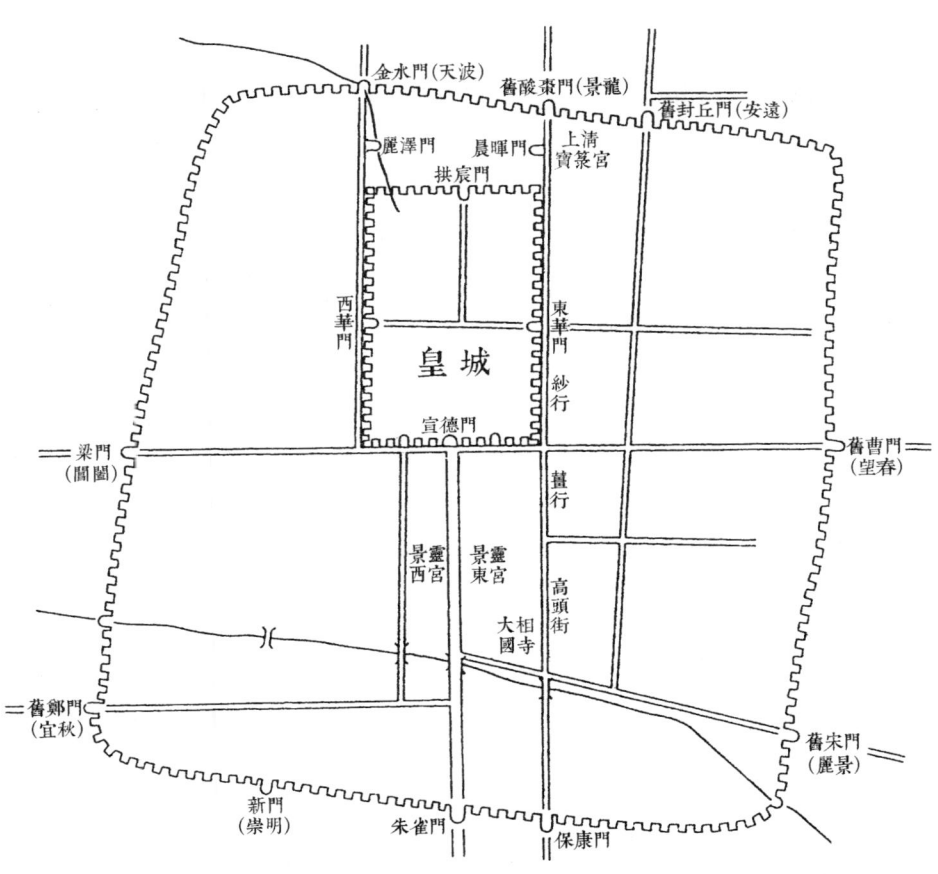

高頭街位置示意圖[6]

日，詔以南衙爲錫慶院備宴會。……南衙即太宗尹京時府邸，秦王、許王繼居焉。後虛其正位，故以爲院"[7]。《續資治通鑑長編》大中祥符五年十二月戊辰條："先是，詔丁謂等於京城擇地建宮，以奉聖祖。謂等奏：司天少監王熙元言，按《天文志》，太微宮南有天廟星，乃帝王祖廟也，宜就大内之丙地。乃得錫慶院吉地，即令謂等與内侍鄧守恩修建。戊辰，詔上新宮名曰景靈。"[8] 根據景靈東宮方位可以推知，高頭街應在皇城宣德門以南御街東首（大內之丙地）又東，正值皇城東角樓十字街以南方向。

高頭街位置既明，則知孟元老此段文字實際是以十字街爲基點，先南後北分頭敘述，故句讀應作："自宣德東去東角樓，乃皇城東南角也。十字街南去薑行、高頭街；北去從紗行至東華門街、晨暉門、寶籙宮，直至舊酸棗門，最是鋪席要鬧。宣和間展夾城牙道矣。"如是則次序明晰，文意通曉。

2015 年 11 月 29 日

1 孟元老撰，伊永文箋注《東京夢華錄箋注》卷二，北京：中華書局，2006 年，144 頁。
2 任伯雨、陳瓘《再言西宮劄子》，黃淮、楊士奇編《歷代名臣奏議》卷二一《郊廟》，影印明永樂刻本，上海：上海古籍出版社，1989 年，279 頁。
3 陳均《皇朝編年綱目備要》卷二五，北京：中華書局，2006 年，630 頁。
4 孟元老《幽蘭居士東京夢華錄》卷二《宣德樓前省府宮宇》，《中華再造善本》影印中國國家圖書館藏元刻本，葉一。
5 徐松《宋會要輯稿》職官三七，上海：上海古籍出版社，2014 年，3963 頁。
6 斯波義信《中國都市史》，東京：東京大学出版会，2002 年，83 頁圖 24。據此改繪。
7 徐松《宋會要輯稿》禮四五，上海：上海古籍出版社，2014 年，1718 頁。
8 李燾《續資治通鑑長編》卷七九，北京：中華書局，1995 年，1807 頁。

鎮州子城

清順治《真定縣志》記唐鎮州城云[1]：

唐寶應（762—763）中，成德軍節度使李寶臣因滹水灌城，復拓大之。堅固崇高，屹然雄視諸鎮，見《紀功記》。宋元並依舊城修葺。歷明正統己巳（1449）之變，郡御史陸矩會御史陳金增築城址，浚治濠隍，造器械，爲固守計。以後各修葺不常。……周圍二十四里，高三丈餘，上闊二丈五尺，垛口五千五十有奇。

正定南大街曾有陽和樓一座，民國尚存。明弘治十二年（1499）石珤《重修陽和樓記》云[2]：

陽和舊傳爲郡子城南門，以今揆之，適當城之中，負坎向離，地局平正，市廛井陌，環列四周，上置五更漏刻，有星人司焉，以候晨夜。

稱陽和樓爲舊子城南門，此說由來有自。元人楊俊民《修陽和樓記》云[3]：

陽和樓者，鎮府巨觀也。橫跨子午之逵，复超闤闠之表。……自譙樓廢，宵漏移置，夜靜聞鼓角之聲，全城響應。……世傳此門爲子城南門，三面無跡，巋然獨存。

元至正五年（1345）葛邏禄迺賢游真定，撰《河朔訪古記》云 [4]：

　　真定路之南門曰陽和，其門頗完固。上建樓櫓，以爲真定帑藏之巨盈庫也。下作雙門，而無根桌，通過而已。左右挾二瓦市，優肆倡門、酒爐茶竈、豪商大賈並集於此。

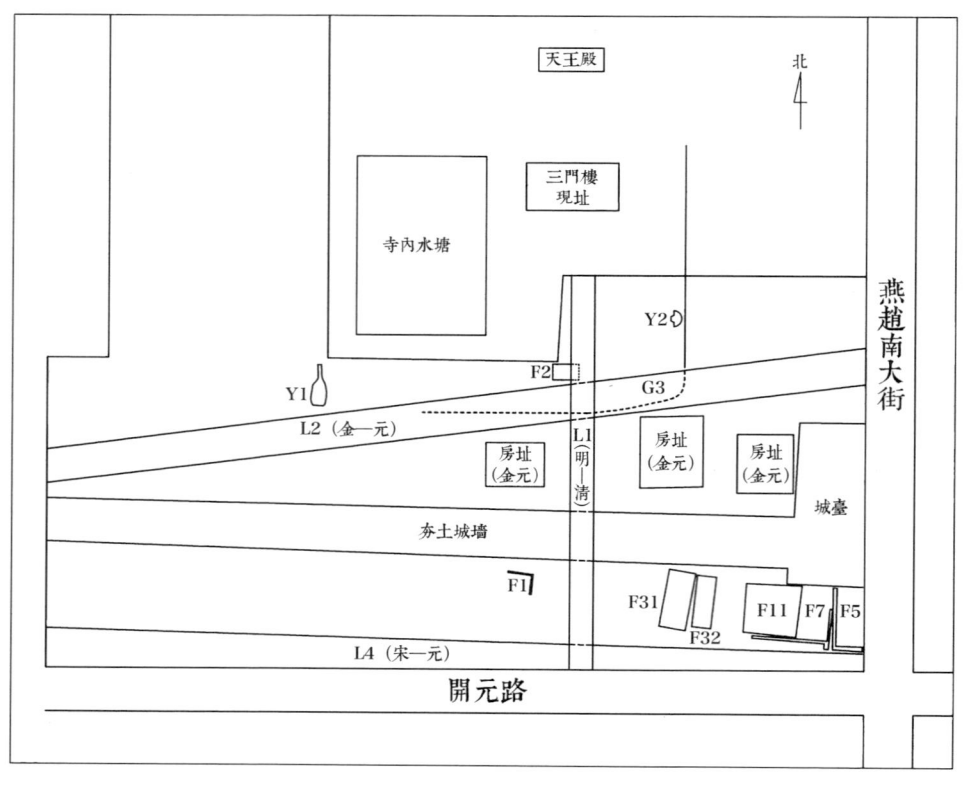

鎮州子城發掘部分平面圖

则其时阳和偶近并无城垣，实为一所过街楼。

正定城南门附近城墙内曾出土诸多唐宋金元石刻，另有四件明代修城刻石[5]：隆庆四年（1570）三月、隆庆四年四月、隆庆六年（1572）闰二月及万历四年（1576）四月。或以为南城墙夯土特征有别于唐宋，系明代正统年间增筑，唐代李宝臣所拓之城尚在其北阳和楼一线[6]。然而，事实恐非如此。

南城门内街东有广惠寺，俗称花塔寺。元王博文《丞相（史天泽）行状》云[7]：

> （武）仙遣间入真定，伺吾不备潜入水军，匿花塔寺为内应，乘夜开南门纳仙，遂据其城。

可知金蒙之际广惠寺便在城内，近南城门。更早情况可另参阳和楼东南临济寺。延沼《临济慧照禅师塔记》云[8]：

> 师讳义玄，曹州南华人也……寻抵河北镇州城东南隅，临滹沱河侧小院住持，其临济因地得名。……适丁兵革，师即弃去。太尉默君和于城中捨宅为寺，亦以临济为额，迎师居焉。

王博文《真定十方临济慧照玄公大宗师道行碑铭》[9]云：

> 唐宣宗大中八年（854），行脚至真定，住于城东南临济院。以其近于滹沱之津渡，遂以临济自名。后太尉墨君和捨宅为寺，迎师居之，亦号临济焉。

于是又知，临济寺晚唐时即属城内。至少此时，镇州城南垣便已拓展到现存明清正定南城墙一线。

北

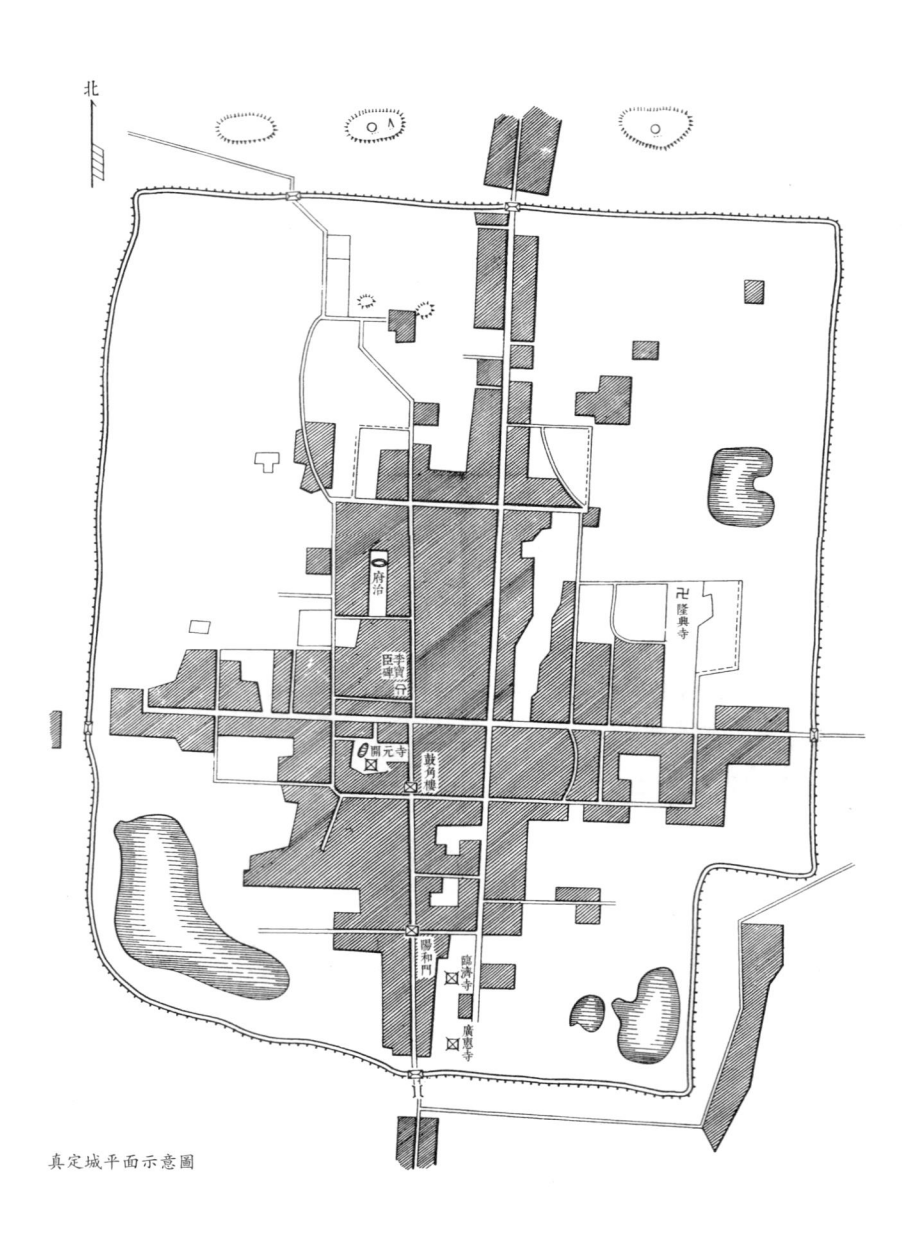

真定城平面示意圖

《河朔訪古記》又云[10]：

> 玉華宮在真定路城中衙城之北、潭園之東，是爲睿宗仁聖景襄皇帝之神御殿，奉安御容者也。

是以元末真定路城中尚有子城存在，却與陽和樓無關。今縣政府以南、府前街以東仍立有唐李寶臣豐碑，以西曾出土五代安重榮巨碑殘件。迺賢曰[11]：

> 真定路城中開元寺後繡女局內唐清河郡王李寶臣紀功碑一通，其碑極高大，永泰二年（766）所立也。《類要》云，李寶臣紀功二碑，一在真定府治東三十步，即此碑也。一在府治西一十步，大曆三年（768）立，今在居民房屋土底，常有人掘見云。
>
> 真定路城中開元寺後繡女局內復有巨碑埋土中，止露碑首，長及丈五，題曰王武俊碑。貞元五年（789）立，文字皆不可考。《類要》云，王武俊碑，去真定府治東門二十步，即此碑也。

可以推知，今縣政府一帶便是當年唐以來州府衙署所在。迺賢又曰[12]：

> 開元寺在真定路城中鼓角門天祿坊西，此即張五村故地也。寺內三門石柱刻曰：大曆十二年（777）藁城主簿李宿撰解惠寺三門樓贊云。

所謂鼓角門，當爲元人可見之子城南門，疑即新近於開元寺南、開元路北發掘之"城臺"[13]（似西則墩臺），晚唐始建，五代包磚，宋元漸遭破壞以趨湮没。

2017 年 11 月 16 日

1 陳謙修，王鼎臣纂〔順治〕《真定縣志》卷三《建置志》，清順治刻本，葉一至二。

2 石珤《重修陽和樓記》，《熊峰集》卷五，《景印文淵閣四庫全書》第1259冊，臺北：臺灣商務印書館，1986年，567頁。

3 鄭大進纂修〔乾隆〕《正定府志》卷四五《藝文》二，清乾隆二十七年刻本，葉四一。

4 葛邏禄迺賢《河朔訪古記》卷上《常山郡部》，《景印文淵閣四庫全書》第593冊，臺北：臺灣商務印書館，1986年，23頁。

5 劉友恒《正定發現明代修城刻石》，《文物春秋》1994年3期，95、63頁；張錦棟、杜平《正定新發現兩方明代修城刻石》，《文物春秋》2005年3期，67—68頁。

6 楊曄《山西、河北六座唐代州縣城的初步考察》，北京大學碩士學位論文，1989年6月，32頁。

7 孟繁峰《談新發現的史氏殘譜及史氏元代墓群（續）》，《文物春秋》1999年4期，14頁。

8 延沼《臨濟慧照禪師塔記》，磧藏主編《古尊宿語錄》卷五，中華書局，1994年，87頁。

9 劉友恒、李秀婷《〈真定十方臨濟慧照玄公大宗師道行碑銘〉淺談》，《文物春秋》2007年5期，47頁。

10 葛邏禄迺賢《河朔訪古記》卷上《常山郡部》，《景印文淵閣四庫全書》第593冊，臺北：臺灣商務印書館，1986年，25頁。

11 葛邏禄迺賢《河朔訪古記》卷上《常山郡部》，《景印文淵閣四庫全書》第593冊，臺北：臺灣商務印書館，1986年，27頁。

12 葛邏禄迺賢《河朔訪古記》卷上《常山郡部》，《景印文淵閣四庫全書》第593冊，臺北：臺灣商務印書館，1986年，26頁。

13 陳偉等《河北正定開元寺南廣場遺址發掘取得重要收穫》，《中國文物報》2017年11月17日8版。陳偉等《河北正定開元寺南廣場遺址考古發掘又獲新成果》，《中國文物報》2019年11月29日8版。

料敵塔與定州城

明人徐昌祚《燕山叢録》云:"定州開元寺有大塔,名料敵塔,宋築起以望契丹者。高十三級,廣六十四步,旁施鐵幢,中貫數抱大木,登最上級,可瞰百里,仰視行云,勢若搖動。宋失燕雲,以定州爲邊境,故潛備甚密。"[1]

據宋祁《開元寺塔偶成題十韵》,此塔之建,"經營一甲子","自至道乙未(995)經始,至至和歲乙未(1055)告成"[2]。塔內有修塔關係石刻[3],依時代早晚順次爲:李德澤等修塔記,即"定州開元寺僧俗修塔邑衆都維郍李德澤等記",明言"時大宋咸平四年(1001)歲次辛丑七月庚午朔十八日丁亥丙時建",爲首者"奉聖旨西天取經迴賜紫都功德主沙門令能"與"都維郍泰寧軍隨使知客李德澤"。張贇等題名,"定州信利坊邑長張贇,今與邑衆弟兄三十七人,同於開元寺舍利塔上齋心修大悲菩薩一龕三事……時大中祥符四年(1011)歲次辛亥四月甲辰朔二十七日庚午建立。修塔都功德主演法大師賜紫沙門希古"。宋進題名,"定州武衛弟一指揮弟五都左承局宋進特啓徵心,專酬懇意,報慈親之鞠育,荅哺乳之劬勞,自捨力般磚三萬口上塔……巨宋乾興元年(1022)四月十五日記……"耿素等題名,"皇祐(1052)四年七月十八日同修塔結尖了畢,善友施主等具列如後:定州都押衙耿素……"建浮屠記殘刻,"……歲次乙未,□令能□□……師建浮屠□八□□□……浮屠□□十三級。自至……二年歲□□□二(三)月己未……"此石年歲似可與宋祁之説對應,即自至道元年歲次乙未經始,至至和二年歲次乙未三月己未朔某日告成。

開元寺塔[7]

　　耿素等題名所錄定州城內信眾居址有信利坊、鮮虞坊、仁教坊、寧國坊、高陽坊。乾道五年（1169）樓鑰使金，過定州中山府，其《北行日錄》云："城門曰昭化，甕城三里甚壯，城濠有流水。過信利、鮮虞、高陽三坊，坊各有小樓。……子城門亦雄偉，曰中山門，兩傍亦有挾樓。入門東行百餘步入驛。子城西門曰夕陽樓，即《望長安》詞所作之地。北去又有仁教、化原二坊。"[4]是知信利等坊皆南門內大街兩側橫巷，巷口設有坊門。河北諸城，唐宋遼金通行此制。大中祥符元年（1008）路振使遼，見幽州"城中凡二十六坊，坊有門樓，大署其額，有闐賓、肅慎、盧龍等坊，並唐時舊坊名也"[5]。乾道六年范成大使金，亦過定州，稱中山府"學在化原坊"[6]。宋金府學在今刀槍巷，正在故子城西北，即化原坊所在。開元寺塔內另有至和元年（1054）招賢坊張能題名。金承安三年（1198）楊乃公《創建圓教院記》云："夫開元寺之東南有圓教院者，乃崇教院之南院也。考其根原，有所來矣。爰自聖朝撫定之後，有主僧□定圓□爲本院房廊褊狹僧□□，遂請□到招賢坊空閒官地式段，計陸拾陸畝，環築垣墻，作

36　雞冠壺：歷史考古劄記

料敵塔與定州城

凌霄塔與正定城　　讀　城

院子居止。"[8] 可知招賢坊在開元寺東南。

開元寺塔選址別具匠心。雖偏居城之東南，向北却正與北門內大街直對。定州城整體格局爲四門丁字街式，且四街均相交錯，故塔得以安置於北街延長綫。與此相似之例爲正定天寧寺凌霄塔。塔在城內北大街與東大街交點東北隅，而北大街先向東偏，復折向北，對凌霄塔形成避讓之勢，使得北大街北段南向延長綫恰過該塔。塔基地宫出土金正隆六年（1161）石函銘文稱，"自唐代宗朝起寺建塔，至宋慶曆五年（1045）重修，又至大金皇統元年（1141）再建寶塔一座"，同出北宋崇寧二年（1103）石函銘文記當時塔名慧光[9]，則塔址似可上溯中唐。正定城即唐恒（鎮）州城，其城之建，今多從《真定縣志》之説："唐寶應中，成德軍節度使李寶臣因滹水灌城，復拓大之，堅固崇高，屹然雄視諸鎮。"[10] 寶應（762—763）即代宗初年，是建塔與拓城時間相仿。無論孰先孰後，塔望北門之意甚明，則開元寺塔對景意匠之源，可至少前推二百餘年。

2018 年 7 月 14 日

1 徐昌祚《新刻徐比部燕山叢録》卷一五《古跡類》，《四庫全書存目叢書》影印明萬曆三十年刻本，子部第 248 册，濟南：齊魯書社，1997 年，444 頁。徐書内容多源自方志，較其爲早之嘉靖《定州志》殘卷無此條目。

2 宋祁《開元寺塔偶成題十韻》，《景文集》卷二〇，《景印文淵閣四庫全書》第 1088 册，臺北：臺灣商務印書館，1986 年，170 頁。

3 陸繼煇《八瓊室金石補正續編》卷四二，《續修四庫全書》影印稿本，上海：上海古籍出版社，第 900 册，2002 年，335—343 頁。據塔内所見原石或拓本校正錄文。

4 樓鑰《北行日録》上，《攻媿先生文集》卷一一九，《中華再造善本》影印北京大學圖書館藏宋四明樓氏家刻本，葉三一。

5 路振《乘軺録》，《全宋筆記》第 8 編第 8 册，鄭州：大象出版社，2017 年，62 頁。

6 范成大《東坡祠堂》,《石湖居士詩集》卷一二,《四部叢刊》初編影印清吳郡顧氏愛汝堂刻本,葉八。

7 劉敦楨主編《中國古代建築史》第 2 版,北京:中國建築工業出版社,1984 年,229 頁。

8 楊乃公《創建圓教院記》,賈恩紱纂,何其章等修〔民國〕《定縣志》卷二〇《志餘》金石篇下,民國二十三年刻本,葉五。

9 河北省古建隊靈霄塔勘測組《正定天寧寺靈霄塔地宮發掘》,《古建園林技術》1984 年 2 期,48—52 頁。

10 陳謙纂修〔順治〕《真定縣志》卷三《建置志》城池,中國國家圖書館藏清刻本,葉一。

寶馬城

吉林安圖寶馬城，在長白山主峰以北百里，爲金代所建祭山神廟[1]。《大金集禮》云[2]：

  大定十二年（1172）二月三日，檢討到長白山建廟典故下項……今來長白山在興王之地，比之輕餘諸州鎮山，更合尊崇，擬別議封爵，仍修建廟宇。十二月一日，禮部、太常寺、學士院檢定到爵號名稱，及差官相視到建廟地步下項，奏奉敕旨封王，仍以興國靈應爲名。……山北地一段，各面七十步，可以興建廟宇。……
  十四年（1174）六月建畢。正殿三間，正門三（門）〔間〕，兩挾廊各二間，北廊準上，惟不設門，東西兩廊各七間，東廊當中三間，就作齋廳，神厨三間，並添寢殿三間，貯廊三間。

經考古勘探發掘，城近縱長方形，南開一門，城垣東西103—104米，南北126—132米[3]，以1.55米爲一步計，大體符合文獻所載七十步地段。城內中部偏北以迴廊圍一院落，中軸尚存三座建築臺基。南側一座距離稍遠，東西與迴廊相連，爲正門。中間及北側兩座距離稍近，南北以廊相接，爲正殿、寢殿。寢殿業已全面揭露，規制合於文獻記錄。將考古發掘所測米值折算爲金代尺度，可知：面闊三間，當心間二丈，梢間各一丈七尺，通面闊五丈四尺。進深三間，當心間一丈六尺，梢間各八尺五寸，通進深三丈三尺。貯廊僅揭露一間，闊一丈四尺。

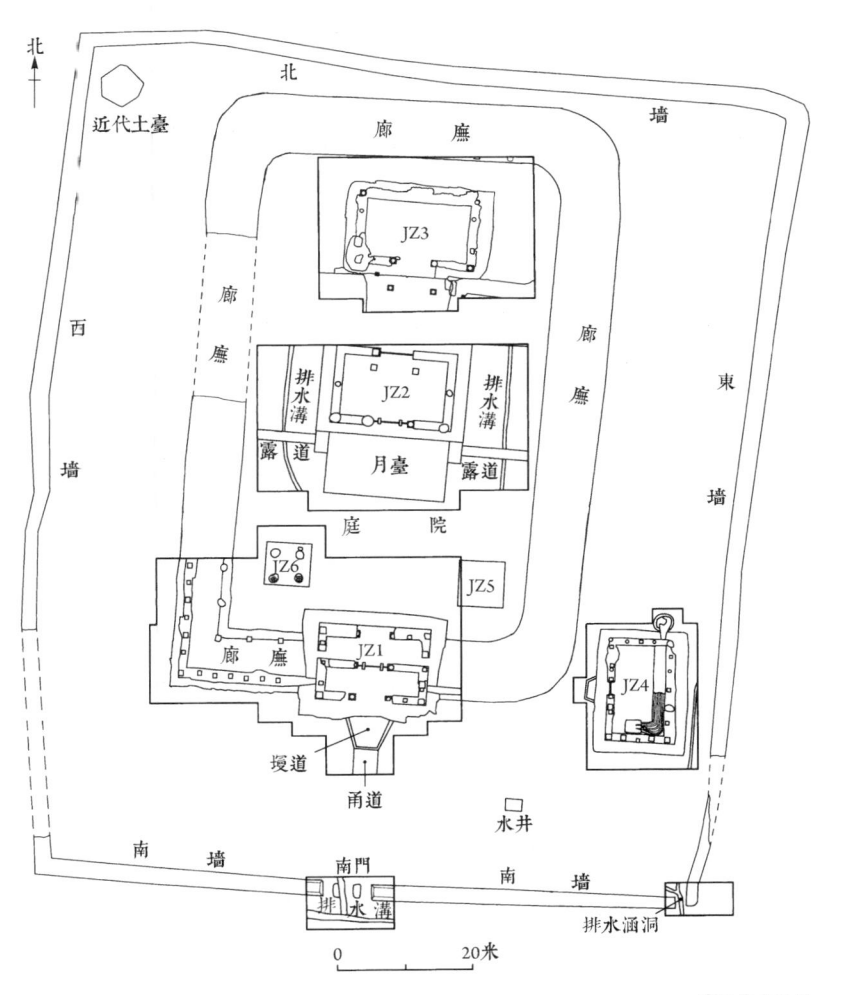

寶馬城平面圖

　　寶馬城主體建築采用工字殿形式，爲宋金元宮殿、衙署、祠廟等官式建築所習見。《雲麓漫鈔》云："本朝殿後皆有主廊，廊後有小室三楹，室之左右各有廊，通東西正廊。"[4]《南宋館閣錄》記秘書省（原法惠寺）建築佈局爲："自寺殿之後，爲省中廳三間。廳後主廊一間，堂五間。廳堂兩傍，省官分居之。"[5]《甕牖閑評》則云："廳

讀城 41

後屋，人多呼爲主廊，其實名貯廊。"[6]《宋會要輯稿》記南宋郊壇："熙成殿前東西兩廊各設廊屋五間，殿後貯廊並兩廊各設三間。"[7]《大金集禮》云：大定"七年（1167）十月二十五日敕旨，東宮涼樓前添殿，仍蓋貯廊。參政孟浩諫，皇太子雖爲儲副，終是人臣，若所居與至尊宮室相侔，恐於制度未便"[8]。

　　宋金祠廟建築佈局與興國靈應王廟可比照之實例爲汾陰后土祠、登封中嶽廟、華陰西嶽廟，前二者平面形制分別見於天會十五年（1137）刻《蒲州榮河縣創立承天效法厚德光大后土皇地祇廟像圖》及承安五年（1200）刻《大金承安重修中嶽廟圖》兩通廟貌碑[9]，後者則經考古發掘[10]。外爲縱長方形圍墻，南面開門，四隅有角樓。內有近方形迴廊，南廊設門，主殿、寢殿以貯廊相連居中偏北。所不同者，三廟殿之

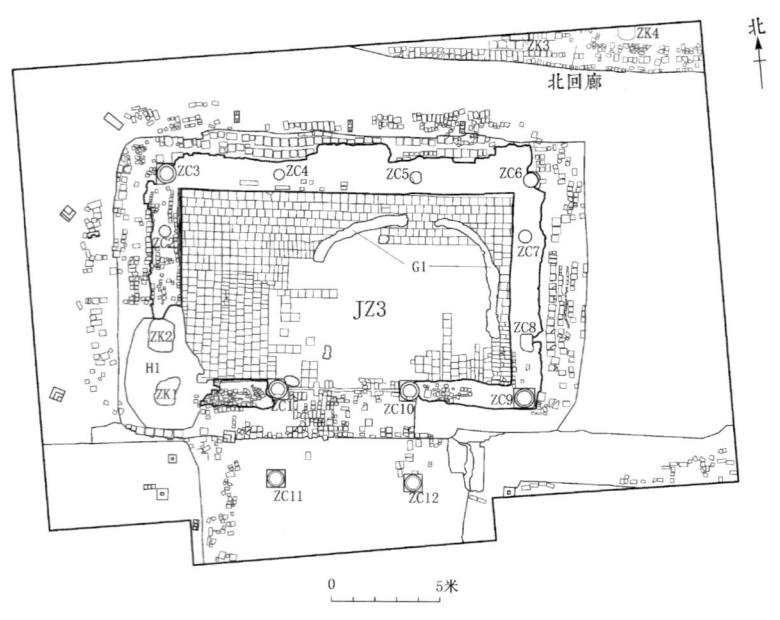

寶馬城寢殿平面圖

"左右各有廊，通東西正廊"，與趙彥衛所述一致，且置重門，較寶馬城規格更高。西嶽廟工字殿創於北宋，金元先增一進，拓爲王字殿，後乃縮建，恢復舊觀。可知如此廟制縱貫宋元。《山右石刻叢編》有至元十四年（1277）趙城《重修媧皇廟碑》[11]，格局"爲路寢一、小寢一，主廊過殿屬焉，恢綱門一，立極門次焉，餘三方有門，左右有廊，合九十楹"。亦是一例。其時，另有廢置貯廊，主殿、寢殿兩相分離者。如同屬平陽之中統四年（1263）臨汾《聖旨田宅之記碑》[12]，刻繪堯廟之圖，外圍城內迴廊格局一如宋金，主殿兩側亦各有廊，惟於寢殿之間並無貯廊，代以三間小殿一座。

2017 年 7 月 16 日

1　趙俊傑《關於寶馬城性質的初步研究》，《北方文物》2015 年 3 期，34—37 頁。
2　張暐等《大全集禮》卷三五《長白山》，《中華再造善本》影印中國國家圖書館藏清抄本，葉一至二、五至六。
3　吉林大學邊疆考古研究中心《吉林安圖縣寶馬城遺址 2014 年發掘簡報》，《考古》2017 年 6 期，66—81 頁。吉林省文物考古研究所、吉林大學邊疆考古研究中心《吉林安圖縣金代長白山神廟遺址》，《考古》2018 年 7 期，61—81 頁。
4　趙彥衛《雲麓漫鈔》卷三，北京：中華書局，1996 年，48 頁。
5　陳騤《南宋館閣錄》卷二《省舍》，北京：中華書局，1998 年，9 頁。
6　袁文《甕牖閑評》卷六，《全宋筆記》第 4 編第 7 册，鄭州：大象出版社，2008 年，197 頁。
7　徐松《宋會要輯稿》禮二之六，上海：上海古籍出版社，2014 年，517 頁。
8　張暐等《大全集禮》卷八《皇太子》，《中華再造善本》影印中國國家圖書館藏清抄本，葉六一至六二。
9　王世仁《記后土祠廟貌碑》，《考古》1963 年 5 期，折頁。張家泰《〈大金承安重修中嶽廟圖〉碑試析》，《中原文物》1983 年 1 期，41 頁。
10　陝西省考古研究院、西嶽廟文物管理處《西嶽廟》，西安：三秦出版社，2007 年，圖 117。
11　胡聘之《山右石刻叢編》卷二六，《石刻史料新編》影印清光緒二十七年刻本，臺北：新文豐出版公司，1977 年，第 1 輯第 21 册，15537 頁。
12　碑在臨汾堯廟。

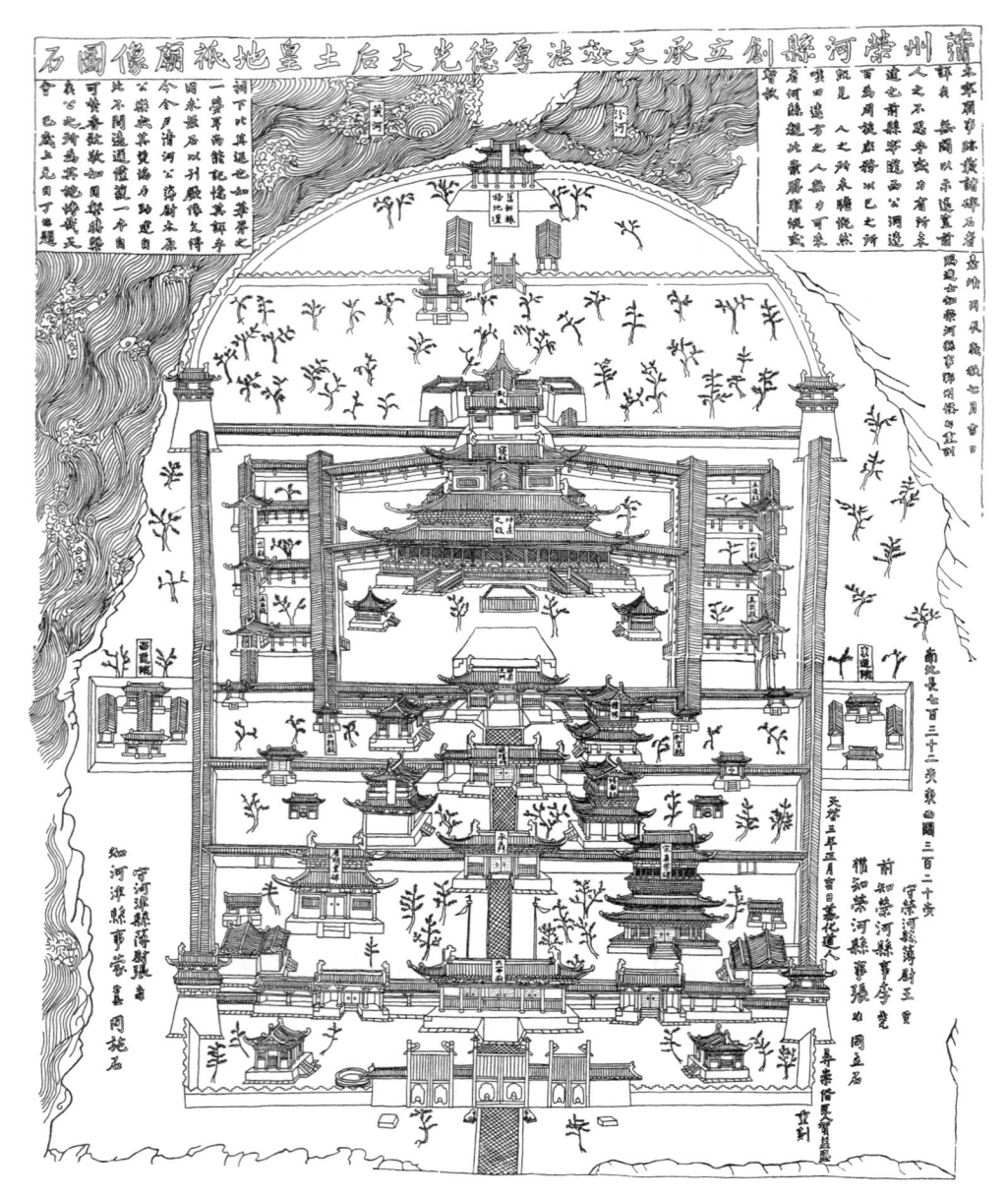

《蒲州榮河縣創立承天效法厚德光大后土皇地祇廟像圖石》摹本

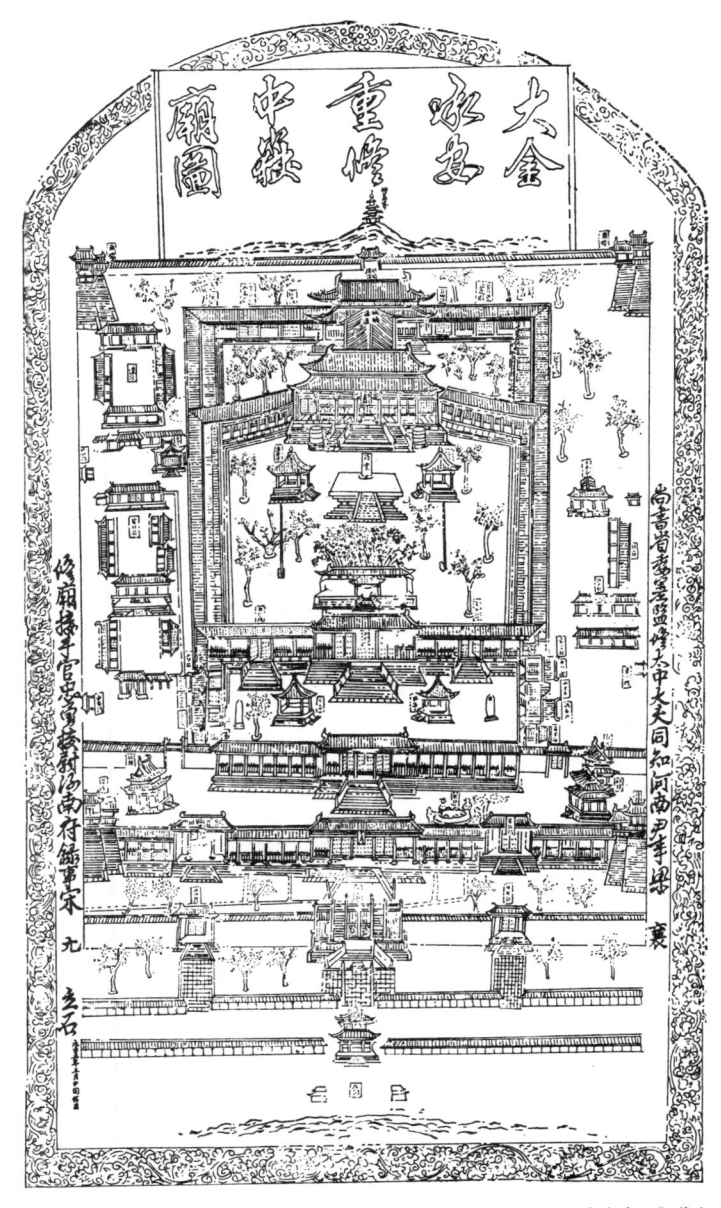

《大金承安重修中嶽廟圖》摹本

廣佑寺

　　遼陽舊城外西北隅有遼廣佑寺塔，俗稱白塔，八角十三層密檐磚構，舉高凡七十米，吾鄉之壯觀也。清乾隆四十三年（1778），朝鮮燕行使李德懋過此，聞"居人云，塔層嵌銅碑，近者墜地，詳記塔長爲三十六丈，其碑今在知縣衙中云"[1]。國朝己巳，重修是塔，於其頂又得明代銅碑五通。據隆慶辛未（1571）碑，正德戊辰（1508）別有修塔之舉，疑乾隆間現身者即當其事。

　　廣佑寺創建始末，以永樂癸卯（1423）碑《重修遼陽城西廣佑寺寶塔記》所述爲詳，略云[2]：

　　　　兹塔之重修，獲睹塔頂寶瓮傍葫蘆上有鐫前元皇慶二年（1313）重修記，蓋塔自遼所建，金及元時皆重修，迨於皇朝，積四百餘年矣。洪武五年壬子（1372），大軍剋遼陽，而寺先爲兵燹所廢，惟塔存爾。幸得各處浮圖居舊址者數輩，莫有知其寺額。越癸亥（1383），海洋女直上人覺觀率徒來歸，授副都綱職，開設遼陽僧綱司衙門。僧始盛聚於塔所，作僧舍，構佛殿，寺以白塔稱。其後，住山師有曰道圓號鏡堂者，續拜副都綱，鼎新建造殿宇，平治基址，得舊時廣佑寺碑，遂復寺額。

　　遼代伽藍格局已不可考，惟寶裝蓮瓣巨礎尚存，疑塔後當有大殿如應縣佛宮寺之例。明代寺院建築名目則見諸隆慶辛未碑《重修遼陽城西廣佑寺寶塔記》[3]：

鳥居龍藏攝廣佑寺柱礎舊影

鳥居龍藏攝廣佑寺白塔舊影

讀 城 47

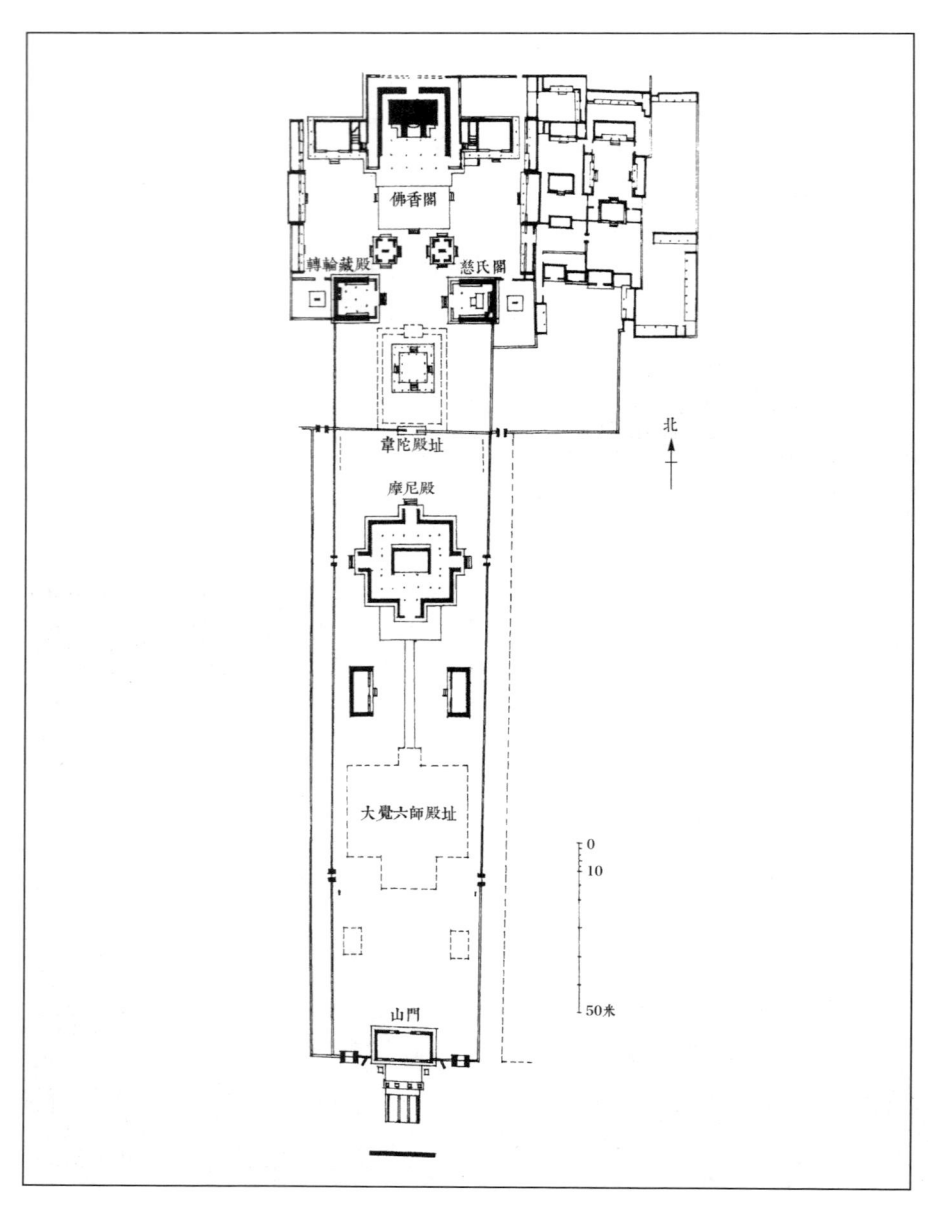

正定隆興寺平面圖

上層平面

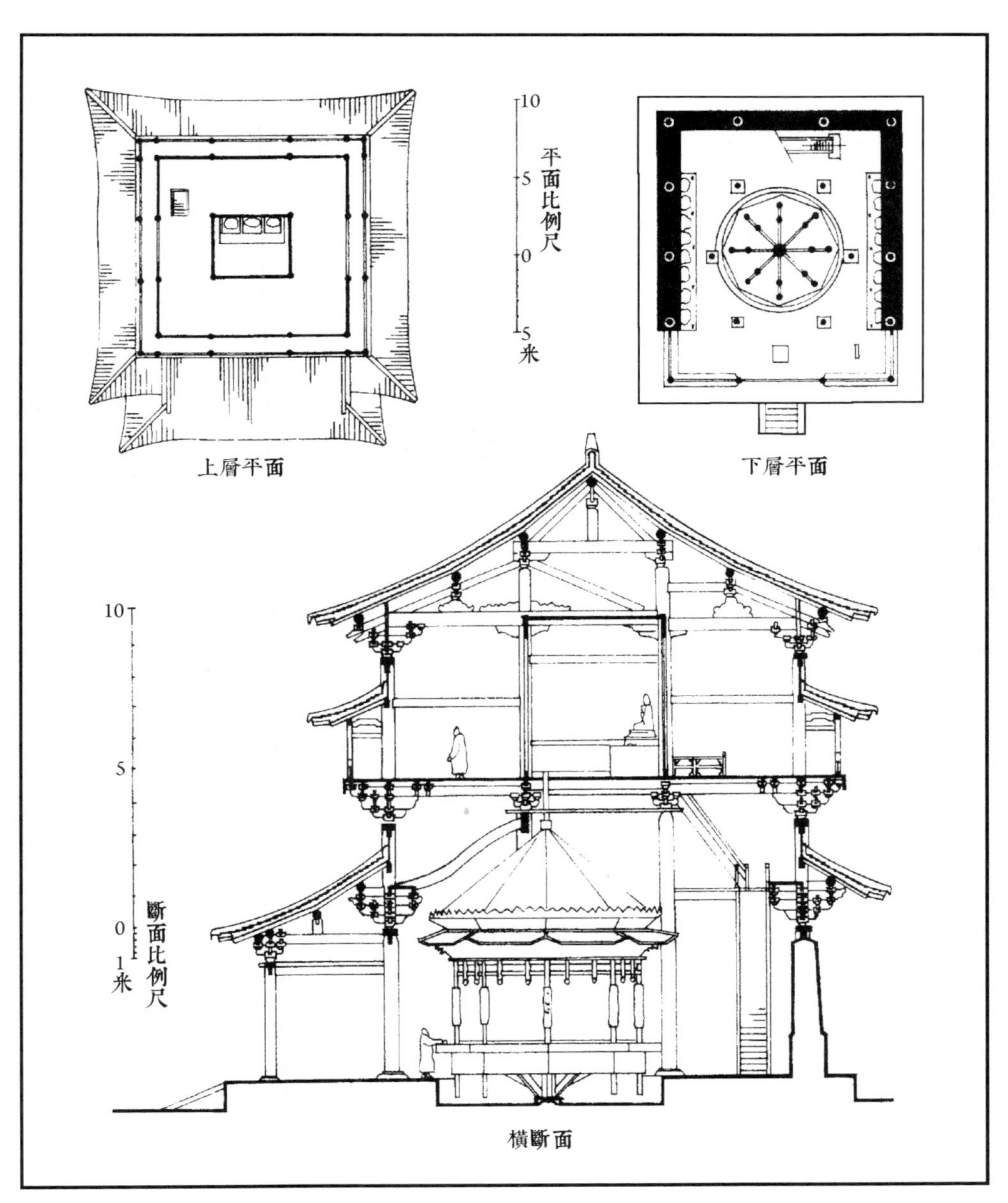

下層平面

平面比例尺
10
5
0
5米

橫斷面

斷面比例尺
10
5
0
1米

正定隆興寺轉輪藏殿平剖面圖

讀城 49

本寺建造合寺殿宇廊房僧舍開記於後：護敕聖旨一道、牌坊一架、山門三間、天王殿五間、敕香亭三間、鐘鼓樓二座、碑亭四座、前佛殿五間、中佛殿七間、轉輪藏樓五間、大悲殿五間[4]、地藏殿三間、伽藍堂三間、祖師堂三間、東西廊房六十六間、僧綱司衙門十六間、禪堂十六間、齋堂僧房共四十間、殿主房三間。

萬曆間，燕行使數過此寺，廟貌多所留意，擇其要者，摘錄如下：

許篈《荷谷朝天記》：萬曆二年（1574）六月二十六日，"到白塔寺。寺屋宇頗閎壯，佛像殊炳煥。……寺之北建輪閣，回轉可玩"[5]。

趙憲《朝天日記》：萬曆二年六月二十六日，"觀白塔，在城外西北隅。塔甚高大，寺中多有大佛，又有高閣在寺樓中，下設圓機，推之則自轉"[6]。

裴三益《朝天錄》：萬曆十五年（1587）四月二十六日，"仍往白塔寺……周覽三殿，佛像高大，平生所未見也。中殿後刻須彌山，畫以青色，奇巧亦無匹也。後有藏經閣，中設輪回之狀二層，而其高亦不知其幾尺也"[7]。

李尚吉《朝天日記》：萬曆四十五年（1617）十月五日，"尋白塔寺……後有一殿，塑佛三軀。又後有一殿，佛有五軀。最後有藏經閣"[8]。

李弘冑《梨川相公使行日記》：萬曆四十七年（1619）六月三十日，"寺門內有土塑四天王，分居左右。長松數十條，列植中門之外。其內有白塔……其內有佛殿三重，佛像壯甚，非我國寺刹之比。最後梯而通其中，上層地位高絕，殿內藏經萬帙，以繡匣朱櫃儲之，真壯觀也"[9]。

黃中允《西征日錄》：萬曆四十八年（1620）五月九日，"白塔寺……有佛殿三處。一殿有大佛五六軀，長數丈，大盈一間，諸小佛以千百數。最後一閣藏經，熊經略爲御史時題額板"[10]。

另有鄭士信《梅窓先生朝天錄》，以五言長詩記萬曆三十八年（1610）九月十日寺中所見頗詳，略云[11]：

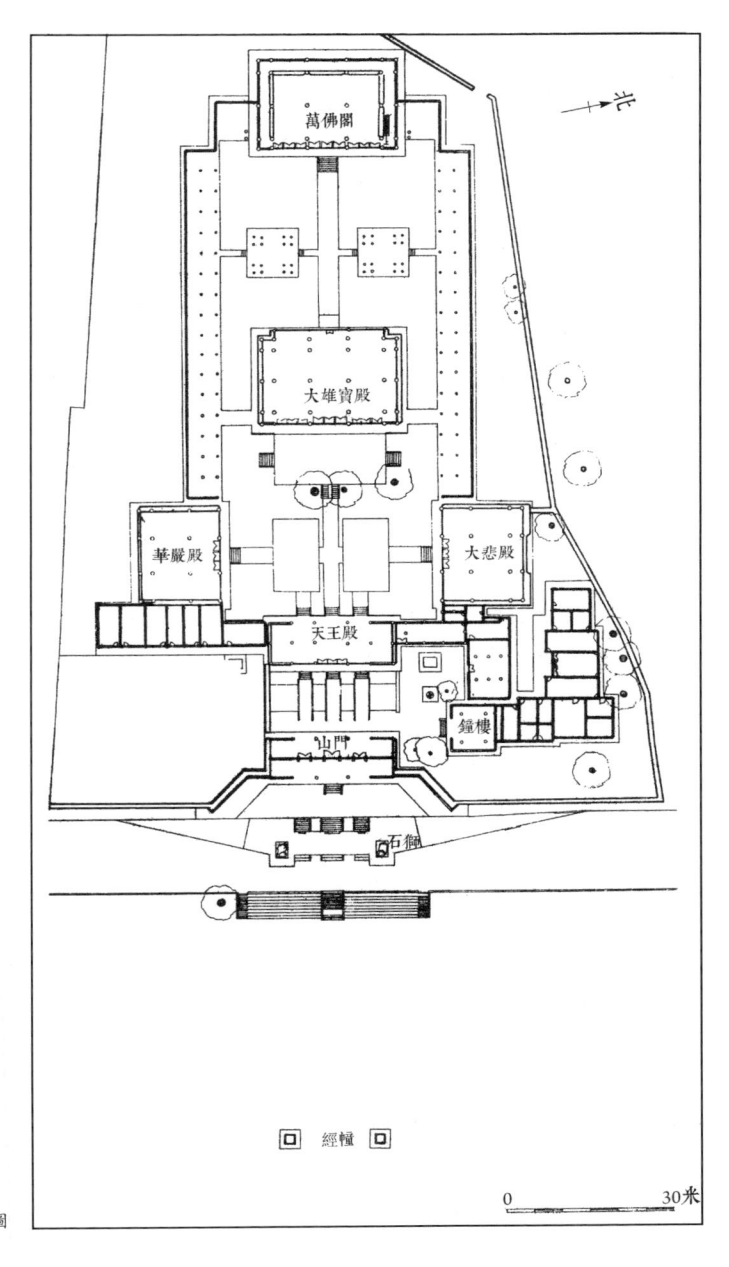

平武報恩寺平面圖

萬佛閣
大雄寶殿
華嚴殿
大悲殿
天王殿
鐘樓
山門
石獅
經幢

0   30米

外廳四天王，爰始開道場。坐軀分東西，瞋目設咸容。
東王弄琵琶，其一橫霜鋒。西座偶莫睹，巨壁藏其躬。
行行陟層階，法殿鬱穹崇。金佛煥且儼，靈山會像雄。
如來正當中，菩薩左右同。阿難侍右傍，迦葉左立恭。
蛟龍戴其下，寶座蓮花紅。壁後觀音堂，假山千萬峰。
偏立右膝坐，倨肆是何悫。堂後又中唐，重殿如疊㟝。
如來座依前，彌勒葛蘿將。左右遠相向，立王護神光。
二殿主覺翁，多寡各不同。廣廈壯結構，製作無纖倛。
誰非竭民力，不是役鬼傭。直北敞新殿，云是萬曆闃。
正位號藥師，貌異東佛面。侍立兩仙娥，頭上飾珠冕。
穿身鮮錦繡，熟視皆繪絢。佛前懸炷香，遍燒七日遍。
炷盡屢更懸，日夜如新薦。佛後開雲梯，重閣隱復見。
躋攀出閣上，俯視頭目眩。華藏列千字，插經八萬卷。
凜然不可留，迅下煩顧眄。閑僧認飢熱，迎我餅果列。
倚卓各精巧，茶椀注清冽。償債致金錢，稱謝形色悅。
開卷華嚴經，金字衍妙說。茶罷又出戶，引我延賞畢。
東偏挾一室，觀音妙菩薩。大軀長無雙，倚壁身立說。
慈悲水月容，粉腮白勝雪。千手負身上，千眼開手掌。

綜上，推斷明代廣佑寺主體建築自南向北依次爲：山門三間、東鐘樓西鼓樓、天王殿五間置四天王泥塑、白塔一座、前佛殿五間置釋迦三尊及倒坐觀音、東大悲殿（置千手千眼觀音）西地藏殿各三間、中佛殿七間置三世佛及二金剛、東伽藍堂西祖師堂各三間、轉輪藏樓（藏經閣）五間置轉輪經藏或藥師三尊。其佈局與萬曆四年（1576）於京西八里莊爲慈聖宣文皇太后敕建之大護國慈壽寺約略相近。或曰："外爲山門、天王殿，左右列鐘鼓樓，內爲永安〔萬〕壽塔，中爲延壽殿，後爲寧安閣，旁爲伽藍、祖師、大士、地藏四殿。"[12] 或曰："初則山門，次則天王殿，又次則永安萬壽寶塔，又大佛殿，又毗盧閣，又藏經閣，又三大士殿，又觀音、地藏、伽藍、祖師之諸殿，鐘鼓二樓。"[13]

萬曆己亥（1599）碑《廣佑寺請經鑄佛碑記》正面錄昨年敕諭略云："皇帝敕諭廣佑寺賜紫衣都綱真德及住持僧等：……茲者，聖母慈聖宣文明肅皇太后命工刊印續入藏經四十一函，並舊刻藏經六百三十七函，通行頒布本寺。"[14] 所謂舊刻藏經即《永

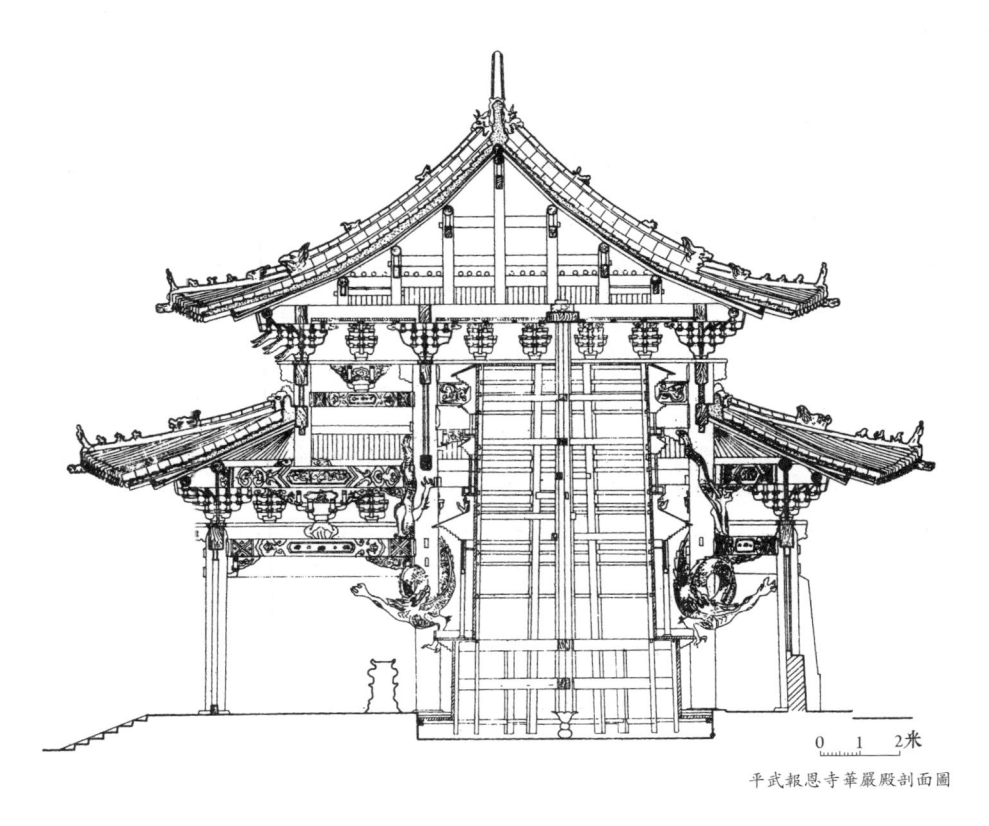

平武報恩寺華嚴殿剖面圖

樂北藏》,續入藏經爲萬曆補刊,敕諭範本一併收入[15]。故今所見諸寺萬曆敕諭碑[16]文字多與廣佑寺銅碑相同,惟年份有別。

　　隆慶辛未碑稱廣佑寺貯經之所爲轉輪藏樓,萬曆前期燕行使明指內有輪藏可轉,而後期則僅言繡匣朱櫃藏經。且云萬曆闢新殿,正位藥師佛,佛後開雲梯,閣上列華藏。如此,頗疑其間有所更作,改輪藏而爲壁藏。故萬曆己亥碑稱"修經樓一□",經書"共計三十八箱,擇吉二十七年七月十五日圓滿,請經入樓"。現存宋明佛寺木構轉輪藏實例有三:正定隆興寺[17]、平武報恩寺[18]、北京智化寺[19],藏殿均在寺院西偏,文獻所記亦多如之。是廣佑寺轉輪藏樓布置於中軸末端,實爲稀見之例。

　　明天啟元年(1621),遼陽城爲後金所破。歷經兵火,至清順治初年,"城郭人民,皆非其舊,華胥千年,亦無遺跡,而獨定邊廣祐寺白塔,巋然特立"[20]。嗣後,以關內移民故,市井稍稍恢復。"塔後有剎,舊則頹廢,新纔創立。康熙二十八年(1689),皇太后以千金施之,皇帝亦施以貳百金云。"[21]雖如此,康熙季年復盡破落頽圮[22],歷乾嘉道咸諸朝以迄清末,未有改觀[23],昔日巨刹,終究湮滅。

2018 年 7 月 30 日

1　李德懋《入燕記》,《燕行錄全集》第 57 冊,漢城:東國大學校出版部,2001 年,226 頁。
2　鄒寶庫《遼陽碑誌選編》,瀋陽:遼寧民族出版社,2011 年,175—176 頁。
3　鄒寶庫《遼陽碑誌選編》,瀋陽:遼寧民族出版社,2011 年,178 頁。
4　大悲閣五間,疑爲三間之誤。
5　許篈《荷谷朝天記》,《燕行錄全集》第 6 冊,漢城:東國大學校出版部,2001 年,493—495 頁。
6　趙憲《朝天日記》,《燕行錄全集》第 5 冊,漢城:東國大學校出版部,2001 年,155 頁。
7　裴三益《朝天錄》,《燕行錄全集》第 4 冊,漢城:東國大學校出版部,2001 年,21 頁。
8　李尚吉《朝天日記》,《燕行錄全集》第 9 冊,漢城:東國大學校出版部,2001 年,185—186 頁。

9　李弘胄《梨川相公使行日記》,《燕行錄全集》第 10 册, 漢城:東國大學校出版部, 2001 年, 40—41 頁。

10　黄中允《西征日錄》,《燕行錄全集》第 16 册, 漢城:東國大學校出版部, 2001 年, 37—38 頁。

11　鄭士信《梅窓先生朝天錄》,《燕行錄全集》第 9 册, 漢城:東國大學校出版部, 2001 年, 261—262 頁。另見第 20 册, 453—455 頁。

12　張居正《敕建慈壽寺碑文》,《新刻張太岳先生集》卷一二,《明別集叢刊》第 3 輯第 27 册, 影印清刻本, 合肥:黄山書社, 2016 年, 153 頁。另參于慎行《敕建慈壽寺碑文（代）》,《穀城山館全集》卷一三,《明別集叢刊》第 4 輯第 4 册, 影印明萬曆三十五年周時泰刻本, 合肥:黄山書社, 2016 年, 380 頁。

13　覺淳等《大明續諸經未入藏者添進藏函序》,《中華大藏經》第 90 册, 北京:中華書局, 1987 年, 81 頁。

14　鄒寶庫《遼陽碑誌選編》, 瀋陽:遼寧民族出版社, 2011 年, 182 頁。

15　趙樸初名譽主編《永樂北藏》第 1 册, 北京:綫裝書局, 2000 年, 9 頁。

16　如萬曆十九年（1591）護國慈慧寺敕諭碑, 北京圖書館金石組《北京圖書館藏中國歷代石刻拓本匯編》第 58 册, 鄭州:中州古籍出版社, 1989 年, 13 頁。

17　梁思成《正定調查紀略》,《中國營造學社彙刊》第 4 卷第 2 期, 1933 年, 20—24 頁。

18　向遠木《四川平武明報恩寺勘查報告》,《文物》1991 年 4 期, 1—19 頁。

19　劉敦楨《北京智化寺如來殿調查記》,《中國營造學社彙刊》第 3 卷第 3 期, 1932 年, 21—22 頁。

20　成以性《燕行日記》, 順治二年（1645）,《燕行錄全集》第 18 册, 漢城:東國大學校出版部, 2001 年, 141 頁。

21　申厚命《燕行日記》, 康熙三十二年（1693）,《燕行錄全集》第 28 册, 漢城:東國大學校出版部, 2001 年, 112—113 頁。

22　金昌業《燕行日記》, 康熙五十一年（1712）,《燕行錄全集》第 31 册, 漢城:東國大學校出版部, 2001 年, 333 頁。另見第 32 册, 397 頁。俞拓基《燕行錄》, 康熙六十年（1721）,《燕行錄全集》第 38 册, 漢城:東國大學校出版部, 2001 年, 76 頁。

23　李押《燕行記事》, 乾隆四十二年（1777）,《燕行錄全集》第 52 册, 漢城:東國大學校出版部, 2001 年, 353 頁。李基憲《燕行日記》, 嘉慶六年（1801）,《燕行錄全集》第 65 册, 漢城:東國大學校出版部, 2001 年, 53 頁。朴來謙《瀋槎日記》, 道光九年（1829）,《燕行錄全集》第 69 册, 漢城:東國大學校出版部, 2001 年, 54 頁。申錫愚《入燕記》, 咸豐十年（1860）,《燕行錄全集》第 77 册, 漢城:東國大學校出版部, 2001 年, 164 頁。

吳越杭州城

南宋臨安城範圍之奠定始自吳越，故討論臨安城選址，須先明確吳越杭州城範圍。學界於此雖意見不一，却普遍認爲當時杭州城遠大於後來臨安城[1]。然細辨史料，情況恐非如此。

唐大順元年（890），錢鏐初築夾城。錢儼《吳越備史》云："王命築新夾城，環包氏山，泊秦望山而迴，凡五十餘里，皆穿林架險而版築焉。"景福二年（893），又築羅城。"王率十三都兵泊役徒二十餘萬衆，新築羅城，自秦望山由夾城東亘江干，泊錢塘湖、霍山、范浦，凡七十里。"[2] 羅隱代錢鏐作《杭州羅城記》記其事云[3]：

> 余始以郡之子城歲月滋久，基址老爛，狹而且卑，每至點閱士馬，不足迴轉。遂與諸郡聚議，崇建雉堞，夾以南北，矗然而峙。帑藏得以牢固，軍士得以帳幕，是所謂固吾圉。……後始念子城之謀，未足以爲百姓計。東晞巨浸，輳閩夷之舟檣；北倚郭邑，通商旅之寳貨。苟或侮劫之不意，攘偷之無狀，則向者吾皇優詔，適足以自榮。由是復與十三都經緯羅郭，上上下下，如響而應。爰自秋七月丁巳，訖於冬十有一月某日。由北郭以分其勢，左右而翌合於冷水源。綿亘若干里，其高若干丈，其厚得之半。

《乾道臨安志》記有吳越時城門名稱："南門曰龍山，東門曰竹車、南土、北土、保德，北門曰北關，西門曰涵水、西關。城中又有門曰朝天門、曰炭橋新門、曰鹽橋門，今廢，土人猶以門稱焉。"[4] 吳越羅城諸門，以南宋時人理解，均在臨安城之外。北關門在夾城巷[5]，西關門在雷峰塔下[6]，竹車門在保安門外[7]，南土門在崇新門外，北土門在東青門外[8]。《永樂大典·杭州府》所記相近[9]：

> 古城：東馬城、西馬城。二城乃吳越錢王時城堡，今有夾城巷名，即古城界也。古城門：朝天門；龍山貌門；竹車門；新門頭，元在城內炭橋東南；南土門，元在薦橋門外；北土門，元在菜市門外；鹽橋門，元在鹽橋西，今在打城巷；寶德門，元在艮山門外無星橋；西關門，元在雷峰塔下；北關門，元在夾城巷。十門乃吳越錢王時門關。

明人郎瑛即本此說，《七修類稿》敘杭城來歷[10]：

> 杭城創於隋之楊素，周止三十六里……至五代，錢鏐則又新築羅城於外，自秦望山有門曰龍山，東亘江干，其門曰保德，旋至湖市夾城巷口，其門曰北關，西泊於錢塘湖，直至雷峰塔前，其門曰涵水，循城慈雲嶺直上而南，周七十餘里。

今論吳越杭州城者，基本認同宋明文獻記載，是故城垣位置推測彼此雖有差異，整體範圍劃定均遠超南宋臨安城。然而，吳越以降迄於南宋，文獻中並無任何關於杭州城垣範圍縮小之記錄，吳越杭州城範圍還應審慎考慮。

《吳越備史》記述夾城、羅城所提一些地名，南起順時針依次有：包氏山，即宋包家山，今謂包山，在梵天寺南[11]。秦望山，即今將臺山[12]。錢塘湖，即西湖[13]。霍山，在錢塘門外寶石山側[14]。范浦，宋為鎮，在艮山門北[15]。均在南宋臨安城垣左近。

另有其他幾處地點可爲判斷吳越外城外圍提供直接參照。天復二年（902）徐綰之亂，《吳越備史》云："俄而楊行密使至頵營，王城中莫有知其意者。王曰：田頵悖而無機，倘得密意，必明言其可否。王乃使人往覘之，頵迎行密來使於半道紅（半道紅在北郊，舊植桃花之所，凡數里），並轡而行，果與言及罷兵之事。"[16]《西湖游覽志》云："出武林門而北，爲崇福橋、霍山坊、餘杭橋巷、新橋巷、半道紅、清湖三閘、周公泉、枯樹灣、夾城巷……"[17] 餘杭橋、清湖三閘、夾城巷，在《咸淳臨安志·西湖圖》中由南至北排列，是吳越外城北不能至夾城巷。關於吳越王室墓，《吳越備史》記：天福"七年（942）壬寅二月癸卯，葬（文穆王）於國城龍山之南原"。廣順二年（952）"秋八月丁酉，敕葬恭懿夫人於錢塘慈雲嶺之西原"[18]。文穆王即錢元瓘，恭懿夫人即吳漢月，兩墓分別發現於玉皇山（龍山）南麓及慈雲嶺西南施家山[19]，是吳越外城西不能過慈雲嶺。另外，望江路與吉祥巷交界東北原杭州家具廠曾發現南宋、北宋、五代疊壓城牆基礎，是吳越外城東不能逾東河。

由此看來，宋代志書對吳越杭州城範圍描述並不可靠，而錢儼記述夾城、羅城時所提地點，除包氏山、秦望山爲城垣所經，其餘均是城外近處顯著地標。據現有資料，吳越杭州城仍當與南宋紹興二十八年（1158）擴東南外城以前臨安城大致重叠。

2017 年 3 月 26 日

1 闕維民《杭州城池暨西湖歷史圖説》，杭州：浙江人民出版社，2000 年。《杭州城址演變圖》，國家地圖集編纂委員會《中華人民共和國國家歷史地圖集》第 1 冊，北京：中國地圖出版社、中國社會科學出版社，2012 年。

2 錢儼《吳越備史》卷一，《景印文淵閣四庫全書》第 464 冊，臺北：臺灣商務印書館，1986 年，506、507 頁。

3 李昉等《文苑英華》卷八一一，北京：中華書局，1966年，4286—4287頁。

4 周淙《乾道臨安志》卷二《城社》，《宋元方志叢刊》影印清光緒七年刻《武林掌故叢編》本，第4冊，北京：中華書局，1990年，3223頁。

5 施諤《淳祐臨安志》卷九《山川》諸塢："東西馬塍，在餘杭門外羊角埂之間……或云是錢王舊城，非塍也。今北關門，古之餘杭門，外城也，元自有北關門。今有夾城巷，乃古基也，地與馬城相接。"《宋元方志叢刊》影印清光緒九年刻《武林掌故叢編》本，第4冊，北京：中華書局，1990年，3313頁。

6 潛說友《咸淳臨安志》卷一八《疆域》三《城郭》："西關（門），在雷峰塔下。"日本靜嘉堂文庫藏宋咸淳刻本，葉五。

7 潛說友《咸淳臨安志》卷二一《疆域》六《橋道》："諸家橋，保安門外、竹車門南。"《中華再造善本》影印中國國家圖書館藏宋咸淳刻本，葉九。

8 潛說友《咸淳臨安志》卷一九《疆域》四《市》："菜市，在崇新門外南、北土門，及東青門外壩子橋等處。""蟹行，在崇新門外南土門。""北土門市，在東青門外，去縣三里。南土門市，在崇新門外，去縣四里。"日本靜嘉堂文庫藏宋咸淳刻本，葉一七至二〇。

9 解縉等《永樂大典》卷七六〇三《杭州府》五二，北京：中華書局，1986年，3528頁。

10 郎瑛《七修類稿》卷四《天地類》杭城來歷，上海：上海書店出版社，2009年，38—39頁。

11 施諤《淳祐臨安志》卷八《山川》城南諸山："包家山，在城南，近郊壇、冷水峪。多桃花，爲春日游覽之勝。"《宋元方志叢刊》影印清光緒九年刻《武林掌故叢編》本，第4冊，北京：中華書局，1990年，3294頁。

12 施諤《淳祐臨安志》卷八《山川》城西諸山、城内諸山："後唐同光中，錢氏於秦望山建上清宫，有巨石二十餘株，自然成行，名曰金洞門。"鳳凰山"其右山巔有介亭，石笋林立，最爲怪奇。舊傳錢武肅王鑿山，見怪石排列兩行，如從衛拱立趨向，因名排衙石，及刻詩其上"。《宋元方志叢刊》影印清光緒九年刻《武林掌故叢編》本，第4冊，北京：中華書局，1990年，3294、3292頁。案：排衙石在今將臺山頂。

13 施諤《淳祐臨安志》卷一〇《山川》湖："西湖，在郡西，舊名錢塘湖。"《宋元方志叢刊》影印清光緒九年刻《武林掌故叢編》本，第4冊，北京：中華書局，1990年，3319頁。

14 施諤《淳祐臨安志》卷八《山川》："霍山，在錢塘門外。"《宋元方志叢刊》影印清光緒九年刻《武林掌故叢編》本，第4冊，北京：中華書局，1990年，3301頁。

15 潛説友《咸淳臨安志》卷一九《疆域》四《市》:"范浦鎮市,在艮山門外,去縣四里。"日本静嘉堂文庫藏宋咸淳刻本,葉二〇。

16 錢儼《吳越備史》卷一,《景印文淵閣四庫全書》第464冊,臺北:臺灣商務印書館,1986年,519頁。

17 田汝成《西湖游覽志》卷二二《北山分脉城外勝跡》衢巷河橋:"出武林門而北,爲崇福橋、霍山坊、餘杭橋巷、新橋巷、半道紅、清湖三閘、周公泉、枯樹灣、夾城巷……"《中華再造善本》影印中國國家圖書館藏明嘉靖二十六年嚴寬刻本,葉一。案:餘杭橋、清湖三閘、夾城巷,在《咸淳臨安志·西湖圖》中由南至北排列。

18 錢儼《吳越備史》卷四,《景印文淵閣四庫全書》第464冊,臺北:臺灣商務印書館,1986年,567頁。

19 浙江省文物管理委員會、杭州師範學院歷史系考古組《杭州郊區施家山古墓發掘報告》,《杭州師範學院學報(社會科學)》第1期,1960年,103—114頁。浙江省文物管理委員會《杭州、臨安五代墓中的天文圖和秘色瓷》,《考古》1975年3期,186—194頁。

杭城堪輿

杭州左近山勢，以明人田汝成所論最詳[1]：

> 西湖諸山之脉，皆宗天目。天目……蜿蟺東來，凌深拔峭，舒岡布麓，若翔若舞，萃於錢唐，而崒萃於天竺。從此而南、而東，則爲龍井，爲大慈，爲玉岑，爲積慶，爲南屏，爲龍，爲鳳，爲吳，皆謂之南山。從此而北、而東，則爲靈隱，爲仙姑，爲履泰，爲寶雲，爲巨石，皆謂之北山。南山之脉，分爲數道，貫於城中……在宋則爲大內、德壽、宗陽、佑聖諸宮，隱隱賑賑，皆王氣所鍾。而其外邐，則自龍山沿江而東，環沙河而包括，露骨於茅山、艮山，皆其護沙也。北山之脉，分爲數道，貫於城中……在宋則爲開元、景靈、太乙、龍翔諸宮，隱隱賑賑，皆王氣所鍾。而其外邐，則自霍山繞湖市、半道紅，衝武林門，露骨於武林山，皆其護沙也。

南宋趙彥衛則云[2]：

> 政和王年（1115），命工部侍郎孟揆鳩工，內官梁師成董役，築土山於景龍門之側，以像餘杭之鳳凰山。……以在都城之艮方，故曰艮嶽。南山成，易名曰壽嶽，都人且曰萬歲山。所謂餘杭之鳳凰山，即今臨安府大內麗正門之正面

讀城 61

按山。上有天柱宮及錢王郊壇，盡處即嘉會門。山勢自西北來，如龍翔鳳舞，掀騰而下，至鳳凰山止。山分左右翼，大內在山之左腋，後有山包之，第二包即相府，第三包即太廟，第四包即執政府，包盡處爲朝天門。端誠殿在山之右腋，後有山包之，第二包即郊壇，第三包即易安齋，第四包即馬院。東南皆大江，西爲西湖，北臨平湖，地險且壯，實爲一都會。其兆先見於東都爲山之時。

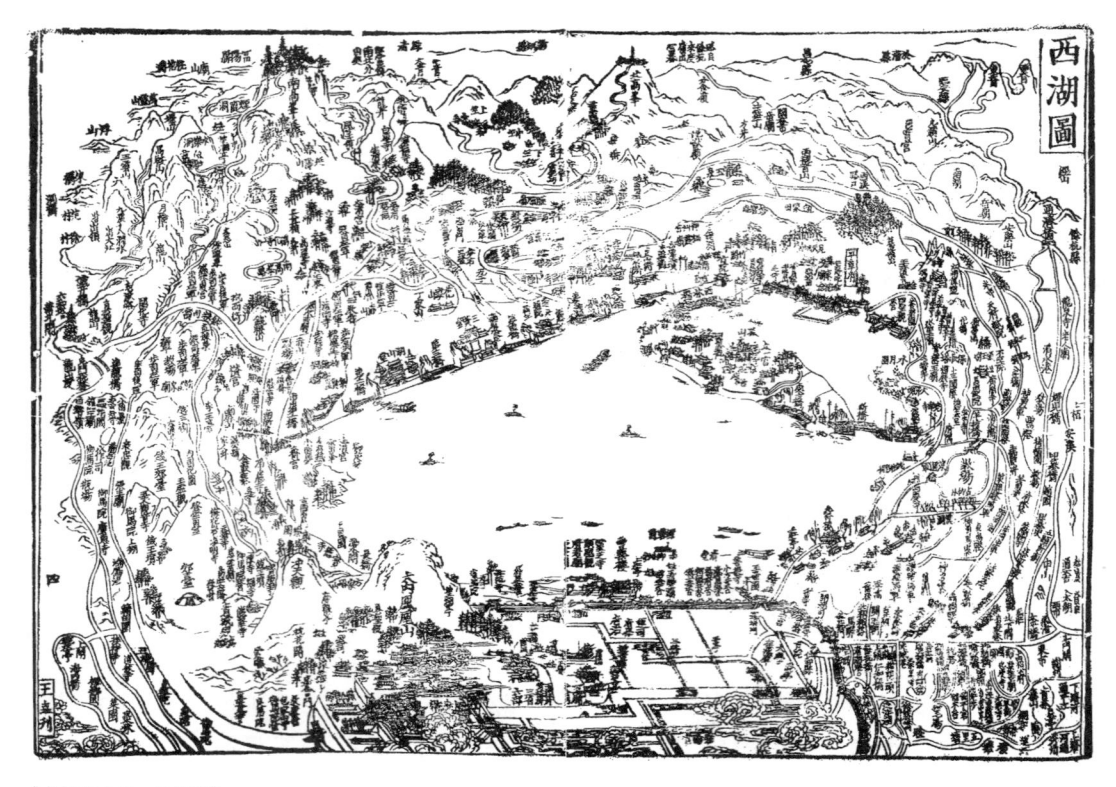

《咸淳臨安志·西湖圖》

論者或曰，宋人據先兆傳說以解釋臨安城坐南向北佈局[3]。但若將彥衛所述與汝成之論比對，則可知兩者均以坐西向東視角分析杭城堪輿，實與城市南北軸綫無涉。

南宋中期，皇室喪葬活動仍以北宋以來所遵國音姓利舊俗爲準，朝臣却援引贛閩流派理論與之論辯，紹熙五年（1194）朱熹《山陵議狀》云："若以術言，則凡擇地者，必先論其主勢之强弱，風氣之聚散，水土之淺深，穴道之偏正，力量之全否，然後可以較其地之美惡。"[4] 言陵墓如此，論國都亦然。嘉定八年（1215）程珌《乙亥輪對剳子》云："且錢塘形勢，自赤山而下，皆來岡也，而掘鑿無度。八盤嶺，宮闕正脉也，而爲路注來。吳山、七寶等山，皆肘腋也，而營造日盛。盤胳吳山之麓，皆餘氣也，而鑿井不已。韓侂冑之故居，太廟所枕也，而琢斷山骨。"[5] 又，"嘉定中……正言張次賢上言，八盤嶺乃禁中來龍，乞禁人行。"[6] 赤山在鳳凰山之西，八盤嶺則在皇城正西，故均屬來龍過脉之所。

嘉定十二年十一月"癸卯，詔：臨安北山劍門嶺，今後毋得於其所鑿山伐石。以張次賢論其泄山川陰陽之氣故也"[7]。不數年，趙不憗與岳珂上言[8]：

> 伏睹嘉定十二年十一月十一日臣寮奏請：臨安府北山劍門嶺履泰山係神京禁地，乞行禁止石宕打鑿石段。……重念不憗有先祖儀王仲湜，昨蒙敕葬顯明寺；珂有先祖鄂王飛昨蒙敕葬褒忠衍福寺。上件墳地與所鑿石宕相去並是逼近，今來穿穴不已，子孫之心，委爲痛切。況其山正係行宫大内儲祥發源形勝之地，又係成穆皇后、成恭皇后、慈懿皇后、莊文太子、景獻太子攢宮正按。具有法禁，兼有專降指揮分明，豈容不時穿鑿，戕壞山脉？

劍門嶺履泰山即西湖之北栖霞嶺，屬北山支脉，岳墳正在其下，南山攢宮隔湖相望。故此例議論先以坐西向東而言，目其爲"京城左臂，朝拱大内"，又以坐南向北而論，稱其係"攢宮按對"。

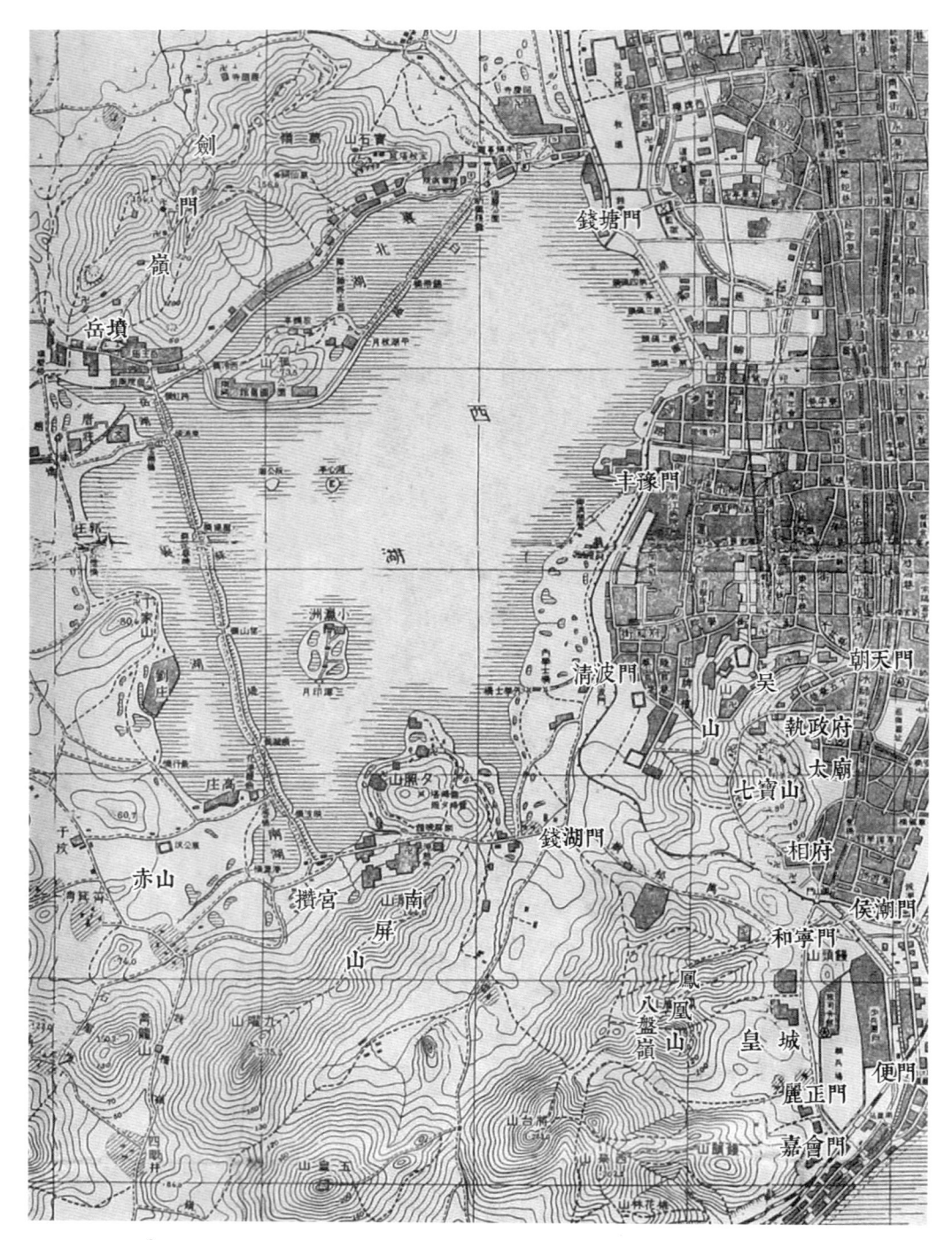

杭城西湖形勢圖

杭城選址奠定於吴越，就其範圍而言，北宋沿襲無改，南宋略事增益，元末南縮東擴，整體格局變動不大。後人論其堪輿形勢，皆以當時流行理念爲據，而與創建思想無關，其理至明。或有附會趙氏國音姓利强解臨安佈局者，其說也妄。

2017 年 4 月 2 日

1　田汝成《西湖游覽志》卷一《西湖總叙》，《中華再造善本》影印中國國家圖書館藏明嘉靖二十六年嚴寬刻本，葉一至二。
2　趙彦衛《雲麓漫鈔》卷三，北京：中華書局，1996 年，47 頁。
3　楊寬《中國古代都城制度史研究》，上海：上海古籍出版社，1993 年，350 頁。
4　朱熹《山陵議狀》，《晦庵先生朱文公文集》卷一五，《四部叢刊》初編影印明嘉靖刻本，葉三五。
5　程珌《乙亥輪對劄子》，《程端明公洺水集》卷一，《宋集珍本叢刊》影印明嘉靖三十五年程元昺刻本，第 71 册，北京：綫裝書局，2004 年，15—16 頁。
6　羅大經《鶴林玉露》乙編卷六《擒虎尋龍》，北京：中華書局，1983 年，229 頁。
7　劉克莊《玉牒初草》，《後村居士集》卷四四，《宋集珍本叢刊》影印宋刻本，第 80 册，北京：綫裝書局，2004 年，15 頁。
8　岳珂編，王曾瑜校注《鄂國金佗稡編續編校注》續編卷一五，北京：中華書局，1989 年，1358—1359 頁。
9　《二萬分一杭州近傍圖》，杭州警備司令部，民國三十四年。據此改繪。

晚清杭城圖[1]

《浙江省垣坊巷全圖》，今見有清咸豐九年（1859）坦坦居主人初刻同治六年（1867）許嘉德重刻本[2]、光緒四年（1878）許嘉德再刻本[3]及光緒間浙江官書局刻本[4]。圖尾許氏題跋云：

> 杭州省城全圖，咸豐九年坦坦居主人摹刻也。十一年，杭陷，至同治甲子，經大軍剋復。兵燹之餘，慘不忍睹，通城屋舍，十不存二，頹垣廢址，瓦礫成場，其間街衢里苑，半不可辨。急覓是圖，原板既付劫灰，尺幅亦不可得。遍訪同人之遁居江北者，得一紙。披圖歷覽，今夕興悲，正不知幾十年而獨見舊規也。竊恐叢殘榛莽之中，久且遺忘故址處，重刻以仍其舊云。同治六年丁卯三月／光緒四年戊寅六月，華亭許嘉德記。

丁丙《武林坊巷志序》稱，"同治甲子（1864），杭既收復，搜得胡君次瑤舊繪《省城坊巷圖》"[5]。此圖注記坊巷名稱與丁《志》徵引胡圖相同（丁《志》中引作《武林坊巷全圖》、《浙江省城坊巷全圖》），當即該卷。《清代杭人小傳》載："胡次瑤，名琨，字美中，胡敬子，仁和人。道光甲辰（1844）舉人，候選教諭。朱朗齋舊著《武林坊巷志稿》藏其家，複加補纂，十載而書成。先繪《杭城坊巷圖》，尺幅中全城畢備。"[6]《浙江忠義錄·胡琨傳》云："胡琨，字次瑤，仁和人。……又嗜演算法，與同里項名達、戴煦講求弧綫之術尤精。咸豐十年（1860）二月，賊犯杭州，盡載其孥出至艮山水門，門閉不得出……遂投水死。"[7] 是知此圖當繪於道咸之際，嗣後太平天國戰亂，杭州部分坊巷遭到破壞，早先情況賴其記存，滿城格局僅見此圖。

《浙江省垣城廂總圖》[8]、《浙江省垣城廂分圖》[9]、《浙江省垣水利全圖》[10]，皆浙江官書局光緒間刻本。輿圖目錄以爲均係浙江官書局同治三年（1864）刻[11]。三圖雖見諸《浙江官書局書目》，然官書局實同治六年由巡撫馬新貽奏設於小營巷報恩寺[12]，《分圖》在小營巷報恩寺即標注有官書局，可知著錄有誤。《武林坊巷志》引用兩種《浙江省城全圖》，分別爲梅氏（梅撫部）《省城圖》和輿圖局《省城圖》[13]。通過比對街巷注記，梅氏（梅撫部）《省城圖》即《浙江省垣城廂總圖》，輿圖局《省城圖》即浙江輿圖局《浙江省城圖》[14]。梅撫部者，浙江巡撫梅啓照[15]，光緒三年至五年（1877—1879）在任，是圖應於此間繪製，故圖中尚無光緒五年梅氏去職前主持開鑿之新橫河。

《浙江省城圖》，浙江輿圖局光緒十八年（1892）刻本[16]。圖側所附浙江輿圖局《杭州省城圖説》云："舊刊《省城圖》詳於街巷，而淆於方位，兵燹後，街巷不能盡同。梅撫部《城圖》、《水利圖》亦尚疏略。光緒十八年，輿圖局於測繪各郡縣圖將畢[17]，別爲此圖，每方六十丈，舊圖之誤者，皆爲刊正。街巷橋梁與河道，悉從今名，以便識別。"此亦可證前述浙江官書局所刻三圖均爲梅啓照主持測繪者。

近年杭州市檔案館編輯《清代杭城全圖》影印以上諸圖，嘉惠學林，然序文於製圖背景仍有未及之處，故略爲贅語，以闡其實。

2015 年 12 月 20 日

《浙江省垣坊巷全圖》同治六年刻本

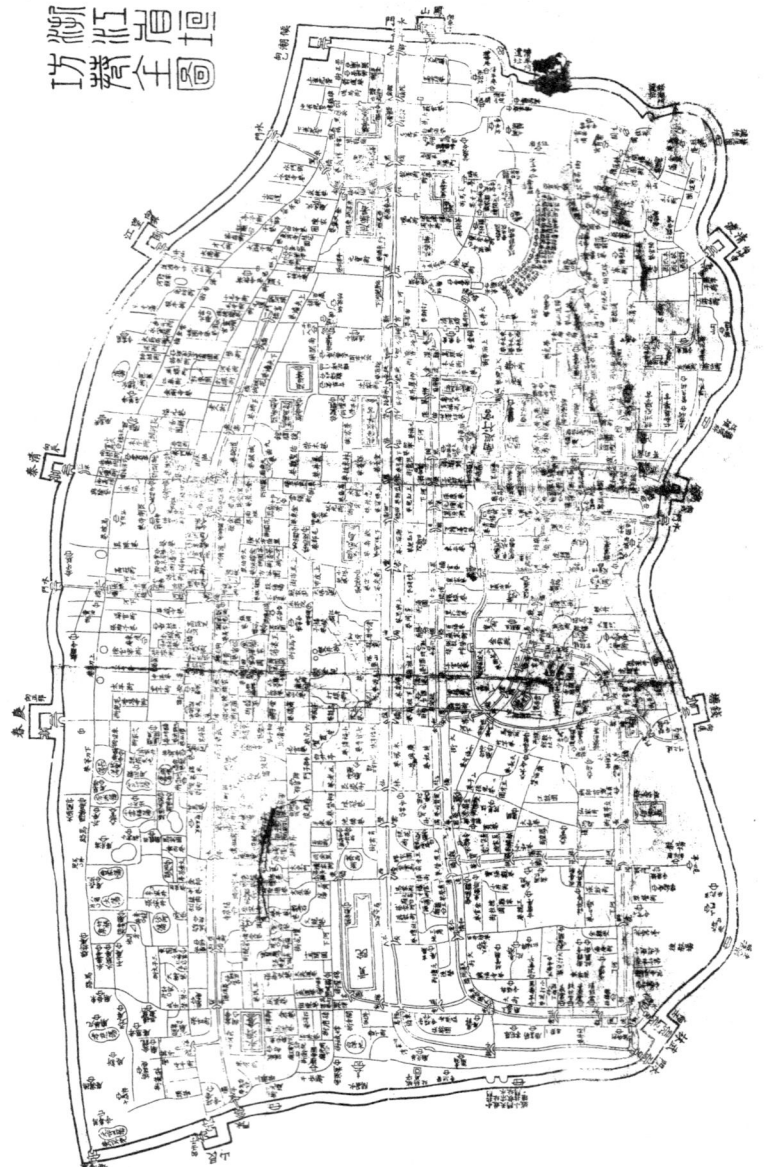

浙江省垣坊巷全图

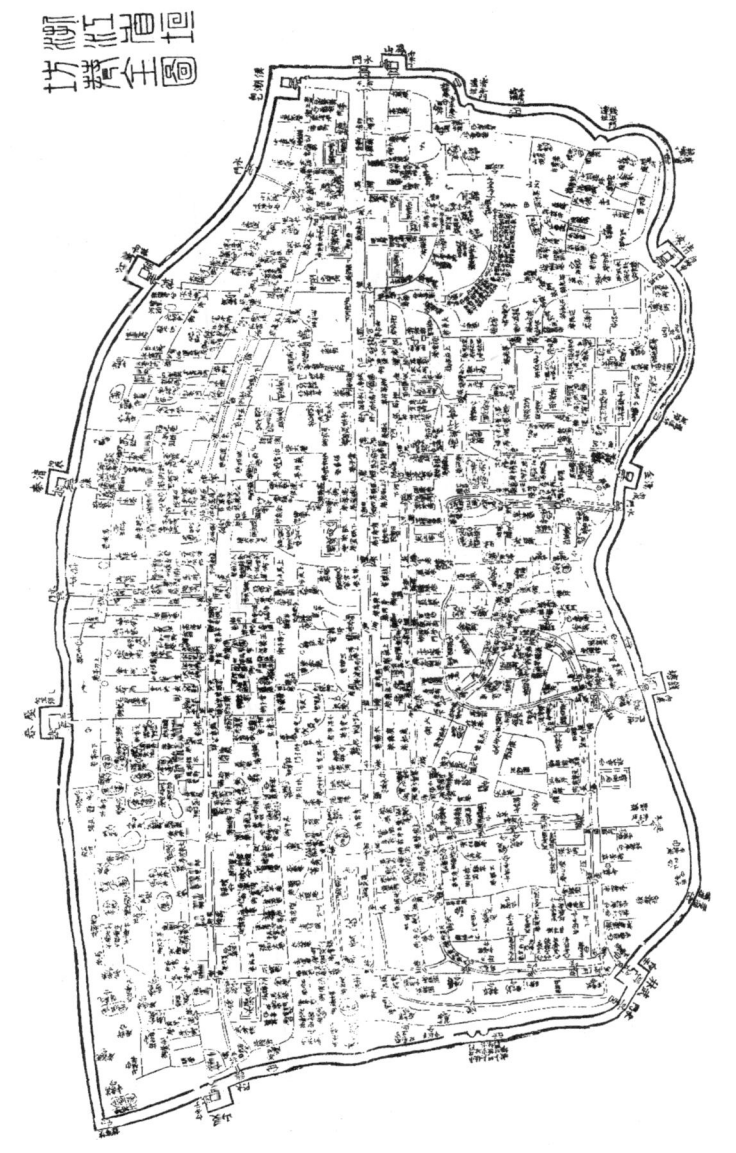

浙江省垣城廂總圖

《浙江省垣城廂總圖》

浙江省城图

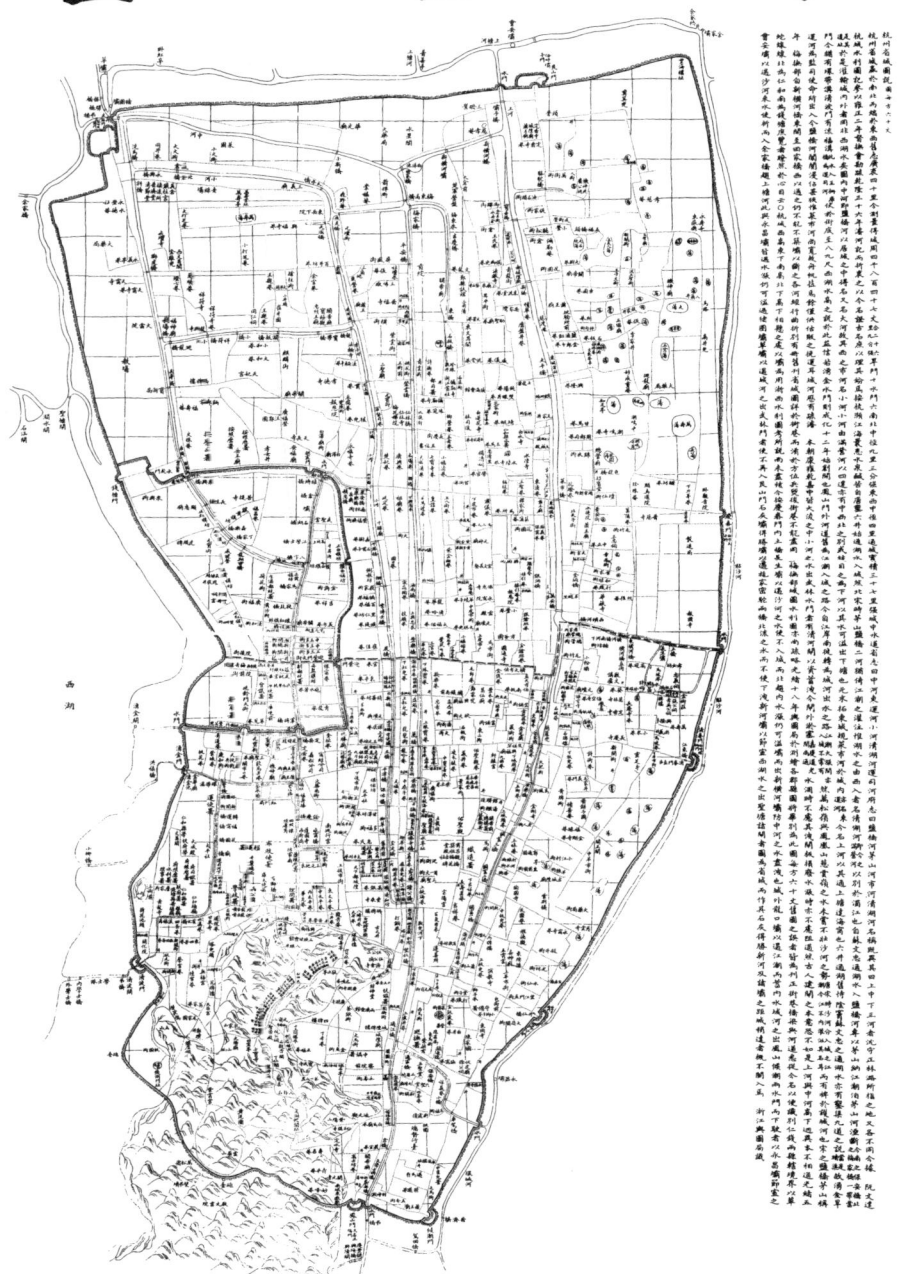

《浙江省城图》

1 本篇源自劉未《南宋臨安城復原研究》第 2 章第 1 節《南宋臨安城復原説明》，北京大學博士學位論文，2011 年 6 月，34—37 頁。

2 中國國家圖書館藏，見杭州市檔案館編《清代杭城全圖》，杭州：浙江古籍出版社，2011 年，6—7 頁；上海博古齋 2018 年春季藝術品拍賣會海上舊家古籍文獻專場，見拍賣圖錄編號：1310。

3 大連圖書館藏，見劉鎮偉主編《中國古地圖精選》，北京：中國世界語出版社，1995 年，39 頁；嘉德 2006 年春季拍賣會郵品專場，見拍賣圖錄編號：4851；屠燕治藏，見杭州市檔案館編《清代杭城全圖》，杭州：浙江古籍出版社，2011 年，8—9 頁；國家基礎地理信息中心藏，見浙江省測繪與地理信息局編《浙江古舊地圖集》，北京：中國地圖出版社，2011 年，82—83 頁。

4 大英圖書館藏，參李孝聰《歐洲收藏部分中文古地圖叙録》，北京：國際文化出版公司，1996 年，114 頁；浙江圖書館藏，見闕維民《杭州城池暨西湖歷史圖説》，杭州：浙江人民出版社，2000 年，168 頁。此本無許嘉德重刻題跋，字體與官書局所刻其餘輿圖相同，刷印不精，部分字畫模糊。參《浙江官書局書目》，清光緒十八年刻本。民國時刻版歸浙江省立圖書館，圖本尚有印售。參毛春翔《浙江省立圖書館藏書版記》，《浙江省立圖書館館刊》第 4 卷第 3 期，1935 年 6 月，18 頁；《浙江公立圖書館附設印行所書目》，民國九年、民國十九年刻本。

5 丁丙《武林坊巷志》第 1 册，杭州：浙江人民出版社，1987 年，3 頁。

6 浙江圖書館藏稿本，轉引自吴啓壽《〈武林坊巷志〉及其編纂者》，《文獻》1985 年 3 期，166 頁。

7 浙江采訪忠義局《浙江忠義録》卷七，《清代傳記叢刊》影印清刻本，第 61 册，臺北：明文書局，1985 年，475 頁。

8 中國國家圖書館藏，見杭州市檔案館編《清代杭城全圖》，杭州：浙江古籍出版社，2011 年，12—13 頁；浙江圖書館藏，2011 年 1 月 12 日目驗。

9 中國國家圖書館藏，見杭州市檔案館編《清代杭城全圖》，杭州：浙江古籍出版社，2011 年，15—153 頁。横 13 排，縱 6 行，存 69 幅，另接圖表 1 幅。《浙江官書局書目》著録爲 79 張，係按滿幅將空版計算在内。據《浙江省立圖書館藏書版記》，刻版實爲 69 塊，今見即爲完璧。

10 大英圖書館藏，參李孝聰《歐洲收藏部分中文古地圖叙録》，北京：國際文化出版公司，1996 年，112—113 頁；美國國會圖書館藏，參李孝聰《美國國會圖書館藏中文古地圖叙録》，北京：文物出版社，2004 年，107—108 頁；中國國家圖書館藏，見杭州市檔案館編《清代杭城全圖》，杭州：浙江古籍出版社，2011 年，156—157 頁。

11 北京圖書館善本特藏部輿圖組《輿圖要錄：北京圖書館藏6827種中外文古舊地圖目錄》，北京：北京圖書館出版社，1997年，338—339頁。

12 《浙江官書局書目》，清光緒十八年刻本；龔嘉儁等修、李榕等纂〔民國〕《杭州府志》卷一九《公署》，《中國方志叢書》影印民國十一年鉛字本，臺北：成文出版社，1974年，539頁；丁申《武林藏書錄》卷上浙江書局條，清光緒二十六年錢塘丁氏嘉惠堂刻《武林掌故叢編》本，葉三六。

13 丁丙《武林坊巷志》吳牙巷條："《浙江省城全圖》：河下弄。《浙江省城全圖》：嚴州弄。按：梅氏《省城圖》，吳牙作河下，蓋字音之訛。輿圖局《省城圖》作嚴州弄。豈以有南有徽州，而此作嚴州歟？前見輿圖局測量坊巷，由里保指領，故地名輒轉傳訛，此特一端耳。"第5冊，杭州：浙江人民出版社，1987年，219—220頁。

14 吳牙巷，《浙江省垣城厢總圖》標注爲河下弄，《浙江省城圖》標注爲嚴州弄。

15 梅氏著有《學疆恕齋筆算》十卷附《測量淺說》一卷，《四庫未收書輯刊》影印清光緒八年東河節署刻本，第10輯第9冊，北京：北京出版社，1997年。

16 大連圖書館藏，見劉鎮偉主編《中國古地圖精選》，北京：中國世界語出版社，1995年，40頁；浙江圖書館藏，見杭州市檔案館編《清代杭城全圖》，杭州：浙江古籍出版社，2011年，10—11頁。另有古歡堂書局印本，浙江圖書館藏，見杭州市檔案館《杭州古舊地圖集》，杭州：浙江古籍出版社，2006年，160—161頁。

17 宗源瀚《浙江全省輿圖並水陸道里記·凡例》："光緒庚寅（十六年），會典館以舊《會典》有府圖而無縣圖，亦不計里開方，奏下各行省，別繪開方圖。浙中以源瀚承之。……歷三載餘，至癸巳（十九年）夏告成。"《中國方志叢書》影印民國四年石印本，臺北：成文出版社，1970年，5—6頁。

宋紹興城圖

宋代方志所存城圖僅見於《嘉定赤城志》、《寶慶四明志》、《寶祐琴川志》（至正重修）、《開慶臨汀志》（永樂改編）、《景定建康志》、《咸淳臨安志》、《淳熙嚴州圖經》（咸淳補圖）。另有舊圖轉存於明清方志者，以《嘉靖惟揚志》所錄宋三城圖、宋大城圖最爲人知（出《寶祐惟揚志》），此外則少見利用，萬曆、康熙、乾隆諸本《紹興府志》中所謂舊越城圖、舊子城圖即屬其例。

兩圖首見於萬曆《府志·城池志》[1]。舊越城圖將紹興城繪作縱長方形，西南隅委角，標繪出城門、坊巷、河道、橋梁、池閘、山巒、行市、衙署、文教、武備、倉庫、場務、寺院、宮觀、祠廟等地物要素二百餘項。舊子城圖將山南部分繪作縱長方形，標繪出地物要素近七十項。圖名雖未明示時代，注記却多可與南宋《會稽志》內容對應。

如《嘉泰志》述子城佈局云[2]（圖中異名以〔〕括注）：

> 案今子城陵門亦四：曰鎮東軍門，曰秦望門，曰常喜子城門〔常禧門〕，曰酒務橋門〔酒務門〕。水門亦一，即酒務橋北水門是也。……由秦望門而入，直北曰蓮花橋。又北走，即府治所也。秦望門街之東曰雄節營，曰五通廟，曰酒務坊〔顯應坊〕，曰夏麥倉，曰都酒務；街之西曰第七營〔崇節營〕，曰第四營〔全捷營〕，曰車水橋巷〔車水坊〕，曰提舉司幹辦公事廳〔鹽司幹廳〕。循城而西曰

念三營〔全捷營〕。繇酒務坊而東，經豐宜館（今爲察判廳）、三聖廟之前，東走酒務橋門。繇車水橋巷而西，過橋之南，有大池曰龍噴池，池正方，可三十畝。池北曰僉判廳，池西曰社壇。自此西走，逾大郎橋，會於常喜門。蓮花橋北，街之東曰司理院，西曰臥龍坊。繇臥龍坊而西數百步，西南走威果營，又數百步，抵城隍廟路及西園，南趨清泠橋，出常喜門。府治之南，左曰提刑司幹辦公事廳，曰作院；右曰通判南廳（舊爲判官廳）〔府判南廳〕繇府治而右，手詔亭下少西曰府院，曰下馬院。繇府治而左，頒春亭下東走，即鎮東軍門。街之北曰簽廳，少東曰通判北廳〔府判北廳〕；街南曰通判東廳（此即舊所謂通判南廳，今爲添差通判廳）〔參議廳〕。

述府治佈局云[3]：

　　府治據臥龍山之東麓，是爲鎮東軍節度。即子城之東，以爲軍門，榜曰鎮東軍。……由軍門而西百二十三步折而北曰譙門，直譙門曰儀門，直儀門曰設廳〔鎮越堂〕。設廳之後曰蓬萊閣，設廳之東爲便廳。便廳之後曰使宅，使宅之前曰清思堂。便廳之東曰青隱軒，直青隱軒之北曰招山閣，閣之下曰棣萼堂，閣之東爲複道以陟山麓曰采菊，少北有亭曰晚對。便廳之東少下爲府僉廳。儀門之外兩廊爲吏舍。儀門之西南向列署五爲安撫司僉廳，設廚，爲省馬院，爲甲仗庫，爲公使錢庫。公使錢庫之西北爲公使酒庫。廳之兩廊爲複屋曰走馬閣，東廊爲使宅之便門，西廊曰架閣庫。西廊之西曰軍資庫，直軍資庫北曰清白堂，清白堂之西曰賢牧堂，賢牧堂之西北曰極覽亭，極覽亭西南曰白涼館，白涼館西南曰城隍廟。由蓬萊閣而北少西焉，經井儀堂故址，登臥龍山絕頂，曰望海亭。由蓬萊閣而西曰崇善王廟〔崇善堂〕。直使宅之北曰望仙亭，使宅之東北曰觀風堂，由觀風堂而北少東焉曰觀德亭。觀德亭而西，歷桃蹊、梅塢，出使宅之北，南走城隍廟，下爲西園便門。

舊子城圖所繪與《嘉泰志》所述佈局雖大略相同，地物名稱則有差異，其中不乏時代明顯晚於嘉泰者。如酒務坊，圖中名爲顯應坊，與《寶慶續志》同。而府治諸建築注記名稱則多與《寶慶續志》所述嘉定間郡守汪綱重構者[4]相符：

州宅後枕臥龍，而面直秦望。自錢鏐再建，壞而復修，不知其幾。嘉定十五年（1222），守汪綱以謂其敝已極，弗治則不可枝矣。於是，外自譙樓，以至設廳，旁由廊廡、吏舍，內自寢堂、燕坐、庖湢之所，悉治新之。鳩工於嘉定十五年春，落成於十六年（1223）冬，內外罔不一新。

其創建者如鎮越堂、雲壑；移建者如真武堂〔真聖堂〕、土地祠〔土地堂〕；舊名別建者如越王臺、清白堂；舊物重修者如多稼亭（嘉定十年王補之修，改今名）。至於舊越城圖，注記坊名六十有餘，與《嘉泰志》所述[5]多有不合：

越城之中，多古坊曲，《圖經》所載，間可考知曰千秋坊，曰禮遜坊，曰解慍坊，曰龍華坊，曰玄真坊，曰澄波坊，曰臥龍，曰錦鱗，曰照水，曰都賜，曰義井，曰天長，曰賢良，曰富民，曰觀仁，曰清道，曰德政。此皆舊坊至今存者，其他更易蓋漫不可知矣。按《圖經》，隸會稽坊二十，隸山陰坊十有二，厥後增益，視舊三倍，不可勝記。

却與《寶慶續志》[6]多相重疊：

坊巷之名，見於前志者，僅二十餘。嘉定十七年（1224），守汪綱始新其華表，重揭扁榜，凡九十六所。

《舊越城圖》

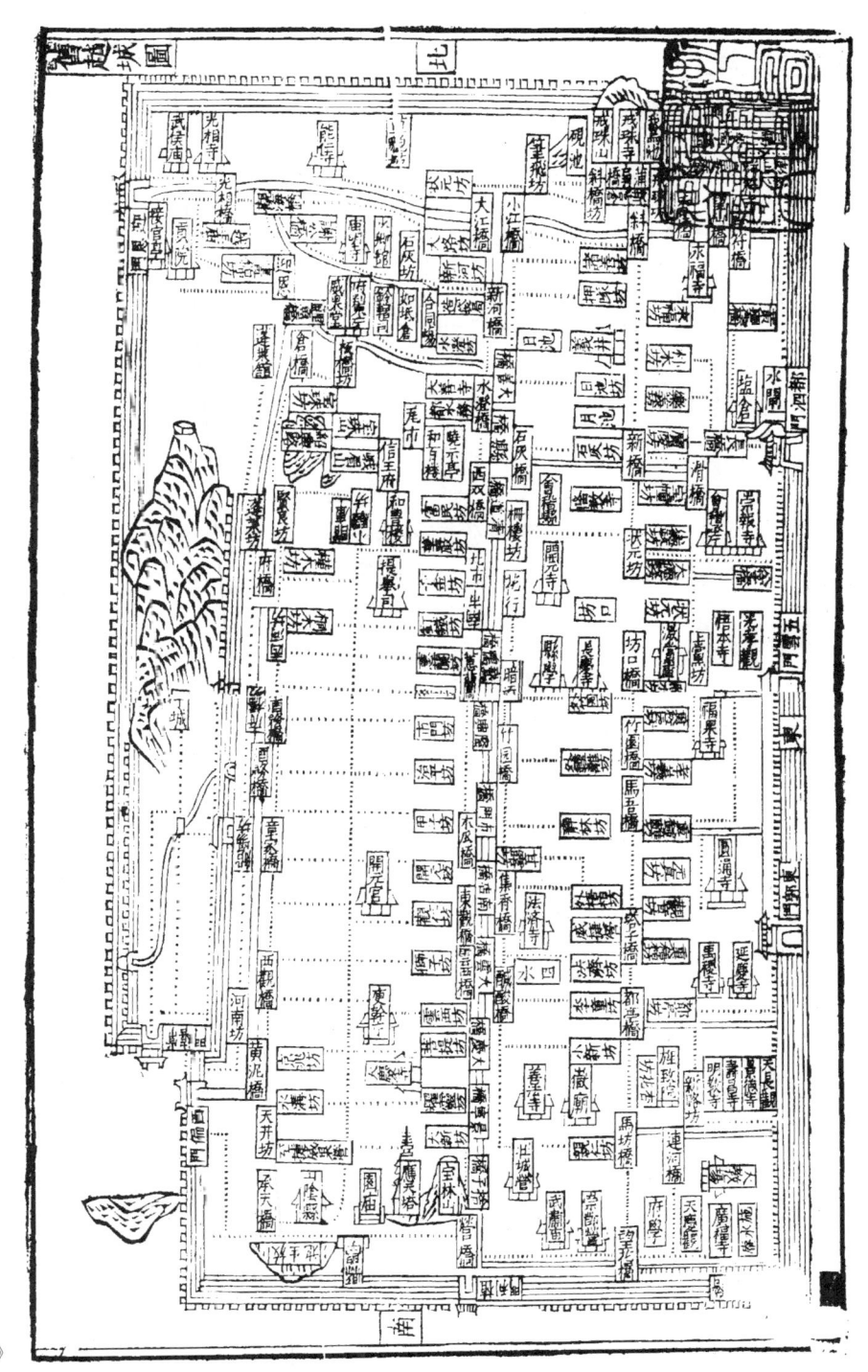

《舊子城圖》

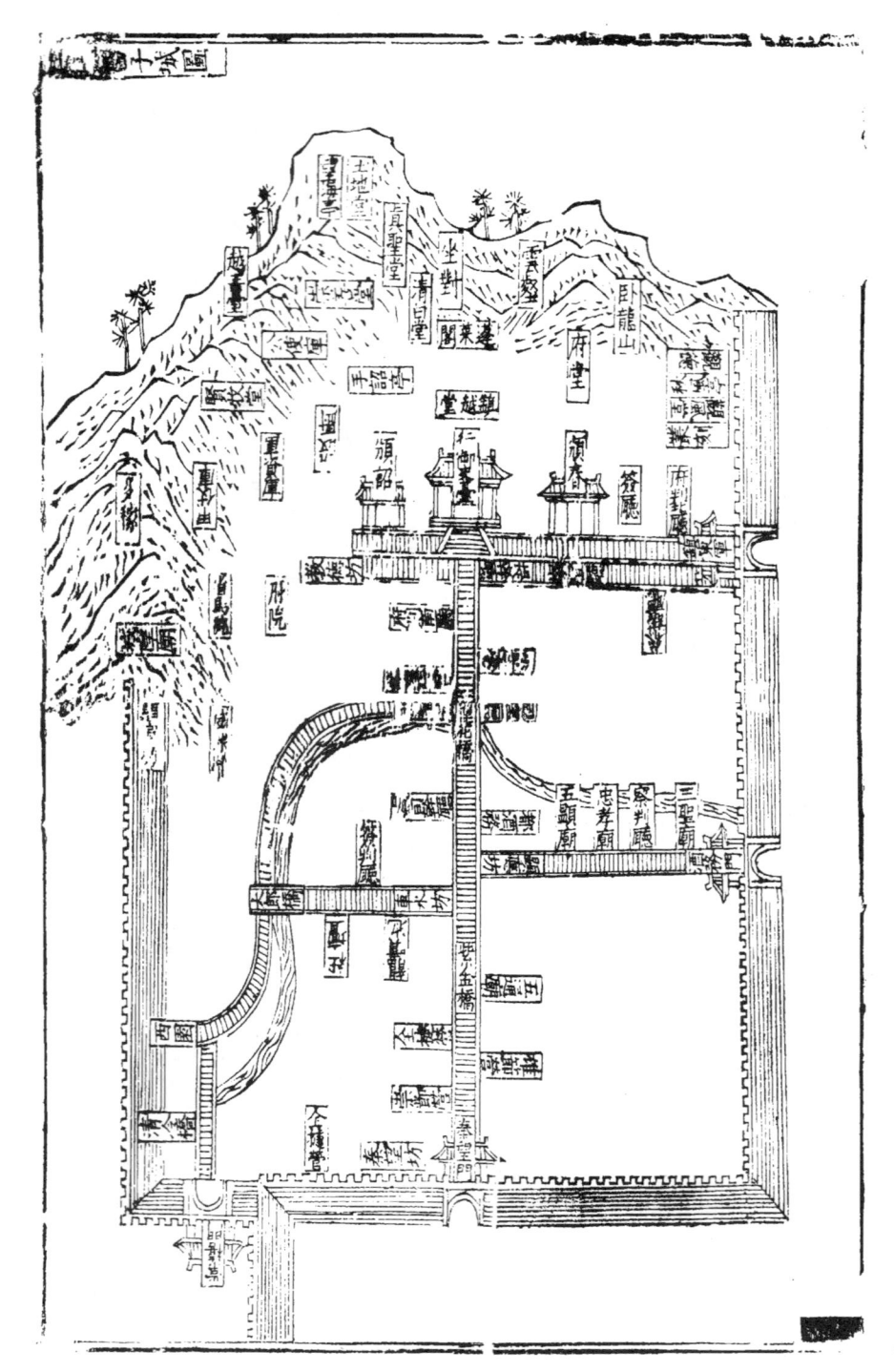

可知兩城圖之繪製當不早於嘉定末年。而次年即寶慶改元（1225），《會稽續志》作，蓋因"《會稽志》作於嘉泰辛酉（1201），距今二十有五年矣。物有變遷，事有沿革，今昔不可同日語也。況城府內外斬然一新，則越又非曩之越矣"[7]。書中敘事延至景定五年（1264）止。疑舊越城圖、舊子城圖始作與南宋晚期《續志》刊刻有關。

雖兩城圖內容可與宋《志》擬合，但亦有矛盾一處。即舊子城圖中府治設廳鎮越堂復注記爲行御史臺，此係元制。萬曆《府治》云："元時，府爲路，遷路廨於宋提刑司，即今之按察分司是也，而故廨改爲江南行御史臺。"[8] "至元十四年（1277），始置江南行御史臺於揚州，尋徙杭州，又徙江州。二十三年（1286），遷於建康，以監臨東南諸省，統制各道憲司，而總諸內臺。"[9]至正十六年（1356），"集慶失守。行御史臺移置紹興路"[10]。是以紹興路廨爲行御史臺已值元末。頗疑此注記爲明人復刻宋城圖時所補。

現存《嘉泰志》與《寶慶續志》以明正德五年（1510）刻本爲最早。主事者王綖撰《書重刊會稽志後》述其書流傳云[11]：

> 歲月因循，屢更翻刻，我朝百四十年來，板失既久，本之僅傳於時者，蓋千伯之十一，零落益甚。成化、弘治間，前郡守戴公、游公亦嘗注意設局，廣集儒流，欲刪古就今，統於一志，竟未有成。正德庚午（1510）夏，郡守益都石公自惟志書政事攸關，慨然以爲己任。……乃遍訪旁求。其舊志：一得於馮揮使家，有元至元五年（1339）八月紹興路儒學官書印記，字多模糊，闕者十之三。一得於監生陶秩，有《續志》，復舛謬參雜。一得儒士張傳世，傳者頗完，亦不甚同，又逸其首編。一得抄本於儒士羅頠，舊錄於郡局者，尤倍顛倒脫誤，或此有而彼無，或彼否而此是，得失相半。蓋皆非初刻原本，又久於沿襲而然。……遂翻閱各本，正其訛，補其缺，而秩其次第，無所□□者仍舊空之。惟以儒學官書爲據，洊付刊手……凡一千六百工，板五百一十五，幅一千三十。前《志》、《續志》共一部，該一十有二冊。

今所見國圖藏正德本冊數相同，然版幅不足，且無城圖。是萬曆《府志》復刻宋紹興城圖之由來仍不能確知。

2018 年 6 月 29 日

1　蕭良幹等修，張元忭等纂〔萬曆〕《紹興府志》卷二《城池志》，《中國方志叢書》影印明萬曆十五年刻本，臺北：成文出版社，1983 年，153—154、157—158 頁。浙江省測繪與地理信息局編《浙江古舊地圖集》，北京：中國地圖出版社，2011 年，532—533 頁。

2　沈作賓修，施宿等纂《嘉泰會稽志》卷一《子城》，《宋元方志叢刊》影印清嘉慶十三年刻本，北京：中華書局，1990 年，6725 頁。

3　沈作賓修，施宿等纂《嘉泰會稽志》卷一《府廨》，《宋元方志叢刊》影印清嘉慶十三年刻本，北京：中華書局，1990 年，6732—6734 頁。

4　張淏纂修《寶慶會稽續志》卷一《府廨》，《宋元方志叢刊》影印清嘉慶十三年刻本，北京：中華書局，1990 年，7097 頁。

5　沈作賓修，施宿等纂《嘉泰會稽志》卷四《衢巷》，《宋元方志叢刊》影印清嘉慶十三年刻本，北京：中華書局，1990 年，6778 頁。

6　張淏纂修《寶慶會稽續志》卷一《坊巷》，《宋元方志叢刊》影印清嘉慶十三年刻本，北京：中華書局，1990 年，7095 頁。

7　張淏《會稽續志序》，張淏纂修《寶慶會稽續志》，《宋元方志叢刊》影印清嘉慶十三年刻本，北京：中華書局，1990 年，7091 頁。

8　蕭良幹等修，張元忭等纂〔萬曆〕《紹興府志》卷三《署廨志》，《中國方志叢書》影印明萬曆十五年刻本，臺北：成文出版社，1983 年，258 頁。

9　宋濂《元史》卷八六《百官志》二，北京：中華書局，1976 年，2179 頁。

10　陶宗儀《南村輟耕錄》卷二三《譏省臺》，北京：中華書局，1959 年，283 頁。

11　王綖撰《書重刊會稽志後》，《會稽志》卷末，明正德五年刻本，葉一六至一七。

蘭溪城

浙中蘭溪縣："西南有大溪，一自衢州之衢港，一自金華之婺港，交匯於蘭陰山下。其紋如羅縠，故名瀫溪。其地多蘭茝，故山名蘭陰，溪又名蘭溪，縣以此得名。"[1] "邑雖褊小，而實當四衝。踞杭、嚴之上游，職衢、婺之門鑰，南蔽甌、栝，北捍徽、歙。定職方者謂爲浙東要區，洵不誣也。"[2] "銅山蟠其左，蘭陰踞其右，桃塢列其前，石屏擁其後，而縣當其中。外之四境，則自東而北，皆金華、浦陽之山壁立而環繞；自西而北，皆壽昌、建德之山障塞而周迴。南面九峰，列戟橫亘。加以衢、婺兩溪之水，皆數百里奔流，會合匯爲巨浸。爲瀫之紋，有蘭之馨，而秀氣鍾焉。凡使軺行旅，自北而南者，於此易小舟，以溯衢、婺，而往江、閩；自南而北者，於此易大舟，達錢塘而底盛京。故自昔號爲要衝之地，繁劇之邦也。"[3]

唐屬婺州，咸亨五年（674）割金華縣西界置[4]。城之始建，不詳何時。按洪遵《東陽志》："城周二里三百二十三步，高一丈五尺；子城周一里三百四十五步。" "元季兵亂，城築明洪武前十年戊戌（至正十八年，1358）。東門曰安政，南曰明德，西曰清波，北曰拱宸。"西南二隅纍遭水患，正統間伐木爲柵，正德間壘石應急，乾嘉同光相繼甃砌。龍鳳乙巳（至正二十五年，1365），"闢小西門以利來往"[5]。殆至晚清，"城西臨河可出入之處，如柳家馬頭、朱家馬頭、張家馬頭，皆有便門"[6]。

城內格局歷代相仍無改。明清各版府縣志均附城圖，惟形式簡易，細節難窺。民國庚辰（1940），紹興趙廷璜寄居蘭溪，慮戰火蹂躪，古城風貌不再，遂步量目測，以

《兰溪街巷分布图》

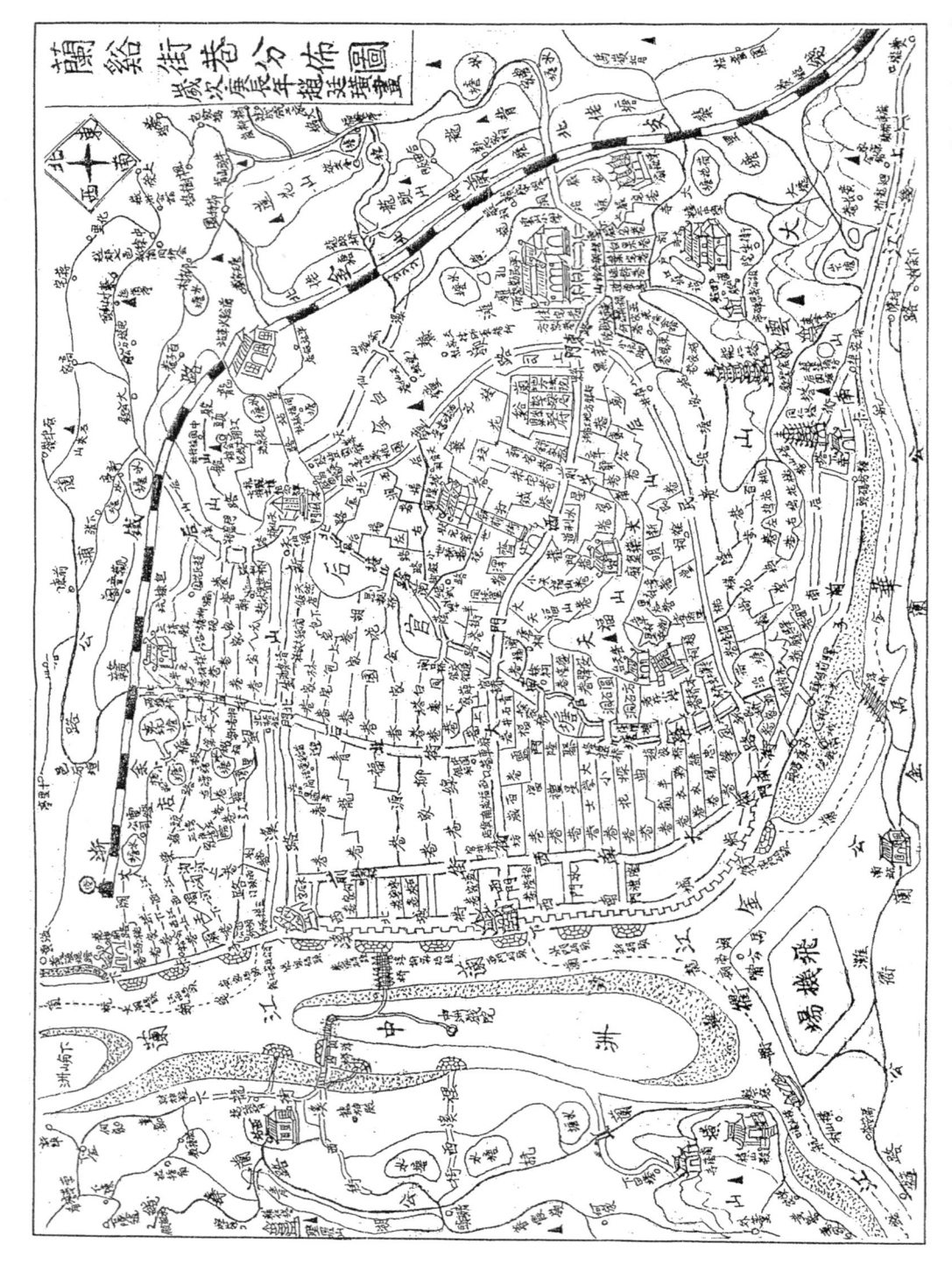

蘭谿縣城全圖

《蘭溪縣城全圖》

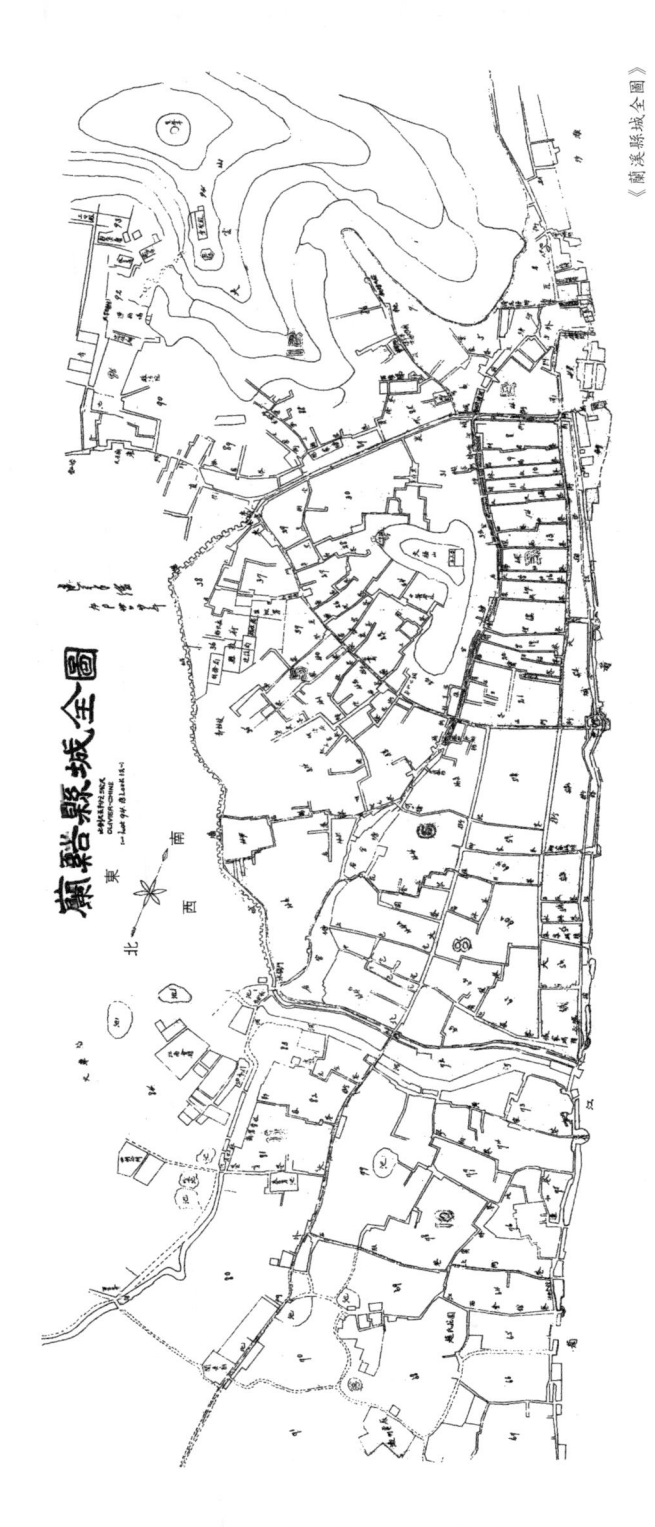

讀城 83

一年之功、一己之力繪製《蘭溪街巷分佈圖》並作題跋。自謂"簡畫閑筆寫近事，陳言趣語蘭城史"[7]。此圖極爲詳盡，城垣、城門、山地、河道、街巷、橋梁、官府、祠廟，要素琳琅，歷歷在目。與光緒《志》坊隅街巷表[8]對讀、民國《蘭溪縣城全圖》[9]合觀，庶幾可得蘭溪城佈局全貌。

縣城中有官塘縱貫全南北，"由南門外荷花塘至北門外三洞橋，長二里許，廣五十畝。南爲四坊、十坊、九坊，北爲三坊、五坊、七坊。源自大雲山，出水閘門，入於後山溪，城中諸水盡納焉"[10]。城設四主門，南北兩門交錯，東西兩門直通，此外西垣又隨臨江碼頭便宜開門。南北縱街均在官塘以西，臨近蘭江，與之平行，其間密布東西橫巷，爲市井繁盛之所。南街與官塘之間通聚星巷，舊有聚星樓，"宋宗室子趙良恭敬德所建，以延接士大夫"。黃溍作記云："趙君敬德居蘭溪闠闤中，面溪爲樓，下敢〔瞰〕市區。"[11]東街之北，衙廟在焉。"縣治，洪、瞻二《志》皆云在城中正北，今在城中東隅"[12]，其實一地。"城隍廟，《東陽志》云在縣西北六十步，今仍之。"[13]東街之南，地勢高聳，名天福山。"去縣不半里，到頭高僅數丈，居民環列山麓。"[14]

蘭溪城西傍蘭江，南倚大雲山，地勢選擇爲南方通例。前街後河，縱街橫巷，城內格局習見於江浙。四門丁字街，衙署偏居一隅又是北方常態。今日雖古跡無存，遺痕猶在，展覽志書、輿圖，城市舊貌仿佛，廷璜先生功莫大焉。

2017 年 1 月 22 日

---

1 張許等修，陳鳳舉等纂〔嘉慶〕《蘭溪縣志》卷一《疆域》，《中國方志叢書》影印清嘉慶五年刻本，臺北：成文出版社，1983 年，78 頁。
2 秦簧修，唐壬森纂〔光緒〕《蘭溪縣志》卷一《疆域》，《中國方志叢書》影印清光緒十四年刻本，臺北：成文出版社，1974 年，107 頁。

3 程子鏊修，徐用檢纂〔萬曆〕《蘭溪縣志》卷一《形勝》，《中國方志叢書》影印明萬曆三十四年刻清康熙補刻本，臺北：成文出版社，1983年，18—19頁。

4 李吉甫《元和郡縣圖志》卷二六《江南道》二，北京：中華書局，1983年，622頁（咸亨誤作咸通）。劉昫等《舊唐書》卷四〇《地理志》三，北京：中華書局，1975年，1593頁。

5 程子鏊修，徐用檢纂〔萬曆〕《蘭溪縣志》卷一《城郭》，《中國方志叢書》影印明萬曆三十四年刻清康熙補刻本，臺北：成文出版社，1983年，19—20頁。

6 秦簧修，唐壬森纂〔光緒〕《蘭溪縣志》卷三《建置》，《中國方志叢書》影印清光緒十四年刻本，臺北：成文出版社，1974年，418—422頁。

7 趙廷璜《蘭溪街巷分佈圖》，1940年。此據2010年11月複印件。

8 秦簧修，唐壬森纂〔光緒〕《蘭溪縣志》卷一《坊隅》，《中國方志叢書》影印清光緒十四年刻本，臺北：成文出版社，1974年，251—257頁。

9 浙江省測繪與地理信息局《浙江古舊地圖集》，北京：中國地圖出版社，2011年，691頁。

10 秦簧修，唐壬森纂〔光緒〕《蘭溪縣志》卷一《水利》，《中國方志叢書》影印清光緒十四年刻本，臺北：成文出版社，1974年，226頁。

11 程子鏊修，徐用檢纂〔萬曆〕《蘭溪縣志》卷六《古跡》，《中國方志叢書》影印明萬曆三十四年刻清康熙補刻本，臺北：成文出版社，1983年，518頁。

12 程子鏊修，徐用檢纂〔萬曆〕《蘭溪縣志》卷二《公署》，《中國方志叢書》影印明萬曆三十四年刻清康熙補刻本，臺北：成文出版社，1983年，178頁。

13 程子鏊修，徐用檢纂〔萬曆〕《蘭溪縣志》卷三《壇壝》，《中國方志叢書》影印明萬曆三十四年刻清康熙補刻本，臺北：成文出版社，1983年，223頁。

14 程子鏊修，徐用檢纂〔萬曆〕《蘭溪縣志》卷一《山川》，《中國方志叢書》影印明萬曆三十四年刻清康熙補刻本，臺北：成文出版社，1983年，34頁。

唐氏墓與嘉定城

上海大學嘉定校區曾發現明唐氏家族墓地一處[1]，中軸綫上出土弘治十三年（1500）唐椿所作《唐氏世系》和《唐氏第墓》石刻一對，前者稱之爲"陽石"，"述世系餘業洎椿一宗之派"，後者稱之爲"陰石"，記"祖今居第前後墳塋"。

（唐氏）祖第以元至大戊申（1308）始祖平江教授府君肇置縣治西南親民坊，後改從民，與伏虎祠相向。成化乙酉（1465），先考府君重新建造，是今長兄訓科（朴）所居，計歷一百九十三年矣，其諸族居室不預焉。新第是椿景泰乙亥（1455）創置伏虎祠去西五步，向南通北縣治官街，今男炯、燧、燿同居也。續又成化辛卯（1471）置登平橋去南四十五步，向東通西火弄，今男焯、煒同居也。

嘉定縣治在十字街西北隅。"保赤坊，在縣治前，初名親民，改宣化，萬曆三十年（1602）知縣韓浚重建，署今名。節用坊，在縣治左，初名慎德，改節勞，又改應宿。愛人坊，在縣治右，初名勤民，改省費，又改從民。"[2] 審其方位，則石刻中"親民坊"即志書之"勤民坊"。"伏虎土地神祠，在縣治西，宋嘉定十一年（1218）知縣高衍孫建。"[3] "登平橋，在合浦門內，俗名趙公。"[4] 衙、祠、橋三地點於光緒、民國城圖[5]上歷歷可見，均在西街沿綫，則唐氏三所舊宅方位不難推知。

（唐氏）祖墓以元至正壬寅（1362）教授府君（永卿）逝世，卜建澄江門南灣西艮宇圩……新墓肇創邑城坤隅何家浜之原。東至小河，西至何海田，南至何家浜，北至陶錦地，計六畝有零。先室李氏……弘治戊申（1488）仲冬甲申葬於是，萬氏……弘治己未（1499）三月……甲申祔焉。予……已建壽藏居中，下命子孫依齒次序列葬，不可紊亂，以乖天倫。

勘測草圖顯示，墓地佈局與唐椿所言形式相符，屬江南明墓習見之昭穆葬法。北端首排一墓三穴居中，即唐椿及夫人李氏、萬氏之墓。稍南次排五墓分列兩側，左有

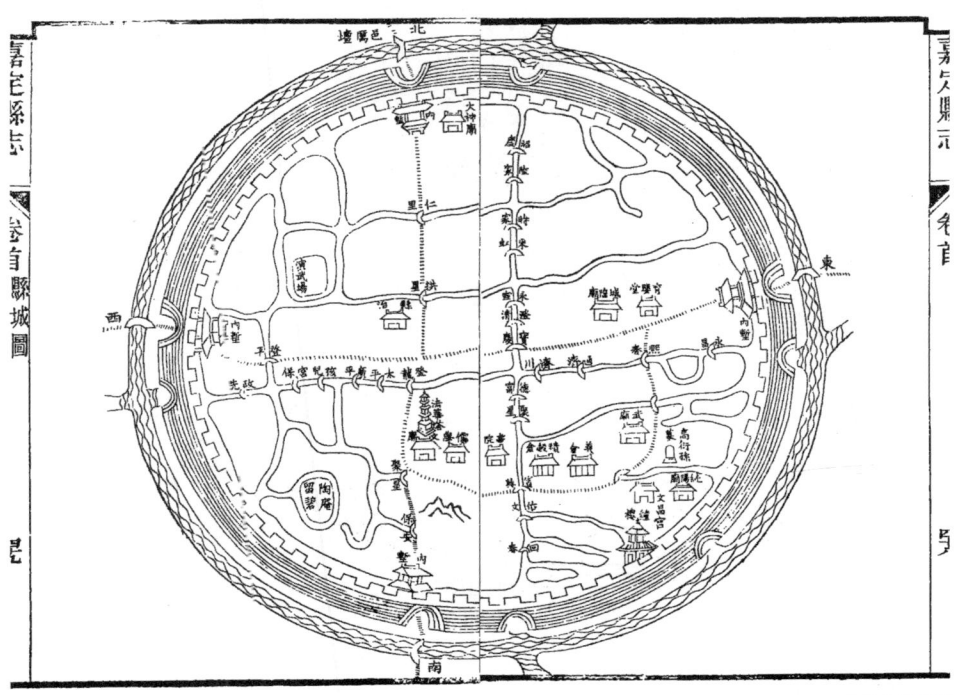

光緒嘉定城圖

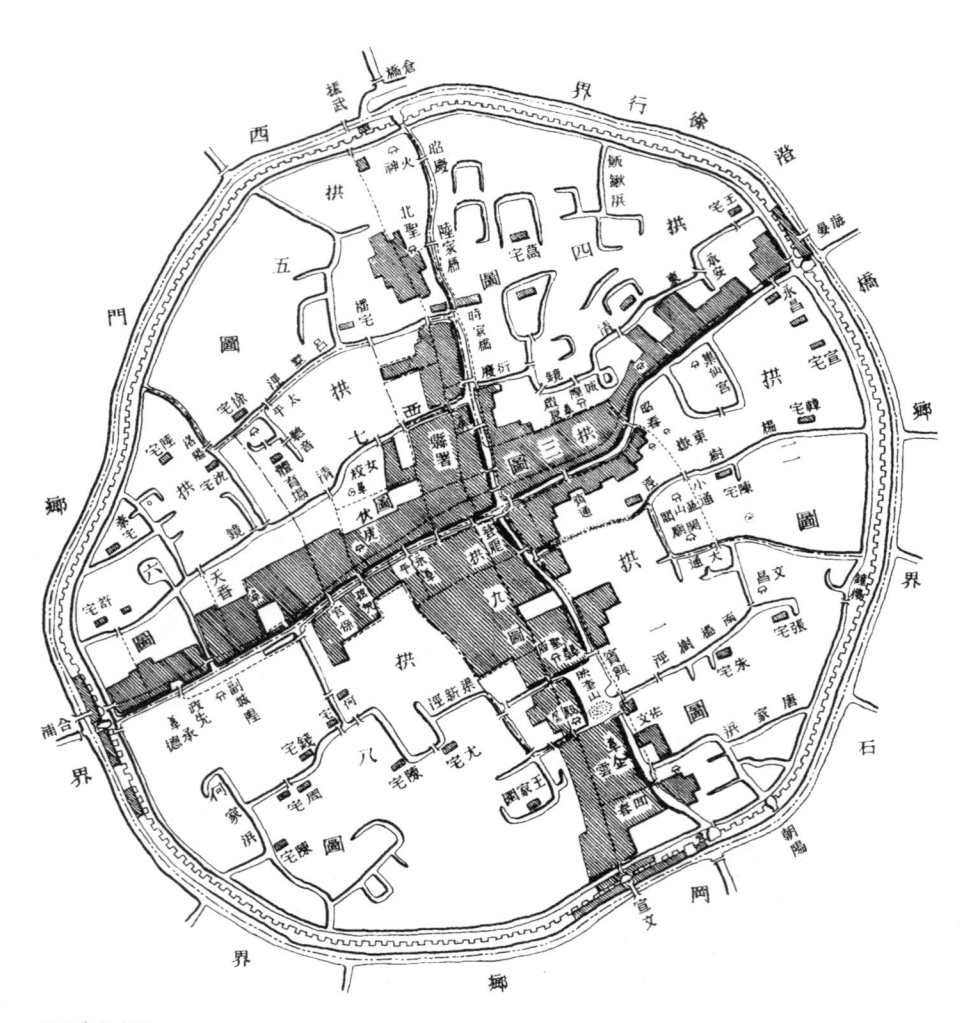

民國嘉定城圖

椿長子烔及夫人朱氏之墓，餘應分屬燧、焯、煒、燿四昆仲。三排左右各三墓，左有烔子坤及夫人陳氏、埣之墓，餘應分屬坦、墀、堰、塝四兄弟。四排左有埣長子欽堯及夫人沈氏之墓，餘及五排諸墓所屬不明。據欽堯三子時升所撰《先兄伯和府君行狀》，其生母盧氏亦祔於欽堯墓次，而兩兄時雍、時叙及嫂從焉[6]，則五排左側似應有欽堯諸子之墓。（縣志記時升墓在南門外十世始祖永卿墓側。）

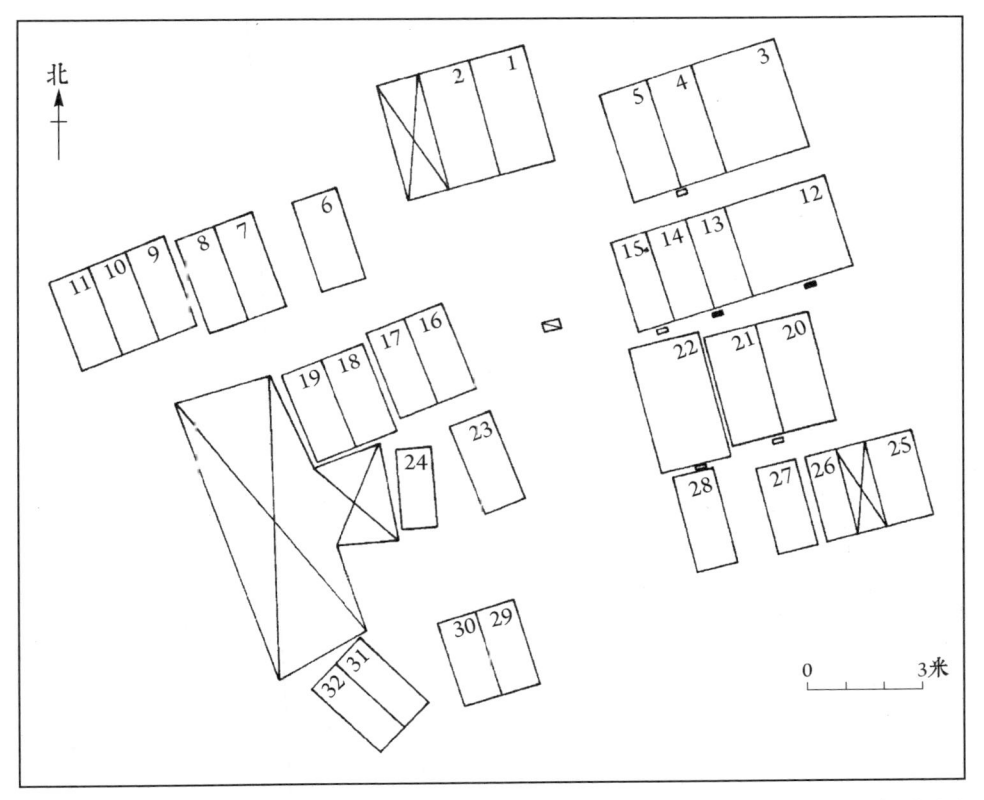

何家浜唐氏家族墓地佈局圖

萬曆《嘉定縣志》云："撫州訓導唐欽堯墓，在城西南隅何家浜之原。"[7]與《唐氏第墓》石刻所言"邑城坤隅"一致。故唐椿枝派居實葬城內，宅第密邇丘壠。按："宋嘉定十二年（1219）知縣高衍孫始築縣城，甃以甓。元至正十六年（1356）張士誠據平江，遣其將呂珍重新之，周一千六百九十四丈……爲門四：東曰晏海，西曰合浦，南曰澄江，北曰朝京。……（嘉靖）三十二年（1553）倭入犯，知縣萬思謙以土

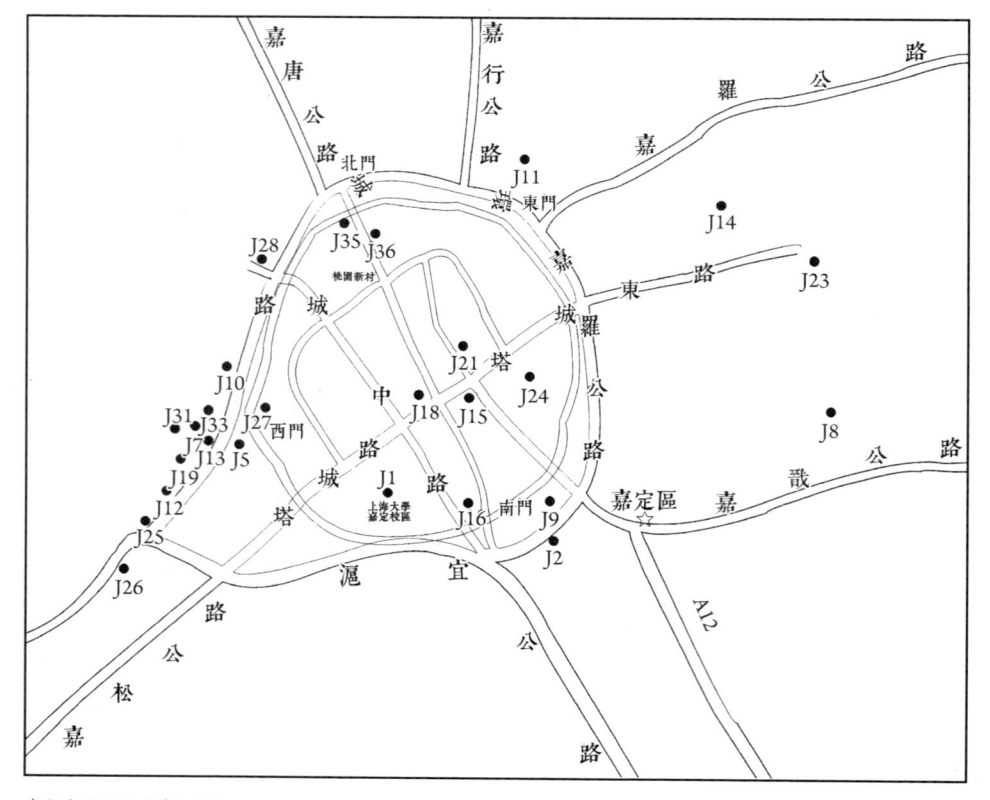

嘉定城區附近明墓分佈圖

堞難守，改甓以甃，周二千二百六十六丈六尺……萬以遷秩去東南，新築毀於霪雨。知縣楊旦重甃……於是城四門各建樓一座。"[8]"始易澄江曰宣文，合浦曰濟漕，朝京曰振武。"[9]或據此所記元明城周丈尺差異以爲楊旦修繕時嘉定城範圍有所擴大，形成"內外兩重城垣"[10]。果若如此，唐氏何家浜墓地既創建於弘治，則其時尚處城外，而嗣後包於城內？初覺合於墓不入城之常規，細審實有疑問。民國《嘉定縣續志》"城市圖"所見主要街道僅有傍橫瀝涇與練祁塘之縱橫十字街，而現代地圖所見"環路"一帶（梅園路、溫宿路、金沙路、沙霞路），當時僅爲斷續存在之河道，無法定爲"舊城"遺痕。再查嘉定城區明墓分佈圖[11]，城內墓地非止唐氏一處。北門內街東原嘉定一中曾發現陸氏族墓，嘉靖十年（1531）陸廣墓誌稱其"葬朝京門內橫瀝涇西之舊塋"，而萬曆元年（1573）其子琦墓誌則稱"墓在振武門內橫瀝河之西原"[12]。據此可知，嘉靖晚期城之北門名號雖曾更易，位置却未變動，即嘉定並無擴城之舉，城區範圍宋明相仍無改。

2017 年 1 月 29 日

1 上海市文物管理委員會《上海明墓》，北京：文物出版社，2009 年，5—16 頁。
2 韓浚修，張應武等纂〔萬曆〕《嘉定縣志》卷四《坊巷》，《四庫全書存目叢書》影印明萬曆刻本，史部第 208 冊，濟南：齊魯書社，1996 年，735 頁。
3 韓浚修，張應武等纂〔萬曆〕《嘉定縣志》卷一八《祠廟》，《四庫全書存目叢書》影印明萬曆刻本，史部第 209 冊，濟南：齊魯書社，1996 年，136 頁。
4 韓浚修，張應武等纂〔萬曆〕《嘉定縣志》卷二《津梁》，《四庫全書存目叢書》影印明萬曆刻本，史部第 208 冊，濟南：齊魯書社，1996 年，694 頁。
5 程其玨修，楊震福纂〔光緒〕《嘉定縣志》卷首《縣城圖》，清光緒七年刻本，葉四八至四九。傅德修，黃世祚纂〔民國〕《嘉定縣續志》卷首《城市圖》，民國十九年鉛印本。
6 唐時升《三易集》卷一五《行狀》，《明別集叢刊》影印明崇禎刻清印本，第 33 冊，合肥：黃山書社，2016 年，613 頁。

7 韓浚修、張應武等纂〔萬曆〕《嘉定縣志》卷一八《冢墓》,《四庫全書存目叢書》影印明萬曆刻本, 史部第 209 册, 濟南: 齊魯書社, 1996 年, 140 頁。

8 韓浚修、張應武等纂〔萬曆〕《嘉定縣志》卷三《城池》,《四庫全書存目叢書》影印明萬曆刻本, 史部第 208 册, 濟南: 齊魯書社, 1996 年, 701—702 頁。

9 趙昕修、蘇淵等纂〔康熙〕《嘉定縣志》卷二《城池》, 清康熙十二年刻本, 葉二。

10 杭侃《宋元時期的地方城鎮》,《燕京學報》新 23 期, 北京: 北京大學出版社, 2007 年, 53 頁。

11 上海市文物管理委員會《上海明墓》, 北京: 文物出版社, 2009 年, 2 頁。

12 上海市文物管理委員會《上海明墓》, 北京: 文物出版社, 2009 年, 56—57 頁。

嘉興砌街記

清嘉興錢泰吉《宋修街磚歌爲葛孝廉星垣作並序》云[1]：

> 磚修廣各一尺。楷書八字，作二行，字徑二寸，曰："人豐禽集，市井駢闐。"旁二行。左一行云："大宋政和三年（1113）癸巳歲。"字體稍殺，而筆法與前八字同。右一行云："大宋嘉泰元年（1201）辛酉正月十六用石重砌。"字寸許，審其筆法，蓋重修時加刻也。磚陰文十行云："秀州嘉興縣郭五鄉居住會首胡公佐、張世隆、精嚴寺淨悟大師有肱、張安言、羅明之、馬悦、沈奭、費元實、陳璋、吳拱，遍募衆緣，同力重砌大市上官街一道，自韭溪橋東砌至菩薩橋。聖宋政和三年六月十一日下手興工甃砌。伏願保國安民，風調雨順。仍願捨錢僧俗施主，洎普天之下一切有情，增延祿算，植福無疆者。書此謹記。泥水都料邵宗仁、弟宗義等。崇信書。"嘉慶庚午（1810），里人修宏文館側集街，葛君董其役，於土中得此磚，上有政和錢三百、古鏡一、鎖二。拓本見貽，因作歌。

三十年後，磚歸同邑金石家張廷濟，且指"磚出宏文館東東道弄"[2]。項映薇《古禾雜識》云[3]：

> 宏文館前直街，自韭溪橋至西埏橋，每遇歲科兩試，學政按臨，七邑士子咸

賃屋而居，咿唔之聲，東西迭起，俗謂之抱佛腳。趁集者列肆市中，百物輻湊，喧嘩雜沓，晝夜不已，此街因名集上。

據此，並綜合光緒《嘉興縣府城圖》與民國《嘉興城市全圖》[4]標繪信息，可知集街在子城以北，西首韭溪橋，東首西縣（埏）橋。集街東口北折，名大落北，其北口即菩薩橋西。東道弄於集街中段與其丁字相交，若錢、張所言不誤，宋磚出土地或即弄之南口左近。

嘉興宋代砌街遺文非止一例，韭溪橋南市心弄亦曾出土刻文錫板一方[5]。正面記文略云：

> 大宋國秀州嘉興縣嘉禾鄉子州西界市心內清信募緣弟子宋□□、朱希運、梁從仁，謹募重新瓷砌碴，南北長伍拾丈，計錢肆拾貫文……歲次丙寅六月初八日，募緣勾當朱希運……

背面另刻兩段文字：

> 時寶祐三年（1255）歲次乙卯八月初四日，重新瓷砌，永保安寧，砌街□□□□官員施主兩巷人户等……/ 天順元年（1457）九月十六日重換蓋石□

秀州慶元元年（1195）升嘉興府，砌街之丙寅年當在此之前。所謂子州西界，疑即《至元嘉禾志》中府西界[6]前身。子州者，子城之謂，與府義同。市心弄恰處子城正西。

嘉興兩例宋代砌街記文所云大市與市心正位於城市核心地段，所砌街道乃分別通向北、西、東城門之主幹。類似之例僅就出土文獻而言，見於鎮江大市口所出淳化三年（992）《朱方新砌十字市街起初並記》[7]。非獨州縣，市鎮亦然。太倉茜涇所出磚刻塔銘云[8]：

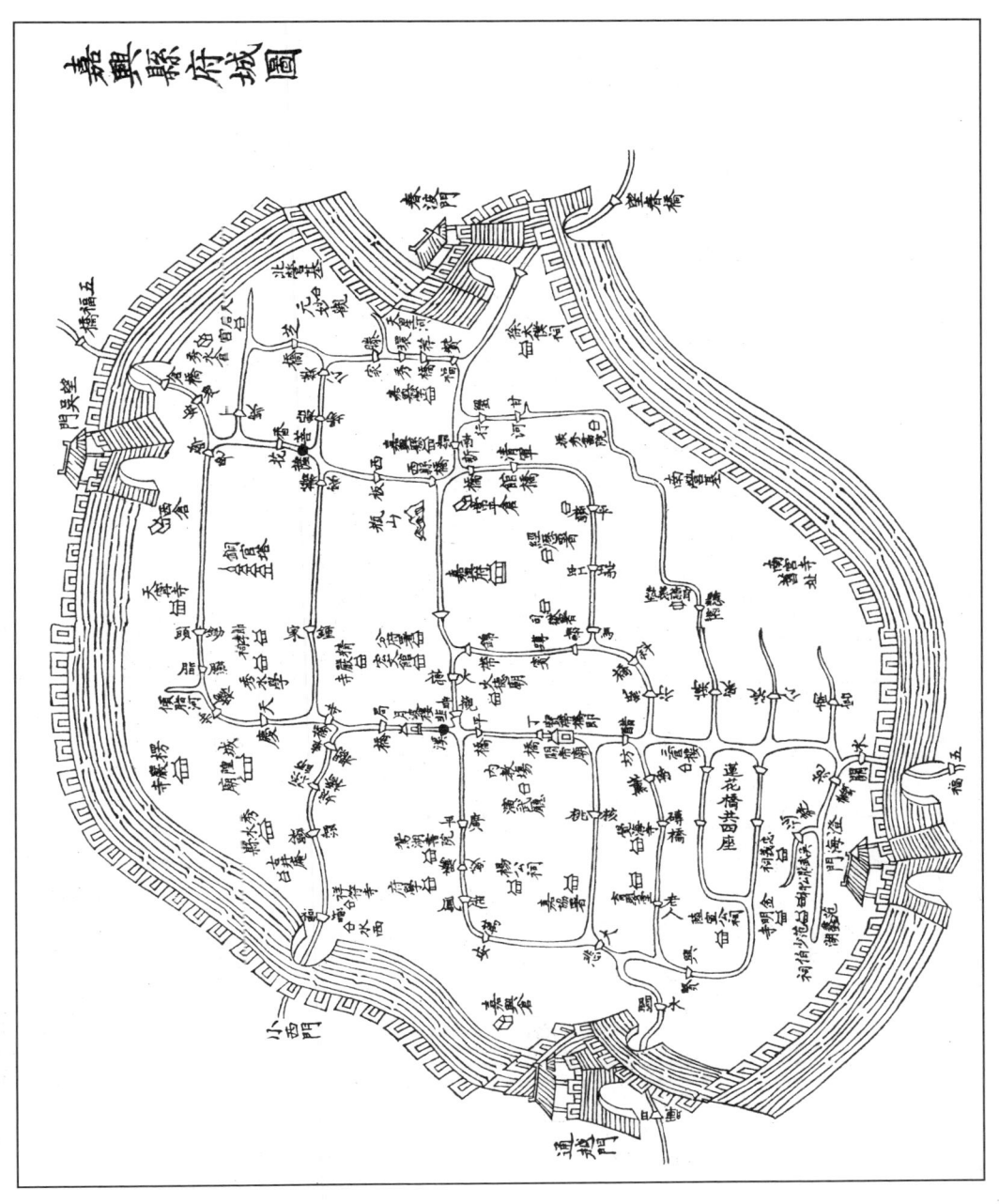

嘉興縣府城圖

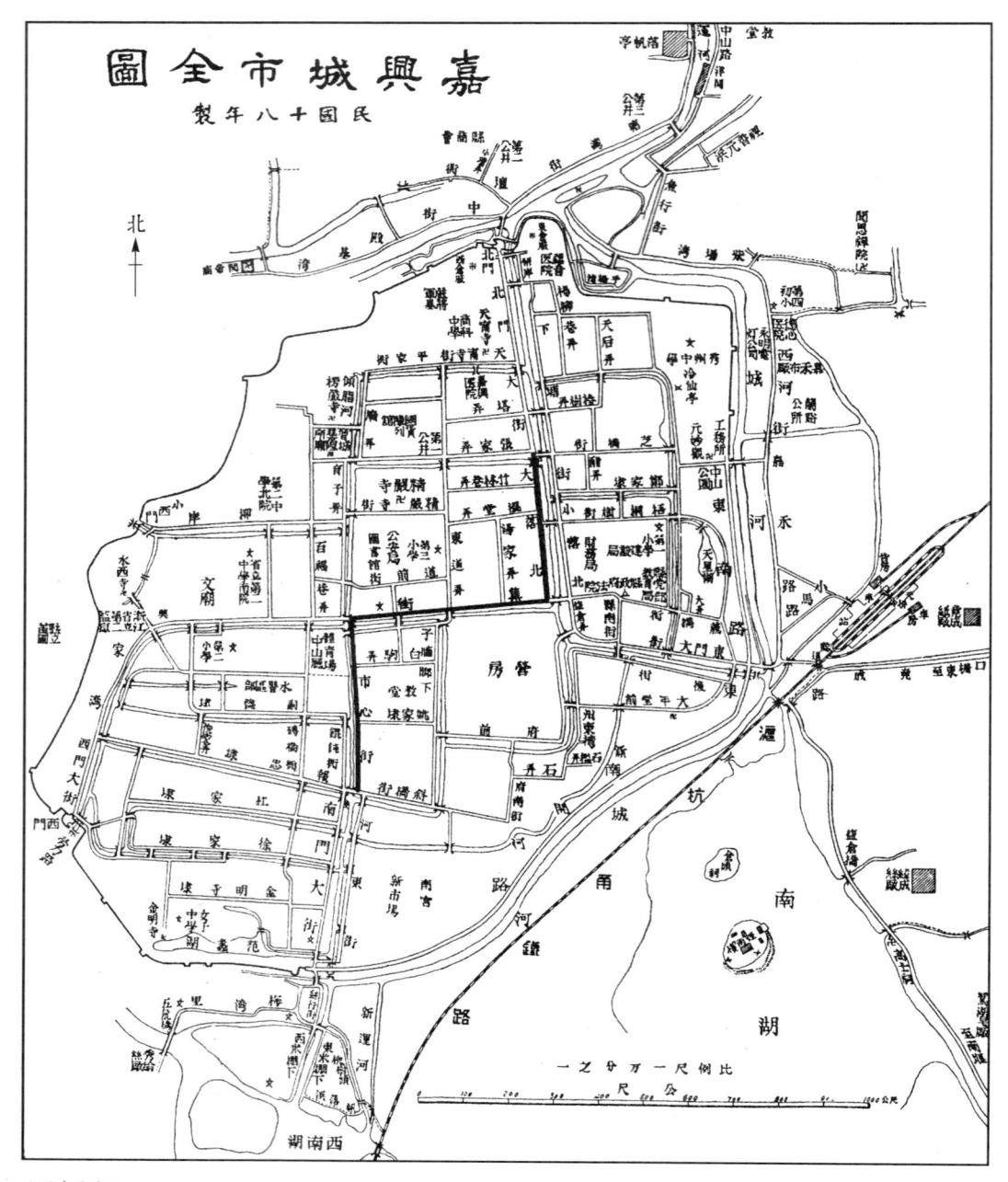

民國嘉興城圖

大宋國蘇〔州〕常熟縣思政鄉錢莊居住弟子周臻，在茜涇坊充勾當坊衆。爲見本邑市心有磚塔一所，多年損懷（壞），今來重新建造。坊衆直按袁智、蔣慶、黄迪等。時政和元年（1111）六月十四日寫畢。周詵題。

磚塔所在市心，同爲十字街口。近年研究指出，儘管唐宋市制由封閉轉爲開放這一宏觀變化殆無疑義，然其間歷史承襲亦不容忽視[9]。市場是否果由集中區塊轉入分散街巷？恐難斷言。故江浙城鎮依托主幹十字街或丁字街而存在之市場形態，其名實流變尚可深入探究。

2016 年 7 月 24 日

1　錢泰吉《甘泉鄉人稿》卷二一，《續修四庫全書》影印清同治十一年刻光緒十一年增修本，第 1519 册，上海：上海古籍出版社，2002 年，490—491 頁。另參于源《鐙窗瑣話》卷五，北京：文物出版社，2016 年，81 頁。

2　張廷濟《桂馨堂集·順安詩草》卷六，《續修四庫全書》影印清道光刻本，第 1491 册，上海：上海古籍出版社，2002 年，705 頁。

3　項映薇《古禾雜識》卷四，北京：文物出版社，2016 年，58 頁。

4　許瑶光等修，吴仰賢等纂〔光緒〕《嘉興府志》卷一《圖説》，清光緒五年刻本，葉一〇至一一。閔幼甫修，陸志鴻纂〔民國〕《嘉興新志》，民國十八年鉛字本，附圖。翻印版采自：嘉興市地名普查領導小組辦公室《浙江省嘉興市地名志》，内部資料，1982 年。

5　嘉興博物館藏，此據展出拓本。

6　單慶修，徐碩纂《至元嘉禾志》卷三《鄉里》，《宋元方志叢刊》影印清道光十九年刻本，第 5 册，北京：中華書局，1990 年，4431 頁。

7　北京圖書館金石組《北京圖書館藏中國歷代石刻拓本匯編》第 37 册，鄭州：中州古籍出版社，1989 年，200 頁。

8　韓益之《江蘇太倉發現宋木雕像》，《文物參考資料》1956 年 6 期，78 頁。

9　包偉民《宋代州縣城市市制新議》，《文史》2011 年第 1 輯，151—169 頁。

成都砌街記

《成都文類》收錄南宋淳熙四年（1177）范蓀所作《砌街記》，其文略云[1]：

　　天下郡國，惟江浙甓其道，雖中原無有也。太、少二城，坤維大都會，市區櫛比，衢隧棋布，而地苦沮洳。夏秋霖潦，人行泥淖中，如履膠漆。既晴，則蹄道轍跡，隱然縱橫，頗爲往來之患。紹興十三年，鄱陽張公鎮蜀，始命甓之，僅二千餘丈。後三十四年，吳郡范公節制四川，爲竟其役。鳩工命徒，分職授任。程督有方，尺寸有度。費出於官，而不以及民。日廩以食，而人競力作，未幾告成。以丈計者三千三百有六十，用甓二百餘萬，爲錢二千萬贏。率一街之首尾立兩石，以識廣狹，凡十有四街。然後所至砌布如江浙間，雨不乘橇，騎不旋濘，徐行疾驅，俱從坦夷。

　　宋代成都城前身爲唐末乾符三年（876）高駢所築羅城，其内另有秦漢以來沿用之子城。拓建部分環繞子城形成十二單元，又各自以大小十字街形式規劃爲十六區塊。這一城市格局除明初建蜀王府及清初建滿城對西部有所破壞之外，其東部街區大體沿襲至近代[2]。儘管街巷系統形式可以古今重疊型城市考古方法大致推斷，然欲瞭解唐宋街道遺跡實況仍需藉助考古發掘。内姜街遺址，位於唐宋子城東北隅。發現磚路 L1，西北東南走向，斷磚橫向豎砌，路面寬 3.2 米，約合宋代十尺，兩側另有磚砌排水溝。尺度與形制均與南宋旌德縣東南兩街相仿，"皆隱隆其中而微殺其旁，夾以深溝而走行潦"[3]。L1 之下另有土路 L2 爲其所疊壓，前者年代不晚於南宋，後者年代不早於晚唐[4]。江南館街遺址，位於唐宋羅城小東門内。發現磚路多條，其中以 L2 爲主，東北西南走向，路面寬 2.1—2.3 米，約合宋代七尺[5]。以上磚砌街道若就其位置而言，似乎均非城中主幹，文獻所記紹興、淳熙間砌街合計五千余丈，遠不足以覆蓋全城，故南宋其他時段應另有甃砌之舉。

成都爲南方地區著名大城，然南宋始磚砌街道，實晚於江浙。僅依文獻而論，台州、潤州、杭州北宋早期即已施行。《嘉定赤城志》載[6]：

通遠坊，在州東南三百五十步，以税務在焉，故名。嘉定十六年（1223），居人自此坊側重甃衢路，至州橋，得舊磚二，一鐫端拱四年[7]，一鐫淳化元年（990），又石版内鐫景德寺僧簡瓊再修。今舊經有景德寺砌街記，蓋此時也。

鎮江大市口出土《朱方新砌十字市街起初並記》曰[8]：

江左雄藩，南徐佳地。山川秀滿，風景清虚。車馬四來，闤闠大壯。廊落衢路，經霶雨而不能清通；綿歷古今，孰揚言而填整？爰有桑門高士道澄者，本秦地人也。……俄遂前心募緣……告厥成功。甃數百丈之青烟，東西相貫；破二百五十萬之世寶，南北一如。使履涉者免高下之泥塗，遣往還者得平正之歧道。……時大宋淳化三年（992）歲在壬辰月當仲吕十六日記。泰州常樂寺寄潤州慈和寺發願砌街僧道澄。慈和寺主住持悟空、禪大德惠朗。

杭州板兒巷出土石刻云[9]：

讀城　99

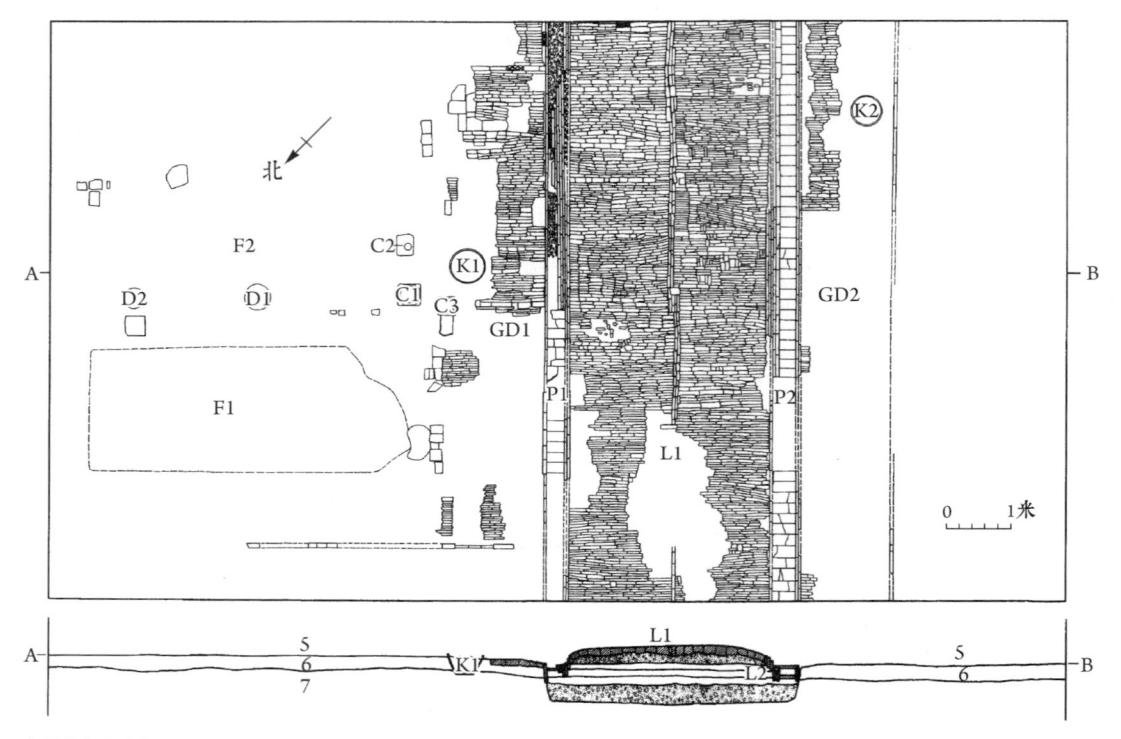

内姜街南宋磚路

　　維大中祥符三年（1010）歲次庚戌四月十日，都會首馮憲、徐翊、嚴君贊、高承霸、高仁福同過法濟院僧省歡、院內大師奉圓等，各捨金帛，遍募近遠四衆信人，各捨净財，甃砌大街孔道。至當年八月初三日備人工，興砌西頭橋塊。當月二十七日備磚灰人匠，從崇新門下手，甃砌至法濟院東訖。又見崇新門裏砌街未就，備磚灰人匠，至□□高橋材畢。同成勝事，永爲標記。砌街都料王霸。

至於南宋，與砌街有關之圖像、文獻資料則更爲普遍，平江、建康、慶元、句容、旌德均其例也。

檢閱各篇砌街記文，可值注意者，宋代城市砌街工程之施行不特由官府召集、出資，而多由僧人發起、募緣，尤其北宋諸例均係後者。成都城市考古所見磚砌街道之時代是否有早於南宋者？工程之組織是否有經僧團者？來日當詳細考查。

2016 年 6 月 26 日

1 范瑩《砌徛記》，袁説友編《成都文類》卷四六，《景印文淵閣四庫全書》第 1354 册，臺北：臺灣商務印書館，1986 年，802 頁。

2 孫華《唐末五代的成都城》，《宿白先生八秩華誕紀念文集》，北京：文物出版社，2002 年，255—290 頁。

3 姚應辰《茅甓東南街記》："旌德爲邑，肇自唐中葉，其途巷皆用磚甓。歲月深久，圮壞陷没，而東南街尤甚。……隆興甲申（1164），令姚應辰命工伐石，易而新之。始以二月治東街，四月告畢。廣十尺，長七百尺。復以明年八月治南街，九月告畢。廣十有一尺，長二百八十尺。……二街皆隱隆其中而微殺其旁，夾以深溝而走行潦。"陳炳德修，趙良澍纂〔嘉慶〕《旌德縣志》卷九，《中國地方志集成》影印民國十四年重刊本，南京：江蘇古籍出版社，1998 年，304—305 頁。

4 成都文物考古研究所《成都市内姜街遺址發掘報告》，《成都考古發現（2004）》，北京：科學出版社，2006 年，364—391 頁。

5 謝濤、何錕宇《成都江南館街唐宋時期街坊遺址》，國家文物局主編《2008 中國重要考古發現》，北京：文物出版社，2009 年，150—155 頁。

6 陳耆卿《嘉定赤城志》卷二《坊市》，《宋元方志叢刊》影印清嘉慶二十三年《台州叢書》乙集本，第 7 册，北京：中華書局，7296—7297 頁。

7 端拱僅二年（988—989），疑四年爲元年之誤。

8 北京圖書館金石組《北京圖書館藏中國歷代石刻拓本匯編》第 37 册，鄭州：中州古籍出版社，1989 年，200 頁。

9 王佩智編《西泠印社摩崖石刻》，杭州：西泠印社出版社，2007 年，160 頁。

一字城與雁翅城

宋蒙戰爭史料中見有一種軍事防禦設施名曰一字城。《元史・憲宗紀》記合川釣魚城戰事最早提及：九年（1259）"二月丙子，帝悉率諸兵渡雞爪灘，至石子山。丁丑，督諸軍戰城下。辛巳，攻一字城"[1]。同書記襄樊戰事亦曾多次出現，《隋世昌傳》：至元"七年（1270），以世昌爲淄萊萬户府副都鎮撫，守萬山堡，建言修一字城以圍襄、樊，升管軍千户"[2]。《懷都傳》：至元"七年，詔守鹿門山、白河口、一字城"[3]。《張弘範傳》：至元"八年（1271），築一字城逼襄陽"[4]。《張君佐傳》："至元八年，調守襄陽一字城、囊駝嶺，攻南門牛角堡，破之"[5]。《賈六十八傳》：至元"九年（1272），六十八帥所部戍駱駝嶺、一字城，立炮樊城南，不發，以怠敵心，俄帥銳卒突出，攻其城西，破之"[6]。《李庭傳》：至元"九年春，攻樊城外郛，炮傷額及左右手，奪其土城，遂進攻襄陽東堡，炮傷右肩，焚其樓，破一字城"[7]。

釣魚城一字城近年經考古調查及發掘，形制業已明朗。主城夾嘉陵江依釣魚山而建，南一字城東西兩道，北一字城一道，均夯土包石，分別順南北兩側山勢而下達於江邊，南城東西兩垣中段各建城門一座。此類建置在川渝地區宋蒙戰爭山城中並非孤例，瀘州神臂城南部同設東西兩道一字城抵長江北岸。另外，同屬宋蒙戰爭產物的桂林"静江府修築城池圖"中，馬王山東側亦有附帶石門之一字城抵灕江西岸[8]。

或以爲一字城之制始自宋元之際，其實不然。孝宗朝爲抵禦金人南侵，襄陽守臣即已提出類似設計，名曰雁翅城，其構想詳載於《宋會要輯稿》[9]：

乾道七年（1171）八月十九日，荊南駐劄御前諸軍都統制秦琪、權京西轉運判官兼權知襄陽府張棟言：襄陽府城樓櫓雄堞，委皆壯觀……自西北角抵江岸止二十餘步，（以）〔已〕漸（頭）〔頹〕；東（至）北角去江岸三百三十餘步，地步廣闊，敵人可以屯泊。相度欲移北壁工役於西北角抵江岸二十二步，東北角抵江岸三百三十步，與兩城角團樓相接，創築雁翅鑰匙頭城二座。東壁創築馬面子五座，上安戰棚各十四間，就裏築炮臺一座，慢道二條，開城門一座。西壁亦開城門一座，上安戰棚各十四間，慢道一條。城上接團樓，各置關門一座，外壁用磚包砌。可以照應樊城，互相策應。及兩雁翅城門亦可引拽軍馬，出奇應變。兼樊城東西已有雁翅城，襄陽城北若不依此（條）〔修〕築固護，則諸軍車戰馬船無所繫泊，並一帶居民盡成委棄。況襄陽城中地形甚高，而漢江至秋冬水落，其流甚低，城中井泉甚少，常患乏水。今若修築雁翅城直接江南，則與大江移入城中無異。且本府北門正與樊城相直，兩城屹立，中據大江，敵人無路可犯，實爲大利。伏望速賜處分。詔雁翅城別聽旨，餘從之。

由此可知，該設計欲達封江、取水、出奇兵之效，意在擴大防禦縱深。儘管當時並未付諸實施，然趙萬年《襄陽守城錄》記開禧二年（1206）宋金襄陽戰事曾提及："北門城外㒵西有兩雁翅抵江，稍低數尺，其城外江岸下舟船甚多，恐虜人不測掩襲，遂以兩雁翅城之裏，創立木柵於城下，兩堤岸開重濠，設鹿角兩層，又用破車連樓如拒馬，伏壯士守之。"[10] 此雁翅城之創建，當在乾道七年之後，即宋蒙襄樊之戰中宋軍所守一字城前身，而蒙軍所築一字城，功能當與之相類。如將文獻所述襄陽雁翅城圖景與釣魚城南一字城遺跡相對照，更可謂若合符契。

合川钓鱼城平面示意图

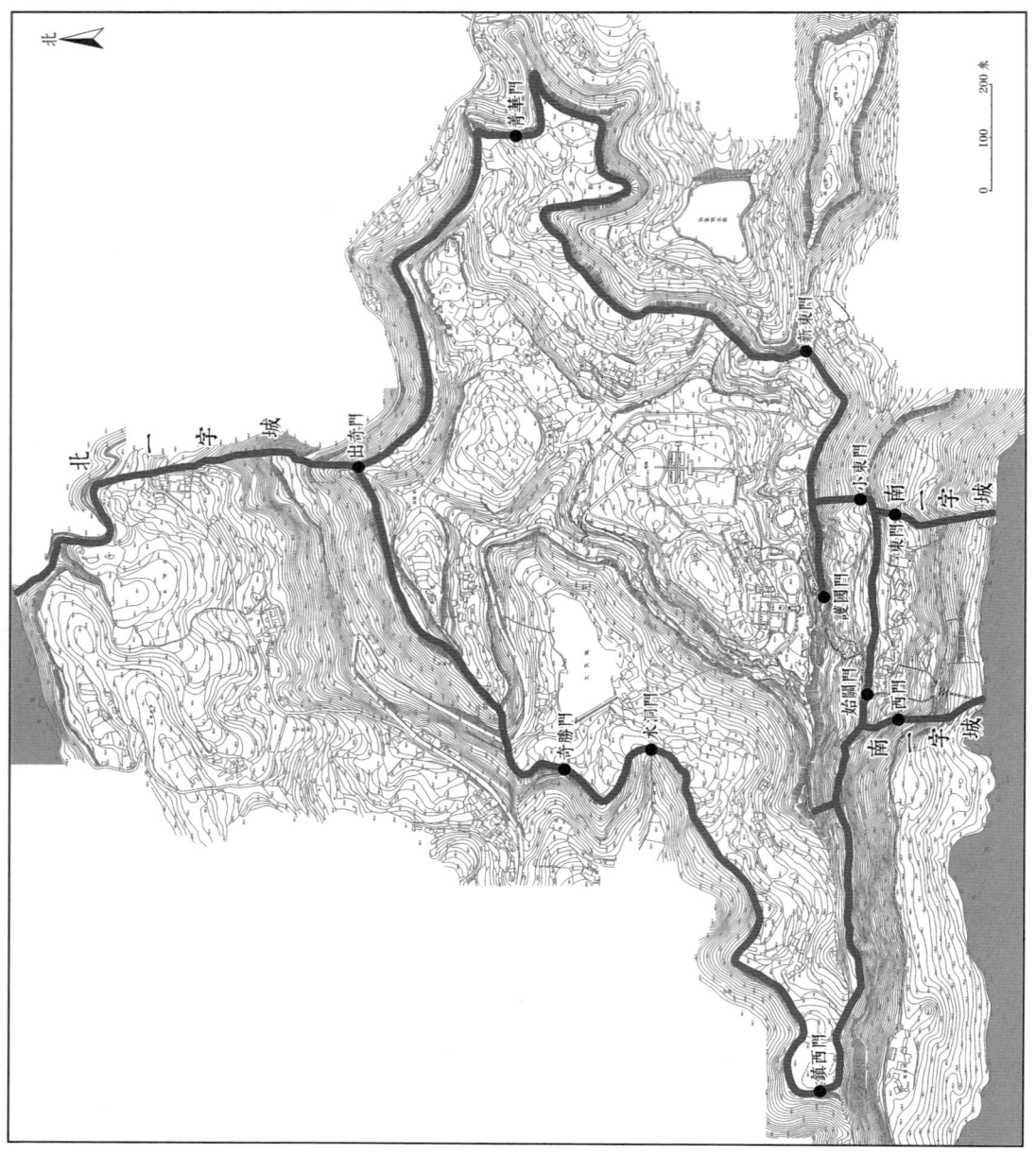

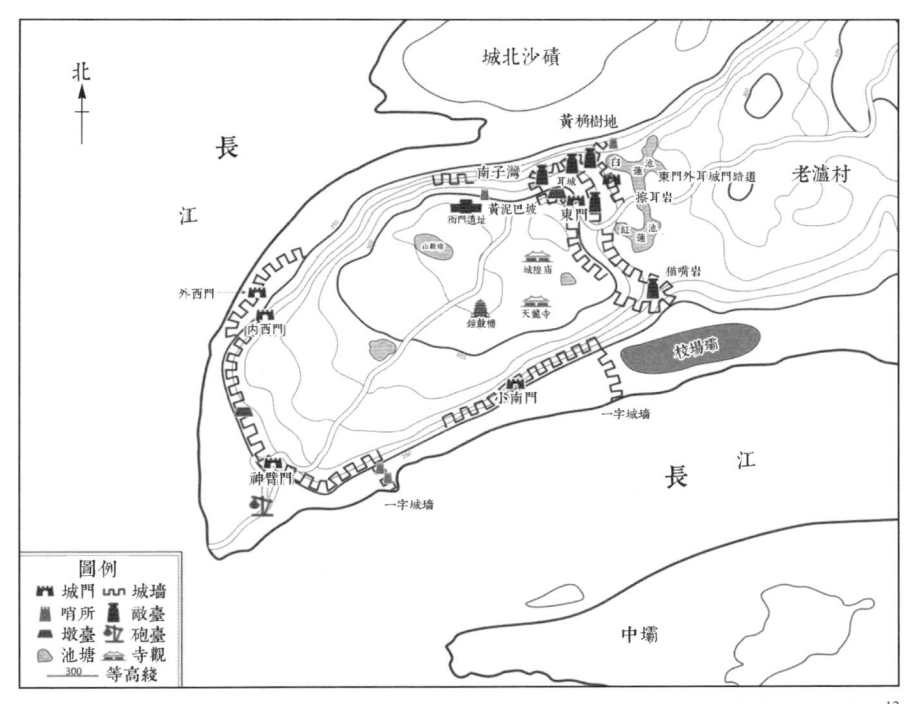

瀘州神臂城平面示意圖 12

靜江府修築城池圖拓本局部 13

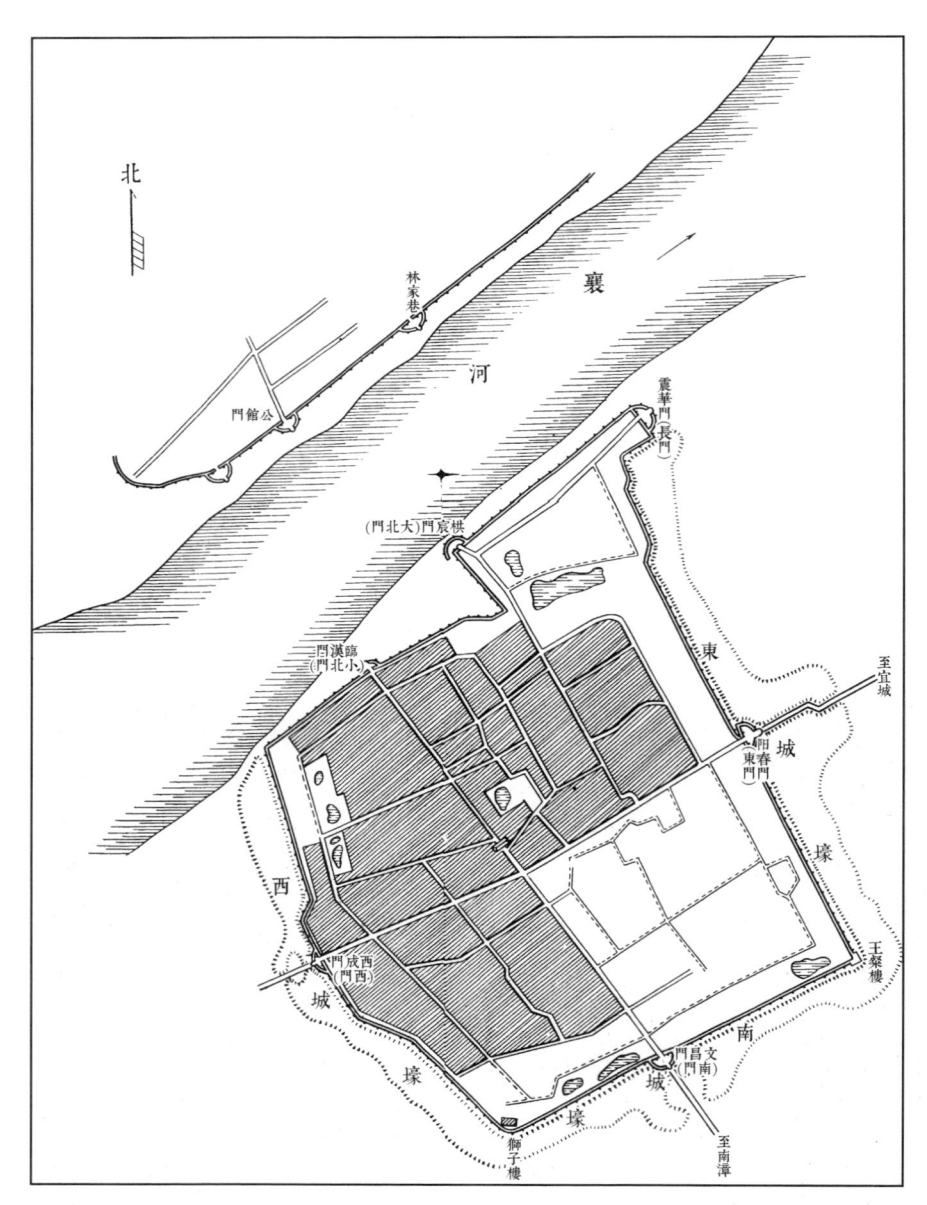

襄陽城平面示意圖[14]

襄陽之外，廣州亦有雁翅城，在東、中、西三城之南。大德《南海志》云："魏瓘修築子城，週環五里。熙寧初，即州東古城遺址築東城焉，廣袤四里。繼於子城之西增築西城。週十有三里一百八十步，高二丈四尺。是爲三城，爲門十有七。東南、西南隅築兩翅臨海，以衛城南居民，名曰雁翅城。""雁翅城。嘉定三年（1210），經略陳中書峴以州城之南爲一闤闠，無所捍蔽，創築東城長九十丈，爲門一，西城長五十丈，敵樓共三十三間。"[15] 雁翅城實即翼城。真州因開禧北伐失利，整飭城防，嘉定、寶慶間於城南陸續創築東西翼城，事見隆慶《儀真縣志·建置考》[16]，並參宋人修城諸記[17]。其制與廣州相似，北連城隅，南拒江河，意在護衛舊城以南衍生街市，與合川、襄陽單純軍事考慮又不盡相同。

2016 年 1 月 3 日

1　宋濂《元史》卷三《憲宗紀》，北京：中華書局，1976 年，53 頁。
2　宋濂《元史》卷一六六《隋世昌傳》，北京：中華書局，1976 年，3893 頁。
3　宋濂《元史》卷一三一《懷都傳》，北京：中華書局，1976 年，3197 頁。
4　宋濂《元史》卷一五六《張弘範傳》，北京：中華書局，1976 年，3681 頁。
5　宋濂《元史》卷一五一《張榮傳附子君佐傳》，北京：中華書局，1976 年，3582 頁。
6　宋濂《元史》卷一五一《賈塔剌渾傳附弟六十八傳》，北京：中華書局，1976 年，3577 頁。
7　宋濂《元史》卷一六二《李庭傳》，北京：中華書局，1976 年，3796 頁。
8　原刻在桂林鸚鵡山，拓本藏桂海碑林博物館，摹本參：中國科學院自然科學史研究所《中國古代建築技術史》，北京：科學出版社，1985 年，435 頁。
9　徐松《宋會要輯稿》方域九，上海：上海古籍出版社，2014 年，9455 頁。
10　趙萬年《襄陽守城錄》，《全宋筆記》第 6 編第 9 冊，鄭州：大象出版社，2013 年，210 頁。
11　據重慶市文化遺產研究院袁東山先生提供底圖改繪。
12　蔣曉春、林邱《宋代瀘州神臂城城防體系分析》，《中國國家博物館館刊》2017 年 9 期，62 頁。

13 攝於桂海碑林博物館展廳。
14 石割平造《支那城郭ノ概要》,支那派遣軍總司令部,1940 年,城郭圖第一〇二。
15 陳大震、呂桂孫纂修〔大德〕《南海志》卷八《城濠》,《續修四庫全書》影印元刻本,史部第 713 冊,上海:上海古籍出版社,2002 年,21—22 頁。
16 申嘉瑞等纂修〔隆慶〕《儀真縣志》卷三《建置考》,《天一閣藏明代方志選刊》影印明隆慶刻本,葉一至五。
17 樓鑰《真州修城記》,《攻媿先生文集》卷五一,《中華再造善本》影印北京大學圖書館藏宋四明樓氏刻本,葉一二至一三。孫德輿《儀真新築兩翼城記》,〔雍正〕《揚州府志》卷五《城池》,《中國方志叢書》影印清雍正十一年刻本,臺北:成文出版社,1975 年,50 頁。薛洪《增築兩翼城記》,盧祖皋《固圉記》,〔隆慶〕《儀真縣志》卷一四《藝文考》,《天一閣藏明代方志選刊》影印明隆慶刻本,葉二七至二九。劉宰《真州新翼城記》,《漫塘劉先生文前集》卷二二,《宋集珍本叢刊》影印明正德十六年刻嘉靖八年續刻本,第 71 冊,北京:綫裝書局,2004 年,676—677 頁。

夔州城

奉節永安鎮，即夔州城舊址所在。自西漢江關都尉以迄梁之信州皆治白帝山城，北周天和元年（566），陸騰"更於劉備故宮城南，八陣之北，臨江岸築城，移置信州"[1]。而《水經注》則云："江水又東徑南鄉峽，東徑永安宮南，劉備終於此，諸葛亮受遺處也。其間平地可二十許里，江山迴闊，入峽所無。城周十餘里，背山面江，頹墉四毀，荊棘成林，左右民居，多墾其中。"[2] 是知永安宮左近之有城邑又早於此。北周"宣政元年（578），州復還白帝城"[3]。即唐會昌五年（845）刺史李貽孫《夔州都督府記》所云："州初在瀼西之平上，宇文氏建德中，王述徙白帝城，今衙是也。"[4] 至宋景德中始再遷瀼西。

宋夔州城概貌見於陸游《入蜀記》："州在山麓沙上，所謂魚復永安宮也。宮今爲州倉，而州治在宮西北、甘夫人墓西南，景德中轉運使丁謂、薛顏所徙。比白帝頗平曠，然失關險，無復形勢。在瀼之西，故一曰瀼西。土人謂山間之流通江者曰瀼云。州東南有八陣磧，孔明之遺跡，碎石行列如引繩。每歲江漲，磧上水數十丈，比退，陣石如故。"[5]

正德《夔州府志》謂"府古無城，環立木柵，成化十年（1474）始開築城池，包砌磚石"[6]，其說不確。熙寧末轉運官董鉞請於朝曰：夔州"距峽口纔八里，實據上游，宜城夔以鈐截其險"[7]。乾道初王十朋知夔州，見"夔城頗惡，予修之，雖雉堞一新，然土城易壞，兵有守城者勿他役，隨壞而補，則城常固矣"[8]。又於城中街巷立坊表十八，其名曰宣化、刑清、介福、弭節、皇華、興儒、崇化、懋遷、興龍、臥龍、

夔州城及周邊地形圖

慶豐、禮賓、通津、義泉、永安、折桂、知足、和風[9]。

州有武侯祠，舊"在州之南門沿城而西三十六步……地卑巷隘，混以民居，污渠糞壤，混乎其間，臭朽之所蒸，蝸蝀之所家，非所以妥靈而崇祀也。門之東去祠一百八十五步，城有臺，下臨八陣圖。登臺而望，則常山之蛇，四頭八尾之勢，宛其在目。北直郡倉，倉故永安宮也，據爽塏，狀如屏。宮之北有水曰清瀼，瀉出乎兩山之間，東入於江……地初爲節度推官宅，徙於他所，因其址築而高之，用其材斫而新之，爲堂五楹，廡萬椽。南門於臺，又門於西，通往來之道"[10]。

今觀民國三十七年（1948）奉節縣城廂圖，舊城、清瀼、梅溪、八陣宛然在目，街巷、州治、永安宮、武侯祠亦略可推知，誠爲峽江城市考古重要實例也。

2015 年 12 月 13 日

1 令狐德棻等《周書》卷四九《異域傳》上，北京：中華書局，1971 年，890 頁。
2 酈道元撰，陳橋驛校證《水經注校證》卷三三《江水》，北京：中華書局，2007 年，776 頁。
3 樂史《太平寰宇記》卷一四八《山南東道》七《夔州》，北京：中華書局，2007 年，2872 頁。
4 李貽孫《夔州都督府記》，楊慎編《全蜀藝文志》卷三四，北京：綫裝書局，2003 年，956 頁。
5 陸游《入蜀記》六，《渭南文集》卷四八，《中華再造善本》影印中國國家博物館藏宋嘉定十三年陸子遹溧陽學宮刻本，葉一四至一五。
6 吳潛修，傅汝舟纂〔正德〕《夔州府志》卷二《城郭》，《天一閣藏明代方志選刊》影印明正德八年刻本，葉一。
7 董鉞《制勝婁記》，楊慎編《全蜀藝文志》卷三四，北京：綫裝書局，2003 年，958 頁。
8 王十朋《修壘》，《梅溪先生後集》卷一二，《四部叢刊》初編影印明正統劉謙溫州刻本，葉五。闕字據《景印文淵閣四庫全書》本補。
9 王十朋《十八坊詩》，《梅溪先生後集》卷一三，《四部叢刊》初編影印明正統劉謙溫州刻本，葉一至二。
10 王十朋《夔州新遷諸葛武侯祠堂記》，《梅溪先生後集》卷二六，《四部叢刊》初編影印明正統劉謙溫州刻本，葉一二至一三。

江邊城外

南宋紹熙四年（1193）十月晦前一日，誠齋先生楊萬里"偶出山間，入州府，友人王信臣迓予於中路，約予過其家，觀所謂山月亭者。日已旰，未遑也。詰朝夙興，出永豐門西走九曲，謁親舊，皆寂寂門未啓，則反而南謁信臣，門啓矣"[1]。此州府者，江右鉅郡吉州是也。"當宋南渡時，廬陵宣溪王氏爲詩書大族，嘗築第城西南湖橋之近。面永豐門廣衢，棟甍比屬，巷陌縱橫。後則高崖峻絶，下瞰支江，市區賈場，延亘周遭，百貨交集。然後大江橫陳，千山對峙。王氏信臣於崖之高作亭，扁之曰山月。作臺，扁之曰雲端。名人勝士，日游其上，誠齋楊文節公爲之記者是也。"[2]

兩篇記文所述均爲吉州城外街區景物。州在贛江西岸，北望螺絲山，南瞰神崗山，邑落延亘數里。城南有長街兩條，曰南街，曰西街。以名度之，似十字相交，實則平行，均略作東北西南走向，兩側諸多小巷與之相垂，構成縱街橫巷式街網格局。西街即永豐門外廣衢，九曲巷在其西，越街東行，過南湖橋，即達南街，王信臣宅第當在橋西。此間雖在城外，却頗繁盛，所謂"市區賈場"、"百貨交集"之地。開慶初（1259），江南西路安撫使兼知吉州軍事蕭逢辰即寓家城西，稱"廬陵非江北比，城外居民三倍城中"[3]。九曲巷南有城隍廟，又南即禮巷，元代製鏡名家胡東有在焉，作品多附"上等端正青銅鏡/吉安路城隍廟下禮巷内住胡東有作"銘記[4]，可爲劉詵記文做一注脚。至元十六年（1279）彭因地券稱其"江西道吉安路吉安府録事司廬陵縣城外雍和坊西街九曲橫巷面西爲居"[5]，則知城外街區亦納入以坊爲單元之城市管理體系。

府城街巷異

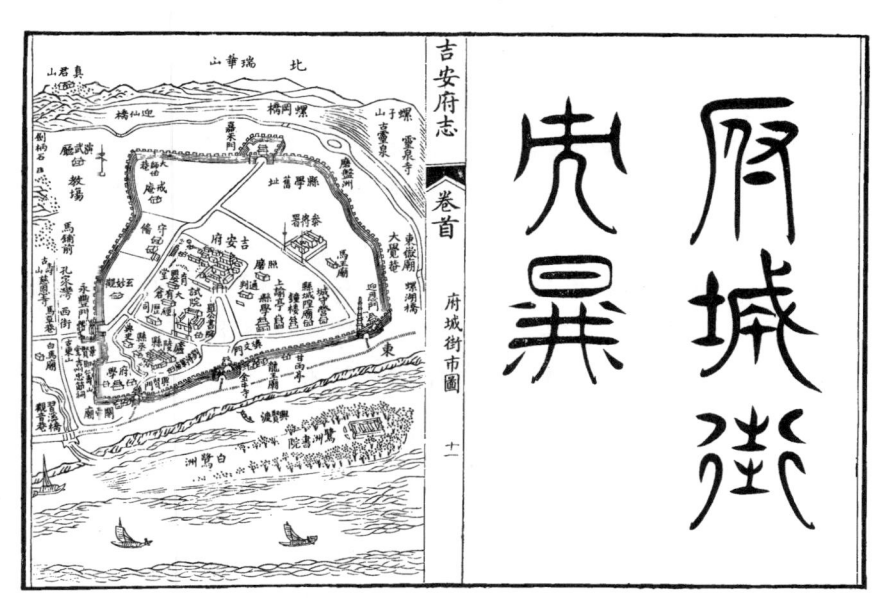

吉安城基居東北，城內皆文武官廨祠宇，商賈交易聚西南二關兩街起西南門達南塘寺舖舍，稠家煙火萬家，江舶所經上自南贛下達章門，郡城街市當其阨為中間一大都會。江水大溜趨東，白鷺洲砥柱江心，故商賈舸艦灣泊南關便通貨殖，茲圖景象逼真，昔孔舟商富教於車中，我寮寀其共保艸庶哉。

據墓誌所記，彭氏之居，"淳祐丙午（1246），始築室，與祖居對，扁一室曰蒲窗。券石爲山，斗水爲池，植昌蒲數百根，取其清潔淡泊，有隱君子風"[7]，亦如王信臣宅鬧中取静者也。

江浙水鄉平原以外南方城市選址因地制宜，多在江河之側，平面呈狹長之態。城內空間頗受衙署、學宮、倉庫、寺觀擠占壓縮[8]，街區遂向城外拓展。復因水運之便，沿江設市，催生江邊城外繁盛景象，吉州城即典型之例也。

2016 年 6 月 5 日

1 楊萬里《誠齋集》卷七四《山月亭記》，《四部叢刊》初編影印景宋鈔本，葉五。
2 劉攽《桂隱文集》卷一《山月亭》，《景印文淵閣四庫全書》第 1195 册，臺北：臺灣商務印書館，1986 年，142 頁。
3 歐陽守道《吉州籌安堂記》，余之禎修，王石槐纂〔萬曆〕《吉安府志》卷三四《附錄》三《紀述》上，《日本藏中國罕見地方志叢刊》影印明萬曆刻本，北京：書目文獻出版社，1991 年，506 頁。此條材料承中國人民大學包偉民先生提示。
4 陳柏泉《記元明時期江西鑄造的銅鏡》，《考古》1988 年 7 期，636 頁。廣西壯族自治區博物館《廣西銅鏡》，北京：文物出版社，2004 年，226 頁。
5 高立人主編《廬陵古碑錄》，南昌：江西人民出版社，2007 年，10 頁。
6 盧崧修，朱承煦、林有席纂〔乾隆〕《吉安府志》卷首《府城街市圖》，清乾隆四十一年刻本，葉一二。
7 高立人主編《廬陵古碑錄》，南昌：江西人民出版社，2007 年，128 頁。
8 周必大《廬陵周益國文忠公集》卷二八《吉州新貢院記》、卷五九《廬陵縣重修縣學記》，《宋集珍本叢刊》影印傅增湘校清歐陽棨刻本，第 51 册，北京：綫裝書局，2004 年，350、586 頁。揭傒斯《揭文安公集全集》卷一一《廬陵縣丞馮君修造記》，《四部叢刊》初編影印清鈔本，葉一五。

蘄州城

南宋嘉定十四年（1221）金兵陷蘄州，知州李誠之等死難，司理參軍趙與裦僅以身免，歸撰《辛巳泣蘄錄》[1]，備述守城拒戰情狀，間涉州城形制，今摘錄其文，並略作補釋。

"蘄州城池四門，皆無所慮。""本州九里三十六步之城，共一千三百女頭。""切緣本州城獨有團樓，而無馬面，兩邊無對敵之地，所以虜賊一意攻擊不住。"蘄州城，即所謂羅州城，舊址在今蘄春縣漕河鎮西北蘄水左岸。分內外二城，外城平面呈不規則長方形，西北部被蘄水切去一角，東垣長 1420 米，南垣長 780 米，西垣殘長 400 米，北垣殘長 430 米[2]。原周長應在 4 千米以上，與文獻所記規模大致相當。考古發掘顯示，外城始建於唐而增修於南宋。城內采集到嘉定五年（1212）、十四年城磚，表明金兵襲來之前曾有補葺，即袁燮撰李誠之墓誌所云"相視城壁而增益之，高與厚俱五尺⋯⋯備樓櫓，築羊馬墻"[3]者。然城防僅有團樓而無馬面，又與"淮襄之城制"[4]不符，可知確屬倉促之舉。

"太守李國錄與秦通判等，遇賊於子城之十字街，各以自隨之兵冒死鬥敵。⋯⋯判官趙汝標與知縣林榮、嚴監轄剛中、寧主簿時鳳⋯⋯相率投身於子城河內而死。"子城即羅州城內城，在外城中部偏北，平面呈不規則方形，東垣長 263 米，南垣長 450 米、西垣長 349 米，北垣長 314 米，城外有壕。四垣各探出城門一座，當合於十字街格局。據考古勘探，內城始建於漢，宋仍之。

蘄州城平面圖

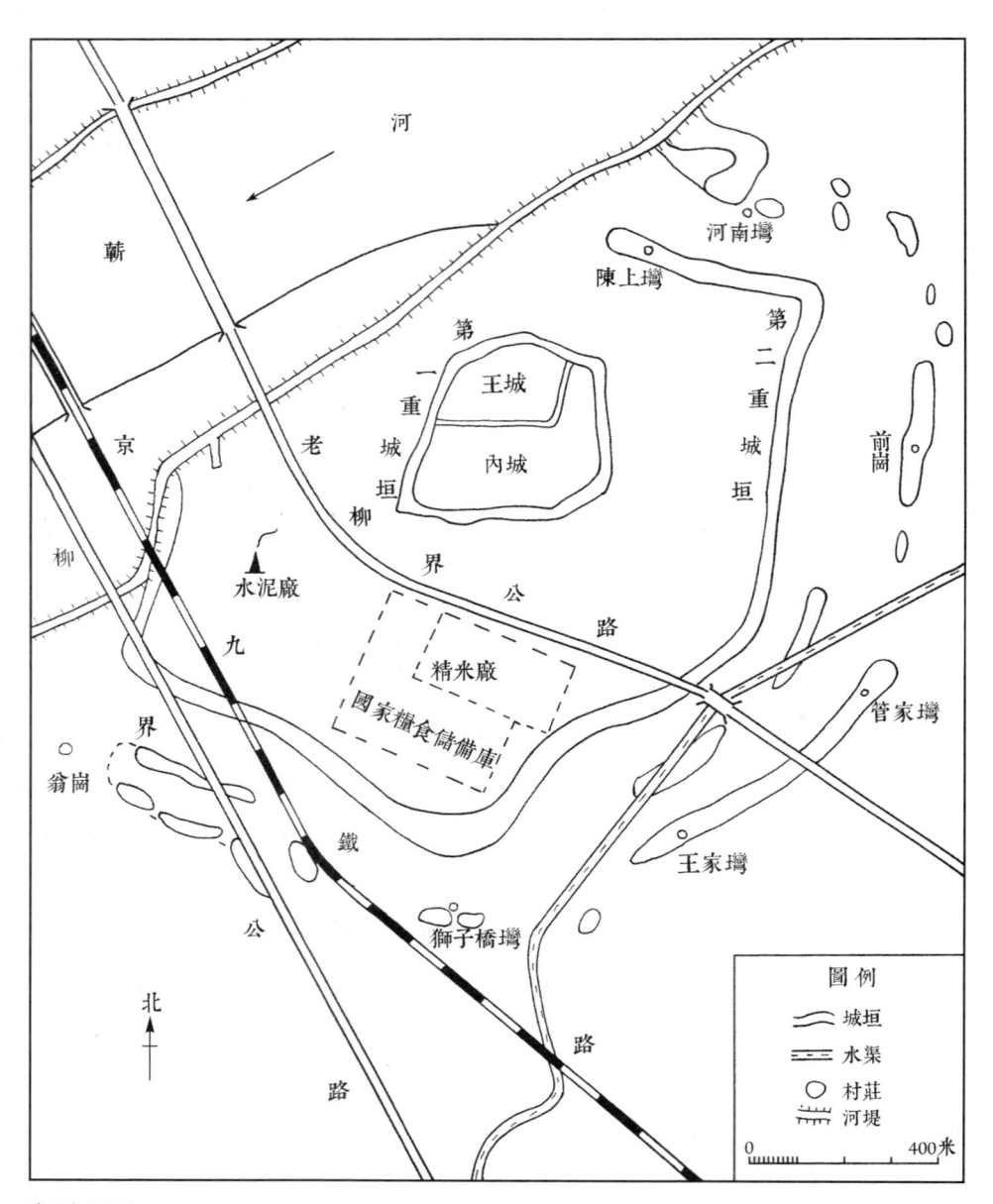

河

蘄

河南壪
陳上壪
第二重城垣
王城
內城
第一重城垣
老柳界公路
前崗
京
柳
水泥廠
九
精米廠
國家糧食儲備庫
界
管家壪
翁崗
王家壪
鐵
獅子橋壪
公
路
北

圖例
城垣
水渠
村莊
河堤

0　　　400米

嘉定蘄州城磚

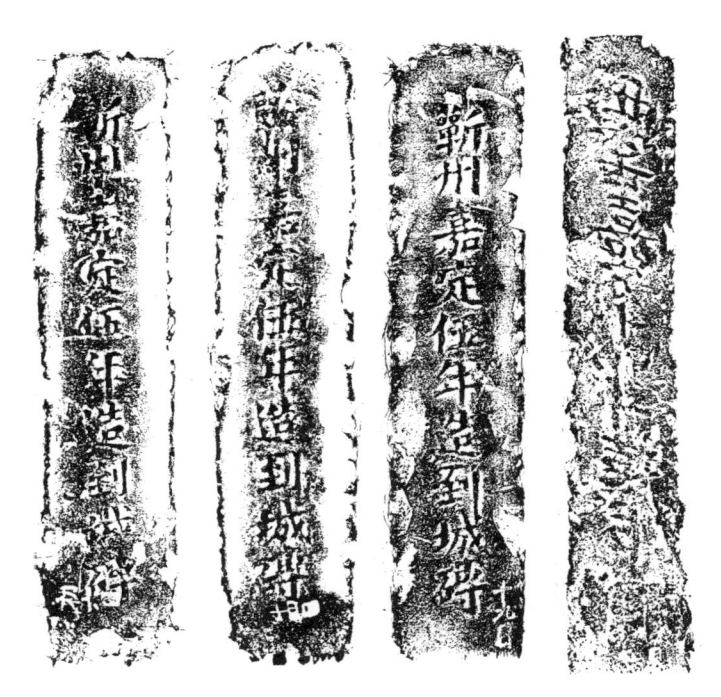

"望樓子陳富報，虜賊已擁衆至西門外廣教寺山望城崗山腰，劄寨數百處，耀旗俯視我城壁，牧馬二千余匹於山下。但州城尚隔河，虜未敢近。"廣教寺山，即白雲山，"在城北四里，自旦及暮嘗有白雲繚繞其上。隋時建塔寺其上……國朝名廣教禪院"[5]。州城與山所隔爲蘄水，"至白雲山前突起一洲，左爲蘄河（即舊治所在），右爲西河，驛遞在焉"[6]。

"有北門外文頓坊稅户黃思明等人，捕獲番人秦順。"據買地券材料，蘄州治下各縣通常城內設坊，城外爲鄉。如蘄水縣（含元祐八年［1093］分置羅田縣）有尚德坊、開元鄉、永泰鄉、直河鄉、龍門鄉；黃梅縣有宣化坊、長樂鄉、永福鄉；廣濟縣有永興鄉、靈泉鄉[7]。文頓坊在北門外，可推定爲近郊沿河街區發展之例證，與吉州等江邊城外坊市性質相同。

嘉靖《蘄州志》云："元世祖中統四年癸亥，即宋理宗景定四年癸亥（1263），元兵據河西白雲山設炮臨城。守者懼，夜率其民保鴻宿洲以據之。安撫使王益遷麒麟山，創築今城。"[8] 羅州城考古發掘所得宋代殘瓷以兩宋之際、南宋中晚期兩時段最爲豐富[9]。以景德鎮青白瓷爲例，約1230—1240年代之劃花碗及印花碟[10]尚有所見，而1250—1260年代之餅足碗[11]則未發現。如此，嘉定戰後蘄州生業雖有短暫恢復，終究難復舊貌，遷築新城，勢在必行。

2016 年 12 月 5 日

1　趙與裦《辛巳泣蘄錄》，《全宋筆記》第 7 編第 2 册，鄭州：大象出版社，2015 年。
2　黄岡市博物館等《羅州城與漢墓》，北京：科學出版社，2000 年。
3　袁燮《蘄州太守李公墓誌銘》，《絜齋集》卷一八，《景印文淵閣四庫全書》第 1157 册，臺北：臺灣商務印書館，1986 年，249 頁。
4　解縉等《永樂大典》卷八五〇七引《南寧府志》，北京：中華書局，1986 年，3935 頁。
5　王象之《輿地紀勝》卷四七《淮南西路》蘄州，北京：中華書局影印清道光二十九年刻本，1992 年，1908—1909 頁。
6　潘克溥修纂〔咸豐〕《蘄州志》卷二《山川》，清咸豐二年刻本，葉三四。
7　魯西奇《宋代蘄州的鄉里區畫與組織：基於鄂東所見地券文的考察》，《唐研究》第 11 卷，北京：北京大學出版社，2005 年，595—620 頁。
8　甘澤修纂〔嘉靖〕《蘄州志》卷三《城池》，《天一閣藏明代方志選刊》影印明嘉靖十五年補刻本，葉三四。
9　黄岡市博物館、湖北省文物總店《蘄春羅州城：2001 年發掘報告》，北京：科學出版社，2007 年。
10　四川窖藏集中出土，參：成都文物考古研究所、遂寧市博物館《遂寧金魚村南宋窖藏》，北京：文物出版社，2012 年。
11　揚州寶祐城集中出土，參：中國社會科學院考古研究所等《揚州城遺址考古發掘報告：1999—2013 年》，北京：科學出版社，2015 年。

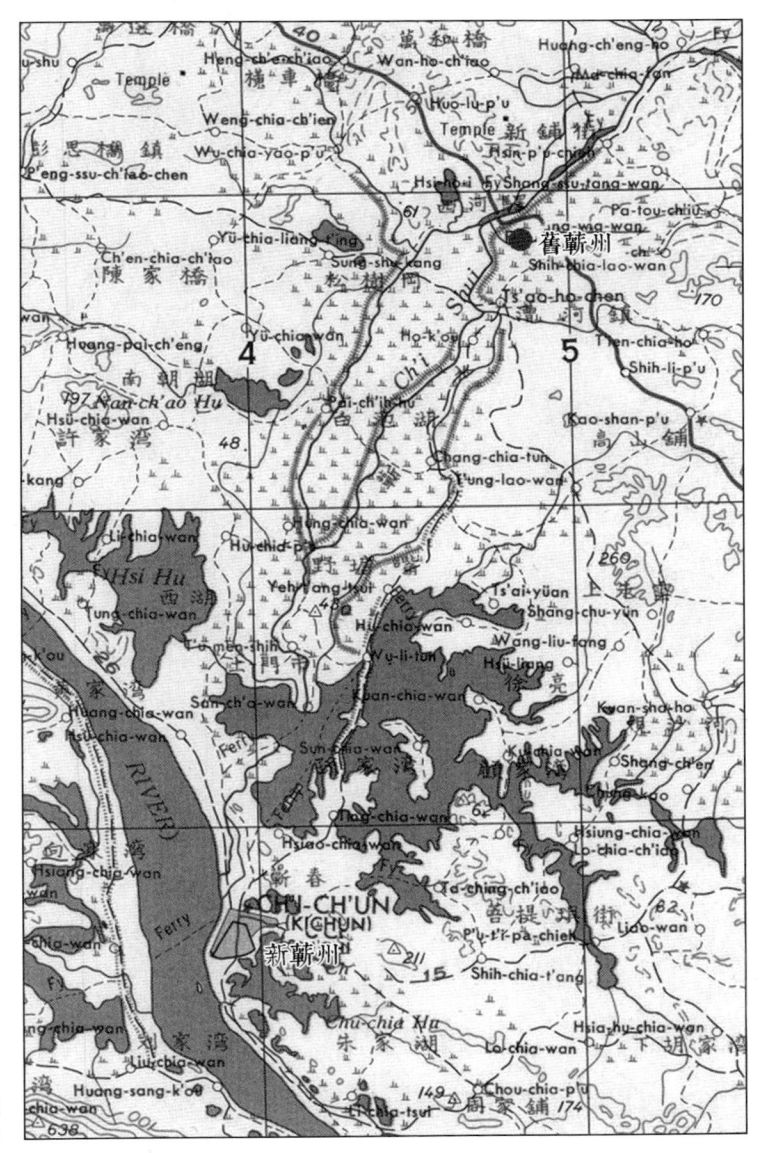

新舊蘄州城
位置關係圖

讀城 119

蘄州城出土嘉定後瓷器

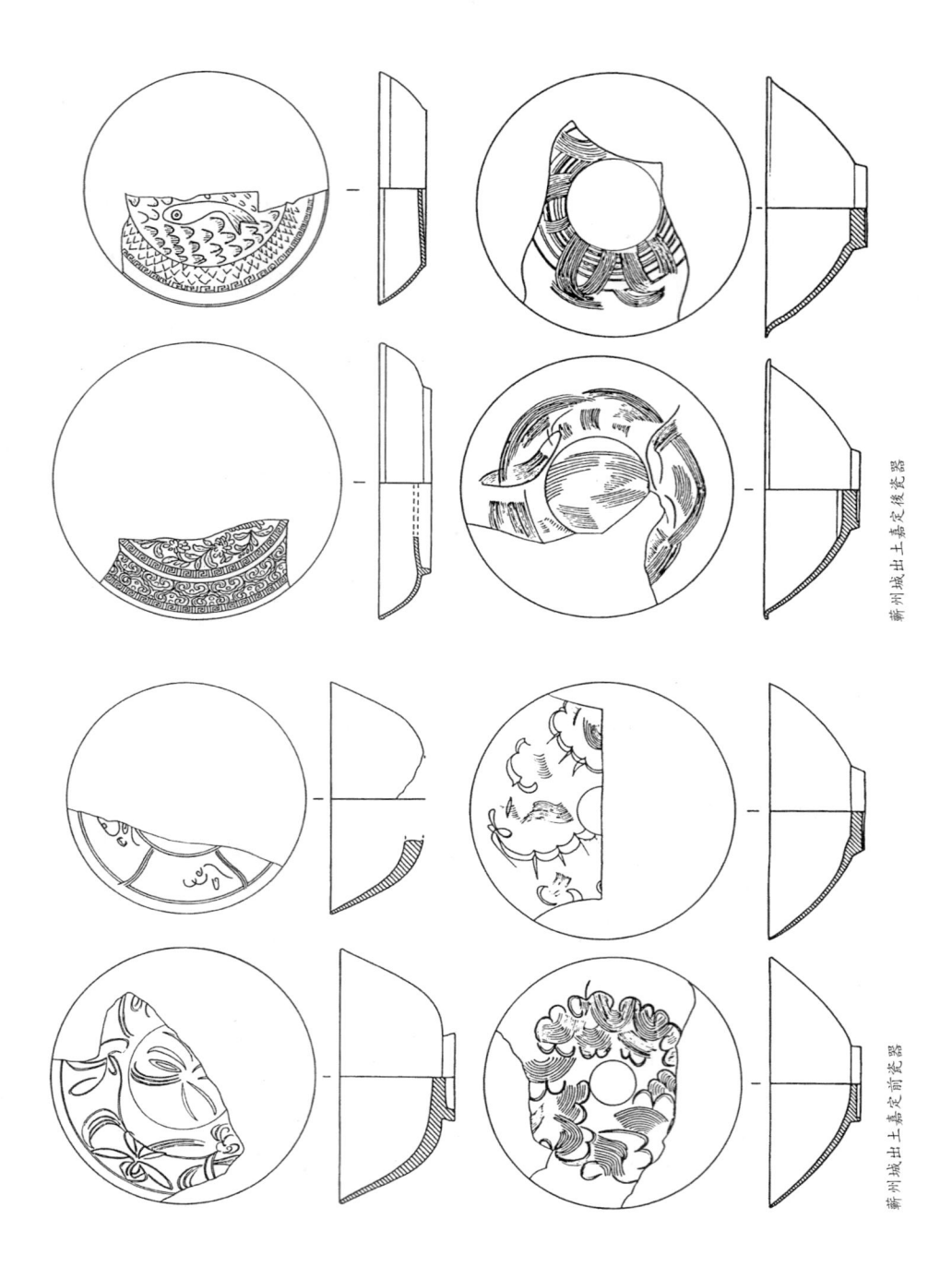

蘄州城出土嘉定前瓷器

120　鷄冠壺：歷史考古劄記

徽州城磚

庚寅歲末，於浙江省博物館見北宋宣和四年（1122）徽州城磚一方，模印陽文凡七十七字：

後唐石埭洞賊方清破陷州城，次年秋始平。至大宋宣和庚子（1120），威平洞賊方臘竊發，攻陷徽州，燒劫淨盡，蓋緣城壁不修。至壬寅年（1122），製磚繕完，可保永固，異時微有損圮，宜加補治。直徽猷閣領郡事盧記。

此磚係松江金石書畫家朱孔陽舊藏，早年改製爲硯。西泠印社拍賣朱氏贈潘景鄭拓本一紙[1]，跋云：

宋宣和四年盧宗原重修徽州城銘文磚，有關宋代方臘起義軍革命歷史資料（事詳一九七六年《考古》五期），自宋以來，拓本從未見過，即余藏此磚四十餘載，至年八袠，方始拓以傳世。今秋，此磚已由余夫婦親自攜杭，捐獻於浙江博物館矣。後二月，將拓本全份以奉景鄭先生惠存。一九七八年國慶節，雲間朱孔陽敬贈，時年八十七歲。

朱氏亦曾拓贈施蟄存[2]，另有泰和嘉成與東京中央香港三拍同磚拓本[3]，均爲無錫名家黃懷覺手拓[4]。

宣和間盧宗原修城事見諸南宋羅似臣《徽州新城記》[5]：

徽於江東爲支郡，而在唐已爲大州，顧今之封域，皆唐舊也。其地接於杭、睦、宣、饒，四出無不通。其州治即山爲城，因溪爲隍，而溪山又爲天下勝處。……宣和中，睦寇既平，城遷於溪北。會盧公宗原爲守，因民弗便，請還舊城，而舊城已不足恃，有旨予費更築，期年而後成。磚文隱起，凡百餘言，垂戒後人，其慮深矣。

弘治《徽州府志》言宣和新修羅城"又即大磚隱起爲文，以戒後之人"，所附錄文云：

後唐石埭洞賊破陷州城，次年始平。至大宋宣和庚子，威平洞賊方臘竊發，攻陷徽州，燒劫净盡，蓋緣城壁不修。至壬寅年，製磚繕完，可保永固。異時微有損圮，宜加補治。直徽猷閣領郡事盧宗原記。

與今所見實物大同小異。又云："嘉定七年（1214）春，富州門墻圮，郡牒歙宰龔維蕃修築，得有文舊磚一片，重十有一斤。"[6]是宣和城磚至南宋中期已不易得。

平方臘後，修城之舉非止徽州（歙州）一處。《宋會要輯稿》載[7]：

宣和三年（1121）閏五月八日，江浙淮南等路宣撫司奏："浙江被賊六州，睦、歙、杭、衢、婺、處曾經焚劫，秀、越二州經賊圍閉。臣勘會秀、越二州昨因凶賊初犯睦、杭州之後，逐州補充城壁，粗可守禦。歙州元無城壁，睦州係就舊基，並合創築城池。雖目今事力未完，緣逐州首被賊擾，居民若無城壁，無

徽州城磚拓本

緣安居,須著先次築城。杭州城基四十餘里,地步太寬,若全修舊城,不惟目前費功,異日亦難守禦。如未修城,民戶未盡安樂,不免就其形勢減縮,因舊日修完,如此省功,民情樂為。已行下歙、睦州、杭州,依此修築外,有衢、婺、處州,臣聞皆有舊城,內婺州城內官私舍屋全不經焚燒,衢、處城郭被燒至多,其城各可以因舊增葺。臣聞完城壁,浚池壕,備賊寇,州郡之常事,但東南久不用兵,官司懈弛,是致一日賊發,人不安居。今措置,江浙不以曾未修築城池,如自來未曾招置壯城人兵去處,帥府以三百人、節鎮以二百人、支郡以一百人為額,專一修浚城池,不得別兼他役,庶幾日久不致頹圮。"詔杭州、江寧府城壁並因舊修完,不得減縮,餘依宣撫司措置到事理施行。

元明以降，徽州城垣疊興版築，城内格局或未大改，宣和舊磚却難復見，浙博藏品誠可寶貴。

2016 年 2 月 14 日

1　西泠印社 2010 年秋季藝術品拍賣會文房清玩歷代名硯專場，拍賣圖錄編號：3237。
2　施蟄存《北山談藝錄》，上海：文匯出版社，1999 年，130—131 頁。
3　泰和嘉成 2013 年書畫古籍常規拍賣會（三），拍賣圖錄編號：634。泰和嘉成 2015 年書畫古籍常規拍賣會古籍文獻專場，拍賣圖錄編號：1241。東京中央香港 2015 年秋季拍賣會中國古代書畫，拍賣圖錄編號：265。
4　別拓另參：朱德天主編《雲間朱孔陽紀念集》，上海：學林出版社，2006 年，148 頁。
5　程敏政《新安文獻志》卷一三《記》，明弘治十年刻本，葉三。
6　彭澤修，汪舜民纂〔弘治〕《徽州府志》卷一《城池》，《天一閣藏明代方志選刊》影印明弘治十五年刻本，葉三八至三九。
7　徐松《宋會要輯稿》方域八，上海：上海古籍出版社，2014 年，9429 頁。

高麗開城堪輿

北宋宣和六年（1124），徐兢奉使高麗歸國，撰《圖經》描述海東風土景物，論王都開城地勢堪輿尤詳[1]：

  高麗素知書，明道理，拘忌陰陽之説，故其建國必相其形勢，可爲長久計者，然後宅之。……其城北據崧山，其勢自乾亥來，至山之脊，稍分爲兩岐，更相環抱，陰陽家謂之龍虎臂。以五音論之，王氏，商姓也，西位欲高則興。乾，西北之卦也。來崗亥落，其右一山屈折，自西而北，轉至正南，一峰特起，狀如覆盂，因以爲按。外復有一按，其山高倍，坐向相應，寔主丙壬。其水發源自崧山之後，北直子位，轉至艮方，委蛇入城，由廣化門稍折向北，復從丙地流出已上。蓋乾爲金，金長生在巳，是爲吉卜。

高麗"太祖二年（919）春正月，定都於松嶽之陽，創宮闕，置三省六尚書官九寺，立市廛，辨坊里，分五部，置六衛"[2]。規劃傳與國師道詵有關，然其術詳情史籍無徵。可知者，高麗地理圖籍多自中土傳入。景德二年（1005）司天監修成《乾坤寶典》[3]，"其三十篇地理也。書既成，高麗國王上表請於有司，詔給以寫本"[4]。天禧五年（1021）又從其所請，"賜權高麗國主王詢陰陽地理書"[5]。開城出土文宗五年（1051）柳邦憲墓誌有"擇松嶽北面徵音大利向，座以辛卯"之語[6]，顯示五音姓利説

開城地形圖

當時已播於東國。熙宗四年（1208）"太史奏：辰巳之歲，明堂水流破巽方，商音尤忌"[7]，又是王室重視五音地理之例證。

今觀開城地勢，城之西北爲松嶽山，其下高崗滿月臺建立宮闕，軸綫略偏東南，左右富興山、蜈蚣山環抱，東南子男山相望。據《重校正地理新書》："九州城邑皆向生背死，左陰右陽，故城郭、官寺、祠廟、公館、市肆皆同商音，以其西北高、東南下，水流出巽，如天地之勢也。"[8] "凡宅居……西高東下爲商音宅，本音居之，大吉。"[9] "凡地，西北高，東南下，雨水出辰巳間，即是商音之地。"[10] "商姓宜西山之東，爲西來山之地，兼南北相望長遠，東有洪津，北去爲妙。即以南爲前面，是生氣位。北爲後面，是死氣位。東爲左，陰氣位。西爲右，陽氣位。明堂內水出破巽爲大利向。"[11] 地勢與經書相合，徐兢誠不虛言。

朝鮮漢城地勢與高麗開城頗相類似，北嶽山（白嶽山、三角山）高倨西北，景福宮入其懷抱，東南復以南山（木覓山）爲案。其地舊爲高麗南京。肅宗六年（1101），"崔思諏等還奏云：臣等就盧原驛海村龍山等處審視山水，不合建都，唯三角山面嶽之南，山形水勢符合古文，請於主幹中心大脉壬坐丙向隨形建都。制可"[12]。九年（1104），"南京宮闕成"[13]。然至麗末鮮初，中國北方五音姓利之説衰微，南方形勢理氣之術居上。漢城地勢依舊而朝臣所據經典有別，故定都之事久議始決，本末俱載《太祖實錄》。

2016 年 3 月 27 日

1　徐兢《宣和奉使高麗圖經》卷三《形勢》，民國二十年故宮博物院《天祿琳琅叢書》影印宋乾道三年澂江郡齋刻本，葉三至四。

2　鄭麟趾《高麗史》卷一《太祖世家》一，明景泰二年朝鮮活字本，葉五。

3　李燾《續資治通鑑長編》卷六〇，北京：中華書局，1980 年，1339 頁。

4　王洙《〈地理新書〉序》,王洙撰、畢履道、張謙補《重校正地理新書》,《續修四庫全書》影印北京大學圖書館藏金元刻本,第1054冊,上海:上海古籍出版社,2002年,3頁。

5　徐松《宋會要輯稿》禮六二,上海:上海古籍出版社,2014年,2132頁。

6　朝鮮總督府《朝鮮古跡圖譜》第7冊,高麗時代二,1920年,957頁。

7　鄭麟趾《高麗史》卷二一《熙宗世家》,明景泰二年朝鮮活字本,葉二一。

8　王洙撰、畢履道、張謙補《重校正地理新書》卷一《城邑地形》,《續修四庫全書》影印北京大學圖書館藏金元刻本,第1054冊,上海:上海古籍出版社,2002年,19頁。

9　王洙撰、畢履道、張謙補《重校正地理新書》卷二《宅居地形》,《續修四庫全書》影印北京大學圖書館藏金元刻本,第1054冊,上海:上海古籍出版社,2002年,20頁。

10　王洙撰、畢履道、張謙補《重校正地理新書》卷二《地形吉凶》,《續修四庫全書》影印北京大學圖書館藏金元刻本,第1054冊,上海:上海古籍出版社,2002年,22頁。

11　王洙撰、畢履道、張謙補《重校正地理新書》卷七《五音所宜》,《續修四庫全書》影印北京大學圖書館藏金元刻本,第1054冊,上海:上海古籍出版社,2002年,57頁。

12　鄭麟趾《高麗史》卷一一《肅宗世家》一,明景泰二年朝鮮活字本,葉三一。

13　鄭麟趾《高麗史》卷一二《肅宗世家》二,明景泰二年朝鮮活字本,葉九。

石城與七丘

元太祖十六年（1221）全真教主丘處機應成吉思汗徵召，自燕京北上，橫絕大漠，趨西域以覲見。從行弟子李志常"掇其所歷而爲之記。凡山川道里之險易，水土風氣之差殊，與夫衣服、飲食、百果、草木、禽蟲之別，粲然靡不畢載"[1]，是爲《長春真人西游記》。

據其書，丘處機一行經蒙古高原，越阿爾泰山，抵伊犁河谷大城阿里馬，由此向西，十月"十有六日，西南遇板橋渡河。晚至南山下，即大石林牙……十有八日，沿山而西。七、八日，山忽南去，一石城當路，石色盡赤，有駐軍古跡。西有大冢，若斗星相聯。又渡石橋，並西南山行五程，至塞藍城"[2]。所謂大石林牙即西遼故都虎思斡耳朵，亦名八剌沙袞，遺址即今吉爾吉斯斯坦托克馬克市郊之布拉納（Burana），位於楚河以南，天山（吉爾吉斯山）北麓，故曰南山下。文中所言石城或以爲即中亞名城Talaz[3]，然誤。Talaz唐名怛羅斯，今譯塔拉茲，曾名江布爾，城市古今重疊，位於哈薩克斯坦塔拉斯河西岸，已爲考古發掘所證實[4]。河東約三十千米，山北有城址名曰阿克亞塔斯（Akyrtas），爲紅色石材築就，係楚河—塔拉茲河流域城址僅見之特例[5]。其城東距布拉納約二百八十千米，恰合七、八日行程。且天山至此餘脈已盡，沿其北麓西行可見山勢漸趨低矮，故有"山忽南去"之感。至於"大冢若斗星相聯"者，即阿克亞塔斯城西行二十餘千米路北所見七座塞人巨冢，俗謂之七丘[6]。"又渡石橋"，即涉塔拉斯河也。

石城與七丘位置圖

自托克焉克向西以迄塔拉兹，爲絲綢之路北綫要道，沿途中古時期城址衆多，均爲土築，規制相仿。小者方形，邊長三百米上下，内置宫堡於一隅高地。大者另環以不規則形外城，周長可達近萬米，典型者如碎葉（Ak-Beshim）、新城（Krasnaya Rechka）。相比之下，阿克亞塔斯城建材及形制均屬例外。其城規模較小，平面作縱長方形，長逾二百米、寬一百八十米。南北兩端居中開門，四隅設置圓形角臺，中部爲一寬闊天井，周圍有廊，連接成組之屋室。類似之例多見於阿拉伯腹地伊拉克、敘利亞、約旦，典型者如八世紀前期之海爾堡東西兩城（Qasr al-Hayr al-Gharbi、Qasr al-Hayr al-Sharqi）[7]。天寶十載（751），安西節度使高仙芝於怛邏斯爲大食所敗，唐朝勢力自此退出中亞，阿克亞塔斯石城應即稍後由阿拉伯工匠創建者。

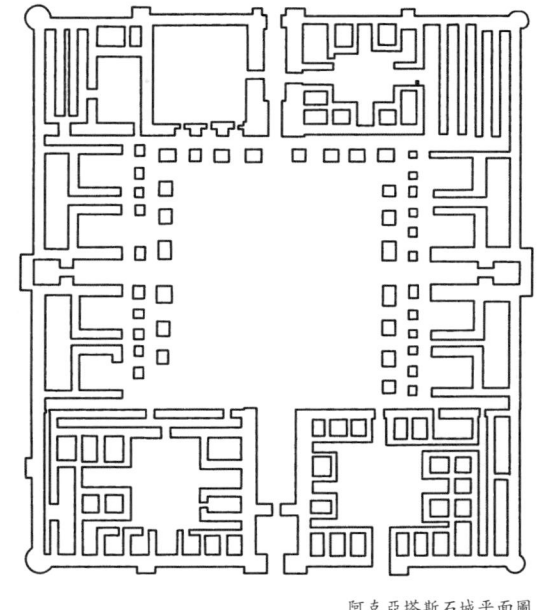

阿克亞塔斯石城平面圖

2016 年 5 月 8 日

1 孫錫《長春真人西游記序》，《道藏》第 34 册，北京：文物出版社，1988 年，480 頁。
2 李志常《長春真人西游記》卷上，《道藏》第 34 册，北京：文物出版社，1988 年，487—488 頁。
3 陳正祥《中國游記選注》第 1 集，香港：商務印書館，1979 年，80 頁。
4 劉未《絲綢之路中亞段古代城市之考察》，《北方民族考古》第 4 輯，北京：科學出版社，2017 年。

5 *Silk Roads: Initial Section of the Silk Roads, the Routes Network of Tian-shan Corridor*, Ministry of Culture and Information of the Republic of Kazakhstan, pp. 263-270.
6 劉迎勝《"草原絲綢之路"考察簡記》,《中國邊疆史地研究》1992 年 3 期,134 頁。
7 Oleg Grabar, *The Formation of Islamic Art*, London: Yale University Press, 1973, pic. 61, 102.

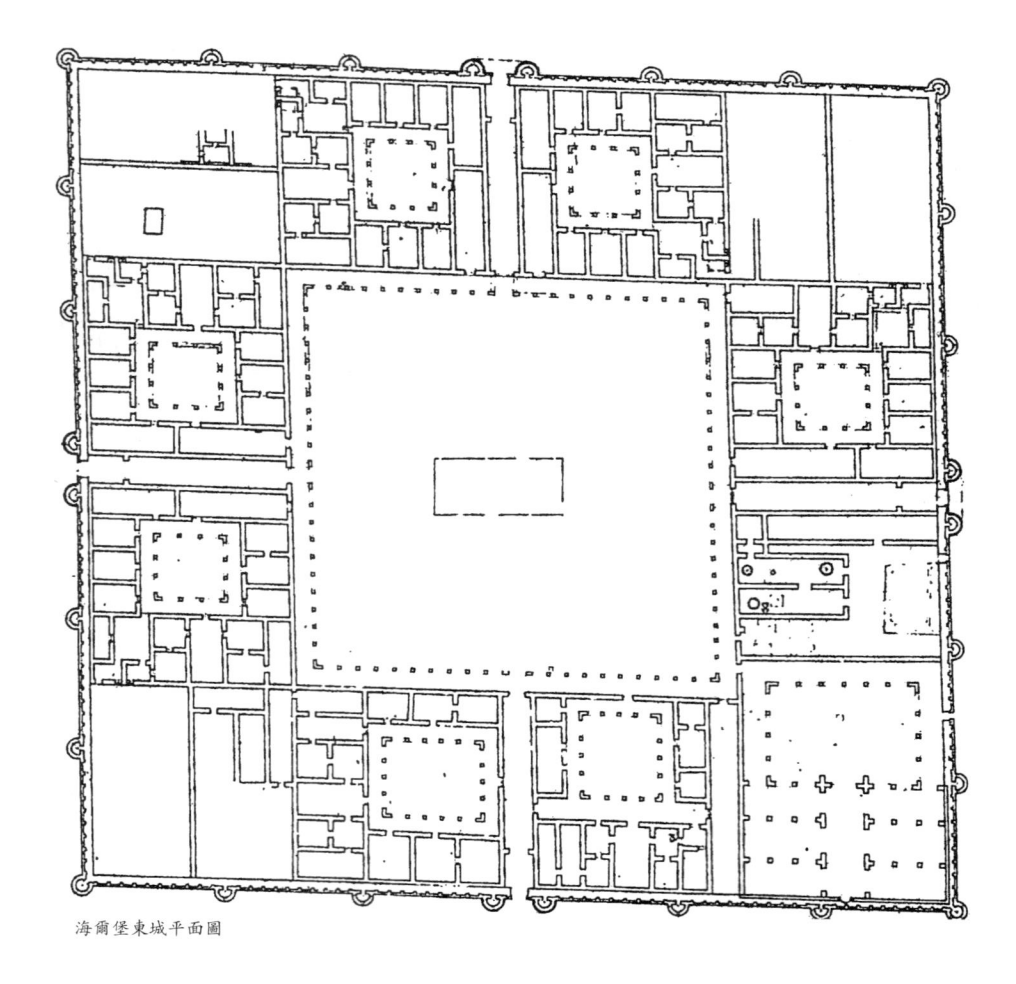

海爾堡東城平面圖

海爾堡西城平面圖

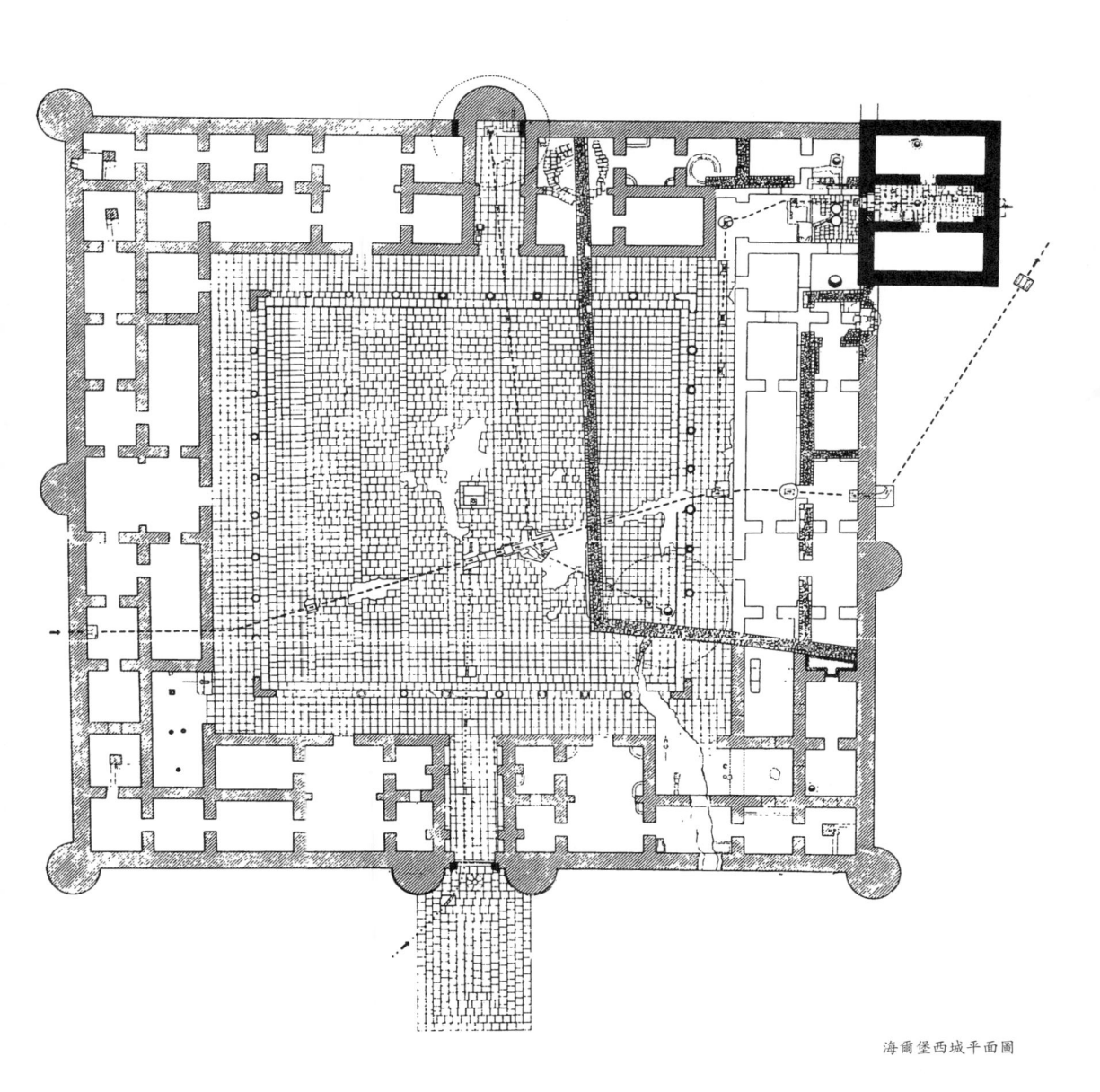

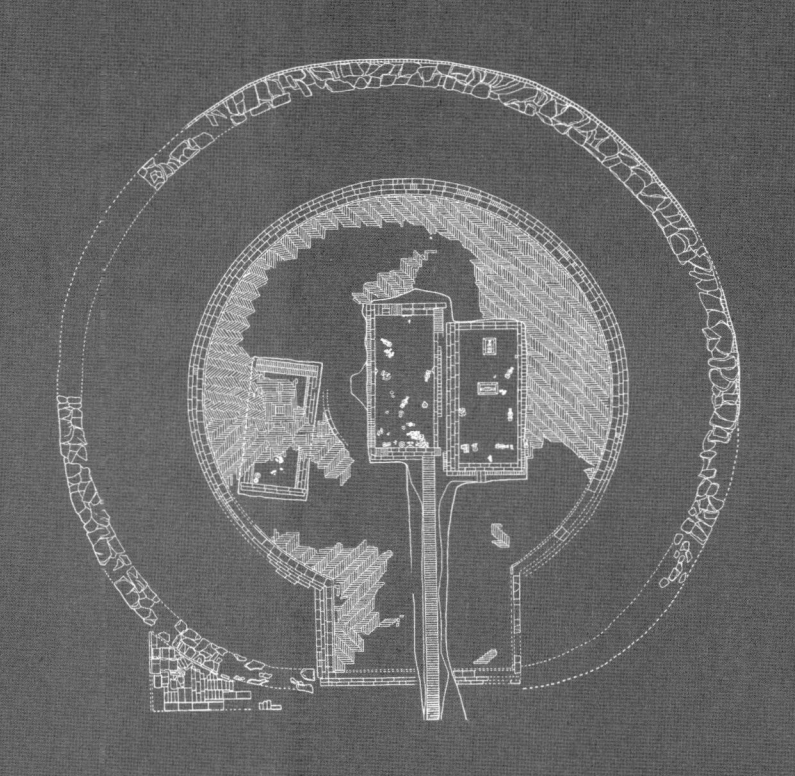

説墓

孫王墓
裴祗墓
長子位
墓之明堂
温韜發陵
德妃墓
蕭貴妃墓
擇葬吉日　　　四明火葬
妻妾祔葬　　　風車口
入墓神殺　　　楊墳
券函與告匣　　白鶴翁墓
山門闕角　　　趙雄墓
東龍觀　　　　道士浟呂氏墓
　　　　　　　蒙古秘葬
　　　　　　　回回送終
　　　　　　　明蜀王墓
　　　　　　　王祥墓
　　　　　　　何源墓
　　　　　　　靈屋

孫王墓

明盧熊洪武《蘇州府志》云：

漢豫州刺史孫堅、妻吴夫人及其子會稽太守策三墓並在盤門外三里，載於唐陸廣徽《吴地記》。即今齊昇院東南，墓前有小溝曰陵浜。《祥符圖經》云：孫堅墩，鄉俗稱爲孫王墓。

又引洪氏《三庚志》云[1]：

盤門外大冢，紹熙二年（1191）秋雨隤圮，牧童入其間，得銅器數種，持賣於市。鄉人往視圮處，蓋其隧道有石刻隸書云："大吴長沙桓王之墓赤烏三年（240）"，凡十二字。知府沈揆〔瑴〕命捭塞，仍立石表其所，滕宬爲記。

滕宬《孫王墓記》見載於范成大《吴郡志》[2]，略云：

出盤門三里有高冢，或得其冢磚，有文在側，曰："萬歲永藏"。問其傍老人，曰：孫王墓也。又曰：孫氏，長沙王也。或傳其先世之説。盗嘗發取藏金玉，未竟敗獲。有碑，已斷缺不全，止辨有"中平年"三字，復掩之。後郡置窑

説墓

其旁，取土爲磚埴，號官窯。後又以授民田，牧其上。前常平使者創叢冢，建齊昇院，與孫墓相附近。院甫成，會徙他官，將去職，一日始得其事，立命其屬表之。爲之表者，不暇詢考，題曰先賢墓。今使者以爲失事實，不可示久遠，即命吳縣主簿劉允武訂其事。乃具條所得冢旁老人之言以報，屬宬記之。……（楊）舜韶序其詩，又稱盜所得冢中物有東西銀杯、金搔頭、金握臂，瓦薰爐中灰炭猶存，其物皆歸朱勔家，實政和丙申（1116）也。前使者姓詹氏，名軆仁，字元善；今使者姓徐氏，字子宜。紹熙三年（1192）三月日記。

楊氏之說言之鑿鑿，似近其實。

然張邦基《墨莊漫錄》[3]則云：

重和戊戌歲（1118），平江府盤門外大和宮相近，耕夫數人穴一冢。初入隧道甚深，其中極寬，如廈屋然。復有數門，皆局鐍不可開。耕者得古器物及雁足鐙之類，以爲銅也，欲貸之，熟視之乃金，因紛爭至官。時應安道逢原爲郡守，

《平江圖》拓本局部

盡令追索元物到官，乃遣郡官數人，往閉其穴，觀者如堵。其中四壁皆繪畫嬪御之屬，丹青如新，畫手殊奇妙。有一秘色香爐，其中灰炭尚存焉，諸卒爭取，破之。冢之頂，皆畫天文玄象。此特初入之室，未見棺柩，意其在重室內也。又得數器而出，乃掩之。後考《圖經》云，吳孫破虜堅之墓也。然考之《吳志》，堅薨，葬曲阿。未詳此果何人也。

案太和宮政和中改修和觀，在盤門外五里[4]，紹定《平江圖》[5]中與齊昇院東西毗鄰，故無論冢在"齊昇院東南"或"太和宮近"，其實一地。

以上宋人所述孫王墓三次發現，時間各不相同。所謂紹熙二年事，僅在滕成撰記立石之前一歲，題刻發現却絶不見於記文，其内容亦頗有疑問，當係後人訛傳，以附會孫氏父子墓舊説。而楊舜韶與張邦基二説繫年相仿，且均涉及爐灰尚存一事，應有近似消息來源。張氏描繪墓葬形式雖頗具細節，但仍與三國墓葬差距較大。若論墓室壁畫，頂畫"天文玄象"，壁繪"嬪御之屬"，於江浙地區唯有吳越陵墓近似[6]。關於秘色香爐，兩宋之際人趙令時所撰《侯鯖録》稱："今之秘色瓷器，世言錢氏有國，越州燒進爲供奉之物，巨庶不得用之。"[7] 至於雁足燈，北宋時已有紀年器發現，目爲西漢宮中佳器。呂大臨《考古圖》即著録有永始四年（前13）首山宮雁足燈圖形及銘文[8]。黄庭堅《與黨伯舟帖》云："雁足鐙，漢宣帝上林中鐙，制度極佳，至今士大夫家有之。"[9] 如此，《墨莊漫録》對孫王墓所作描述或即根據時人對於古代陵墓要素之理解雜糅誇張而成。宋代文獻所呈現孫王墓"發現"史實爲一例具有層纍及想象意味之口述史。

2016 年 11 月 28 日

---

1 盧熊〔洪武〕《蘇州府志》卷四四《冢墓》，《原國立北平圖書館甲庫善本叢書》影印明洪武刻本，第307册，北京：國家圖書館出版社，2013 年，761 頁。洪氏《三庚志》條疑爲洪邁《夷堅志》佚文，闕字據

《永樂大典》卷二三六七引《蘇州府志》補。

2 范成大纂修、汪泰亨等增訂《吳郡志》卷三九《冢墓》,《宋元方志叢刊》影印民國十五年吳興張氏《擇是居叢書》影宋刻本,第 1 冊,北京:中華書局,1990 年,970 頁。

3 張邦基《墨莊漫録》卷一〇,《全宋筆記》第 3 編第 9 冊,鄭州:大象出版社,2008 年,132—133 頁。

4 范成大纂修、汪泰亨等增訂《吳郡志》卷三一《宮觀》,《宋元方志叢刊》影印民國十五年吳興張氏《擇是居叢書》影宋刻本,第 1 冊,北京:中華書局,1990 年,927 頁。

5 《平江圖》,張英霖主編《蘇州古城地圖》,蘇州:古吳軒出版社,2004 年。

6 浙江省文物管理委員會《杭州、臨安五代墓中的天文圖和秘色瓷》,《考古》1975 年 3 期,186—191 頁。杭州市文物考古研究所、臨安市文物館《五代吳越國康陵》,北京:文物出版社,2014 年。

7 趙令畤《侯鯖録》卷六《秘色瓷器》,北京:中華書局,2002 年,149 頁。

8 吕大臨《考古圖》卷九《秦漢器》,《四庫全書存目叢書》影印明初刻本,子部第 77 冊,濟南:齊魯書社,1997 年,722 頁。

9 黃庭堅《宋黃文節公文集》別集卷一六《與黨伯舟帖》,《宋集珍本叢刊》影印清乾隆三十四年緝香堂刻本,北京:綫裝書局,2004 年,253 頁。

裴祗墓

民國二十五年（1936）洛陽周公廟盜出西晉碑形墓誌一通，文曰："晉大司農關中侯裴祗，字季贊，河東聞喜人也，春秋六十有七，元康三年（293）七月四日癸卯薨，十月十一日己卯安措。大夫人東莞東武伏氏，夫人秦國陳倉馬氏。"又曰："大夫人柩止西筲，府君柩止北筲西面，夫人柩止北筲東面，女惠莊柩止北筲東入。"其墓後經清理，知爲磚築多室墓，墓門東向，前室方形穹窿頂，西室及北室均長方形券頂，北室之東又設方形土洞側室[1]。因遭盜掘擾亂，墓內埋葬情況不明，所幸墓誌對下葬時間、墓主身份及安厝方位均有明確記錄。

比照誌文，可知裴祗夫婦與裴母各自所葬墓室均稱爲"筲"，《說文》謂"筲，斷竹也"[2]，或即象墓室券頂之形。裴女別葬耳室稱"入"，《說文》謂"入，內也"[3]。據《隸釋》所載彭山東漢崖墓題刻，"內"爲長筒形"穿"旁所開葬人側室[4]。故裴祗墓之特殊結構實與其兼具兩類不同埋葬方式有關，"筲"與"入"明確有別，前者供異對夫婦合葬，後者供早殤子女祔葬。

漢墓多見異對夫婦合葬，西晉則趨於少見，中原地區明確者僅見裴祗一例。與此同時，早殤或無嗣子女特闢較小側室祔葬於父母之旁例證有所增多，如洛陽西晉士孫松墓[5]、曲沃北魏李詵墓[6]、景縣東魏高雅墓[7]等。此類祔葬多與父母對早逝子女特殊情感有關。如士孫松墓誌："新婦前產二子，長名嬰齊，次名黃元，皆年二歲不育。緣存時之情，用違在園之義，遂以祔於其母焉。"又如北魏甄凱墓誌：凱"降年一十

說墓 141

有四，以正始四年（507）二月二十七日，病遂大漸。……太夫人悲哀感動，尋亦薨背。公愍其短折，即其孝心，權令與太夫人同墳共殯。自云百歲之後終與吾兒相從。正光六年（525）正月丙午朔二十七日壬申，良之諸兄奉安公夫人之宅兆，仰遵先旨，厝良於墓後別室"[8]。此種親情，即便父母生前未有遺願，他人安排葬事時亦特爲顧及，例見高雅改葬墓誌：雅"以熙平四年遘疾，卒於孝義里，年卌四。逮天平在運，帝道昭明，念舊惟賢，篤終追遠。有詔：定州前撫軍府故長史高雅……言念幽壟，有懷追悼，宜加褒錫，以慰沉魂"。"大女孝明皇帝嬪，字元儀，年卅二。第二息鎮東府騎兵參軍諱德雲，字仲武，年廿一。"均別室祔葬。

裴祗墓誌拓本

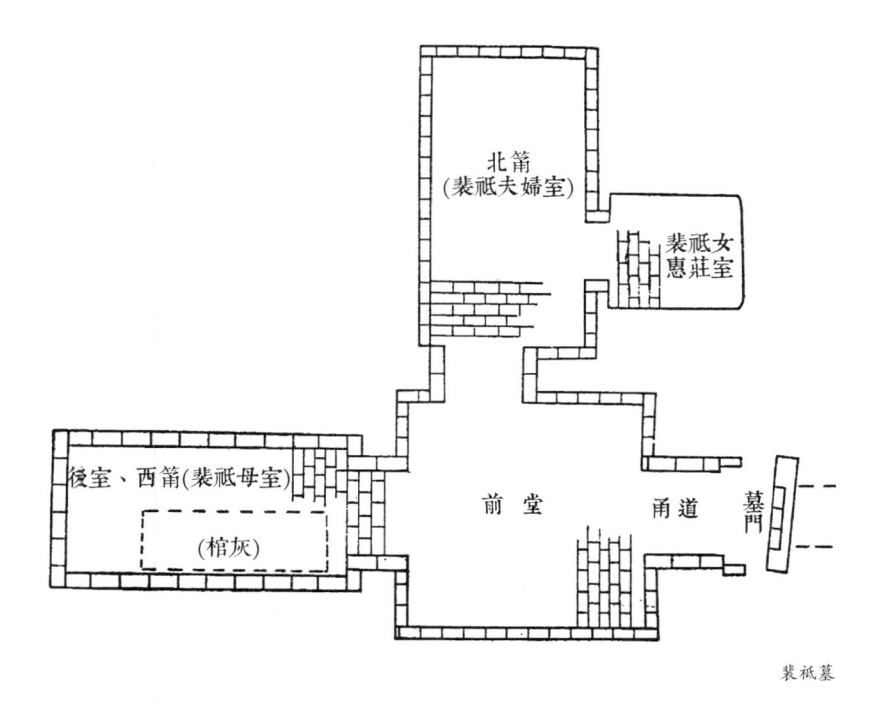

北箱
(裴祇夫婦室)

裴祇女
惠莊室

後室、西箱(裴祇母室)

(棺灰)

前堂　甬道　墓門

裴祇墓

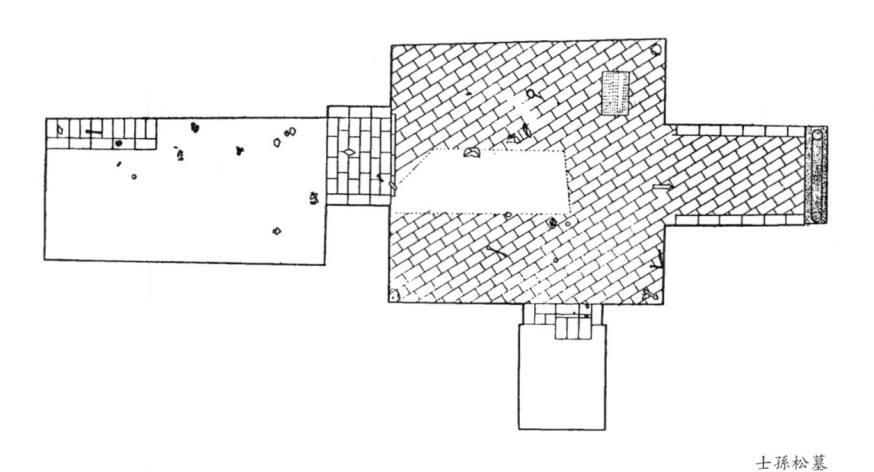

士孫松墓

說墓　143

李詵墓

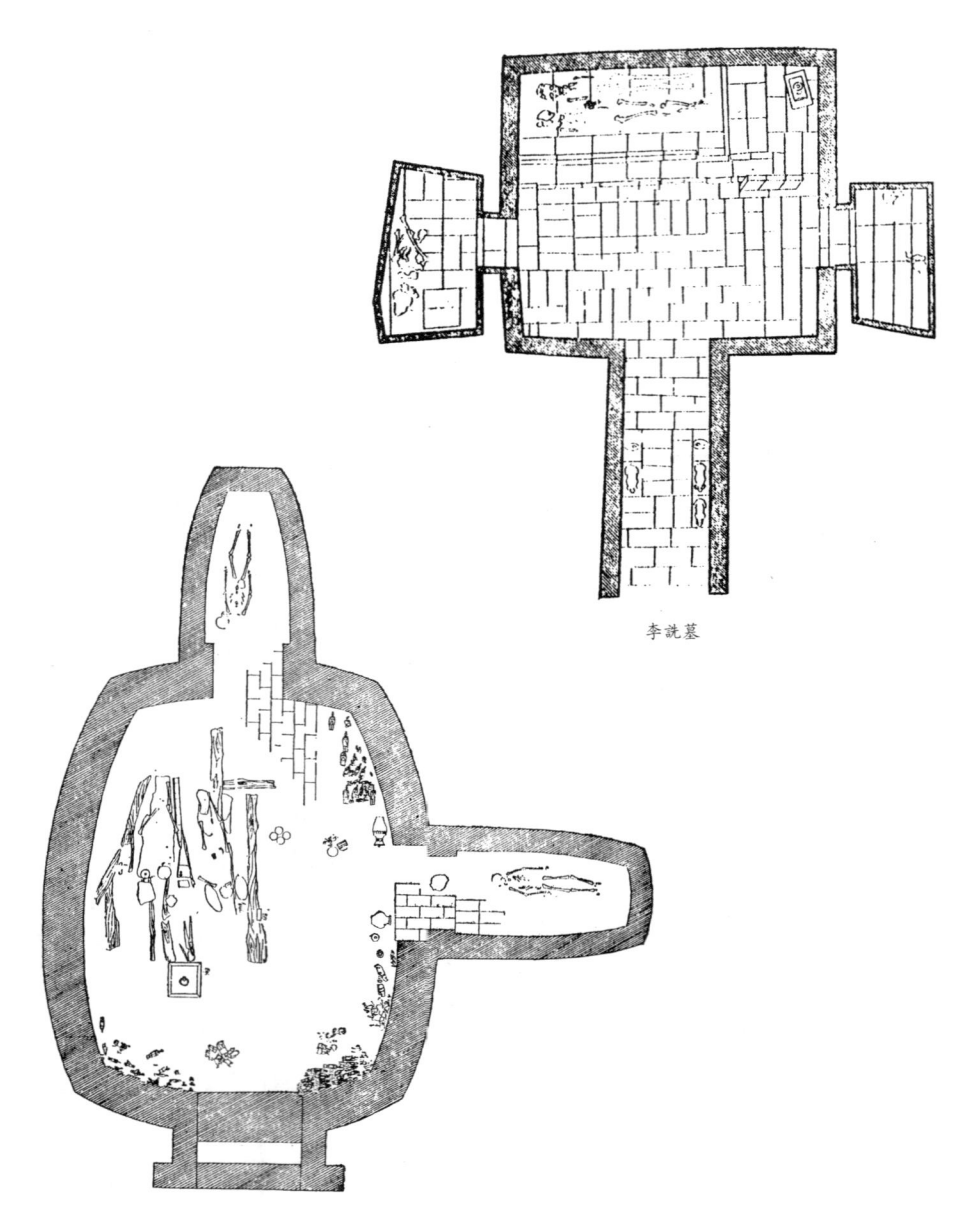

高雅墓

概言之，東漢所流行異對夫婦多室合葬，若論中州，至西晉僅存少數延續之例，至南北朝垂本絕跡。漢代子女祔葬父母，或處身側或置耳室，一般不特闢墓室，西晉子女祔葬始專設較小側室安置。裴祇家族三代同墓而葬或因其非常死亡而顯特殊，但其所隱含漢晉新舊喪葬傳統嬗變則非偶然。

2016 年 3 月 13 日

1　黃明蘭《西晉裴祇和北魏元暐兩墓拾零》，《文物》1982 年 1 期，70—73 頁。
2　許慎《說文解字》卷五上，北京：中華書局影印清同治十二年番禺陳氏刻本，1963 年，97 頁。
3　許慎《說文解字》卷五下，北京：中華書局影印清同治十二年番禺陳氏刻本，1963 年，109 頁。
4　洪適《隸釋》卷一三《張賓公妻穿中二柱文》，北京：中華書局影印清洪氏晦木齋刻本，1985 年，148—149 頁。"維兮本造此穿者，張賓公妻、子偉伯、伯妻孫陵在此右方曲内中。""維兮張偉伯子長仲以建初二年六月十二日與少子叔元俱下世，長子元益爲之祖父穿中造内，栖柱作崖棺，葬父及弟叔元。"另，樂山肖壩崖墓亦有延熹二年、建和三年類似題刻。唐長壽《樂山崖墓和彭山崖墓》，成都：電子科技大學出版社，1994 年，80 頁。
5　河南省文化局文物工作隊第二隊《洛陽晉墓的發掘》，《考古學報》1957 年 1 期，169—185 頁。
6　楊富斗《山西曲沃縣秦村發現的北魏墓》，《考古》1959 年 1 期，43—44 頁。山西省文物管理委員會《山西省文管會侯馬工作站工作的總收穫》，《考古》1959 年 5 期，227 頁。
7　河北省文管處《河北景縣北魏高氏墓發掘簡報》，《文物》1979 年 3 期，17—31 頁。
8　孟昭林《無極甄氏諸墓的發現及其有關問題》，《文物》1959 年 1 期，46 頁。

長子位

《南史·昭明太子傳》載[1]：

  初，丁貴嬪薨，太子遣人求得善墓地，將斬草，有賣地者因閹人俞三副求市，若得三百萬，許以百萬與之。三副密啟武帝，言太子所得地不如今所得地於帝吉，帝末年多忌，便命市之。葬畢，有道士善圖墓，云地不利長子，若厭伏或可申延。乃爲蠟鵝及諸物埋墓側長子位。有宮監鮑邈之、魏雅者，二人初並爲太子所愛，邈之晚見疏於雅，密啟武帝云，雅爲太子厭禱。帝密遣檢掘，果得鵝等物。大驚，將窮其事。徐勉固諫得止，於是唯誅道士。由是太子迄終以此慚慨，故其嗣不立。

  此事爲南朝著名掌故，今本《梁書》無載，而見於《太平御覽》所引《梁書》[2]。墓地厭伏竟涉皇儲廢立。然則何謂長子位？南朝葬書星散零落，難以據考，姑藉宋人議論蠡測之，其説有二：

  《續資治通鑑長編》云：嘉祐二年（1057），改築禖壇於圜丘東南。"初，禮官張師中論禖壇卑陋，保章正皇甫定請徙於圜丘東，鎮安軍文學參軍鄭孝先以爲當在東方長男位。"[3] 紹聖二年（1095）陳次升《上哲宗乞寢賜孟在宅狀》云："臣竊聞以堆垛場賜孟在爲宅者。恭惟皇后配儷宸極，母儀天下，賜父之第，誰曰不宜？然堆垛場密通宫禁，其方在東，其卦屬震。東方，青龍之宅也。震，長子位也。常人之家猶忌侵犯，況國家社稷之重乎？兼聖嗣未立，長子之位臣庶居之，尤非所宜。熙寧間，欲就彼建東西府，日者言其不便，先帝罷之。"[4] 時人楊繪《八卦方位》云："震爲長男位，正東也。艮爲少男位，東北也。坎爲中男位，正北也。"[5]

《續資治通鑑長編》又云：元豐四年（1081）"保章正馮士安、魏成象等言：聞祖宗朝嘗於永熙陵東（西）〔面〕三男位築堤以鎮土，已獲感應。今可於永厚陵及濮安懿王園東寅、卯、辰三位天柱壽山行鎮土之術，仍乞於鎮土堤逐方位以珍寶玉石爲獸埋之。"[6]《重校正地理新書》五音男女位條云："角音：長男寅、中男卯、小男辰。""徵音：長男巳、中男午、小男未。""商音：長男申、中男酉、小男戌。""宫羽音：長男亥、中男子、小男丑。"又云："數家若云五音八向者，並近於妄。唯用蕭吉所説，先標定當心，四面察之，山岡子座，寅爲長。""今傳一行之説者以爲，蕭吉分男女位，五音同以長男位在寅。"[7]

按蕭吉爲梁武帝兄蕭懿之孫，"博學多通，尤精陰陽算數"，著有《葬經》六卷，入隋後曾受帝命爲獻皇后擇葬地，"表曰：去月十六日，皇后山陵西北，雞未鳴前，有黑雲方圓五六百步，從地屬天，東南又有旌旗車馬帳幕，布滿七八里，並有人往來檢校，部伍甚整，日出乃滅，同見者十餘人。謹案《葬書》云：氣王與姓相生，大吉。今黑氣當冬王，與姓相生，是大吉利，子孫無疆之候也。"[8] 知其所主理論已與五音姓利相關。若辨五音清濁，蕭姓屬角，其長子位在寅；即便不論五音之别，長子位亦同在寅，爲東偏北。或單以八卦方位言之，長子位在震，則居正東。

南京栖霞獅子冲近年發掘並列南朝大墓兩座，M2居西，出普通七年（526）紀年磚，墓主推定爲丁貴嬪；M1居東稍北，出中大通式年（530）紀年磚，墓主推定爲昭明太子蕭統。"M2所出位置爲原始山坡，M1所出位置原爲山坳，經堆土墊平後再開穴建墓。"[9] 依文獻記載，丁貴嬪墓地形勢不利長子，按墓地男女位"其地厚大，纍世不衰絕"，"若子座微高而峻者，其當位子孫必雄健"，"若卑下而垂陷者，必微弱而尪

説墓　147

贏"。[10] 蕭統墓在丁貴嬪墓東稍北，無論五音之說或八卦之說，均與長子位方向大體相合，於其地鎮土及埋物同屬補治之法。然此長子位乃就丁貴嬪墓周邊地勢與子孫福祉關係而言，並非預先設計家族墓位。昭明太子先因墓地厭伏事發以此慚慨，復又蕩舟沒溺以致動股病亡，祔葬其母墓側，實屬偶然。

2015年1月24日

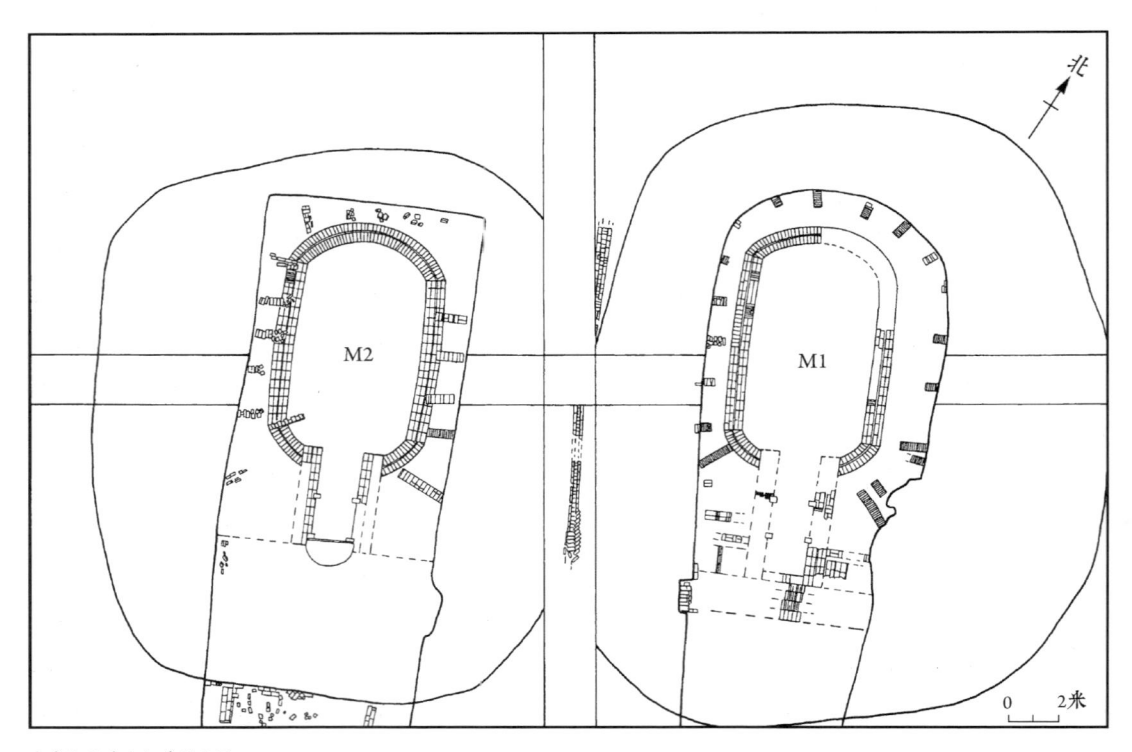

南京獅子冲南朝墓平面圖

1 李延壽《南史》卷五三《昭明太子傳》,北京:中華書局,1975 年,1312—1313 頁。

2 李昉等《太平御覽》卷五五八《禮儀部》三七《冢墓》二,《四部叢刊》三編影印宋刻本,葉二至三。

3 李燾《續資治通鑑長編》卷一八五,北京:中華書局,1985 年,4479 頁。

4 陳次升《讜論集》卷一,《景印文淵閣四庫全書》第 427 冊,臺北:臺灣商務印書館,1986 年,326 頁。

5 李衡《周易義海撮要》卷一二《雜論》,《景印文淵閣四庫全書》第 13 冊,臺北:臺灣商務印書館,1986 年,622 頁。

6 李燾《續資治通鑑長編》卷三一四,北京:中華書局,1990 年,7610 頁。

7 王洙撰,畢履道、張謙補《重校正地理新書》卷六《五音男女位》,《續修四庫全書》影印北京大學圖書館藏金元刻本,第 1054 冊,上海:上海古籍出版社,2002 年,52 頁。

8 魏徵、令狐德棻《隋書》卷七八《藝術傳》蕭吉,北京:中華書局,1973 年,1776 頁。

9 南京市考古研究所《南京栖霞獅子冲南朝大墓發掘簡報》,《東南文化》2015 年 4 期,33 頁。

10 王洙撰,畢履道、張謙補《重校正地理新書》卷六《五音男女位》,《續修四庫全書》影印北京大學圖書館藏金元刻本,第 1054 冊,上海:上海古籍出版社,2002 年,52 頁。

墓之明堂

浙江嵊縣、新昌南朝墓印文磚多見墓主稱謂加明堂模式，如"陳洗馬明堂"、"陳清河明堂"[1]、"吳廣陽明堂"、"陳監明堂"[2]等。此明堂，即冢墓之謂也。《後漢書·范冉傳》："中平二年（185），年七十四，卒於家。臨命遺令敕其子曰：'……氣絶便斂，斂以時服，衣足蔽形，棺足周身，斂畢便穿，穿畢便埋。其明堂之奠，干飯寒水，飲食之物，勿有所下。墳封高下，令足自隱。'"李賢注云："《禮》送死者衣曰明衣，器曰明器。鄭玄注云：'明者，神明之也。'此言明堂，亦神明之堂，謂壙中也。"[3]

宋元北方地區五音墓地以方形或矩形墓園爲規劃單位，其正中爲地心，亦稱明堂。敦煌《卜葬書》云："凡葬，擇得吉地，又卜穴定，然後依四下頃畝步數長短七分之，立門陌，卌九穴……當内心一穴是爲地心明堂……地心、四軸不可安冢穴。"[4]《重校正地理新書》有《三靈七分掔四十九穴圖》，"正中一分，名曰地心明堂，祭神之所"[5]。臣民墓地初創，當斬草立券，一券埋於明堂，一券置於墓室。汾陽東龍觀金明昌六年（1195）王立墓[6]，即典型實例。《大漢原陵秘葬經》又云："天子葬明堂，中方土德中等也。"[7]是以天子身份特殊，不循常例，故北宋皇陵陵臺均在神墻之内正中[8]。五音葬法明清衰微不傳，明堂立券之俗却相仍少改。據《三元總錄》："大葬明堂，安八角，應八門。"[9]券立二本，堂券奉付后土，墓券給付亡人。考古所見北方地區明清家族墓地佈局多作人字形排列，祖墓在後，明堂居前，砌作龜形，内置堂券[10]。

故明堂或稱券臺，明何孟春《餘冬序錄》云："今地理書有券臺之説。券，契也。埋地契處曰券臺。地契用磚石爲之，上書錢若干緡，爲死者買葬於此，山神土龍不得争競。事甚無謂可笑，祇以先儒言及，姑識之耳。"[11]此說由來有自，然多指墓前祭臺。宋陶穀《清異錄》云："葬家聽術士說，例用朱書鐵券，若人家契帖，標四界及主名，意謂亡者居室之執守，不知爭地者誰耶。庵墓前甃石，若磚表之面，方長高不登三尺，號曰券臺。貧無力，則每祭祀以藉尊俎，謂之土筵席。"[12]金元北方地區多立碑於墓前，亦有標記爲明堂者。撫順古城子曾出金皇統四年（1144）劉氏明堂碑，碑陽刻"明堂"二字，碑陰錄劉氏世系[13]。內蒙古巴林左旗西興隆莊出金貞元三年（1155）黃氏明堂碑[14]，與之類似。《臨邑縣志·金石志》有元至正三年（1343）苗氏宗派之圖，因其"世家勝矣，子孫蕃矣，欲建石於先塋明堂以紀之。"[15]性質屬於先塋碑一類，其所謂明堂，亦墓前子孫祭拜之所也。

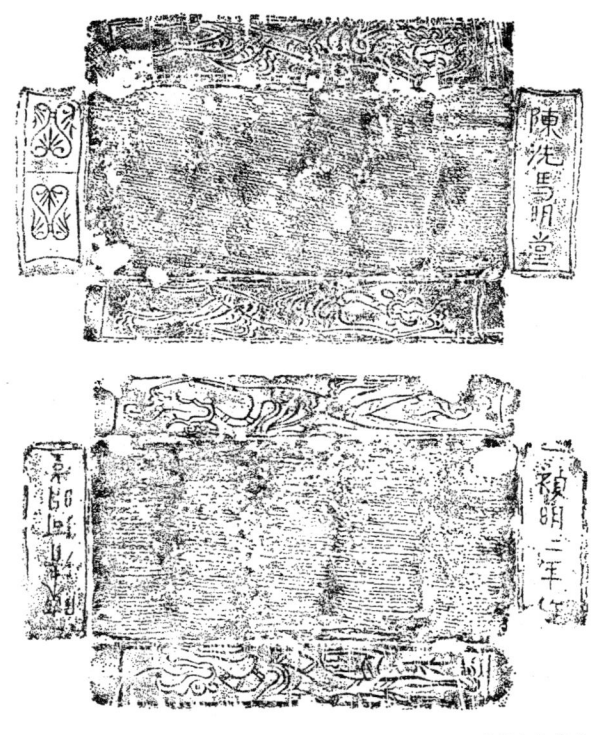

嵊縣南朝墓磚

2016年3月6日

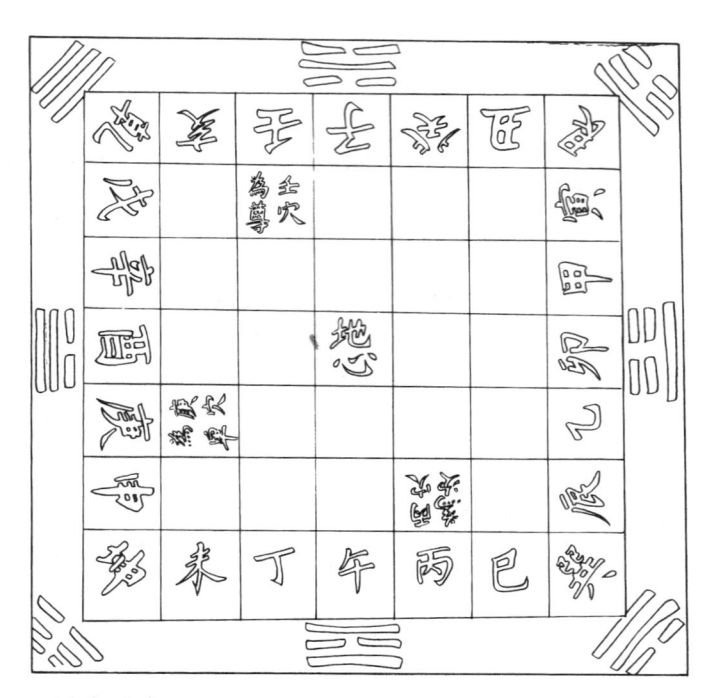

汾陽金墓明堂磚

《三靈七分學四十九穴圖》

巴林左旗金墓明堂碑

1　嵊縣文管會《浙江嵊縣六朝墓》,《考古》1988 年 9 期, 811 頁。
2　潘表惠《折江省新昌出土的歷代墓磚》,《東南文化》1992 年 6 期, 264 頁。
3　范曄《後漢書》卷八一《獨行傳》范冉, 北京: 中華書局, 1965 年, 2690 頁。
4　上海古籍出版社、法國國家圖書館編《法國國家圖書館藏敦煌西域文獻》第 19 册, P.2831《卜葬書》(5-2), 上海: 上海古籍出版社, 2001 年, 19 頁。
5　王洙撰、畢履道、張謙補《重校正地理新書》卷一四《三靈七分擘四十九六圖》,《續修四庫全書》影印北京大學圖書館藏金元刻本, 第 1054 册, 上海: 上海古籍出版社, 2002 年, 111 頁。插圖采自臺北藏金元刻本。
6　山西省考古研究所等《汾陽東龍觀宋金壁畫墓》, 北京: 文物出版社, 2012 年, 80—93 頁。
7　張景文《大漢原陵秘葬經》,《永樂大典》第 4 册, 北京: 中華書局, 1986 年, 3831 頁。
8　河南省文物考古研究所《北宋皇陵》, 鄭州: 中州古籍出版社, 1997 年。
9　柳鉁《三元總録》卷下《明堂安券圖》, 清道光十三年萬元堂刻本, 葉六三。
10　王策《海淀清河永泰莊遺址發掘簡報》,《北京文物與考古》第 4 輯, 北京市文物研究所, 1994 年, 62—65 頁。
11　何孟春《餘冬序録》卷四〇《外篇》一五,《四庫全書存目叢書》影印明嘉慶七年郴州家塾刻本, 子部第 102 册, 濟南: 齊魯書社, 1995 年, 47 頁。
12　陶穀《清異録》卷下《喪葬門》土筵席,《全宋筆記》第 1 編第 2 册, 鄭州: 大象出版社, 2003 年, 112—113 頁。
13　羅福頤《滻洲金石志》卷三《劉氏明堂碑》,《歷代碑誌叢書》影印民國二十六年本, 南京: 江蘇古籍出版社, 1998 年, 第 23 册, 55 頁。
14　彭善國、徐戊戎《遼陽金正隆五年瓷質"明堂之券"》,《文物》2010 年 12 期, 90 頁。
15　陳鴻翱修, 翟振慶纂〔同治〕《臨邑縣志》卷一四《金石志》中《苗氏宗派之圖》,《中國地方志集成》影印清同治十三年刻本, 南京: 鳳凰出版社, 2004 年, 291 頁。

溫韜發陵

溫韜盜掘唐陵之事以歐陽修《新五代史》本傳記錄較詳[1]：

> 溫韜，京兆華原人也。少爲盜，後事李茂貞……末帝時，韜復叛茂貞降梁，梁改耀州爲崇州，鼎州爲裕州，義勝軍爲靜勝軍，即以韜爲節度使，復其姓溫，更其名曰昭圖。韜在鎮七年，唐諸陵在其境内者，悉發掘之，取其所藏金寶，而昭陵最固，韜從埏道下，見宫室制度閎麗，不異人間，中爲正寢，東西廂列石牀，牀上石函中爲鐵匣，悉藏前世圖書，鍾、王筆跡，紙墨如新，韜悉取之，遂傳人間，惟乾陵風雨不可發。

該段文字所涉太宗昭陵玄宫形制描述較爲明確，北宋末年馬令所撰《南唐書》即襲此説法，然將信息來源歸於溫韜之甥鄭玄素"自言"[2]：

> 玄素，溫韜之甥也，自言韜發昭陵，從埏道下，見宫室制度閎麗，不異人間，中爲正寢，東西廂列石牀，牀上石函中爲鐵匣，悉藏前世圖書，鍾、王筆跡，紙墨如新，韜悉取之，韜死，玄素得之爲多。

現存此事相關記錄時代最早者爲薛居正《舊五代史》本傳[3]：

温韜，華原人。少爲盜，據華原，事李茂貞，名彥韜，後降於梁，更名昭圖。爲耀州節度，唐諸陵在境者悉發之，取所藏金寶，而昭陵最固，悉藏前世圖書，鍾、王紙墨，筆跡如新。

文中並未述及玄宮形制。關於鍾、王書法，出《永樂大典》之《鄭玄素傳》云[4]：

初，玄素好收書，而所收鍾、王法帖，墨跡如新，人莫知所從得。有與厚者問之，乃知玄素爲温韜甥，韜嘗發昭陵，盡得之，韜死，書歸玄素焉。

以上兩條文獻所述較爲簡略，並非歐陽修所據主要史源。

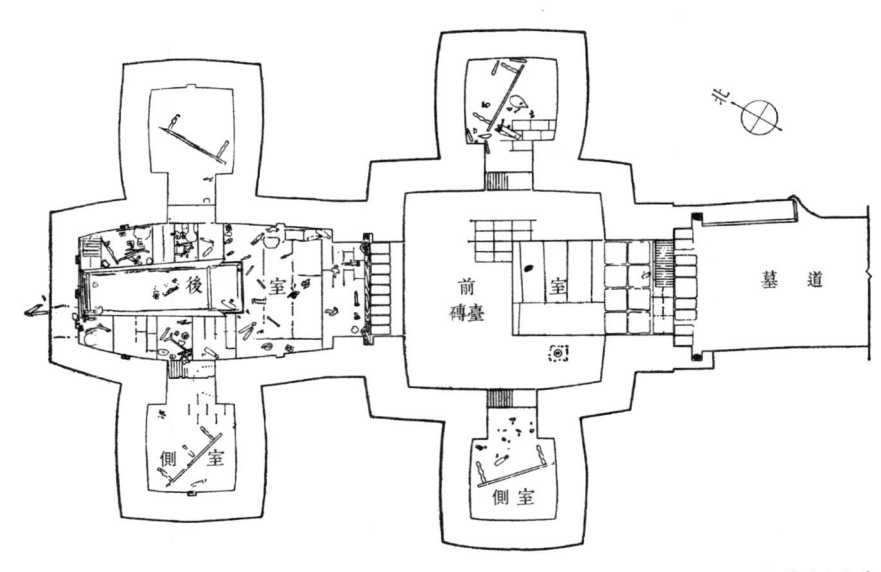

尋陽公主墓

說墓 155

關於鄭玄素"自言"昭陵玄宮形制,與《新五代史》最爲貼近之早期文獻爲曾宏父《石刻鋪叙》所引北宋初年鄭文寶《南唐近事》[5]:

> 處士鄭玄素,溫韜之甥,隱廬山青牛谷四十餘載。自言從韜發昭陵,入隧道,至玄宮,見宮室制度宏麗幽深,殆類人世,正寢、東西厢皆列石榻,上列石函,中有鐵漆匣,悉藏前代圖書及鍾、王墨跡,秘護謹密,紙墨如昨,盡爲所掠。韜死,不知流散之所。

傳鄭文寶所撰《江南餘載》則云[6]:

> 進士舒雅,嘗從鄭玄素學,玄素爲雅言:溫韜亂時,玄素隨之,多發關中陵墓。嘗入昭陵,見太宗散髮以玉架衛之,兩廂皆置石榻,有金匣五,藏鍾、王墨跡,《蘭亭》亦在其中,嗣是散落人間,不知歸於何所。

曾氏所引文字不見於今本《南唐近事》,而《江南餘載》內容是否出自文寶之手亦難斷定,然將史源歸於北宋初年南唐故地傳聞似無問題。

《江南餘載》又云[7]:

> 鄭玄素者,溫韜之甥,隱居廬山青牛谷,不交人事。元宗召至都下,館於徐鉉家。及卒,鉉令玄素鄉人龍敏瘞其尸於石子崗。臨穴之際,有七鶴盤旋空中,敏輒禱之,一一下拂棺蓋。

則玄素事跡頗涉神異,所謂溫韜發昭陵見玄宮繪聲繪色之説愈發可疑。

關於唐陵玄宮形制之推測,考古者衆説紛紜,迄無定論,然歐史之説多所信從。

棺　後
座　室
側室

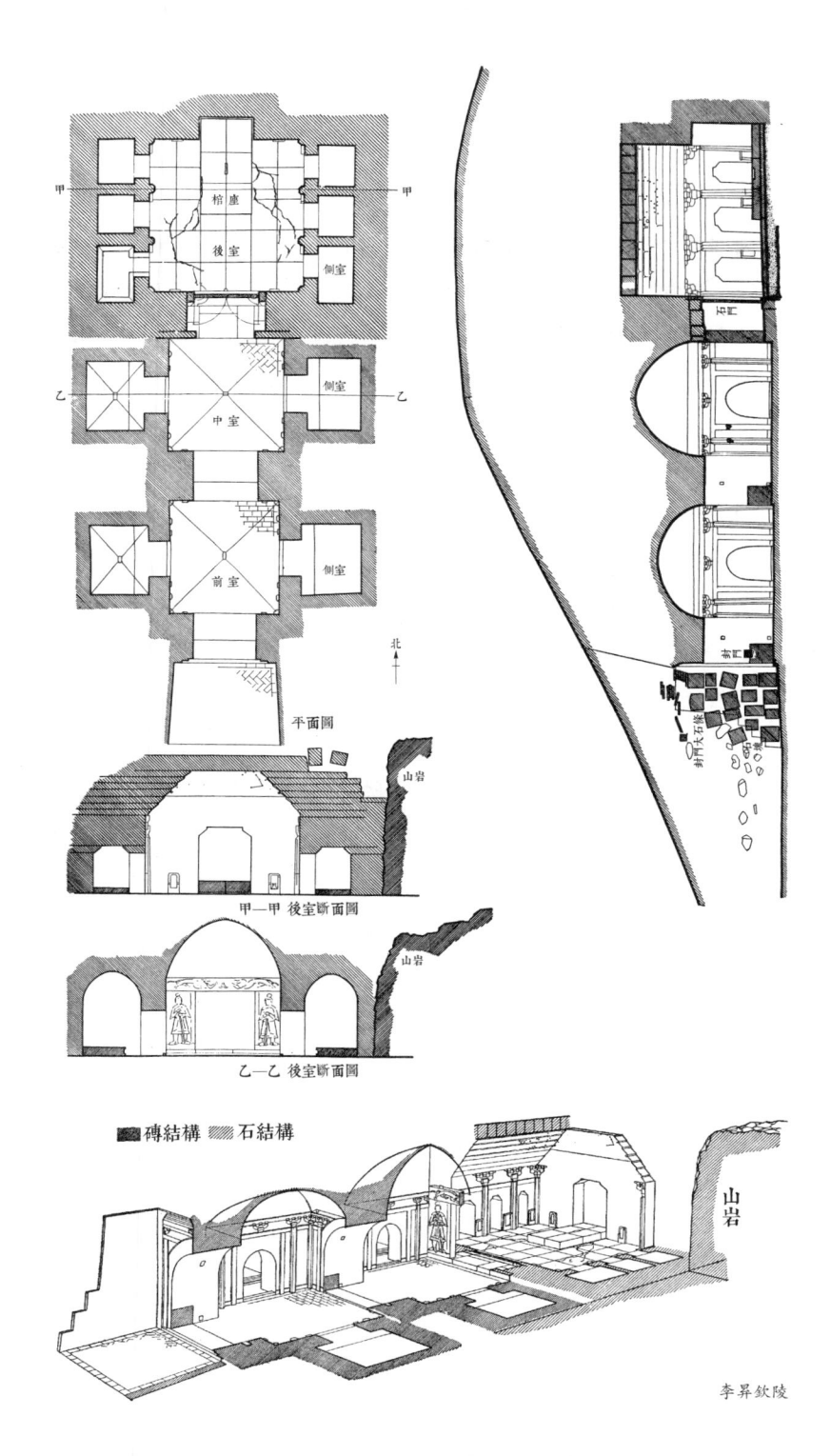

乙　側室　乙
中室

前室　側室

北

平面圖

山岩

甲—甲 後室斷面圖

山岩

乙—乙 後室斷面圖

石汇

封門大石條

■ 磚結構　▨ 石結構

山岩

李昇欽陵

既言"中爲正寝，東西厢列石牀"，或即主室兩側各有耳室。此類形制絕不見於唐代前期高級墓葬，而於安史之亂中史思明墓最早出現[8]，並爲晚唐五代節度使以上級別所習用。但若論耳室中牀之設置，則爲楊吴、南唐地域特色，如尋陽公主墓[9]與李昪欽陵、李璟順陵[10]是也。如此，則又不難聯想到裴鉶所著《傳奇·崔煒》對南越王趙佗墓玄宫之描寫[11]：

> 入户，但見一室，空闊可百余步，穴之四壁，皆鐫爲房室，當中有錦繡幃帳數間，垂金泥紫，更飾以珠翠，炫晃如明星之連綴。帳前有金爐，爐上有蛟龍鸞鳳、龜蛇鷥雀，皆張口噴出香烟，芳芬蓊鬱。傍有小池，砌以金壁，貯以水銀，鳬鷺之類，皆琢以瓊瑶而泛之。四壁有牀，咸飾以犀象，上有琴瑟笙篁、鼗鼓柷敔，不可勝記。

裴氏於咸通間曾任職揚州，文中設想墓葬形制恰好稍後出現於相同地域之楊吴、南唐，或非偶然。意者，晚唐五代陵墓之想象與建構作爲一例饒有興味議題，當可深入發掘討論。

2016 年 6 月 12 日

1　歐陽修《新五代史》卷四〇《雜傳》二八《温韜》，北京：中華書局，2015 年，499 頁。
2　馬令《南唐書》卷一五《隱者傳》一〇，《四部叢刊》續編影印明刻本，葉六。
3　薛居正等《舊五代史》卷七三《温韜傳》，北京：中華書局，2015 年，1119 頁。《永樂大典》卷一一五七六引。
4　薛居正等《舊五代史》卷九六《鄭玄素傳》，北京：中華書局，2015 年，1496 頁。《永樂大典》卷一八八一引，誤題薛史，参：陳尚君《舊五代史新輯會證》，上海：復旦大學出版社，2005 年，2227 頁。

5 曾宏父《石刻鋪叙》卷下，清長塘鮑氏刻《知不足齋叢書》本，葉一八。
6 不著撰人《江南餘載》卷下，《景印文淵閣四庫全書》第 464 册，臺北：臺灣商務印書館，1986 年，157—158 頁。
7 不著撰人《江南餘載》卷下，《景印文淵閣四庫全書》第 464 册，臺北：臺灣商務印書館，1986 年，161 頁。
8 北京市文物研究所《北京豐臺唐史思明墓》，《文物》1991 年 9 期，29 頁。
9 揚州博物館《江蘇邗江蔡莊五代墓清理簡報》，《文物》1980 年 8 期，42 頁。
10 南京博物院《南唐二陵發掘報告》，北京：文物出版社，1957 年，7—43 頁。
11 李昉等《太平廣記》卷三四《崔煒》引《傳奇》，北京：中華書局，1961 年，217—218 頁。

德妃墓

歲在壬辰，內蒙古巴林左旗發現後唐德妃伊氏墓[1]。據墓誌：伊氏世爲晉陽人，曾祖諱慎，唐"大曆年，哥舒晃亂常嶺表；建中年，梁崇義效逆襄陽"，隨軍討伐有戰功，纍官至奉義軍節度使、檢校尚書、左僕射、南充郡王。祖宗，守太原府少尹，遷瀘州刺史、刑部尚書。父廣，歷任忻州刺史、汾州刺史，乾寧中，隨李克用討劉仁恭，戰歿。伊氏適李存勖，爲燕國夫人。後唐滅梁，莊宗於同光二年（924）"册魏國夫人劉氏爲皇后"，"以衛國夫人韓氏爲淑妃，燕國夫人伊氏爲德妃"[2]。同光四年（926）興教門之變，莊宗遇害，李嗣源入洛即位，"克受深恩，特頒睿澤，令歸汾晉，厚給俸資，雖家國殊前，而事體仍舊"。至清泰三年（936）末帝李從珂伐河東，石敬瑭引契丹軍南下滅唐，"乃將德妃來歸上國。於是特修宮苑，俾遂優游厚有，又特令充贍給，降鴻私而迥異，方故國以無殊"。會同五年（942），伊氏"薨於懷美州本宮之正寢，享年六十一。近貴奏聞，皇情軫悼，爰頒詔命，俾創松楸，內密典喪大臣蔵事，依中朝之軌式，表上國之哀榮。以會同六年（943）七月六日，葬於州東三十里"。

伊氏墓爲長斜坡墓道磚室，主室圓形，直徑5.6米，兩側各有一梯形耳室，長闊在1.5米上下。甬道外設仿木結構門樓，配三朵單抄四鋪作斗拱。主室內設倚柱九條，上承把頭絞項造式斗拱，壁畫僅存東耳室門南側兩男侍形象。主室中部有一縱向須彌座式磚棺牀。如此墓葬結構與同時期契丹貴族所用迥然不同。太宗會同間，契丹葬制已演進至新一階段，節度使以上墓葬率以多室墓爲通則，主室居後、前室兩側各設耳室，各室平面多作方形。早德妃一年而葬耶律羽之墓即屬典型實例[3]。考古所見與伊氏墓結構最爲相近者，乃成都後蜀孟知祥和陵[4]。墓室全用石砌，主室兩側各有一耳室，均爲圓形。規模稍大，主室直徑6.7米，耳室直徑3.4米。主室內須彌座棺牀橫置。知祥爲李克用之婿，娶莊宗姊福慶長公主，滅前蜀而據西川，清泰元年（934）自立爲帝，同年病卒。和陵形制於蜀地亦爲孤例，較其稍晚之廣政十一年（948）張虔釗[5]、廣政十八年（955）孫漢韶[6]兩後唐舊臣墓，均循本地前蜀傳統而作縱長形式。僅廣政十三年（950）趙廷隱墓[7]主室橫長，三面設耳室。如此爲主室配置耳室之做法常見於中晚唐五代河北地區，如寶應元年（762）豐臺史思明墓[8]、元和五年（810）房山劉濟墓[9]、曲陽田莊墓[10]、北京趙德鈞墓[11]，唯後兩者中軸綫配置多

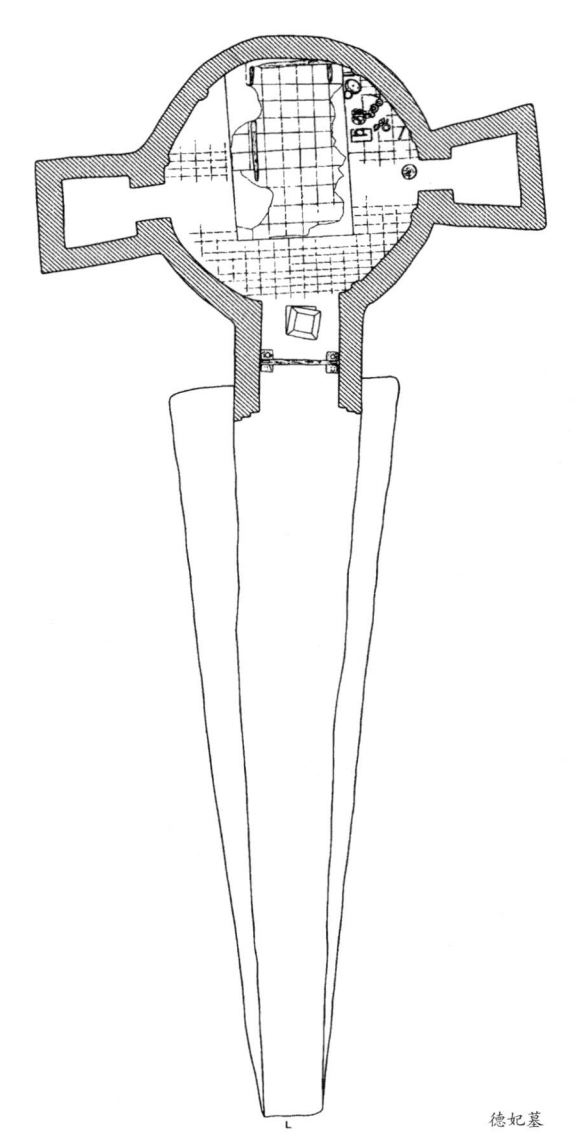

德妃墓

說墓 161

孟知祥墓　　　　　　　劉濟墓

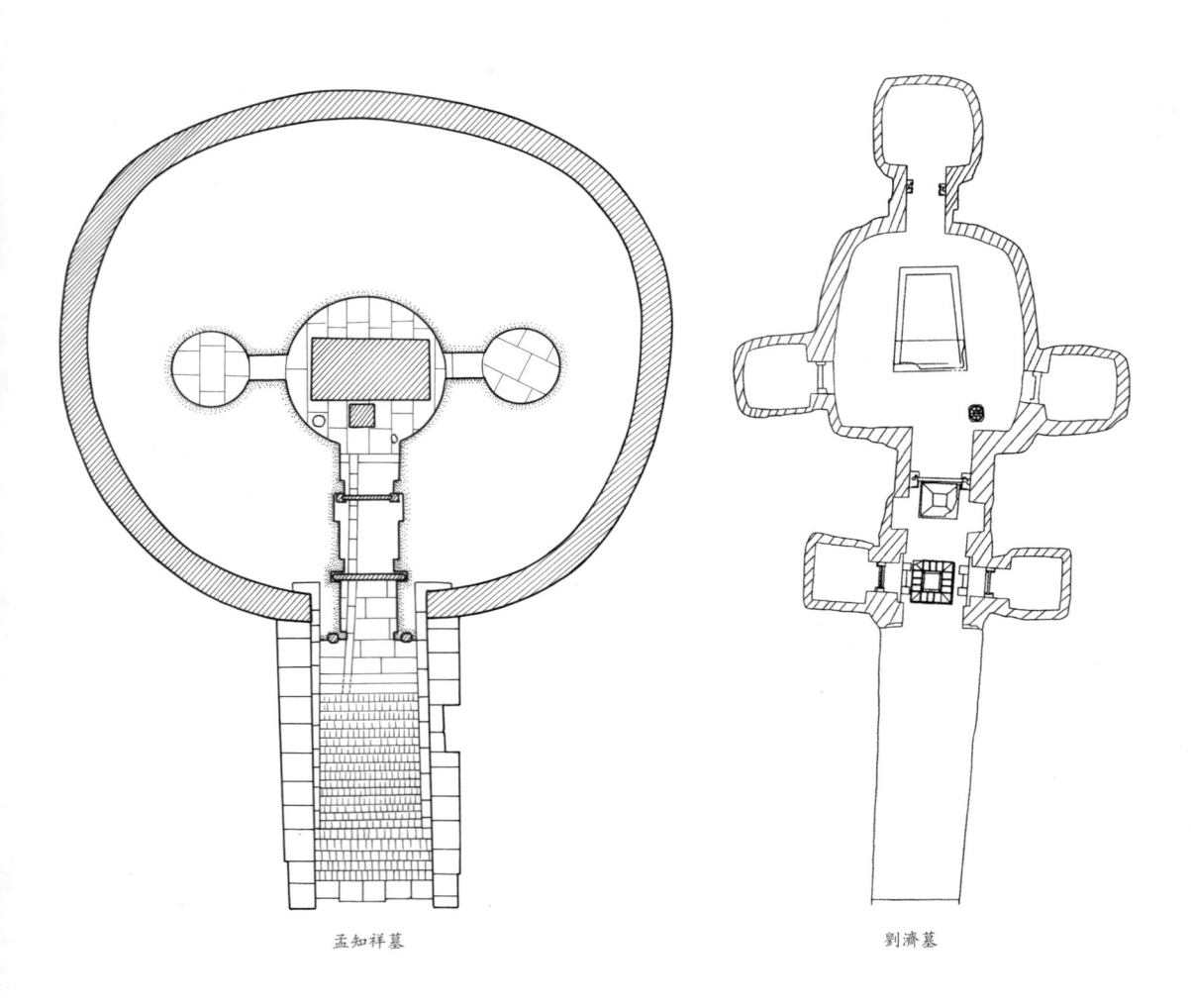

室。據此似可推測，德妃墓形制並非特例，當如墓誌所云，"依中朝之軌式"，與孟知祥墓同屬後唐中原葬制系統。五代陵寢雖未發掘，形制或可據以想象。

2017 年 5 月 7 日

1　赤峰市博物館等《内蒙古巴林左旗盤羊溝遼代墓葬》，《考古》2016 年 3 期，30—44 頁；馬鳳磊《後唐德妃伊氏墓誌銘釋考》，《草原文物》2016 年 2 期，98—103 頁。

2　薛居正等《舊五代史》卷三一《莊宗紀》五、卷三二《莊宗紀》六，北京：中華書局，1976 年，433、437 頁。

3　内蒙古文物考古研究所等《遼耶律羽之墓發掘簡報》，《文物》1996 年 1 期，4—32 頁。

4　成都市文物管理處《後蜀孟知祥墓與福慶長公主墓誌銘》，《文物》1982 年 3 期，15—20 頁。劉雨茂、榮遠大《成都出土歷代墓銘券文圖録綜釋》，北京：文物出版社，2012 年，1213 頁。

5　成都市文物管理處《成都市東郊後蜀張虔釗墓》，《文物》1982 年 3 期，21—27 頁。

6　成都市博物館考古隊《五代後蜀孫漢韶墓》，《文物》1991 年 5 期，11—26 頁。

7　王毅等《四川後蜀宋王趙廷隱墓發掘記》，《中國社會科學報》2011 年 5 月 26 日。

8　北京市文物研究所《北京豐臺唐史思明墓》，《文物》1991 年 9 期，28—39 頁。

9　李欣等《探墓手記：鏡頭背後的北京唐墓傳奇》，北京：文化藝術出版社，2014 年，35 頁。

10　李欣等《探墓手記：鏡頭背後的北京唐墓傳奇》，北京：文化藝術出版社，2014 年，108—109 頁。

11　北京市文物工作隊《北京南郊遼趙德鈞墓》，《考古》1962 年 5 期，246—253 頁。

蕭貴妃墓

歲在乙未，內蒙古多倫發現遼聖宗蕭貴妃墓[1]。據所出墓誌記載，蕭氏統和四年（986）"年甫十七，禮歸百兩"，"統和辛卯歲（991）夏六月，擇日備禮冊，命爲貴妃"，"統和十一年（993）夏六月二十七日薨於行在，享年二十有四"。可知其人並非統和四年（986）納爲皇后、十九年（1001）"以罪降爲貴妃"[2]者。

妃之"曾祖諱迷骨德，大國舅皮室大將軍"；"祖諱信寧，燕京衙內都指揮使"；"父寧，武毅忠力功臣、歸德軍節度管內觀察處置等使、特進、檢校太師、同政事門下平章事、使持節宋州諸軍事行宋州刺史、兼御史大夫、上柱國、蘭陵郡開國侯、食邑一千户食實封一百户，尚魏國公主"。遼寧北鎮出土咸雍五年（1069）秦晉國妃墓誌記其曾祖"迷古寧詳穩諱演烏盧"，其祖"燕京留守衙內都指揮使、駙馬都尉諱割烈"，其父"樞密使、北宰相、駙馬都尉諱曷寧"，其母景宗女、聖宗妹"魏國公主小字長壽奴"。論者據此指曷寧即《遼史》中蕭排押字韓隱者。而同書中於聖宗朝出現之蕭排押與蕭寧實爲一人[3]。故考古簡報將蕭貴妃、秦晉國妃兩誌相比照，以爲二人世系相同，當屬姐妹，其論可從。復據清寧八年（1062）耶律宗政墓誌知蕭寧（排押）另有一女，與秦晉國妃同適耶律隆慶而爲齊國妃[4]。又查遼寧阜新出土太平九年（1029）蕭僅、重熙二十年（1051）蕭忠及平原公主墓誌，僅、忠兄弟高祖撒剌，曾祖迷骨里，祖訖列，父罕[5]。比照蕭妃墓誌，迷骨里應即迷骨德，訖列應即信寧（割烈）。則妃之父寧（排押）與僅、忠之父罕以兄弟論，均爲太祖淳欽皇后胞弟阿古只

（撒剌）之後，乃"國舅正族之裔"。

蕭氏身份既貴，其墓形制却頗出意料，僅作圓形單室，直徑近4.5米，規格與其地位實不相稱。契丹貴族葬制於遼代中期已趨完備，身份級差在墓葬形制方面表現明顯，節度使、王及公主以上人等使用多室墓成爲慣例。主室通常作圓形，個別沿襲舊制作方形，直徑或邊長可按6.5、5.5、4.5米左右爲界大致分檔。第一檔如統和三年（985）韓匡嗣墓；第二檔如統和四年（986）耶律延寧墓、重熙十五年（1046）前蕭繼遠及秦晉國大長公主墓、牀金溝M5；第三檔如開泰七年（1018）前蕭紹矩及陳國公主墓、重熙二十年（1051）前蕭忠及平原公主墓[6]。其中陳國公主墓規格相對較低，主室直徑與蕭貴妃墓相近，然另設兩耳室，墓道及前室繪製壁畫，葬具除鎏金銀冠、靴之外還配有金面具與銀絲網絡等，均爲後者所不具備。蕭妃墓附近另有一墓（M1），前室長方，主室八角，寬5.3米，年代約在遼代晚期[7]。類似者如遼寧阜新關山墓地咸雍四年（1068）蕭知行墓、咸雍九年（1073）蕭德恭墓、大康元年（1075）蕭德溫墓、大康二年（1076）蕭德讓墓。若與同家族多室墓相比，大約顯示郡王以下與國王以上身份級差。如是觀之，儘管遼代中期契丹貴族葬制或不如晚期完備細密，仍可判斷蕭貴妃墓規制存在降殺之意[8]。墓葬所在地爲"慶雲山之陽"，雖與後來聖宗開創慶陵山名相同，實相距遥遠，並未陪陵之側，亦不在此前所知各房蕭氏后族聚葬區域之内，事例倍顯特殊。

2016年12月11日

1 内蒙古文物考古研究所《内蒙古多倫縣小王力溝遼代墓葬》，《考古》2016年10期，55—80頁。
2 脱脱等《遼史》卷一一一《聖宗紀》二、卷一一四《聖宗紀》五，北京：中華書局，2016年，133、170頁。
3 向南《遼代石刻文編》，石家莊：河北教育出版社，1995年，340、343頁。
4 向南《遼代石刻文編》，石家莊：河北教育出版社，1995年，306、309頁。

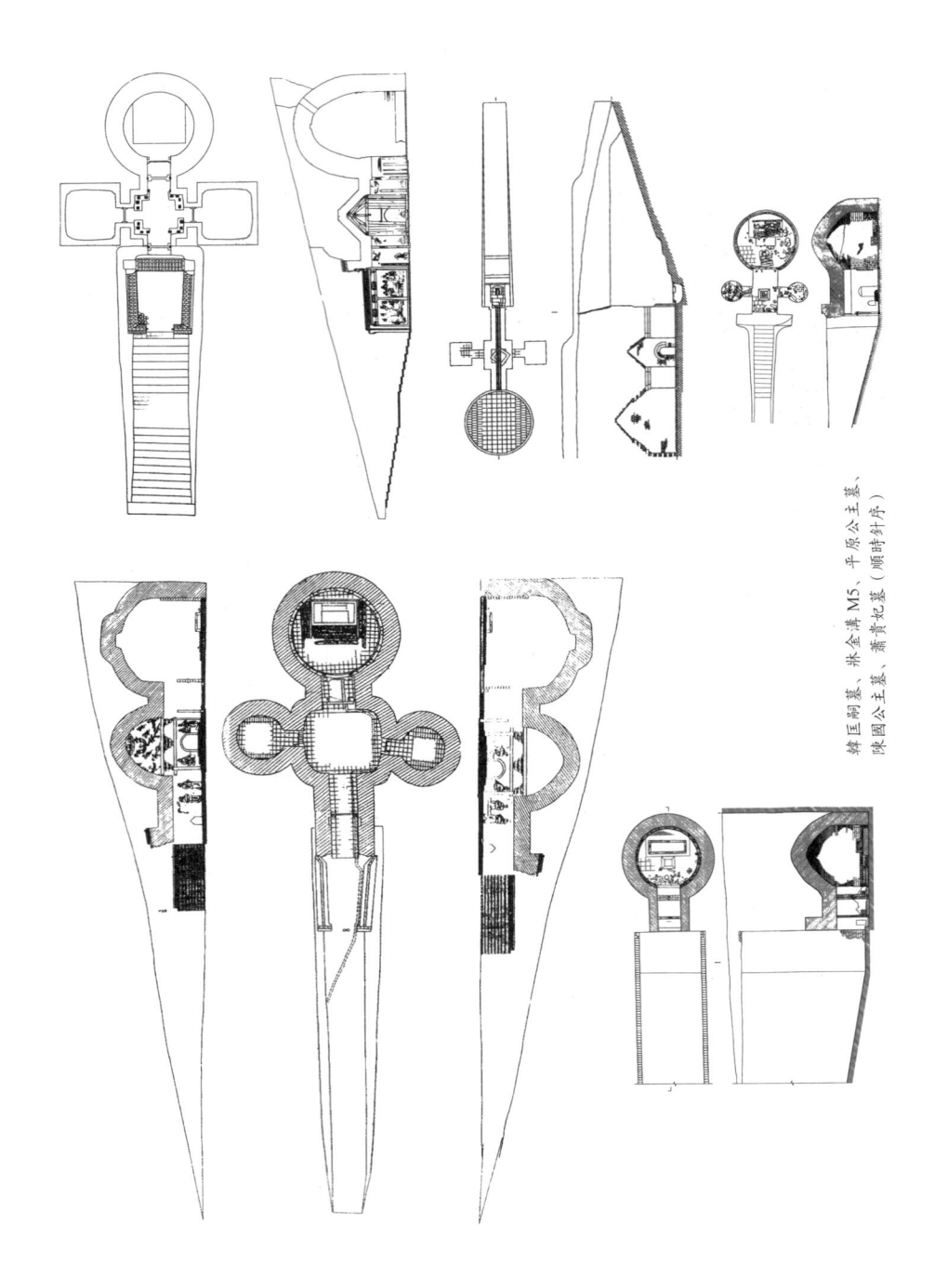

韓匡嗣墓、耶金溝M5、平原公主墓、陳國公主墓、蕭貴妃墓（順時針序）

166　雞冠壺：歷史考古劄記

5 向南《遼代石刻文編》，石家莊：河北教育出版社，1995年，191頁；韓世明、都興智《遼〈駙馬蕭公平原公主墓誌〉再考釋》，《文史》2013年3輯，110—111頁。
6 劉未《遼代墓葬的考古學研究》，北京：科學出版社，2016年。
7 簡報將一青白瓷劃花碗歸爲蕭妃墓，然其製作年代晚於該墓約百年，與M1大致相當。
8 相反隆崇之例爲墓主推定爲太祖三子李胡之遼祖陵M1，前中後三室附兩耳室，主室寬達6.85米，超越人臣，僅下帝陵一等。中國社會科學院考古研究所内蒙古第二工作隊、内蒙古文物考古研究所《内蒙古巴林左旗遼祖陵一號陪葬墓》，《考古》2016年10期，3—23頁。

擇葬吉日

　　《宋代墓誌輯釋》及《新出宋代墓誌碑刻輯録》兩書收録北宋洛陽任氏家族墓誌數方[1]，詳記慶曆以降五代家族成員埋葬時間，今依年代順序梳理如下：慶曆二年（1042）壬午七月辛酉，葬任廷芳次妻張氏，並葬廷芳之孫述（布次子）。同月又葬廷芳次子平，惟葬日不明，疑亦辛酉。至和元年（1054）甲午七月乙酉，葬廷芳長子布，並葬布三子逸妻劉氏、布孫女十一娘（遂次女）、十五娘（逈四女）。嘉祐五年（1060）庚子七月己酉，葬布妻萬年縣君，並葬逸繼室劉氏。熙寧二年（1069）己酉正月乙酉，葬布長子遂。元豐元年（1078）戊午十二月庚申，葬逸。建中靖國二年/崇寧元年（1102）壬午正月癸酉，葬遂次子拱之、妻楚氏及三子寬之。崇寧三年（1104）甲申十一月丙申，葬逸四子升之。宣和四年（1122）壬寅八月庚寅，葬逸夫人吳氏，並葬逸孫讜（升之長子）。

　　以上所舉任氏家族成員葬年多爲子、午、酉，葬月多用正月及七月，葬日多爲申、酉。如此規律，殆非偶然。《重校正地理新書》云："太歲在子、午、卯、酉，名大通年；又用二月、八月、五月、十一月，名大通月。""太歲在寅、申、巳、亥，名小通年；又用正月、七月、四月、十月，名小通月。""如大通年用小通月，小通年用大通月，交互用之，無不利也。"[2]可知任氏族葬正是遵循這一原則，以大通年配小通月爲主，以小通年配大通月爲輔。上書又云："凡十二辰中，鳴吠者四，唯寅、午、申、酉是也。"庚午日、壬申日、癸酉日、壬午日、甲申日、乙酉日、庚寅日、丙申日、丁酉日、壬寅日、丙午日、己酉日、庚申日、辛酉日，"右一十四日金雞鳴、玉犬吠，上下不相呼，大吉"³。又"一行云：鳴吠者，五姓安葬之辰也。用之者，得金雞鳴、玉犬吠，上下不呼，亡靈安穩，子孫富昌"⁴。可知任氏葬日全屬鳴吠日⁵。

與任氏族葬相似之例另有北宋相州韓氏族墓。自慶曆間韓琦改葬父兄以來，有六代家族成員陸續安葬，所見葬日依次有⁶：慶曆五年（1045）乙酉二月己酉、嘉祐二年（1057）丁酉十月辛酉、嘉祐七年（1062）壬寅十一月壬申、熙寧四年（1071）辛亥二月甲申、熙寧八年（1075）乙卯十一月庚申、元祐五年（1090）庚午七月癸酉、紹聖三年（1096）丙子十二月己未、大觀三年（1109）己丑十一月庚申、政和二年（1112）壬辰七月庚申、宣和元年（1119）己亥九月庚申辛酉、宣和七年（1125）乙巳五月甲申。其原則亦是大通小通年月相配，鳴吠吉日優先。

選時擇地，本爲營葬所並重。然與墓地選址問題相比，葬日吉凶問題因無關乎墓葬物質形態，考古學者向來較少關注。今就任、韓兩氏墓誌觀之，有待發掘闡釋之信息尚多。

2017 年 4 月 9 日

---

1 郭茂育、劉繼保《宋代墓誌輯釋》，鄭州：中州古籍出版社，2016 年。何新所《新出宋代墓誌碑刻輯錄》，北京：文物出版社，2019 年。

2 王洙撰，畢履道、張謙補《重校正地理新書》卷一〇《年月吉凶》，《續修四庫全書》影印北京大學圖書館藏金元刻本，第 1054 冊，上海：上海古籍出版社，2002 年，71 頁。

3 王洙撰，畢履道、張謙補《重校正地理新書》卷一一《擇日吉凶》，《續修四庫全書》影印北京大學圖書館藏金元刻本，第 1054 冊，上海：上海古籍出版社，2002 年，76—77 頁。

4 李光地等《星曆考原》卷三《月事吉神》鳴吠日，《景印文淵閣四庫全書》第 811 冊，臺北：臺灣商務印書館，1986 年，57 頁。

5 鳴吠日問題另參:陳進國《考古材料所記錄的福建"買地券"習俗》,《民俗研究》2006年1期,177—179頁。
6 韓琦《安陽集》卷四六至四九《墓誌》,《北京圖書館古籍珍本叢刊》影印明正德九年張世隆刻本,第85冊,北京:書目文獻出版社,1998年。北京圖書館金石組《北京圖書館藏中國歷代石刻拓本匯編》第40、42冊,鄭州:中州古籍出版社,1990年。河南省文物局《安陽韓琦家族墓地》,北京:科學出版社,2012年。何新所《新出宋代墓誌碑刻輯錄》,北京:文物出版社,2019年。

妻妾祔葬

大觀己丑（1109），楊信功爲岳父韓孝彥（韓琦侄、韓琚子）[1]之妾時氏撰書墓誌，其文曰[2]：

時氏汴人，自少事中散韓公、永嘉郡君張氏，服勤柔順，永嘉撫愛特厚。相繼生二子，益自抑畏，奉永嘉彌謹。從中散公通判成都，時氏以疾卒於官舍，實元祐三年（1088）三月二十日也，年二十三。所生子二人：長曰僖，登仕郎、行相州湯陰縣主簿；次曰僑，將仕郎、監淮陽軍宿遷縣市易務。時氏之亡，中散公與永嘉甚悲憐之，故自成都數千里之遠，攜其喪以歸，厝於相州開元寺。大觀三年十一月二十日，葬永嘉於新安祖塋之側。中散公命置時氏壙中而侍葬焉。

三年後，時氏長子僖又作補記石刻一方[3]：

大觀三年十一月，先妣永嘉郡君張氏之葬，先公命以僖、俣所生母時氏之柩侍葬於壙中。政和二年（1112）春，先公寢疾，顧謂俣曰：吾近作壽棺稍大，恐墓內無餘地，它日可遷汝所生母於它所。今以七月五日葬我先公，僖等謹遵遺命，奉所生母柩，葬於崇福院之東九兄所生母艾氏墓園內之庚穴云。孤子韓僖謹記。

孝彦另有妾劉氏，其堂侄韓治所撰墓誌云[4]：

> 劉氏，博野人，吾叔中散大夫之姬也。生五子，二男三女，男慶來、王老蚤夭……劉性謹厚，吾叔與張郡君皆倚信之。政和三年（1113）八月十三日卒於安陽之第。宣和元年（1119）九月十七日葬於水冶之塋，年六十有三，葬與時氏同穴。時氏，吾叔長子僖之所生母也。

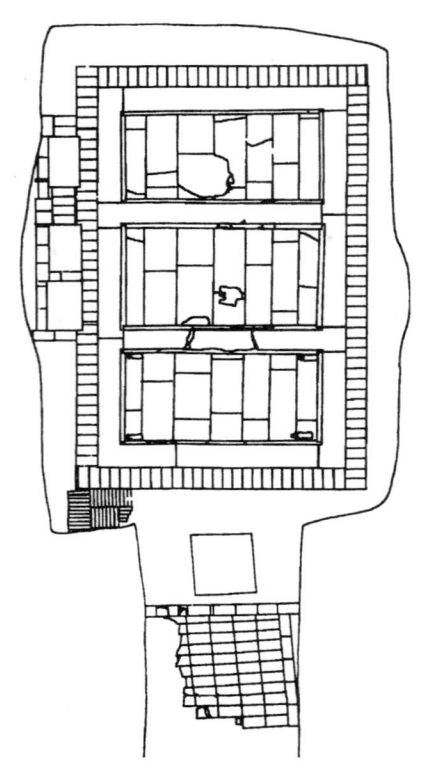

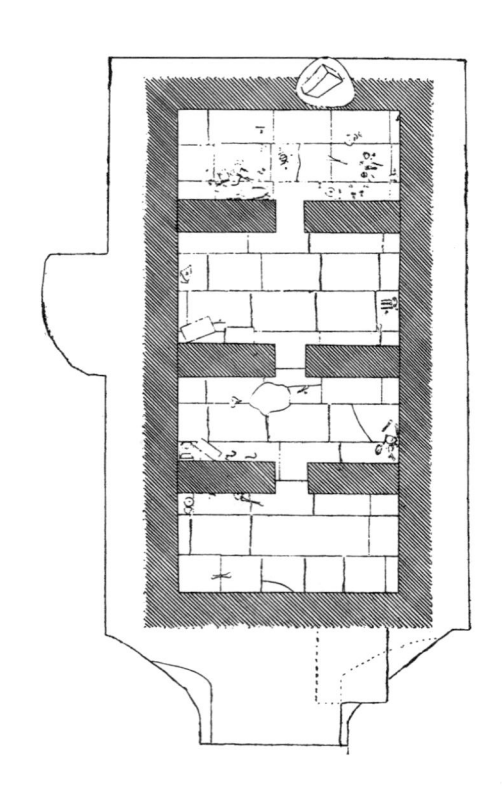

安陽韓治夫婦墓　　　　　　　　密縣馮京夫婦墓

以上三方石刻可供討論宋代姬妾祔葬問題。孝彥正室張氏未育，僖、僑（俣）均爲妾時氏所出，而妾劉氏二子則早夭。孝彥或以憐愛故，或以子嗣故，一度計劃時氏與己及張氏合葬一墓，終因墓內難容三棺而未予實施。時氏祇能遷往韓氏家族墳寺孝親崇福院專爲諸側室所備墓園，與韓琦侄正彥（韓璩子）之妾艾氏同處一域，並最終與劉氏合葬一墓。由此可見，姬妾身份低微，地位卑下，通常不能與夫妻同室合葬。當然，若庶子顯達，改葬父母，或可特別安排，韓琦即是一例。其爲生母胡氏所撰墓誌云[5]：

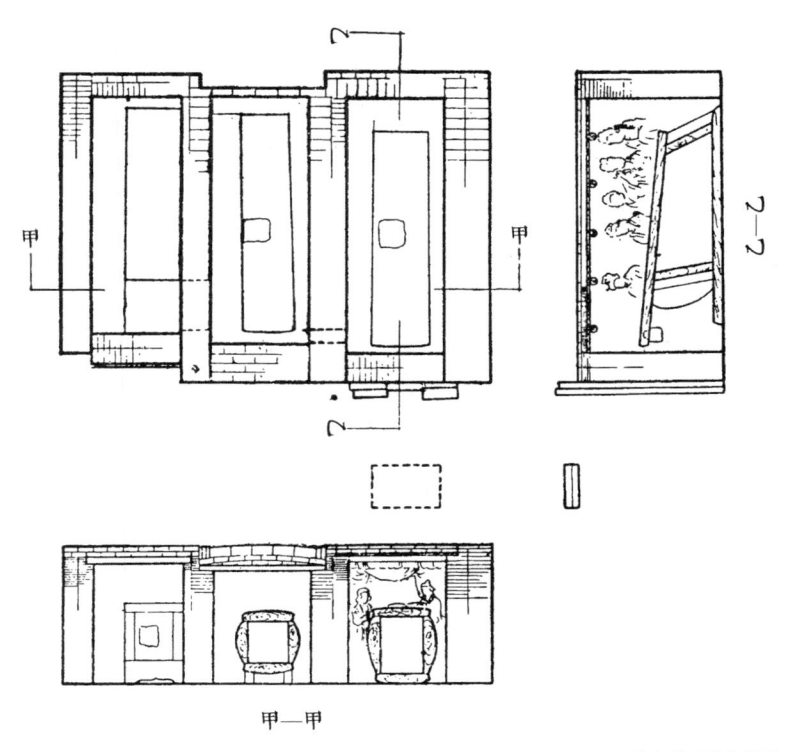

淮安楊公佐夫婦墓

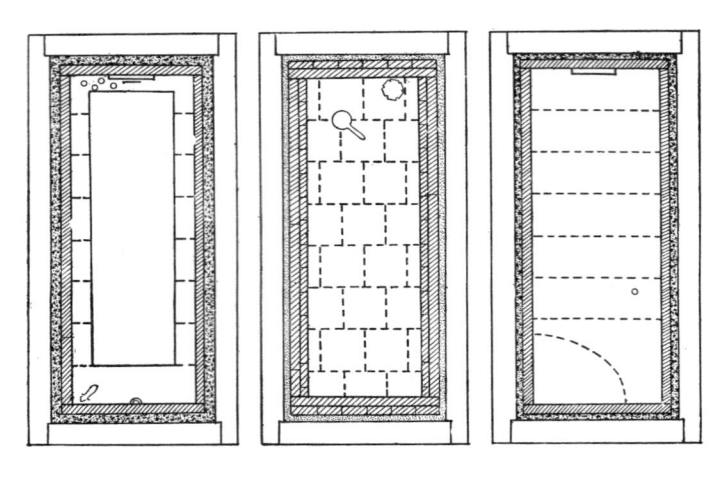

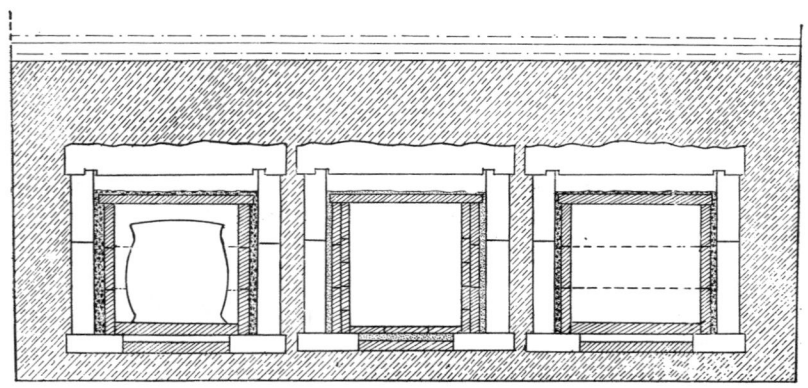

福州趙與駿夫婦墓

　　慶曆五年（1045）二月二十三日，琦奉皇考太師、皇妣仁壽郡太夫人歸厝於相州安陽縣之新安村，以所生大寧郡太夫人侍葬焉。棺椁之制，率用降等，安神之次，却而不齊，示不敢瀆也。夫禮，非天降地出，本於情而已矣。今夫人從太師於此域，所以慰孝心而稱人情也。

　　韓琦雖出自孝心，亦知此舉有違禮法，不能不令胡氏棺椁降殺、位次退却以示卑微。

姬妾不可與夫妻同葬，繼室則不然。韓治兩娶文氏姐妹，三人合葬一墓（紹聖三年［1096］初葬，宣和七年［1125］合葬），南北縱向並列三室，惜乎位次不明[6]。元祐九年（1094）密縣馮京夫婦墓與之類似，南北縱向並列四室，馮京葬從南第三室，初娶王氏葬第四室，次娶富氏葬第一室，三娶富氏之妹葬第二室[7]。熙寧十年（1077）洛陽李孝基夫婦墓位次類同，孝基爲從南第二棺，先娶馬氏從南第三棺，後娶馬氏之妹當爲從南第一棺[8]。反觀韓治夫婦墓，宣和七年與先娶文氏合葬時，其妹續弦尚未亡故，必有一室虛位以待。然隨即靖康兵亂北宋覆亡，治之長子肖冑舉家南渡，恐難再有合葬之舉，故墓中僅見韓治及文氏墓誌兩方。其中室與北室之外西側均安置告匣，則南室應爲文氏之妹預備，位次亦與馮、李兩墓一致。唯該室四角安置鐵牛鐵豬，爲其餘二室所不見，或爲生藏壓勝之用。此類並列多室合葬墓北方地區極罕，而南方地區習見。淮安楊公佐夫婦墓，妻邵氏先葬居中，公佐紹聖元年（1094）卒，於東側添葬一室，繼室周氏又於西側添葬一室。該墓坐北向南，則爲男左女右[9]。福州趙與駿夫婦墓，元配黃昇淳祐三年（1243）先葬東室，孺人李氏淳祐七年（1247）繼葬西室，與駿淳祐九年（1249）卒葬中室[10]。該墓坐南向北，則妻室間以東方右首爲先。韓治墓告匣位西，以東爲後，妻室間係以北方右首爲先，其義一也。

張景文《大漢原陵秘葬經·辨掩閉骨殖篇》云："孝子親自入墓堂內安葬骨殖，依其次第。如或有四妻、五妻者，頭妻在左肩下，次妻在右肩下，次三在左腋下，次四在右腋下，次五在左腋下，次六在右腋下。"[11]宋墓所見夫婦四人以上合葬之例鳳毛麟角，若論馮京之例，位次安排即與張氏所言頗不相同。夫婦三人合葬，若夫居中，妻室間亦多采用先右後左次序。唯桐廬象山橋南宋墓，似以夫居中而前後妻室分列左右[12]，佈局形式與《秘葬經》類似。此等葬法詳見於元人趙季明所著《族葬圖說》："其墓居塋之中央北首，妻沒則袝其右，有繼室則妻居左而繼室居右，二人以上則左右以次而袝之。""按禮雖以地道尊右，而葬法周禮昭穆之制，昭穆尚左，故不得不遵用焉。"[13]是以昭穆之制用於妻室之間。如此觀念，濫觴於宋而盛於元明。

說墓 175

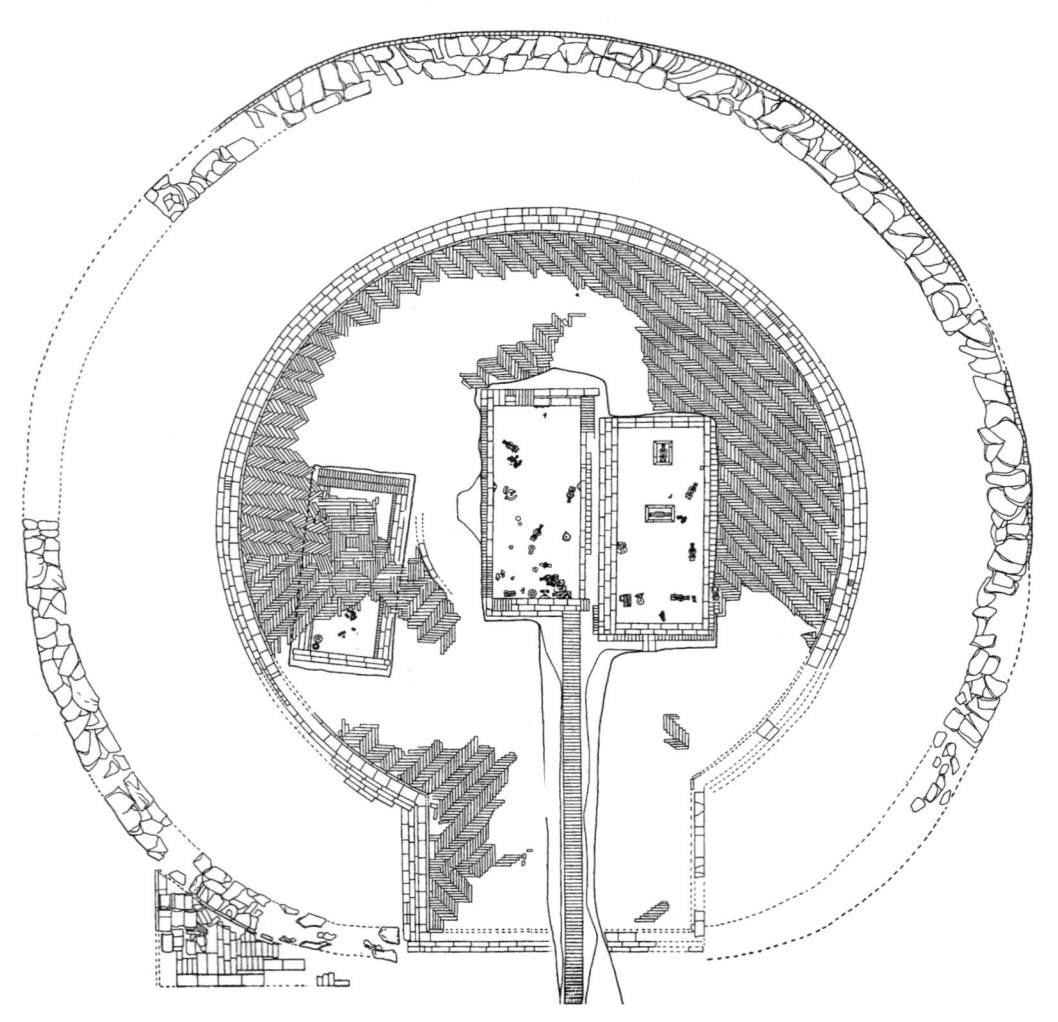

桐廬象橋山墓

江寧沐斌夫婦墓

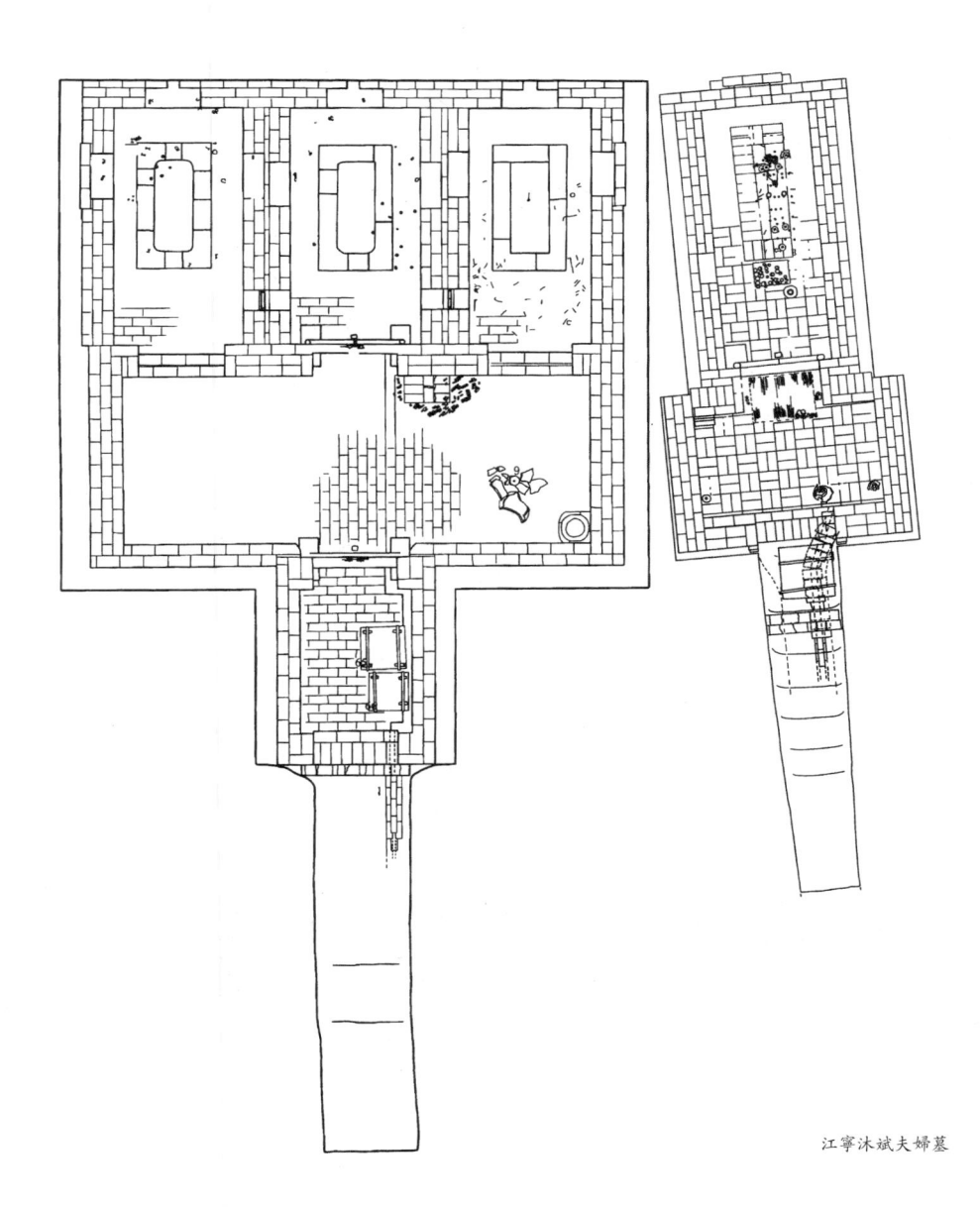

說墓 177

三合土 石灰 石 槨 棺木

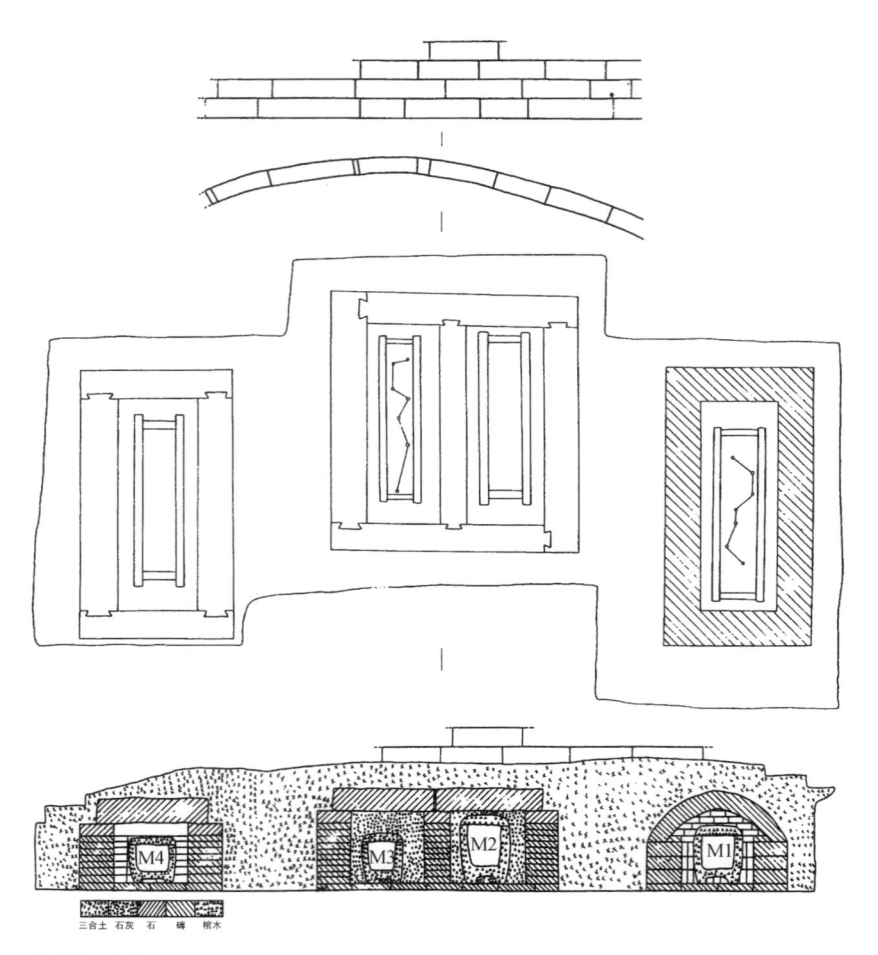

嘉興李氏族墓

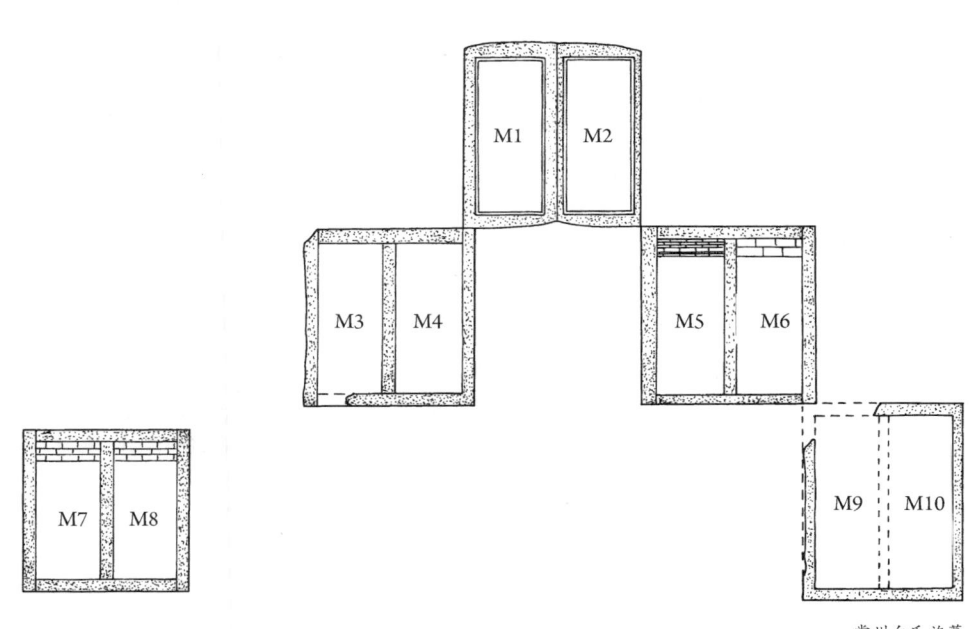

常州白氏族墓

　　季明復云："其有子之妾又居継室之次，亦皆與夫同封。"此論更屬新創，似乖禮法，但却頗爲後世所接受。清人程文彝《葬紀》即稱："合葬者，死則同穴之義，不獨正配然也，再娶、三娶及妾，皆得祔。所嚴者，義絕與失節耳。"[14] 江寧景泰成化間沐斌夫婦墓，初建並列三室，斌居中而先娶張氏、繼娶徐氏分列左右。側室梅氏以其子琮襲黔國公爵而貴，卒後 "啓黔國榮康公之竁，合葬於觀音山祖塋"，實則在斌墓左側添建一穴[15]。嘉興萬曆間李湘夫婦墓，湘與正妻並列雙室居後，妾陳氏單室祔左前，妾徐氏單室祔右前，四穴同封。陳氏子芳、孫原中均中進士，位次當以左爲先[16]。常州正德、嘉靖間白埈夫婦墓，埈與正妻楊氏並列雙室居後，稍前劉、吳、秦、徐四妾兩兩分列左右，次子詔再居左前昭穴，三子詡則居右前穆穴[17]。以上合葬事例前後妻室及諸妾之間均以先左後右次序分列，如此佈局，正與元人所倡昭穆葬法

說墓　179

相合，却與宋人實踐大相徑庭。僅就妻妾合祔一事觀之，喪葬觀念之宋元明轉型，亦可謂巨矣。

2017 年 2 月 12 日

1　誌文不載中散公名諱，應爲韓琦三兄琚幼子孝彥。據家族墓誌之推斷參：仝相卿《新材料與北宋韓琦家族的歷史"拼接"》，《形象史學研究》第 10 輯，北京：社會科學文獻出版社，2018 年，178—185 頁。北宋相州韓氏家族世系全貌參：韓永芳等修《蕭山一都韓氏家譜》卷三《安陽世系》（一世至十五世）、卷四《安陽世系》（十一世至十五世），民國十八年畫錦堂活字本。

2　北京圖書館金石組《北京圖書館藏中國歷代石刻拓本匯編》第 41 册，鄭州：中州古籍出版社，1989 年，177 頁。

3　北京圖書館金石組《北京圖書館藏中國歷代石刻拓本匯編》第 42 册，鄭州：中州古籍出版社，1989 年，21 頁。

4　北京圖書館金石組《北京圖書館藏中國歷代石刻拓本匯編》第 42 册，鄭州：中州古籍出版社，1989 年，103 頁。

5　韓琦《太夫人胡氏墓誌銘》，《安陽集》卷四六《墓誌》，《北京圖書館古籍珍本叢刊》影印明正德九年張世隆刻本，第 85 册，北京：書目文獻出版社，1998 年，468 頁。

6　河南省文物局《安陽韓琦家族墓地》，北京：科學出版社，2012 年，38—48 頁。

7　河南省文物研究所、密縣文物保管所《密縣五虎廟北宋馮京夫婦合葬墓》，《中原文物》1987 年 4 期，77—90 頁。

8　郭茂育、趙水森等《洛陽出土鴛鴦誌輯録》，北京：國家圖書館出版社，2012 年，301—304 頁。

9　江蘇省文物管理委員會、南京博物院《江蘇淮安宋代壁畫墓》，《文物》1960 年 8、9 期，43—51 頁。

10　福建省博物館《福州南宋黄昇墓》，北京：文物出版社，1982 年。

11　解縉等《永樂大典》卷八一九九，北京：中華書局，1986 年，3827 頁。

12　浙江省文物考古研究所《浙江宋墓》，北京：科學出版社，2009 年，1—28 頁。

13　趙季明《族葬圖説》，《居家必用》壬集，臺北故宫博物院藏元後至元五年友于書堂刻本，葉四四。

14 廖騰煃修，汪晉徵等纂〔康熙〕《休寧縣志》卷七《藝文》，《中國方志叢書》影印清康熙三十二年刻本，臺北：成文出版社，1970 年，1266 頁。

15 南京市博物館、江寧區博物館《南京將軍山明代沐斌夫婦合葬墓發掘簡報》，《東南文化》2013 年 2 期，70—83 頁；南京市博物館、南京市江寧區博物館《南京江寧將軍山明代沐斌夫人梅氏墓發掘簡報》，《文物》2014 年 5 期，39—55 頁。

16 吳海紅《嘉興王店李家墳明墓清理報告》，《東南文化》2009 年 2 期，53—62 頁。

17 常州市考古研究所《江蘇常州花園底明代白氏家族墓發掘簡報》，《東南文化》2014 年 6 期，43—52 頁。

入墓神煞

《宋史·禮志》引《會要》云[1]：

> 勛戚大臣薨卒，多命詔葬，遣中使監護，官給其費，以表一時之恩。凡凶儀皆有買道、方相、引魂車、香、蓋、紙錢、鵝毛、影輿、錦繡虛車、大輿、銘旌；儀棺、行幕，各一；挽歌十六。其明器、牀帳、衣輿、結彩牀皆不定數。墳所有石羊虎、望柱各二，三品以上加石人二人。入墳有當壙、當野、祖思、祖明、地軸、十二時神、誌石、券石、鐵券各一。

是爲宋代官員葬制之主要文獻記錄。

其中入墓神煞之制始於建隆二年（961）昭憲太后合祔安陵，備"十二時神，當壙、當野、祖明、祖思、地軸各一……倉瓶輿、五穀輿各一"[2]。乾德二年（964）安陵改卜鞏縣新址，入皇堂者亦如之[3]。乾興元年（1022）真宗永定陵則又添造"仰觀、伏聽、清道、蒿里老人、鯢魚各一"[4]。宋室南渡，紹興元年（1131）昭慈聖獻太后之葬[5]：

> 禮部言：據太史局申，檢會園陵故事，詔內侍與少府監製造十二神等。今來攢宮內合用神煞等，欲乞指揮工部下所屬製造。十二〔時〕神係元神一十二尊。

五方神五尊，以五方色裝造。蒿里老〔人〕、清道官各一尊，各立高一尺二寸。當壙神、當野神各一尊，各立高三尺。祖司神、祖明神、天關神、地軸神、仰觀神、仰面神、伏聽神各一尊，各立高一尺二寸。五穀倉係小屋一座，儀瓶一個係磁瓶。金雞一隻，立高七（尺）〔寸〕。玉犬一隻，立高四寸、橫長七寸。（倪）〔鯢〕魚一個，橫長一尺。五精石五塊，係青、赤、黃、白、黑，大小不等，皆須圓靜。並合用河水、漿水、酒各一瓶。乞下越州應副。詔依。

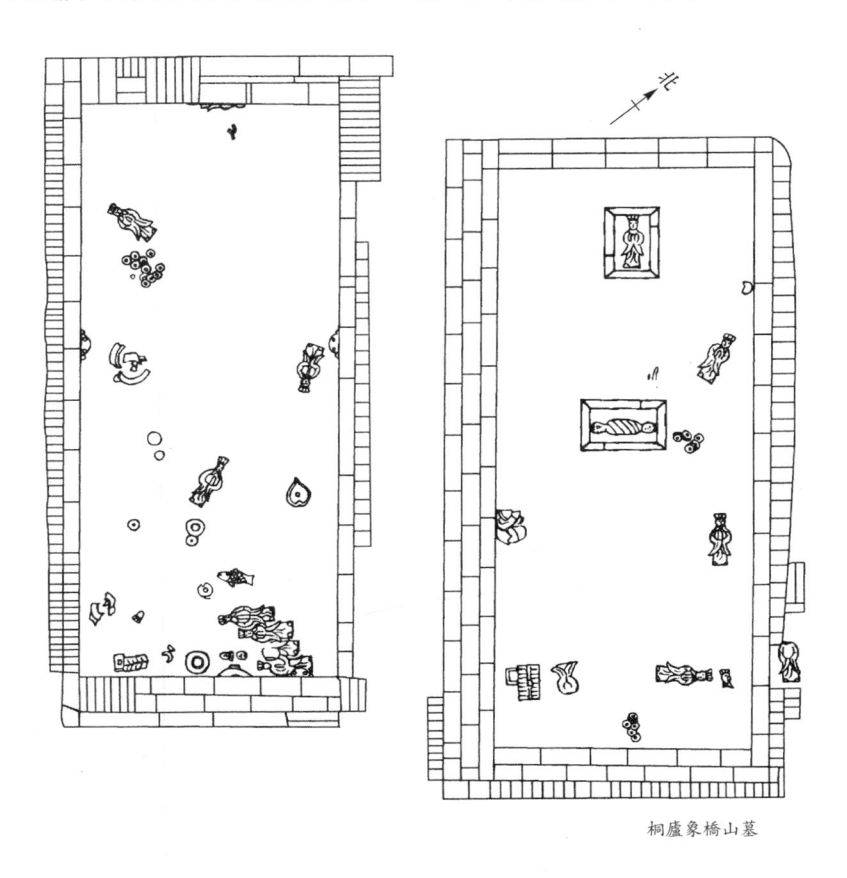

桐廬象橋山墓

十二時神

如此神煞組合則較北宋早期又有增益。

　　中原北方地區宋墓出土神煞俑像極少。方城鹽店莊范氏族墓及嘉祥釣魚山晁氏族墓[6]曾出十二時神石像，鄭州南陽路墓所見武士、文吏陶俑抑或為當野、當壙及十二時神之屬[7]。南方地區江西、四川、福建等處宋墓隨葬神煞俑像甚眾，作為地方習俗不足為奇。而江浙宋墓中則絕少發現，桐廬象橋山所見即屬特例之一[8]。其左、中兩室各有陶俑一組，於東西兩側壁龕中置文官俑（十二時神），於地龕中置幞頭俑（蒿

蒿里老翁、地軸

里老人）及雙人首蛇身俑（地軸）[9]，立高或橫長均約八或九寸。亦有陶屋作五穀倉，陶瓶作儀瓶。比照南宋后陵神殺品類，此墓俑像似與鄉俗缺乏關聯，而當納入官方葬制系統予以理解。

2017 年 5 月 22 日

五穀倉　　　　　　　　　　　　儀瓶

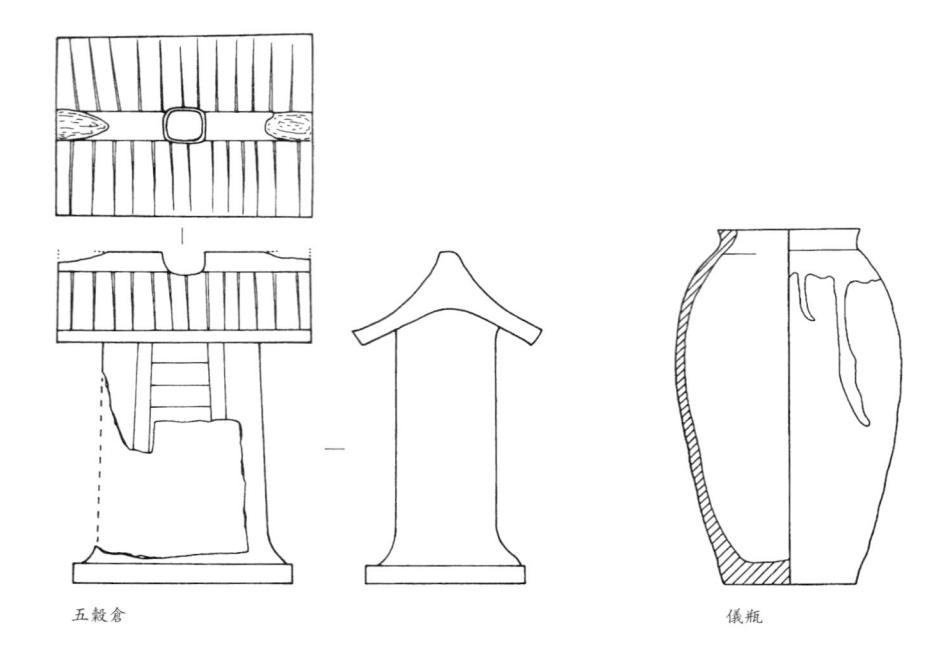

1　脱脱等《宋史》卷一二四《禮志》二七《凶禮》三《諸臣喪葬等儀》，北京：中華書局，1977年，2909—2910頁。

2　徐松《宋會要輯稿》禮三一，上海：上海古籍出版社，2014年，1422頁。

3　徐松《中興禮書續編》卷四四引《國朝會要》，《續修四庫全書》影印清抄本，第823冊，上海：上海古籍出版社，2002年，553—554頁。

4　徐松《宋會要輯稿》禮二九，上海：上海古籍出版社，2014年，1329頁。

5　徐松《中興禮書》卷二五六，《續修四庫全書》影印清鈔本，第823冊，上海：上海古籍出版社，2002年，228—229頁。

6　河南省文化局文物工作隊《河南方城鹽店莊村宋墓》，《文物參考資料》1958年11期，72—76頁；山東嘉祥縣文管所《山東嘉祥縣釣魚山發現兩座宋墓》，《考古》1986年9期，822—826、851頁。

7　鄭州市文物考古研究院《河南鄭州南陽路宋墓發掘簡報》，《文物》2014年8期，23—33頁。

8　浙江省文物考古研究所《浙江宋墓》，北京：科學出版社，2009年，1—28頁。

9　雙人首蛇身俑置於墓內中央，亦有可能爲五方神居中之勾陳，但未見青龍、白虎、朱雀、玄武四神，似不相合。

券函與告匣

北宋皇室及官員墓葬常有石函與墓誌伴出,如鞏義咸平三年(1000)元德李后陵[1]、周王趙祐墓、嘉祐五年(1060)趙宗鼎墓[2]、西安天禧三年(1019)李保樞墓、天聖七年(1029)李璹墓[3],安陽熙寧八年(1075)韓琦墓、元祐五年(1090)韓忠彥夫人呂氏墓、紹聖三年(1096)及宣和七年(1125)韓治夫婦墓[4],密縣元祐九年(1091)馮京夫婦墓[5]等。石函均長方盝頂,蓋之四殺及函之四壁多陰刻花卉,李后陵、周王墓所出較長大,達70釐米,餘者稍短小,在40—60釐米之間。函內物品多已無存,少數尚餘鐵片、木屑殘跡。

類似遺物在五代墓葬中即不乏其例,如寶雞開運二年(945)李茂貞夫人劉氏墓[6]、彬縣顯德五年(958)馮暉墓[7]均有之。上溯晚唐,年代約九世紀前期安陽劉家莊北地M68所出函蓋陰刻"券函"二字[8],平涼大中五年(851)劉自政墓所出函蓋陰刻"鐵券函"三字[9],可知此類石函中所存鐵片應爲鐵券殘餘。

《宋史·禮志》:"又按《會要》:勳戚大臣薨卒,多命詔葬,遣中使監護,官給其費,以表一時之恩。……入墳有當壙、當野、祖思、祖明、地軸、十二時神、誌石、券石、鐵券各一。"[10]其當壙、當野等作爲神煞俑像,《宋會要輯稿》、《中興禮書》均屢屢言及,而鐵券入墓於官方史籍則僅此一見。可予補充者,北宋官修《地理新書》云:"凡斬草日,必丹書鐵券埋地心。……公侯已下皆須鐵券二(長闊如祭板,朱書其文,置於黃帝位前。其一埋於明堂位心,其一置穴中樞前埋之)。"[11]則所謂鐵券

説墓 187

者，實買地券也。其文格式爲：

> 某年月日，具官封姓名，以某年月日歿故，龜筮叶從，相地襲吉，宜於某州某縣某鄉某原安厝宅兆。謹用錢九萬九千九百九十九貫文，兼五彩信幣，買地一段，東西若干步，南北若干步。東至青龍，西至白虎，南至朱雀，北至玄武，內方勾陳，分擘四域，丘丞墓伯，封步界畔，道路將軍，齊整阡陌，千秋萬歲，永無殃咎。若輒干犯呵禁者，將軍亭長，收付河伯。今以牲牢酒飯，百味香新，共爲信契，財地交相分付，工匠修營安厝已後，永保休吉。知見人歲月主，保人今日直符。故氣邪精，不得忓咨，先有居者，永避萬里。若違此約，地府主吏，自當其禍，主人內外存亡，悉皆安吉。急急如五帝使者女青律令！

北宋券函所盛鐵券均銹蝕嚴重，字跡無存。唯南安淳熙十三年（1186）趙士琯妾蔡氏墓所出者文字鑄就，清晰可辨[12]：

> 維淳熙十三年歲次丙午閏七月丙午朔十四日己未，恭人蔡氏以辛巳年九月十二日歿故，龜筮叶從，相地襲吉，宜於泉州南安縣歸化里西峰龍安禪院之後山安厝宅兆。謹用錢九萬九千九百九十九貫文，兼五彩信幣，買地一段，東西一百步，南北一百步。東至青龍，西至白虎，南至朱雀，北至玄武，內方勾陳，分擘掌四域，丘丞墓伯，封步界畔，道路將軍，齊整阡陌，千秋萬歲，永無殃咎。若輒干犯呵禁者，將軍亭長，收付河伯。今以牲牢酒飯，百味香新，共爲信契，財地交相分付，工匠修營安厝已後，永保休吉。知見人歲月主，保人直符。故氣邪精，不得忓咨，先有居者，永避萬里。若違此約，地府主吏，自當其禍，主人內外存亡，悉皆安吉。急急如五帝使者女青律令！

劉自政墓壽函 　　　　　安陽劉家莊北地 M68 壽函 　　　　　趙頵墓告匣

韓琦墓石函 　　　　　　　　　　　韓治墓石函

說墓　189

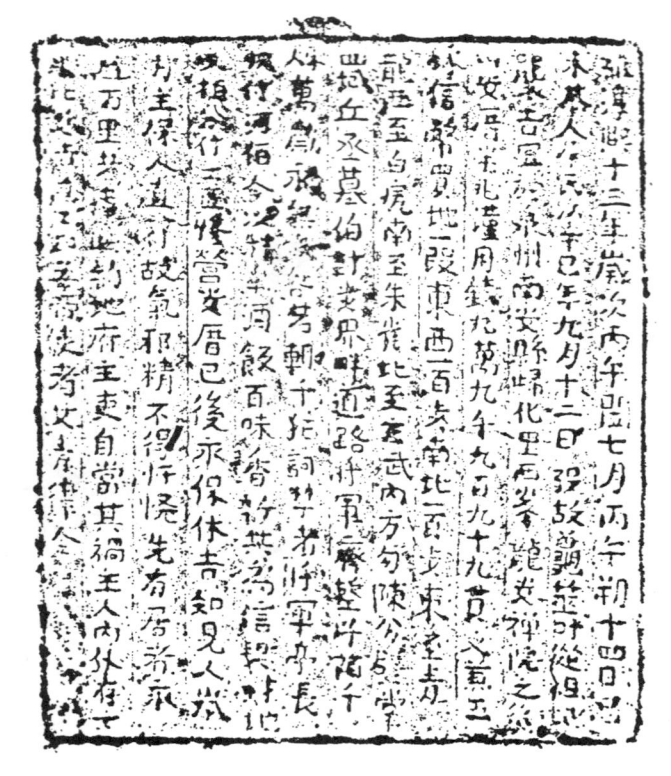

蔡氏墓鐵券

券文格式與南方系統絕不相類，却與《地理新書》模式幾無二致。士琚本係漢安懿王允讓曾孫，南渡後居泉州，知南外宗正事[13]。蔡氏以皇叔祖妾侍身份下葬，鐵券采用官方法式，自在情理之中。

以上諸例之外，元祐九年（1091）趙頵墓出一長方形石函蓋，陰刻"魏王告匣"四字[14]，則提示原有告存在。祖先告敕素爲子孫珍重，隨葬僅以錄白替代，如武義寶祐二年（1254）徐謂禮墓所出者是也[15]。受埋藏環境制約，北方宋墓迄今尚無紙質告身發現，亦未見有如唐墓以石刻替代者。

2016 年 4 月 10 日

1　河南省文物考古研究所《北宋皇陵》，鄭州：中州古籍出版社，1997年，329頁。

2　河南省文物考古研究所發掘，此據現場考察記錄。

3　西安市文物保護考古所《西安長安區郭杜鎮清理的三座宋代李唐王朝後裔家族墓》，《文物》2008年6期，40、47頁。

4　河南省文物局《安陽韓琦家族墓地》，北京：科學出版社，2012年，彩版55—59。

5　河南省文物研究所、密縣文物保管所《密縣五虎廟北宋馮京夫婦合葬墓》，《中原文物》1987年4期，78頁。

6　寶雞市考古研究所《五代李茂貞夫婦墓》，北京：科學出版社，2008年，86頁。

7　咸陽市文物考古研究所《五代馮暉墓》，重慶：重慶出版社，2001年，47頁。

8　中國社會科學院考古研究所安陽工作隊《河南安陽劉家莊北地唐宋墓發掘報告》，《考古學報》2015年1期，104頁。

9　劉玉林《唐劉自政墓清理記》，《考古與文物》1983年5期，28頁。

10　脱脱等《宋史》卷一二四《禮志》二七《凶禮》三，北京：中華書局，1977年，2909—2910頁。

11　王洙撰，畢履道、張謙補《重校正地理新書》卷一四，《續修四庫全書》影印北京大學圖書館藏金元刻本，第1054册，上海：上海古籍出版社，2002年，113頁。

12　王洪濤《泉州、南安發現宋代火葬墓》，《文物》1975年3期，78頁。

13　脱脱等《宋史》卷二四七《宗室傳》四，北京：中華書局，1977年，8752—8753頁。

14　河南省文物考古研究所《北宋皇陵》，鄭州：中州古籍出版社，1997年，202頁。

15　包偉民、鄭嘉勵《武義南宋徐謂禮文書》，北京：中華書局，2012年。

山門闕角

宋代官員墓葬可有定制？迄今尚無系統考古證據，僅有蛛絲馬跡可供探尋。天一閣藏明鈔本《天聖令·喪葬令》載："諸墓域門及四隅，三品以上築闕，五品以上立土堠，餘皆封塋而已。"[1] 文獻記錄可與之比照者，見政和七年（1117）呂好問所作《呂氏墳域圖後集序》："申國薨於位，敕具一品禮葬，三墳同作一域。申公子滎公請增修文靖墳一品禮，詔從之。二塋以是各具山門闕角之制。"[2] 申國即好問之祖公著，文靖即曾祖夷簡，聚葬河南新鄭。此所謂山門闕角之制承自唐代，如開元三年（715）姚懿玄堂記所云："文獻公墳高一丈五尺，周迴廿五步。石人、石柱、石羊、石獸各二列，在墳南。碑一所，在墳南一十四步。柏樹八百六十株。闕四所，在塋四隅。"[3] 敦煌晚唐張忠賢《葬錄》（S.2263）亦描繪有墓地山門闕角平面形象[4]。

北方宋墓地上建築考古工作開展甚少，其中河南安陽韓琦家族墓地可資討論。M1韓琦夫婦墓居北，M3韓忠彥夫婦墓居南偏西，再西爲M2，稍南有一東西向建築基址，中爲帶狀牆基，兩側各有一方形基礎[5]。據此遺跡位置及形制，頗疑爲韓琦塋域之西南部分，即山門西側、南牆西段及西南闕角殘跡。然報告却謂基址中部爲M3墓道打破，而圖片又交代不清，故其性質尚存疑問。明確之北宋墓地山門闕角實例可以鞏義宋陵帝后上宮爲參照[6]，其中仁宗永昭陵業已修復。紹興九年（1139），鄭剛中隨樓炤宣諭京陝，過永安諸陵，見"昭陵因平岡，種柏成道，道旁不垣，而周以枳橘。陵四面闕角，樓觀雖存，頹毀亦半。隨闕角爲神門南向，門內列石羊馬駝象之類"[7]。

剛中之墓在浙江金華，已經考古發掘，依山而建，封土環壝，顯示江浙地方特點。然亦有特別之處：墓前遺下一對石質柱礎，其處原應有石構仿木門樓，四角各存一方形基礎，原應建磚構仿木闕臺。據民國《金華鄭氏宗譜》所附墳圖，以上遺跡均繪作闕式建築，俗號五鳳樓[8]。丁酉之歲，紹興蘭若寺南宋墓又見類似之作，方形環壝四隅以石條構築兩出闕基礎，其上磚構歇山闕樓尚可復原[9]。若依新鄭呂氏墓地成例，此類建築小品或即山門闕角之遺意。蓋南方墓葬多處山地，不比北方平原，故以磚石微縮模型替代土木建築實體，庶幾墓園合於規制，墓主政治身份亦可以彰顯。

2016 年 4 月 24 日

1 天一閣博物館、中國社會科學院歷史研究所天聖令整理課題組《天一閣藏明鈔本天聖令校正》，北京：中華書局，2006 年，356 頁。
2 呂好問《呂氏墳域圖後集序》，《木阜呂氏宗譜》卷四，天一閣藏民國文獻堂木活字本，葉三。承浙江省文物考古研究所鄭嘉勵先生、杭州市社會科學院魏峰先生提供掃描件。
3 河南省文物研究所《陝縣唐代姚懿墓發掘報告》，《華夏考古》1987 年 1 期，135 頁。
4 中國社會科學院歷史研究所等《英藏敦煌文獻》第 4 卷，成都：四川人民出版社，1991 年，54 頁。
5 河南省文物局《安陽韓琦家族墓地》，北京：科學出版社，2012 年，8—14 頁。
6 河南省文物考古研究所《北宋皇陵》，鄭州：中州古籍出版社，1997 年。
7 鄭剛中《西征道里記》，《全宋筆記》第 3 編第 7 冊，鄭州：大象出版社，2008 年，102 頁。
8 浙江省文物考古研究所《浙江宋墓》，北京：科學出版社，2009 年，83 頁。
9 承浙江省文物考古研究所羅汝鵬先生引領參觀發掘現場。東北角闕復原圖采自：王一臻《紹興蘭若寺宋代墓園建築復原》，北京大學碩士學位論文，2018 年 6 月，115 頁。

金華鄭剛中墓平面圖

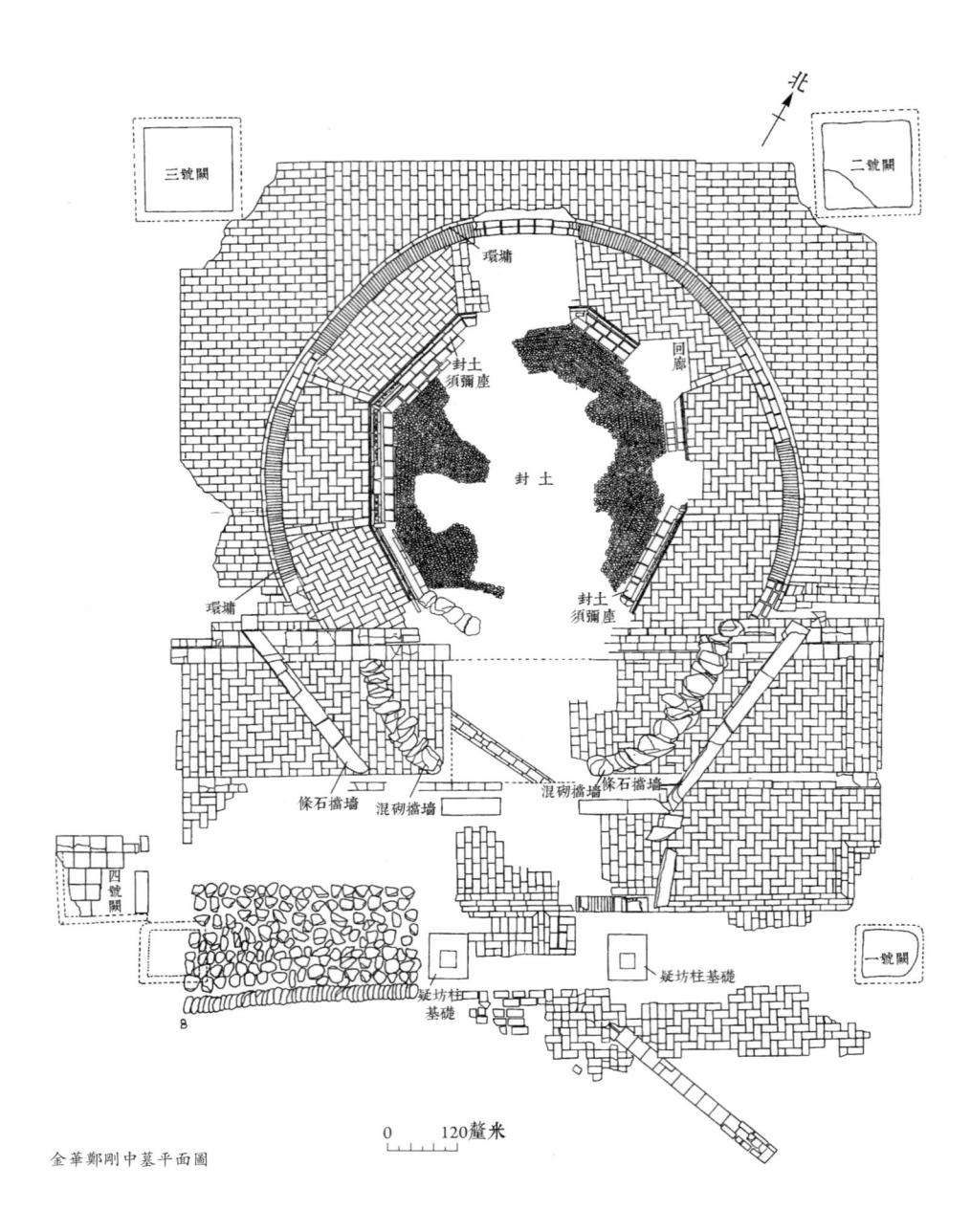

194 雞冠壺：歷史考古劄記

紹興蘭若寺墓角闕復原圖

東龍觀

戊子季冬，山西汾陽東龍觀墓地發掘方畢，承友人相邀有實地考察之行。見所發掘之宋金墓中，兩組墓葬分別出土買地券和地心磚[1]，知係王氏家族據五音姓利説先後營建之兩座墓園[2]。

北塋爲 M2、M3，其中 M3 盜洞邊發現買地券一方，其文略云：

> 正隆六年（1161）二月二十三日，汾陽軍崇德坊居住王萬，於今年二月十八日歿故。龜筮協從，相地襲吉，宜於本州西河縣文信鄉東景雲村祖塋東南安厝宅兆。謹用錢九百九十九貫文兼五彩信幣買地一段，封塋壹座，東西闊壹拾參步，南〔北〕長壹拾參步。……

墓道附近發現地心磚一塊，係以四十九格形式繪出墓園規劃圖，惜已殘缺不全。

南塋爲 M5、M6、M4，其中 M5 墓室出有買地券一方，其文略云：

> 維明昌六年（1195）伍月拾貳日，汾州西城崇德鄉居住王立，伏爲本身病患，今來預修細砌墓壹座，故龜筮協從，相地襲吉，宜於本州西河縣慶雲鄉東景雲村西北壹里已來祖塋前安厝宅兆。謹用錢玖佰玖拾玖貫文兼五彩信幣買地一段，新封圍壹座，南北壹拾參步伍分貳厘，東西闊壹拾貳步伍分。……

墓道東南發現一土坑，內置陶罐，罐內有硯、墨、泥錢等物，罐口疊放買地券與地心磚各一，券文與墓室中所見略同（墓園南北步值微誤），地心磚繪出四十九穴墓圖，以干支八卦標識方位，並有注記壬穴爲尊、丙穴爲次、庚穴爲卑三個墓位，一如《重校正地理新書》商姓昭穆貫魚葬圖[3]。

據《重校正地理新書》，"凡葬不立三靈七分擘四十九穴，名曰暗葬，凶，亡魂不寧。既得吉地，多少皆以七分分之，令作四十九分，用標六十四枚，正中一分名曰地心明堂，祭神之所"[4]。故知東龍觀墓地出土地心磚所在即爲該墓園之明堂地心，恰處四十九穴之中。所置買地券與墓室所出爲一式兩份，分付后土神靈與墓中亡人，陶罐中硯、墨、泥錢作

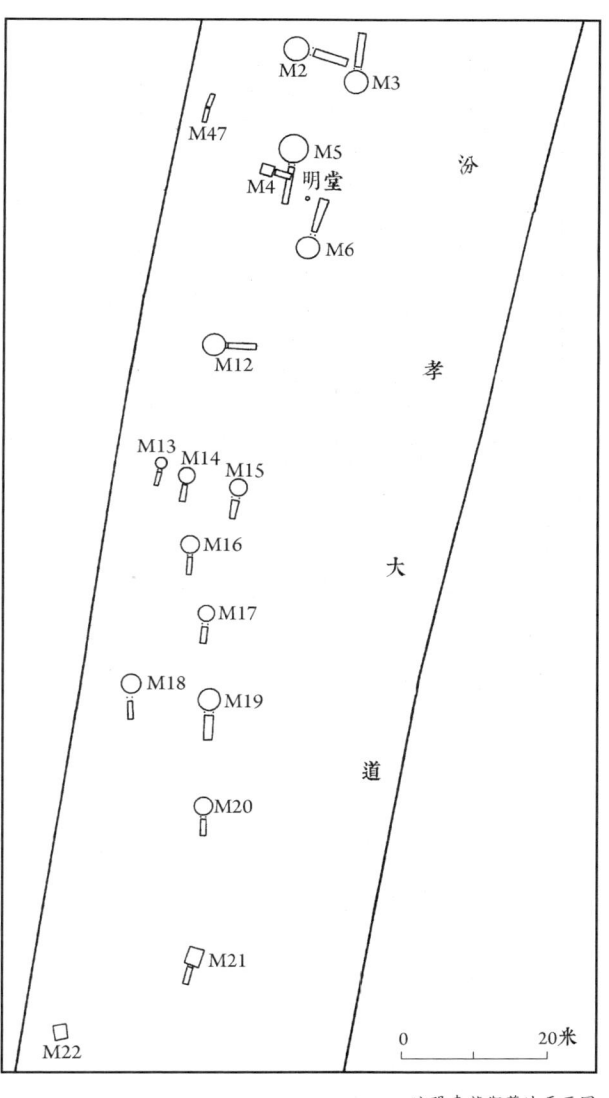

汾陽東龍觀墓地平面圖

王萬墓買地券

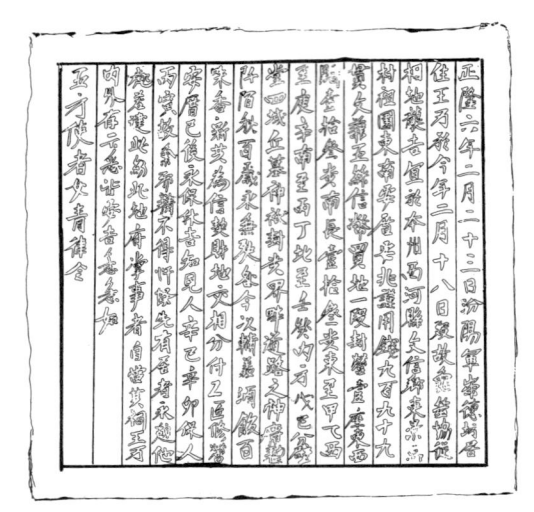

爲書寫信契及購買墓地之象徵。據券文記載，南塋長闊分別爲 13.52 步和 12.5 步，積步 169，正合商姓六甲冢規制。則墓園約南北 21.38、東西 19.75 米範圍。按此尺度以四十九穴方格網籠罩，M5、M6 恰好分處壬、丙兩穴，M4 則合於辛穴。（M4 打破 M5 墓道。）北塋買地券、地心磚均失原位，墓園基點無法確知。僅可判斷該塋屬王氏家族時代稍早之另一所墓園，長闊與南塋相近。綜合考慮墓道方向及墓葬間距等因素，M3、M2 當分屬丙、庚兩穴。（墓園規格較低，面積有限，爲避免墓道超越邊界，采用向心做法。）而稍北原應有壬穴，即王萬墓存在，或已毀壞無存。（考古現場所見墓葬發掘平面圖顯示，M2 以北不遠即標示爲陽城河故道。）東龍觀王氏南北二塋合觀，庶幾可窺金代商姓昭穆貫魚葬墓園全貌。

2017 年 3 月 5 日

1 東龍觀 M48 墓道北側亦見地心磚一塊，內容簡略，僅以八卦標識方位，但功能與王氏族墓所出相同。因該墓朝東，墓室在地心西偏南，正當庚穴，墓主應屬徵姓。
2 山西省考古研究所《汾陽東龍觀宋金元壁畫墓》，北京：文物出版社，2012 年。
3 王洙撰，畢履道、張謙補《重校正地理新書》卷一三《步地取吉穴》，《續修四庫全書》影印北京大學圖書館藏金元刻本，第 1054 冊，上海：上海古籍出版社，2002 年，97—98 頁。插圖采自臺北藏金元刻本。
4 王洙撰，畢履道、張謙補《重校正地理新書》卷一四《三靈七分擘四十九穴圖》，《續修四庫全書》影印北京大學圖書館藏金元刻本，第 1054 冊，上海：上海古籍出版社，2002 年，111 頁。

王立墓平面圖

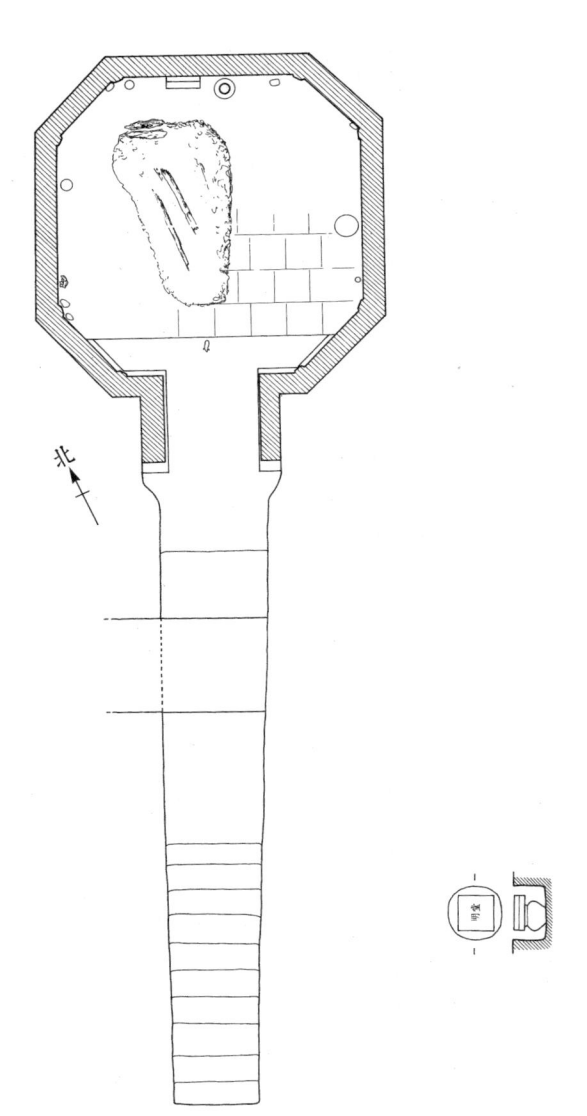

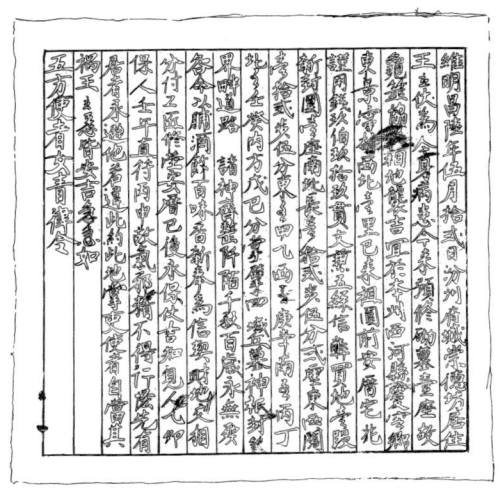

王立墓買地券

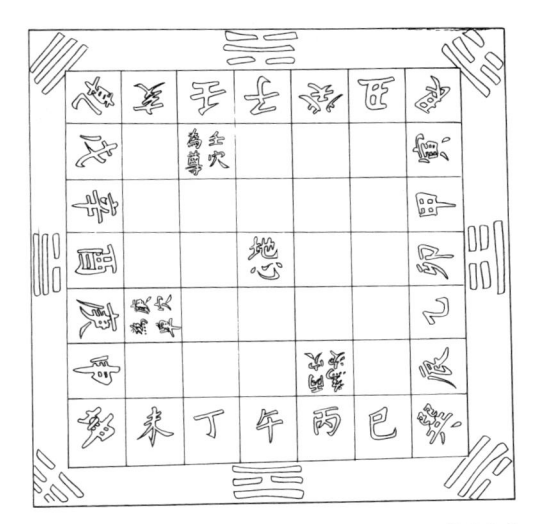

維明昌陸年伍月拾弍日汾州介休縣某鄉居住
王立伏為合家頗修砌墓堂座故
龜筮協從相地襲吉囗囗囗囗囗囗囗囗
東至青龍南至朱雀西至白虎北至玄武上至蒼天下至黃泉
謹用錢玖佰玖拾玖貫文於五方五帝
新封堠土冢中土王邊買得此地
共方圓壹佰貳拾步以為亡人
葬用穸安厝永為萬年之宅兆
保人歲月主張人今日直符
時見人功曹傳送若辄干犯
呵禁者將軍亭長收付河伯
今立券文為照用者如律令

王立墓明堂磚

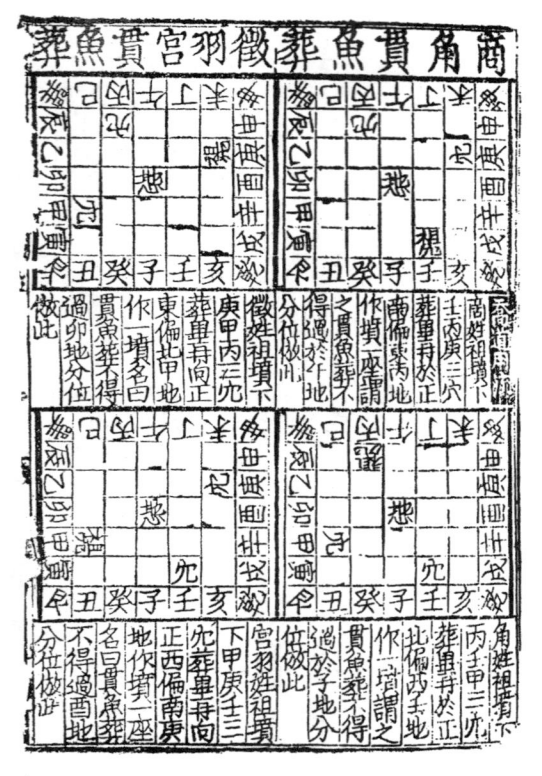

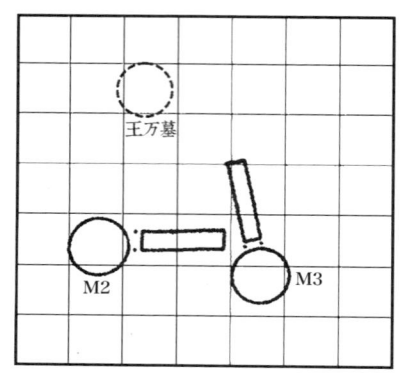

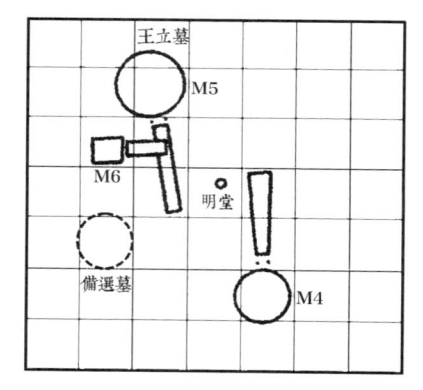

《重校正地理新書》貫魚葬圖　　　　　　　東龍觀王氏墓地佈局分析圖

四明火葬

南宋四明史氏號爲大族，一門三相，發跡始自史浩。樓异爲其曾祖母葉氏所撰墓誌云："以宣和元年（1119）十一月十八日葬鄞縣陽堂鄉長樂里之原。……其夫字廉夫，生於景祐二年（1035）三月十九日，卒於嘉祐二年（1057）八月二十七日，享年二十有三。初乃火葬，今刻其像於穴之東以附焉。"[1]廉夫即浩之曾祖簡，蚤喪，夫人葉氏有節行，保其遺腹子詔[2]。北宋中期四明火葬非止一例，另見於舒亶撰丁氏墓誌："夫人年五十一，嘉祐元年（1056）閏三月初四日以疾終，以火焚。越八年（1063）十月十八日，葬骨殖於慈溪縣石臺鄉黃墓村中保，從先塋也。"[3]正如周煇《清波雜志》所云："浙右水鄉風俗，人死，雖富有力者，不辦蕞爾之土以安厝，亦致焚如。"[4]

然史簡先以火葬，後於二次葬時以刻像替代尸身之做法稍顯特別，相似情況還見於《咸淳臨安志》所記木娘墓："在艮山門外太平鄉華林里蔡塘東。里人朝奉大夫通判瑞州蔡汝揆庶母沈氏卒，汝揆尚幼，父霖用浮屠法火之。汝揆既以父澤入仕，每傷無松楸之地，言之輒泣。刻木爲形，衣衾棺椁，擇地而葬，仍置贍塋田，建庵屋，命僧守之。鄉人呼爲木娘墓。"[5]

此類實例在江浙地區考古材料中尚未得見，於山西太原小井峪宋墓群却有多宗發現[6]。如M36，梯形土洞墓，未見棺木，墓底鋪方磚一層，靠東壁下有一團骨灰，西壁下仰卧一件石刻男像。又如M58，長方形土洞墓，以木棺葬女性尸骨一具，又同葬石刻男像一件。再如M61，長方形土洞墓，中央置棺木一具，内無骨骸，仰卧石刻男女像各一件。北宋河東火葬頗盛，前引《清波雜志》叙述浙右情況之後即云"范忠宣公（純仁）帥太原，河東地狹，民惜地不葬其親，公俾僚屬收無主爐骨，別男女異穴以葬"[7]，時元祐六年（1091）。前此則有皇祐、至和間韓琦知并州，"河東俗雜羌夷，死者燔而後瘞，貧者寄骨佛祠中，歲久盈積，不可勝數。公下令開喻，自今毋得燔，爲買田近郊，立表四隅爲園，刻石著令，使民得葬於園中，自是風俗遂變"[8]。熙寧中

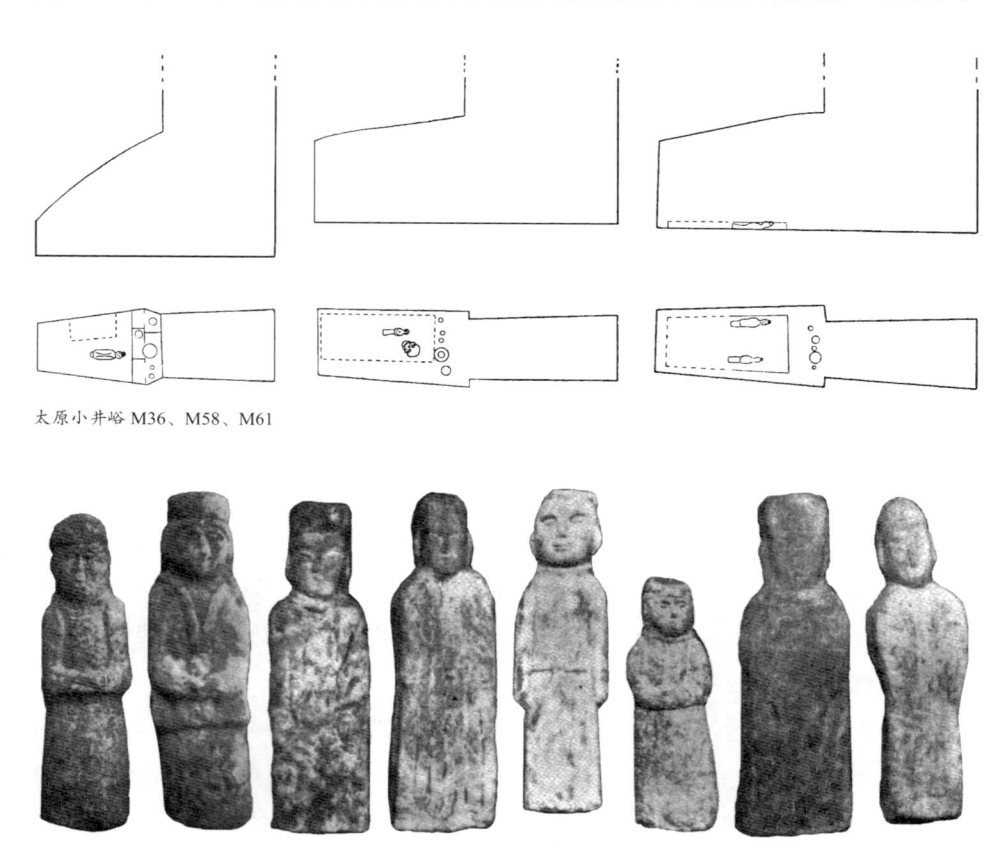

太原小井峪 M36、M58、M61

太原小井峪宋墓出土石像

劉庠知太原，"晉俗尚焚骸，貧不克葬者，遂委不視，爲竁四穴以藏之"[9]。小井峪所見刻像而葬者即應與火葬之俗相關，明州史簡、臨安沈氏事例可與此比照考察。

2016 年 6 月 19 日

1 樓异《宋冀國夫人墓誌》，《慈溪史氏宗譜》卷三《藝文》上《誌傳》，清錄善堂木活字本，葉五五至五六。作者誤作其祖樓郁。

2 夏承《宋故史希道墓誌銘》，章國慶編《寧波歷代碑碣墓誌彙編》，上海：上海古籍出版社，2012 年，140 頁。

3 舒亶《宋故丁氏夫人墓誌銘》，章國慶編《寧波歷代碑碣墓誌彙編》，上海：上海古籍出版社，2012 年，75 頁。

4 周煇《清波雜志校注》卷一二《火葬》，北京：中華書局，1994 年，508 頁。

5 潛說友《咸淳臨安志》卷八七《冢墓》木娘墓，《中華再造善本》影印中國國家圖書館藏宋咸淳臨安府刻本，頁一二至一三。另參：吳自牧《夢粱錄》卷一五《歷代古墓》，清長塘鮑氏刻《知不足齋叢書》本，葉一一至一二。

6 解希恭《太原小井峪宋、明墓第一次發掘記》，《考古》1963 年 5 期，250—256 頁。

7 周煇《清波雜志校注》卷一二《火葬》，北京：中華書局，1994 年，508 頁。

8 韓忠彥《忠獻韓魏王家傳》卷四，《宋集珍本叢刊》影印明安氏刻本，第 6 册，北京：綫裝書局，2004 年，645 頁。

9 吕陶《樞密劉公墓誌銘》，《净德集》卷二一，《景印文淵閣四庫全書》第 1098 册，臺北：臺灣商務印書館，1986 年，174 頁。

風車口

湖州東苕溪左側山地多南宋大墓，埭溪鎮風車口即其中一例。所謂大墓，非言地下墓室尺寸，而指地上塋園規模。墓地坐北向南，西北諸峰來龍，後有烟堆山倚靠，側有皇墳山環護，前有遠山相望。坳口原有一水自西向東轉南匯入埭溪，又東注入東苕溪復北去。坳內尚存兩級臺地，均係人工堆築。一級臺地居中乃一石頂磚壙，編號 M3，安放石函，內置鐵券。其北偏西及西偏南各有石槨墓一座，分別編號 M1 及 M2，均爲長方形並列雙室。二級臺地前有門道基址，位置偏東。門道東南百四十米，另有 M4[1]。

風車口墓地選址合於浙江山地宋墓通例，然一級臺地三墓鼎峙之佈局形式却頗爲特別。另可怪者，門道基址及地位最尊之 M1 均偏居一側，而適處中軸之 M3 又規模甚小。如此現象，以南方視角觀之，自然殊不可解；但若轉用北方經驗審查，似趨柳暗花明。按中原北方地區宋元家族墓地習依五音姓利之説規劃，五姓各有所利方位，以此確定墓域之內穴位分佈。簡而言之，"商姓宜西山之東，爲西來山之地，兼南北相望長遠，東有洪津北去爲妙"，"明堂內水出破巽爲大利向"，"丙向坐壬穴，以巳午爲案，水出辰巳中間，令玄武山遮轉，東北流入大水，吉"[2]。風車口地理形勢與此對照，若合符契。又，五音昭穆貫魚葬墓域作方形或長方形，內以"壬穴爲尊，丙穴爲次，庚穴爲卑"，"正中一分名曰地心明堂"[3]。試以七七四十九穴方格網籠罩一級臺地諸墓，其整體適與臺地進深相仿，推得 M1 位於壬穴，M2 位於庚穴，M3 則屬地

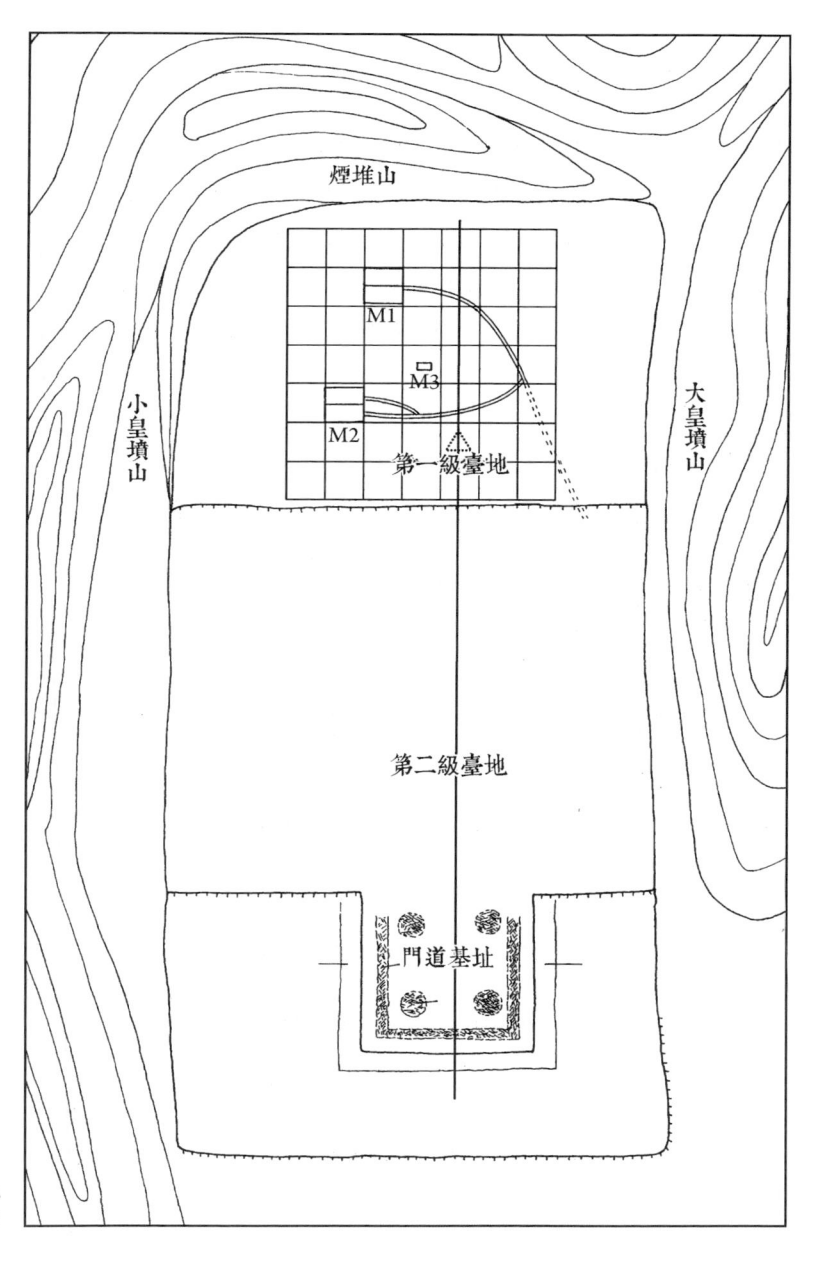

風車口墓地
規劃分析圖

煙堆山

小皇墳山

大皇墳山

M1
M3
M2

第一級臺地

第二級臺地

門道基址

心。後者（券函）恰是斬草埋券之所，合乎明堂之位，實非墓葬。如此，再將二級臺地前門道基址軸綫向北延伸，結果正對墓域丙穴，亦屬商姓所利。故可推知，風車口墓地殆以商姓昭穆貫魚葬原則設計。至於域中丙穴，疑另有一墓存在；抑或該穴未經葬埋，而僅安壬、庚兩穴。此非無端臆測，安陽北宋韓琦（商姓）家族墓地布置即與經書規定稍有不同，以壬穴爲尊（韓琦），庚穴爲次（韓忠彦），而丙穴空置[4]。另可

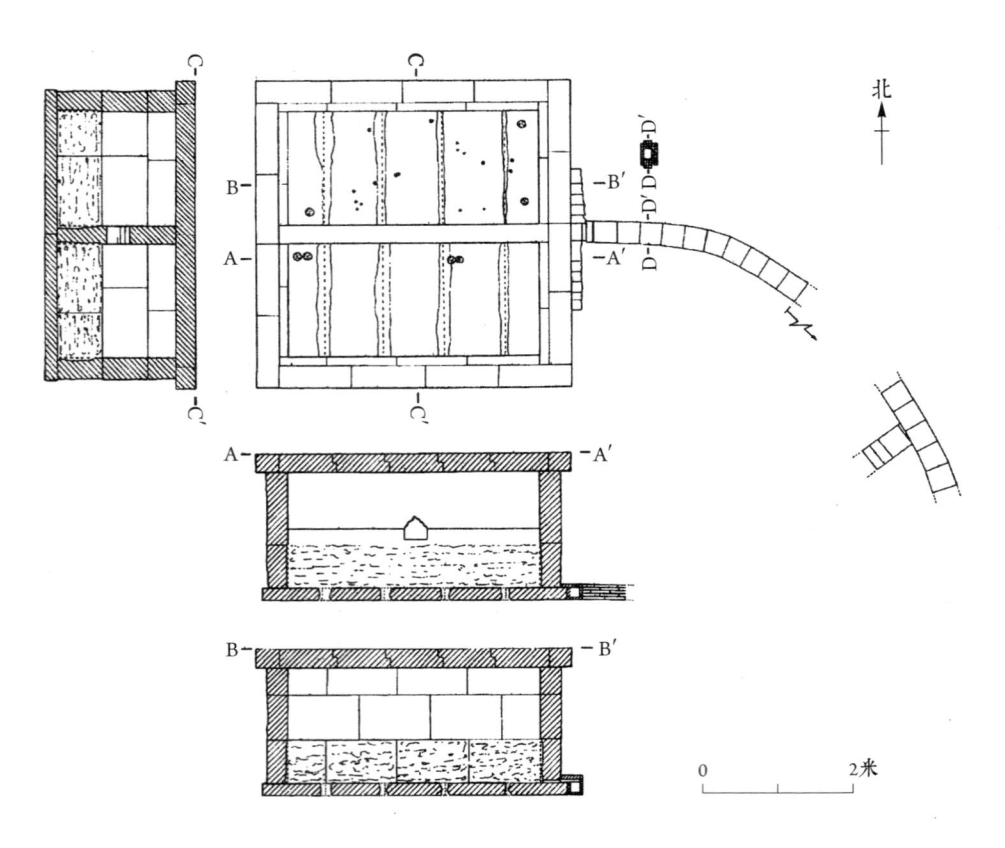

風車口 M1

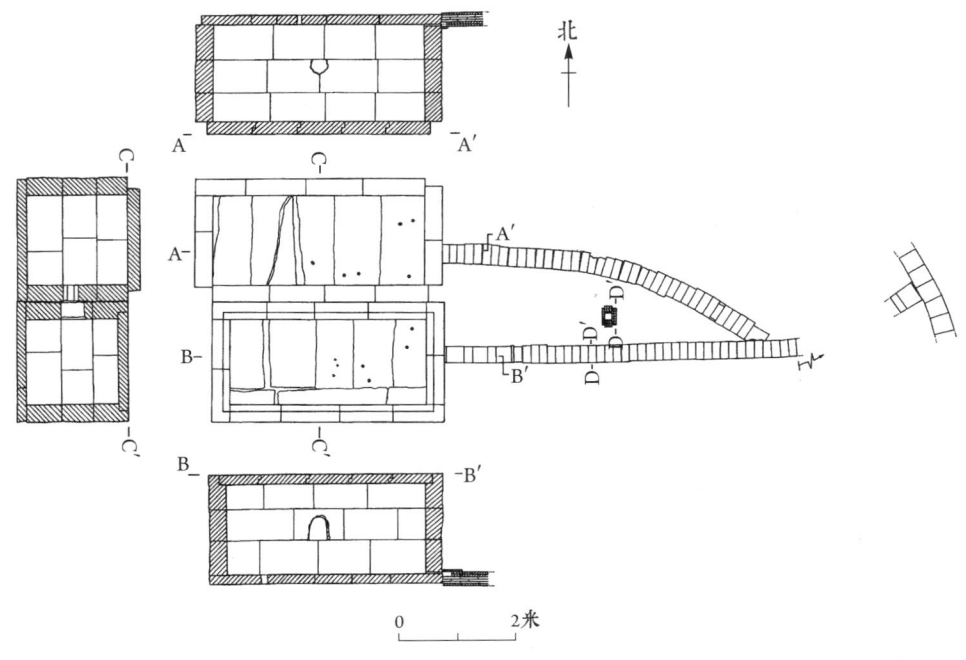

風車口 M2

特別注意者，M1、M2 并穴石室結構雖習見於江浙，東西橫向安排却非常態。相比之下，同樣做法恰恰又見於韓琦族墓（韓純彥、韓治）[5]，其根源應來自特別詔許韓琦使用之石藏[6]。韓琦六子嘉彥尚唐國長公主，南渡選居湖州，建炎三年（1129）卒，贈慶遠軍節度使，纍贈太師、秦國公[7]，"葬安吉州烏程縣永新鄉林谷山"[8]。嘉彥長子恕淳熙二年（1175）卒，四子諮淳熙十六年（1189）卒，均祔葬墓次[9]。儘管難以依此遽斷風車口墓地屬於南渡韓氏，但若推測其爲北方舊族似無不可。

鑒於風車口墓地規模宏大，或以爲乃孝宗生父秀安僖王墓，即所謂秀園者。然鄭嘉勵已有質疑[10]。顯見者，嘉泰《吴興志》記"秀安僖王墓在烏程縣菁山"[11]，風車

説墓 207

口與之尚有距離，不宜比附。雖如此，秀園另有其他綫索可循。崇禎《吳興備志》引歸安張稚通《苕紀》云："菁山有墓一區，製甚宏麗。塋域宛如城郭，雄堞樓櫓，無不具備，皆陶甓爲之，今雖廢壞，石門二扇猶存。城中石臺一座，皆鑿人物故事，宛轉八角。臺下爲礦，礦中爲屋三間，亦皆鑿石甃砌，梁柱榱桷儼然。其前一面，復施二石門，上加肩鎖，懸棺於梁。翁仲、羊虎、華表之類，屈曲排列。往年爲盜所發，金寶無算。土人相傳爲張太師墳，蓋清河郡王張俊也。"[12] 此處墓主傳説顯然有誤，周麟之《張循王神道碑》明言俊"葬於常州無錫縣塘灣山"[13]。另據元《無錫志》："宋太師張循王墓，在縣西三十五里布政鄉塘灣山，即青山也。"[14] 菁、青音形俱近，頗

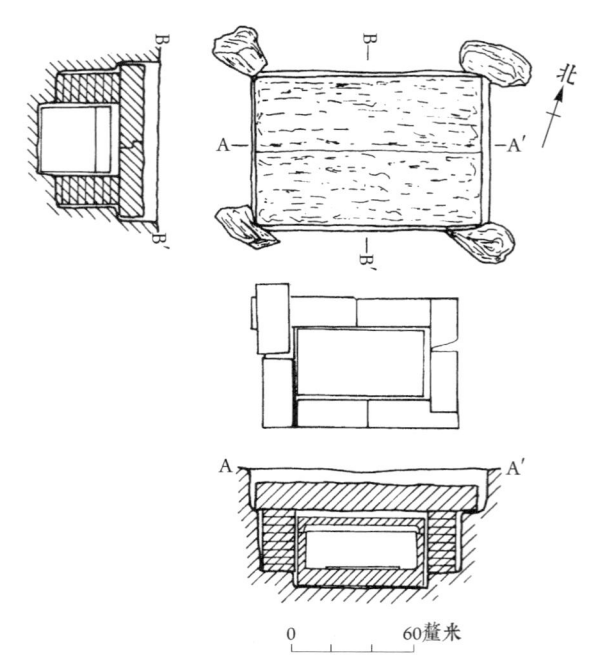

風車口 M3

疑烏程土人以此混淆。質諸方志，崇禎以前絶無張俊墓在湖州之記載，後來新説均本自《茗紀》。菁山大墓張俊説既不可信，墓主當推他人。稚通文字描述或間有失實之處，却非向壁虚構，蓋地上封土圍作八角臺狀結構已有金華南宋鄭剛中墓爲證[15]。至於"塋域宛如城郭"，其規制之宏麗，實非尋常官員墓葬所能企及。不妨作爲秀園綫索，留待來日探尋。

2017 年 1 月 8 日

1　浙江省文物考古研究所《浙江宋墓》，北京：科學出版社，2006 年，51—62 頁。
2　王洙撰，畢履道、張謙補《重校正地理新書》卷七《五音所宜》、《五音大利向》，《續修四庫全書》影印北京大學圖書館藏金元刻本，第 1054 册，上海：上海古籍出版社，2002 年，57 頁。
3　王洙撰，畢履道、張謙補《重校正地理新書》卷一四《坐穴次序》、《三靈七分擘四十九六圖》，《續修四庫全書》影印北京大學圖書館藏金元刻本，第 1054 册，上海：上海古籍出版社，2002 年，110—111 頁。
4　劉未《昭穆貫魚：北宋韓琦家族墓地》，《文物、文獻與文化：歷史考古青年論集》，上海：上海古籍出版社，2017 年，72—77 頁。
5　河南省文物局《安陽韓琦家族墓地》，北京：科學出版社，2012 年。
6　劉未《宋代的石藏葬制》，《故宫博物院院刊》2009 年 6 期，60 頁。
7　李心傳《建炎以來繫年要録》卷二一，北京：中華書局，2013 年，492 頁。徐松《宋會要輯稿》禮五八，上海：上海古籍出版社，2014 年，2062 頁。祝允明《韓公傳》，《懷星堂集》卷一六，《景印文淵閣四庫全書》第 1260 册，臺北：臺灣商務印書館，1983 年，596 頁。
8　韓永芳等修《蕭山一都韓氏家譜》卷三《安陽世系》，民國十八年晝錦堂活字本，葉三三至三七。
9　韓永芳等修《蕭山一都韓氏家譜》卷四《安陽世系》，民國十八年晝錦堂活字本，葉四九至五九。
10　浙江省文物考古研究所《浙江宋墓》，北京：科學出版社，2006 年，75—76 頁。
11　談鑰纂修〔嘉泰〕《吳興志》卷一二《古跡》，民國三年吳興劉氏嘉業堂刻《吳興叢書》本，葉五。
12　董斯張纂修〔崇禎〕《吳興備志》卷一五《陵墓》引歸安張睿卿《茗紀》，民國三年吳興劉氏嘉業堂刻《吳興叢書》本，葉二三至二四。

13 周麟之《張循王神道碑》,《海陵集》卷二三,《景印文淵閣四庫全書》第 1142 册,臺北:臺灣商務印書館,1986 年,182 頁。

14 不著撰人《無錫志》卷三下《古墓》,《景印文淵閣四庫全書》第 492 册,臺北:臺灣商務印書館,1986 年,720 頁。

15 浙江省文物考古研究所《浙江宋墓》,北京:科學出版社,2006 年,82—92 頁。

楊 墳

民國間姬佛陀所編《專門名家》影印清桐城吳廷康舊藏隸書宋磚拓本三方，文曰："紹興壬申"、"宋故贈太師楊秦公墓甎"、"宋故揚國夫人趙氏墓甎"。吳氏跋語稱："宋楊沂中墓在武康，康熙間盜伐其墓，好事者愛其文字，携來購得。"[1] 楊沂中，南宋名將，紹興間賜名存中，夫人趙氏。然楊秦公其人却非存中。道光《武康縣志》記："邑禺山村人黃姓藏舊磚一由，長一尺五寸，廣八寸，隸書'宋故贈太師楊秦公墓甎'，凡十字。蓋宋楊和王存中父震墓磚也。震贈秦國公，賜葬計籌山。"[2]

楊氏家族墓磚所知實有四種。吳式芬《攈古錄》云："贈太師楊秦公及夫人趙氏墓磚文，八分書，浙江武康，紹興二十二年（1152）。凡四磚：一'紹興壬申'四字，一'宋故贈太師楊秦公墓甎'，一'宋故楊國夫人趙氏墓甎'，一'宋故冲□□師楊氏□□'，六舟訪得。"[3] 檢六舟（達受）《寶素室金石書畫編年錄》，記其事云：道光九年（1829）"吳興農人携古磚三求售。係南渡紹興間物，一面皆范隸書，頗得唐人渾厚之體"[4]。惟闕楊氏殘磚。其道光十一年（1831）所拓《百歲圖》中即有紹興一磚[5]。又查吳廷康《慕陶軒古磚圖錄》[6]，則式芬所言四磚摹本赫然在目。六舟與廷康過從甚密，張廷濟（叔未）言其朋輩藏甓者，"海昌六舟僧、桐城吳康甫少府力尤猛。六舟行脚所獲，奇奇怪怪，時出尋常耳目之外。康甫嗜古磚如性命，多多益善。俸錢不給，輒典衣損食，以取易譚之，皆可發一笑者也"[7]。六舟自言："所藏之書畫、所拓之金石，知交中設有見賞，隨即散去。"[8] 其拓贈張氏清儀閣紹興及趙氏兩磚墨本，即與廷康舊藏者雷同[9]。

楊震於靖康中戰死麟州建寧寨，劉一止爲其所撰《宋故敦武郎知麟州建寧寨纍贈太師秦國公楊公墓碑》云[10]：

> 公之子存中，從征河朔，獨免於難。今爲少傅寧遠軍節度使兼領殿前都指揮使職事恭國公，纍贈公至太師秦國公……孫女六人，長曰洞元，嘗適右宣教郎直秘閣通判湖州軍州事劉正平。夫歿，棄俗爲道士。年十九卒，詔贈冲妙鍊師……少傅以某年某月某甲子，葬公於吳興武康縣崇仁鄉楊村翔鳳山之麓，張夫人祔焉。

又據《宋會要輯稿》：紹興"二十年（1150）二月一日，領殿前都指揮使職事楊存中言：故長女孺人楊氏出適而夫死，還家奉道，乞將大禮合得孺人封號追贈一道號。詔與贈冲妙鍊師"[11]。可知楊秦公碑確屬楊震，而楊氏殘磚則屬存中長女，全文當作"宋故冲妙鍊師楊氏墓甎"。

紹興二十二年壬申係存中之妻趙氏下葬之歲。孫覿撰《楊國夫人趙氏墓表》云[12]：

> 楊國夫人趙氏，諱紫真，太宗皇帝七世孫，今少師寧遠軍節度使兼領殿前都指揮使恭國楊公某之夫人……薨於賜第之正寢，實紹興二十年之八月癸酉也。……夫人没後二年八月甲申，葬於湖州武康縣崇仁鄉之金牛山。

存中因趙氏之葬，於左近另建功墳寺，内置家祠。孫覿又撰《顯忠資福禪院興造記》云[13]：

> 太傅寧遠軍節度使醴泉觀使和義郡王恭國楊公……始疏請建刹如故事，詔賜顯忠資福禪院。公幷代人，先世墳墓在雁門數千里外。比公正室楊夫人下世，卜葬於

吴興武康縣金牛山之趾。乃即旁近翠平山市地,有八十四畝。衆山環合,如立掌,如植屏,左右相蔽無虧,而一溪横其前,山高水長,氣象深穩,真金仙梵帝之宅。已乃計工賦材,薙棘除地,並水兩涯,伐石梁其上,疏爲大達屬之寺。蒔嘉木兩旁,彌望鬱然。重門外啟,殿寢中嚴。層樓對峙如翬飛,長廊四周如繩直。齋宫宿廬,分列兩序,殿庫、囷倉、庖厨之屬,各有攸處。又置祠屋於法堂方丈之間,自五世祖至楊國夫人,同堂異廟,血食其中。塑佛菩薩像數十軀,金碧相輝,食衆日千餘指。命住長蘆正祖師法永主其院,更號妙覺圓照。爲屋總三百二十區。始事於紹興二十一年(1151)七月日,而成於二十九年(1159)閏六月。

所謂一溪,今名禺溪,資福及墓所均在其北山麓。西側另建昇元報德觀[14],"始有肖像之地,退食之堂"[15]。伐石梁者,即新創俞家、儀橋、登雲、潮音四橋[16],舊址至今猶存,唯名號更易。

存中乾道二年(1166)卒,亦葬於此。嘉泰《吴興志》云:"和王楊存中墓,在武康縣東三十里禺山上。"[17]嘉靖《武康縣志》云:"禺山……宋陽(楊)和王存中奉敕葬其地,厥後遂成墟市,名楊〔墳〕村。"[18]其墓早年即遭盜掘。明人郎瑛《七修類稿》云:"宋楊和王沂中三亡之墓在湖州德清縣,界於錢塘,予嘗親至其地,碑盡零落,墓必發掘。一庵一觀,乃香火院也。其道路、橋崖、門壁、柱礎皆巨石所成,觀其規模亦大矣,欲其爲百世計耳。"[19]田藝蘅《留青日劄》又云:"其墳舊都盜掘。正德間,一沈姓者發得玉碗二枚、玉杯十枚、玉象棋一副並諸玩器。爲仇人報於鎮守内監,遂都没入。止存玉棋,懼而改作婦人首飾花朵。余嘗見之,真可惜也。又,近年小民土中得一銅爵,容酒一升,爲沈子魁所得,出以飲予,腹下有'子孫永享'四篆字,蓋宋内府賜物也。當時殉葬之物何其太盛,自宋元至今,發之尚未能盡也。"[20]紹興二十六年(1156),存中許立家廟,並受賜祭器[21]。今所知兩宋功臣家廟祭器銘文格式較爲固定,除以"子孫其永保"(童貫壺、童貫銅鼎、李邦彦豆、秦檜銅鼎)、

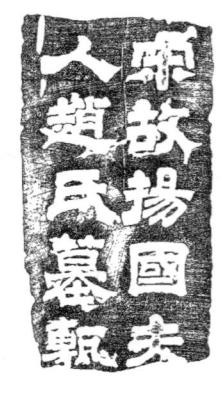

楊氏墓磚
上：《專門名家》拓本；
中：《慕陶軒古磚圖錄》摹本；
下：姚淵進贈拓本

"永世用享"（秦檜豆）等語結尾外，之前另有年份、作器者、器名、受賜者、用途等項內容[22]。而南宋及元代私家所鑄仿古銅器款識便較爲隨意，"子孫永寶用之"、"宜爾子孫"等語在所有之[23]。明人寓目銅爵當屬後者。

2017 年 1 月 15 日

1 《藝術叢編》第 15 冊，上海：廣倉學宭，1928 年 12 月。
2 疏筤等纂修〔道光〕《武康縣志》卷一六《藝文志》下《金石》，《中國方志叢書》影印清道光九年刻本，臺北：成文出版社，1983 年，1055—1056 頁。
3 吳式芬《攈古錄》卷一四，《續修四庫全書》影印清海豐吳氏刻本，第 895 冊，上海：上海古籍出版社，2002 年，583 頁。
4 六舟《寶素室金石書畫編年錄》，《北京圖書館藏珍本年譜叢刊》影印清鈔本，第 144 冊，北京：北京圖書館出版社，1999 年，372—373 頁。
5 浙江省博物館《六舟：一位金石僧的藝術世界》，杭州：西泠印社出版社，2014 年，58 頁。
6 吳廷康《慕陶軒古磚圖錄》，中國國家圖書館藏清咸豐元年刻本。
7 張廷濟《〈嚴氏古磚存〉序》，桑椹編《歷代金石考古要籍序跋集錄》卷二，杭州：浙江古籍出版社，2010 年，1064 頁。
8 六舟《〈寶素室金石書畫編年錄〉自序》，《北京圖書館藏珍本年譜叢刊》影印清鈔本，第 144 冊，北京：北京圖書館出版社，1999 年，290 頁。
9 浙江省博物館編《六舟：一位金石僧的藝術世界》，杭州：西泠印社出版社，2014 年，117 頁。
10 劉一止《苕溪集》卷四八，《宋集珍本叢刊》影印清鈔本，第 34 冊，北京：綫裝書局，2004 年，329 頁。
11 徐松《宋會要輯稿》儀制一〇，上海：上海古籍出版社，2014 年，2513 頁。
12 孫覿《鴻慶居士集》卷四一，《景印文淵閣四庫全書》集部第 74 冊，臺北：臺灣商務印書館，1986 年，447—449 頁。
13 孫覿《鴻慶居士集》卷二三，《景印文淵閣四庫全書》集部第 74 冊，臺北：臺灣商務印書館，1986 年，237 頁。

14　談鑰纂修〔嘉泰〕《吳興志》卷六《宮觀》，民國三年吳興劉氏嘉業堂刻《吳興叢書》本，葉三。
15　戴表元《計籌山升元報德觀記》，《剡源戴先生文集》卷五，《四部叢刊》初編影印明萬曆刻本，葉九。
16　程嗣功修，駱文盛纂〔嘉靖〕《武康縣志》卷三，《天一閣藏明代方志選刊》影印嘉靖二十九年刻本，葉一六。
17　談鑰纂修〔嘉泰〕《吳興志》卷一二，民國三年吳興劉氏嘉業堂刻《吳興叢書》本，葉七。
18　程嗣功修，駱文盛纂〔嘉靖〕《武康縣志》卷三，《天一閣藏明代方志選刊》影印明嘉靖二十九年刻本，葉二。
19　郎瑛《七修類稿》卷四七《楊墳》，上海：上海書店出版社，2009年，494頁。
20　田藝蘅《留青日劄》卷一一《楊墳》，上海：上海古籍出版社，1992年，203—204頁。
21　徐松輯《中興禮書》卷一六九，《續修四庫全書》影印清鈔本，史部第822冊，上海：上海古籍出版社，2002年，563頁。
22　陳芳妹《青銅器與宋代文化史》，臺北：臺大出版中心，2016年，17、36、47—49頁。
23　韓國文化財廳、國立海洋遺物展示館《新安船》，2006年，183—184頁。

白鶴翁墓

四川眉山有白鶴翁墓。嘉慶《續眉州志略》云[1]：

>　　白鶴翁墓，在治南五十里。墓門砌磚，有字痕可識。曰"白鶴翁墓"，曰"有宋大宗伯蘇公墓"，又曰"東坡之孫白鶴翁墓"。查東坡之孫有諱符者，仕高宗朝，爲禮部尚書，其爲白鶴翁無疑。

民國《眉山縣志》云[2]：

>　　大宗伯白鶴翁墓，治西南五十里實相寺西。清同光間發見其墓，磚記有三，曰"白鶴翁"，曰"有宋大宗伯蘇公"，曰"東坡之孫白鶴翁"。邑紳劉崇德、侯世封等表之立碑。按東坡孫有名符者，官禮部尚書，疑即其人。
>
>　　司農少卿墓，近白鶴翁墓，同時發見。碑題失名，旁鐫"疑爲東坡曾孫"數小字，未知所據。今考《宋史·蘇轍傳》附元老者，係東坡族孫，歷官軍器監、司農衛尉、太常少卿，疑司農少卿即元老官銜之省文，揭之待考。

光緒《井研縣志》云[3]：

白鶴翁墓磚，存。按白鶴翁者，東坡之孫蘇籥別字也，墓在眉州西四十里。光緒己丑（1889），墳垣傾圮，鄉人增修之，掘出磚無數，皆有字。字不一，旁刊或云"東坡之孫白鶴翁墓"，或徑云"白鶴翁墓"，又一云"有宋大宗伯蘇公墓"，又有一磚云"司農少卿蘇公墓"。以史考之，司農少卿則籥子而祔葬此地者也。磚存廩生龔煦春家。當時尚有一磚云"東坡之媳□夫人墓"，則未之見也。

光緒中所出墓磚，章儀慶嘗製有拓本，跋云[4]：

　　光緒十四年（1888），豐城毛季彤太守治眉州。東瓜場土人鋤地得古磚，持以告蘇祠廟祝。季丈聞之，求之附近石象寺，得古冢，有磚跡微露。取視，有"白鶴翁"字。又鋤，得三石。季丈得二，青神王晉卿大令、杜雲秋觀察各得其一。今又從毛氏以一石歸余齋。案，白鶴翁名符，東坡之孫，官至大宗伯，《三蘇集》中載有本傳。壬辰新正二十日，拓奉靖卿有道賞鑒，勤生傳古。

　　蘇符爲軾之孫、邁之子，據其行狀碑，紹興間爲禮部尚書（大宗伯），二十六年（1156）薨，其子山以三十一年（1161）葬符於眉山縣修文鄉順化里。符"從方士得養生之秘，自守武陵有所遇，即導引不食穀，且得浮丘故址，因自號白鶴翁"[5]。則《續眉州志略》及章氏所言是也。今所見蘇氏墓磚銘文計有三組[6]：一，"有宋翊善侍讀敷學尚書蘇公墓"、"歲紹興屠維單閼月著雍執徐日清"、"有宋大宗伯蘇公墓"、"白鶴翁墓"、"東坡之孫白鶴翁"。屠維單閼即己卯，時紹興二十九年（1159），正值蘇符卒後葬前。二，"宋東坡曾孫白鶴翁嗣"、"司農少卿蘇公之墓"。當屬蘇符唯一南渡之子山。（據蘇山所撰蘇符行狀碑："先夫人與七子俱沒虜中。"）三，"宋東坡元孫邛南郡守蘇公 大夫墓"。疑屬蘇山子植[7]。

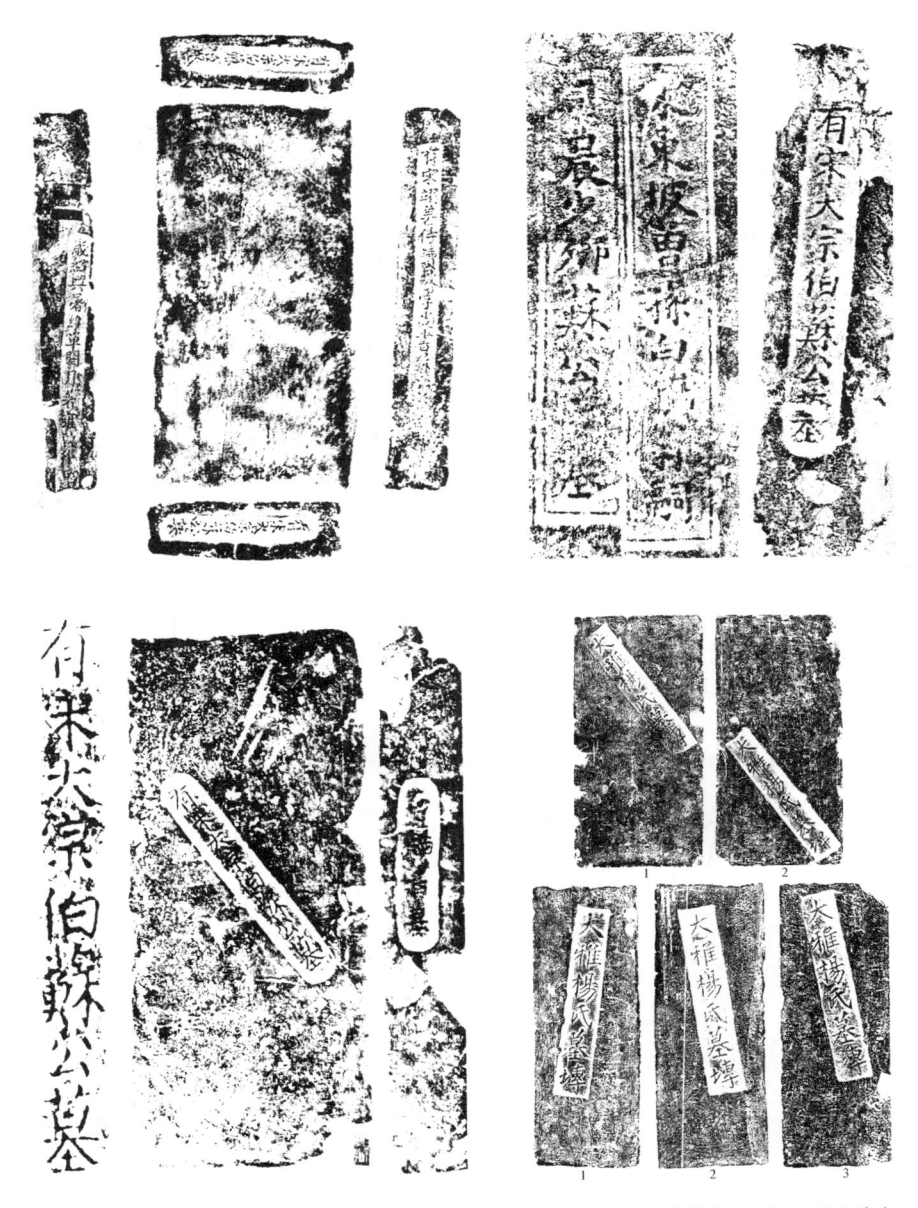

左上、右上、左下：蘇符墓磚；右下：楊氏墓磚

說墓

墓磚戳印銘文，蘇軾墓已有先例。莊綽《雞肋編》云："東坡葬汝州，其墓甓皆印'東坡'二字，洛人王壽卿所篆。"[8] 蘇符、蘇山墓磚銘文形式與之明顯有別，似屬地方做法。相類者有丹棱楊氏家族墓，與眉山毗鄰，磚之側面戳印"大雅楊氏墓磚"六字，年代約在兩宋之際[9]。其號來自元符三年（1100）黃庭堅爲鄉賢楊素所名之堂，用以藏魯直所"書杜子美兩川夔峽諸詩刻石"者[10]。"東坡"、"大雅"，皆先世所立名號，文學之家率印諸墓磚以自矜，蜀中事例對於理解宋代士人喪葬觀念亦有助益。

2017 年 3 月 12 日

1　戴三錫修，王之俊等纂〔嘉慶〕《續眉州志略》陵墓志，清嘉慶十七年刻本，葉五二。
2　王銘新等修，郭慶琳等纂〔民國〕《眉山縣志》卷一《墳墓》，民國十二年鉛印本，葉五二。
3　高承瀛修，吳嘉謨等纂〔光緒〕《井研縣志》卷一六《金石》一，清光緒二十六年刻本，葉五二。
4　2012 年北京泰和嘉成春季藝術品拍賣會古物同欣金石碑版專場，編號：69。錄文引自草禪書屋新浪博客。
5　張忠全《宋蘇符行狀碑及墓磚銘文》，《四川文物》1986 年 2 期，78—79 頁。
6　高文《東坡孫白鶴翁墓考》，《四川文物》2002 年 1 期，38—41 頁。
7　四川省文物考古研究院李飛先生見告。
8　莊綽《雞肋編》卷下，北京：中華書局，1983 年，100 頁。
9　四川省文物考古研究院、丹棱縣文物管理所《四川丹棱縣郭塂宋代大雅楊氏家族墓地發掘簡報》，《四川文物》2016 年 5 期，32—40 頁。
10　黃庭堅《大雅堂記》，《豫章黃先生文集》卷一七，《四部叢刊》初編影印宋乾道刻本，葉二二至二三。

趙雄墓

趙雄，字溫叔，資州人。南宋隆興元年（1163）類省試第一，虞允文宣撫西蜀闢幹辦公事，入相薦於朝。淳熙三年（1176）八月以禮部尚書簽書樞密院事，四年（1177）十一月同知樞密院事，五年（1178）三月參知政事，十一月繼史浩爲右丞相。八年（1181）八月罷相，出知瀘州兼瀘南安撫使，十年（1183）知江陵府兼湖北路安撫使。十六年（1189）光宗繼位，閏五月授寧武軍節度使、開府儀同三司，由沂國公進封衛國公。隨即以疾甚改判資州，又除潼川府改隆興府兼江南西路安撫使。紹熙四年（1193）十二月薨，贈少師[1]。

趙雄墓在資中縣楊柳村，爲畫像石室墓，東西兩側壁對稱布置浮雕出行儀衛圖，組合繁複，爲宋墓僅見之例[2]。上部各橫列執旗衛士十八名，題刻八卦、二十八宿名號。東側 ☰（乾）、☵（坎）、☶（艮）、☳（震）、葛、亢、氐、房、心、尾、箕、斗、牛、女、虛、危、室、壁；西側 ☴（巽）、☲（離）、☷（坤）、☱（兌）、奎、婁、胃、昴、畢、觜、參、井、鬼、柳、星、張、翼、軫。下部分爲八組。第一組，兩側各九人，均著交腳幞頭。清道二人居首，似執金吾，另有一人擊鼓，其後六人執旗，題刻十二辰名號。東側子、丑、寅、卯、辰、巳，西側午、未、申、酉、戌、亥。第二組，兩側各九人，稍前三人扛旗、一人持牌，東側題刻"旌節"，西側題刻"旌節在近，低聲下路"；稍後四人騎馬、手持旌節，另有一人尾隨。第三組，爲扛棍持牌者。第四組，兩側各一人著展腳幞頭騎馬而行，側近七人持骨朵等護衛。第五組，爲抬箱者及隨從。第六組，東側車駕一乘，四馬雙轅，三人籠冠叉手居前，二人騎馬執旗居後；西側檐子一乘，旁側一人張傘，周圍無脚幞頭轎夫四人、交脚幞頭侍衛四人，均叉手侍立，後部二人騎馬執旗，題刻"少師"、"衛國公"。第七組，爲騎馬侍從。第八組，兩側各鼓吹騎從十人，中有一人持旗，東西分別題刻"江南西路安撫使"、"寧武軍節度使"。

趙雄墓石刻

宋代出行儀衛圖像，以國家博物館藏《大駕鹵簿圖》規模最爲宏大[3]，遼寧省博物館藏鹵簿鐘亦可資參考[4]。趙雄墓石刻因所題職銜可與其生平對應，應體現南宋高級官員儀仗規制。其中十二辰及二十八宿旗見載於《宋會要輯稿》、《中興禮書》、《宋史·儀衛志》等所述鹵簿儀仗，車駕形制與《大駕鹵簿圖》所繪司徒車、大夫車、尚書車相近（惟後者爲單轅）。則該墓儀衛圖像當有可靠粉本以爲憑藉，並非地方工匠向壁虛造。

2017 年 6 月 28 日

1　脫脫等《宋史》卷三四《孝宗紀》二、卷三五《孝宗紀》三、卷三六《光宗紀》、卷三九六《趙雄傳》，北京：中華書局，1977 年，662、664、667、669、676、696、707、12073—12075 頁。
2　楊祖塏《資中宋右丞相趙雄墓記實》，《四川文物》1995 年 6 期，49—51 頁。國家文物局、公安部《2011 打擊文物犯罪專項行動成果精粹》，北京：文物出版社，2013 年，205—208 頁。
3　陳鵬程《舊題〈大駕鹵簿圖書·中道〉研究："延祐鹵簿"年代考》，《故宮博物院院刊》1996 年 2 期，76—85 頁。
4　王明琦《鹵簿鐘的年代研究》，《遼海文物學刊》1992 年 2 期，48—73、91 頁。

道士洑吕氏墓

壬戌歲，黃石西塞山東南發掘元墓一座，出土《故吕夫人周氏壙記》，文曰：

夫人周氏，名道一，祖安豐軍霍邱縣觀山人也。父諱榮，仕宋官至武功大夫知邕州兼安撫使，歸附大元，官遷少中大夫知邕州兼管軍總管。母程氏，誥封宜人。寶祐年間，父試吏金陵，生夫人於丁巳（1257）五月初五日申時。長適呂元益。大父始自安豐遷於興國之道磯，父繼又創第蘄城，咸淳甲戌（1274）因家焉。夫人從余十有五祀，貞靜端謹，綽有閨範。生男三：長不育，次鉉，次垣。俾垣過房嗣兄元祐後。女二：長不育，次幼。夫人不幸卒於至元戊子（1288）九月初六日卯時，享年三十二。以是年十一月十五日丙申，葬於興國大冶揚武山之原，坐巽向乾，山環水繞，從吉□□。□封石於壙，以叙首末云。孝夫吕元益書。

墓中另出壓勝錢兩枚，錢文一曰"西方净土"，一曰"西方極樂"[1]。其地又名道士洑，宋末屬"江南西路興國軍大冶縣永豐鄉章山里鹿欄保"[2]，係吕氏族人舊居。

墓誌作者吕元益，延祐三年（1316）曾重新刊刻南宋王日休所撰《龍舒净土文》。其叔父"同修净土信士奉訓大夫前江淮守處財賦都總府副總管古壽吕師說"撰序云[3]：

吾侄元益遜齋自號康廬客，乃先兄道山左丞之子。夙植善本，來生我家，行已立身，靡不在道，飢寒病苦，周恤有恒，道釋諸經，印施饒益，修行凈業，惟己自知。紛紛盆盎中，見此古罍洗，余甚嘉之，宜其咸稱爲善人君子也。發心重爲刊梓，欲壽其傳，願一切衆生，悉歸凈土。

是知元益爲周氏所隨葬壓勝錢，當與其凈土信仰有關。

元益之父"道山左丞"，即宋將呂文德次子師夔，德祐元年（1275）降元於江州，家資鉅萬。《山居新語》云[4]：

江西呂道山師夔至元間分析家私，作十四分：本家一分，朝廷一分，省官一分，尊長呂平章文煥一分，親戚館客一分。每分金二萬兩、銀十萬兩、玉帶十八條、玉器百餘件、布二十萬疋、膽礬五甕。衹此是江州府庫見管，鄂州他處者又不預焉。以此觀之，石崇又何足數也。

與此記載可相對照者，爲明人發呂氏墓事跡。西塞山窖藏銅錢簡報[5]引同治《大冶縣志》云[6]：

萬曆二十六年（1598），道士沇民徐鼐於呂文德宅基劚地，得黃金一窟。數武即墓隧，以小金埒墊棺四角，前有石几，上置瓶、爐、剪、尺、盆、盂，皆金也。鼐取之不已，爲土人所覺，共發其棺，則婦人也，有鏡焉，尸未變，舁而棄之江中，並碎其壙誌。爲興國人首告。疏聞，命內使陳奉治其事……事見《五陵注略》。

又引文秉《定陵注略》云[7]：

（萬曆）二十六年四月，居民徐鼐、宋朴、陳郎、李六、姚文六、陳謨甫等，朋挖黃金萬餘兩。內有唐相李林甫夫人楊氏誥命金牌一面，方二尺，厚二寸，金童一對，烏金爐、（并）〔瓶〕、燭臺、金茶壺、金面盆，重六斤半，金大盆，重二十四斤，金古錢、金木魚，尚有左右窖未開。

據文氏《小叙》，此書內容源自"神宗邸報鈔略"。而今存《萬曆邸鈔》二十七年（1599）十月條[8]文字與之略異，可知各有訛誤：

　　（萬曆）二十六年四月內，民人徐鼐、宋朴、陳朗、李六、姚文六、陳謨甫、游五、賈紹元、萬繼先，朋挖黃金萬兩。內有唐相李林甫夫人楊氏誥命金牌一面〈對〉，方二尺，厚二寸，金童一對，烏金爐、瓶、燭（壺）〔臺〕，金茶壺、酒壺、金面盆，重六斤半，金浴盆，重二十四斤，金古錢、金木魚，尚有左右金銀窖未開。

時人已辯墓主爲吕文德夫婦[9]：

　　（萬曆二十八年［1600］三月庚申）湖廣巡按王立賢奏：宵人言利太過，窮民賠補可憫。懇乞俯賜減免，並望停開古墓，以昭萬萬世盛德事。騰驤衛百户仇世亨奏興國州民徐鼎掘開唐相李林甫夫人楊氏墓，有金牌、金童、金壺、金杯、金爐、瓶、燭臺及金銀窖未開。臣等誓天公審，據徐鼎招，止有金杯、金碗等數事，較原奏所開百不及一，皆爲窮民瓜分消化。及查其地則大冶縣而非興國州，其墳則元衛國公吕文德而非唐相李林甫，其夫人則程氏而非楊氏，其年月則二十五年十月而非二十六年四月。即此推之，奏詞可盡信乎？

頌曰：人眾生願生彼國者，一種
名通念往生未終之人，皆於命終之時
之際念他人稱念十聲謂之十念何益
烈事卻不知於平日諸惡莫作眾善奉
行念念不離於西方淨土念念須見彼佛
彌陀直至命終不毫不亂蓮臺上
定化生。五濁惡世更不再入。

人障他人作此入地獄如箭射諸
也譬如避郡絕域之人各賣廉食
禽獸安知不中國當貴快樂，一旦
中甚無道釋咸以為妄其中乃至一人聽而
信之念蓋中國大廈彼土顏身壞而生
語之者咸以為妄其中乃至一人聽而
鳥合生中國之人豈無差華乎此天地之
有西方淨土又安知不同在此天地之

先兄道山左丞之子凤楫等本來生我
家行已立身靡不在道飢寒病苦周恤
有恒道釋諸經印施饒益無行淨業惟
嘉之宜其咸稱為善人君子也發心重
為刊楊欲壽其傳願一切眾生悉回
土列至第四卷第九弟十板鐵筆有疑
出舍利三顆嵌轉深陰光彩耀燦眾驚

門首於此生彼亦理之常易傳而不信
諸佛無妄語佛語不誤人與先達士及
禪門宗師亦多修淨土惟龍舒王居士
信之篤倚之勤正念現前臨終明白淨
土之歸無疑矣自利利他又作淨土文
十二卷引三教經書為證方便利益開
被閱吾經元益遵賢首龍舒居士

異為此皆阿彌陀佛慈悲智示現龍舒居
士顏力不泯吾姪信心堅固所致謂佛
法無靈驗否西方無淨土可乎舊板重刊
英絹圓滿諸仁者切忘於紙上板上
作背向兩般錯會雖然本性彌陀惟心
淨土豈欺我耶吁仁智之見有不同中
人以上可語也於是乎書延祐三年歲
次丙辰中秋日同修淨土信士奉訓大
夫荊江淮等處財賦都總府副總
青呂師說書于潯陽寓合之信堂
阿彌陀如來以大願力攝受眾品繁念
甚廣證果甚速或者疑之余嘗為之言
阿彌陀佛即汝性是極樂國土即汝心
是眾生背覺合塵淪於七趣立我與佛
天地懸隔佛為是故慈悲方便用示悟
入現諸無量如幻三昧莊嚴其國備極

呂師說《龍舒增廣淨土文》序

《龍舒增廣淨土文》西方三聖圖[10]

朋挖黃金萬兩固屬虛誕訛傳，一人取之不已恐非鍛煉之辭。如是，呂氏巨富，可見一斑。

2017 年 7 月 31 日

1　曲毅《西塞山元代周氏墓誌考釋》，《西塞山古文化》，黃石：政協湖北省黃石市石灰窰區委員會文史資料委員會，1996 年，161 頁。
2　鄂州市博物館《湖北鄂州汀祖南宋呂文顯墓發掘簡報》，《江漢考古》2008 年 1 期，62 頁。
3　王日休《龍舒增廣淨土文》，瞿氏鐵琴銅劍樓舊藏明刻本，葉一至三。
4　楊瑀《山居新語》卷四，北京：中華書局，2006 年，233 頁。
5　湖北省博物館《黃石市發現的宋代窖藏銅錢》，《考古》1973 年 4 期，239 頁。案：簡報未署執筆者，但提及"中國科學院考古研究所曾派人作了調查",實爲徐蘋芳、周慶南二人。簡報引《定陵注略》係鄧之誠傳抄本,徐、鄧素有學術往來,推知相關文獻當由徐先生揭橥。

6 胡復初修,黃昺傑纂〔同治〕《大冶縣志》卷一七《逸事》,清同治六年刻本,葉七。此前已見載於陳邦寄修,胡繩祖等纂〔康熙〕《大冶縣志》卷一二《逸事》,清康熙二十二年刻本,葉七。按《五陵注略》即許重熙《嘉靖以來注略》,實未及發墓細節,《縣志》當別有史源。卷九:萬曆二十七年十月,"興國州奸民密揭土人徐蕭等盜發古墳,内黃金巨萬,著内使陳奉追進"。《四庫禁燬書叢刊》影印明崇禎六年刻本,史部第5冊,北京:北京出版社,1997年,199頁。

7 文秉《定陵注略》卷四《内庫進奉》,清抄本。

8 不著撰人《萬曆邸抄》,揚州:江蘇廣陵古籍刻印社,1991年,1188頁。

9 《明神宗實錄》卷三四五,影印國立北平圖書館藏紅格鈔本,臺北:中研院史語所,1962年,6430頁。

10 王日休《龍舒增廣净土文》,明永樂十六年刻本,葉一。

蒙古秘葬

元黄溍《答禄乃蠻氏先塋碑》有云："蓋北俗喪禮極簡，無衰麻哭踊之節。葬則刳木爲棺，不封不樹。飲酒食肉無所禁，見新月即釋服。"[1] 是故蒙元皇帝秘葬無陵，相關文獻記録有三：

一出南宋遺民鄭思肖《心史·大義略叙》[2]：

虜主及虜主婦死，剖大木刳其中空，僅容馬革裹尸納於中，復合其木，僭用金束之於外，皆歸於韃靼舊地，深葬平土，人皆莫知其處。往葬日，遇行路人，盡殺徇葬。

二出《元史·祭祀志》[3]：

凡宫車晏駕，棺用香楠木，中分爲二，刳肖人形，其廣狹長短，僅足容身而已。殮用貂皮襖、皮帽，其靴襪、繫腰、盒鉢俱用白粉皮爲之。殉以金壺瓶二，盞一，碗楪匙箸各一。殮訖，用黄金爲箍四條以束之。輿車用白氈青緣納失失爲簾，覆棺亦以納失失爲之。前行，用蒙古巫媪一人，衣新衣，騎馬，牽馬一匹，以黄金飾鞍轡，籠以納失失，謂之金靈馬。日三次，用羊奠祭。至所葬陵地，其開穴所起之土成塊，依次排列之。棺既下，復依次掩覆之。其有剩土，則遠置他所。送葬官三員，居五里外。日一次燒飯致祭，三年然後返。

三出明初葉子奇《草木子》[4]:

　　元朝官裏，用椵木二片，鑿空其中，類人形大小合爲棺，置遺體其中，加髹漆畢，則以黃金爲圈，三圈定，送至其直北園寢之地深埋之。則用萬馬蹴平，俟草青方解嚴，則已漫同平坡，無復考誌遺跡。

　　元人所撰碑文中亦有蒙古貴族葬以人形獨木棺的記錄，所見兩例：一爲博爾朮之孫廣平貞憲王玉昔帖木兒（月呂禄那演），二爲博爾忽（博爾渾）曾孫淇陽忠武王月赤察兒。閻復《太師廣平貞憲王碑》云：月呂禄那演以元貞元年（1295）"十一月

沽源梳妝樓元墓

十八日薨於賜第之正寢，雨木冰者連日，春秋五十有四。上聞之震悼不已，敕有司給喪賻賵有加，刳香木爲棺，錮以金銀，北葬於怯土山之原。"[5] 元明善《太師淇陽忠武王碑》云："忠武王諱月赤察兒，姓許慎氏，曾大父即博兒渾也。……（至大四年，1311）薨於大都私第之正寢。……上敕少府以香木爲棺，給驛馬百，送葬北地。"[6]

此種獨特葬俗對漢人亦有影響，如宋本《元故中順大夫刑部員外郎崔君墓誌銘》所載："泰定四年（1327）六月二十又二日己丑，中順大夫、刑部員外郎崔君（世榮）卒於上都。庚寅，含以永，刳巨松爲棺，既斂，三束以鐵。辛卯，載輴車一乘，官命刑部奏差孫遠哲、族子上都留守司宣使邁闊，以喪歸葬薊州平谷縣某鄉也。"[7]

考古資料中最爲接近之例證當屬河北沽源梳妝樓元墓[8]，中室葬有獨木棺一具，內部刳爲人形。墓地出土神道碑殘塊有"襄闊里吉思"字樣，墓主身份頗存爭議[9]，然將其劃入蒙古葬俗範疇，似無可疑。

2015 年 11 月 15 日

---

1 黃溍《金華黃先生文集》卷二八，《四部叢刊》初編影印梁溪孫氏小綠天藏影元抄本，葉一五。

2 鄭思肖《心史》卷下，《四庫禁燬書叢刊》影印明崇禎十二年張國維刻本，集部第 30 冊，北京：北京出版社，1997 年，98 頁。

3 宋濂《元史》卷七七《祭祀志》六《國俗舊禮》，北京：中華書局，1976 年，1925—1926 頁。"凡宮車晏駕……謂之金靈馬。"此段見陶宗儀《南村輟耕錄》卷三〇金靈馬條，北京：中華書局，1959 年，374 頁。

4 葉子奇《草木子》卷三下《雜制篇》，北京：中華書局，1959 年，60 頁。

5 蘇天爵編《國朝文類》卷二三《碑文》，《四部叢刊》初編影印元至正二年杭州路西湖書院刻本，葉七。

6 蘇天爵編《國朝文類》卷二三《碑文》，《四部叢刊》初編影印元至正二年杭州路西湖書院刻本，葉九、一四。

7 解縉等《永樂大典》卷二七四四引《至治集》，北京：中華書局，1986 年，1389 頁。

8 任亞珊、張春長《沽源蕭后"梳妝樓"實爲元代蒙古貴族墓》,《中國文物報》2000年4月23日1版。《河北沽源"梳妝樓"元代墓地》,國家文物局主編《2002中國重要考古發現》,北京:文物出版社,2003年,147—151頁。

9 趙琦《河北省沽源縣"梳妝樓"元蒙古貴族墓墓主考》,《中國史研究》2003年2期,173—175頁。周良霄《沽源南溝村元墓與闊里吉思考》,《考古與文物》2011年4期,99—102頁。黃可佳《沽源梳妝樓蒙元貴族墓葬墓主考略》,《草原文物》2013年1期,72—77頁。趙、周均指墓主爲許有壬《至正集》卷三四《晉寧忠襄王碑序》之闊里吉思。黃持異議,以爲碑額應爲"晉寧忠襄王神道碑",而不應直呼其名爲"忠襄闊里吉思"。按,《至正集》、《國朝文類》中徑稱某王神道碑者均係簡省,原碑相關字樣可呈爵號+諡號+名諱格式(之前或另有功臣號、加銜、散官、勛官等),即"晉寧王諡忠襄闊里吉思神道碑銘"。

回回送終

穆斯林葬俗，中古文獻少有記錄，以宋元之際杭人周密所述見聞最詳[1]：

> 回回之俗，凡死者，專有浴尸之人，以大銅瓶自口灌水，蕩滌腸胃穢氣，令盡。又自頂至踵淨洗，洗訖，然後以帛拭乾，用紵絲或絹或布作囊，裸而貯之，始入棺斂。棺用薄松板，僅能容身，他不置一物也。……其棺即日便出，瘞之聚景園。……或聞有至瘞所，脫去其棺，赤身葬於穴，以尸面朝西云。

因其事乃至元辛卯（1291）春密所目擊者，故儀式理解雖小有偏差，然喪葬程序大體不錯。南宋聚景園正當杭城西側清波門外，民國間拆城築路，"城下發現阿拉伯文及波斯文伊斯蘭教先賢墓碑甚多"[2]，其中以回曆七三〇年（1329）卜合提亞爾碑聲名最著[3]。較周密爲早，又有金元之際劉祁所記興定四年（1220）金使吾古孫仲端西行覿見成吉思汗乞和事，其於中亞見回紇"人死不焚，葬無棺椁。比殮，必西其首"[4]。文字雖簡，亦可比照。

蒙元時代穆斯林墓葬之考古發現見於哈拉和林。城西北隅之外有較多圓形土丘錯落分佈，其中之一經過發掘，外繞邊長約四十米之方形土圍，內中埋藏墓葬三十七座。均爲長方形豎穴土坑，多以無底木棺爲葬具，個別另有木椁或磚椁。普遍仰身直肢，頭向正北或北偏東，面向西方，無器物隨葬。發掘者推定爲伊斯蘭教徒墓地，並提及類似墓地還曾見於圖瓦、哈薩克斯坦、吉爾吉斯斯坦、烏茲別克斯坦，乃至保加利亞及伏爾加河一帶，其共同特征爲面西而葬，無隨葬品[5]。（法國、西班牙所見則面向東南）

清康熙間回族學者劉智撰《天方典禮擇要解》，其《喪葬篇》略云[6]：

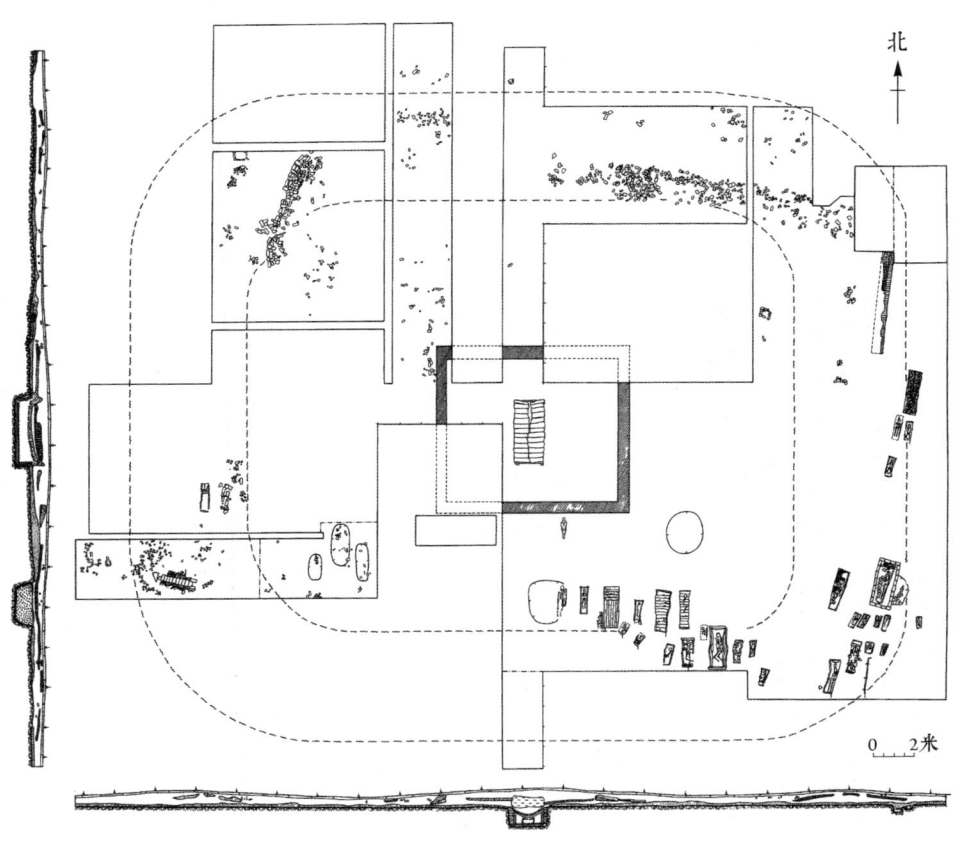

哈拉和林伊斯蘭墓地

說墓　235

0 50釐米

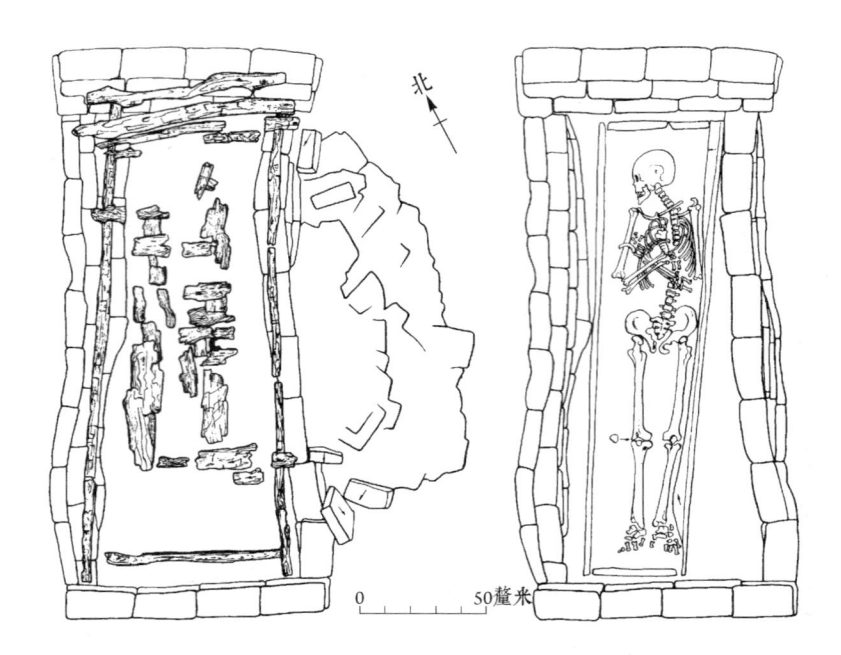

0 50釐米

0 50釐米

哈拉和林伊斯蘭墓葬類型

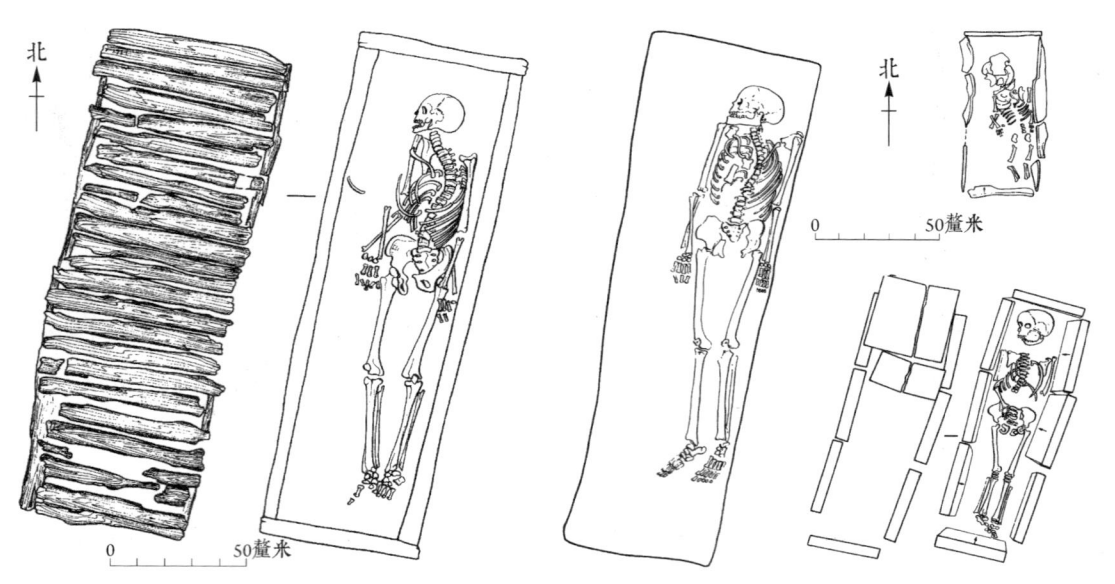

葬之前一日，命工穿壙，其深隨宜。長六尺，廣三尺。離底尺許，依西穿穴，旁去三尺，穴口深一尺，長三尺五寸，高二尺。腹內深二尺，長五尺，高二尺五寸，上圓如弓背，下方平如弓弦，北首作枕。穿壙得泉，另穿之。凡遇土鬆或沙地，不可穿穴，則穿直壙，深廣如上。造石爲椁，圍砌壙下，中深三尺，長五尺，廣二尺，上加石蓋，底不用石。無力造石，以木造之，忌用陶磚。

如此，或將土坑改爲土洞，或將裸葬改具棺椁，均伊斯蘭教東傳之後因地制宜之舉，唯面朝聖地麥加恒久不變。

2016 年 9 月 25 日

1 周密《癸辛雜識》續集上《回回送終》，北京：中華書局，1988 年，143 頁。
2 白壽彝《杭州出土伊斯蘭教先賢墓碑拓片》，《禹貢》5 卷 11 期，1936 年 8 月。
3 莫爾頓、周思成等《杭州鳳凰寺藏阿拉伯文、波斯文碑銘釋讀譯注》，北京：中華書局，2015 年。
4 劉祁《北使記》，陶宗儀《游志續編》卷上，影印清《宛委別藏》本，南京：江蘇古籍出版社，1988 年，107 頁。
5 Dovdoin Bayar, Vladimir E. Voitov, "Excavation in the Islamic Cemetery of Karahorum", in Jan Bemmann, Ulambayar Erdenebat, Ernst Pohl eds., *Excavation in the Craftsmen Quarter at the Main Road*, Mongolian-German Karakorum Expedition Vol. 1, Wiesbaden: Reichert Verlag, 2010, pp. 289–305.
6 劉智《天方典禮擇要解》卷二〇《喪葬篇》，《四庫全書存目叢書》影印清康熙四十九年刻本，子部第 95 册，濟南：齊魯書社，1995 年，646 頁。

明蜀王墓

《明英宗實錄》載：天順六年（1462）正月己未，"蜀王悅燫薨，例當與妃合葬。世子友垓奏，母妃何氏卒時，未有合葬事例，以此未爲合葬規制，今若穿墳，恐驚母妃體魄，乞別爲一墳。從之"[1]。舊規制情況如何？和王悅燫爲獻王椿庶五子，其兄悼莊世子悅燫永樂八年（1401）葬、其侄僖王友壎宣德十年（1435）葬，兩墓業已發掘，均由前室、中室、後室、單棺室及東西耳室構成[2]。新規制何時製定？天順二年（1458）三月甲午，"掌欽天監事、禮部右侍郎湯序奏二事：……一、自親王以下及文武大臣之家，例當有司營葬者，往往夫婦異塋，各造墳塋、享堂，不惟勞民傷財，抑且有乖禮度。今後宜令夫婦同墳塋、享堂，庶便於民，且合乎禮。事下禮部議，俱從之"[3]。《大明會典》云："天順二年奏準，親王以下，依文武大臣例，或王或妃，有先故者，並造其墳，後葬者，止令所在官司起倩夫匠，開壙安葬。繼妃則附葬其傍，同一享堂，不許另造。"[4] 是知和王別葬實爲特例。

天順二年新制頒布之後，若王、妃一方已先行安葬，其後殁故者，通行處理原則乃"添壙合葬"。《明憲宗實錄》載：成化四年（1468）三月丙子，"遼府枝江王豪墅以祖母莊惠王妃馮氏卒，乞擇地造墳，遷改祖莊惠王合葬。詔不必遷改，祇於王舊墳添壙合葬之。"[5] 成化十七年（1481）三月丁丑，"秦王公錫奏，伯父懷王薨逝時，未有合葬事例，今王妃張氏薨，宜如例差官添壙合葬。上從之"[6]。成化二十一年（1485）夏四月乙丑，"遼府松滋王豪𡐛以母妃胡氏薨，乞別擇地造墳合葬。工部

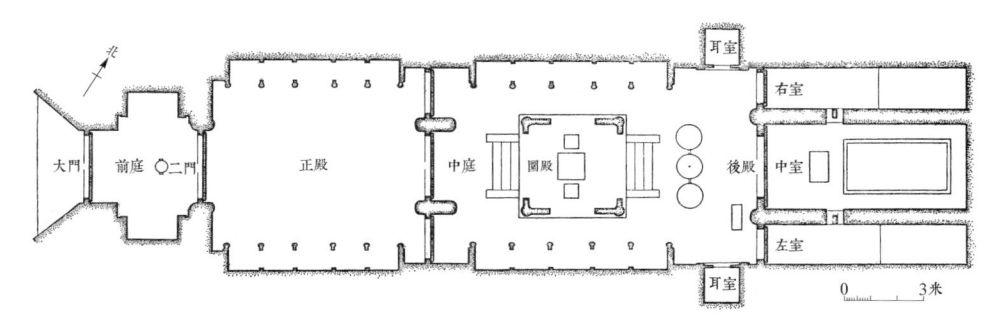

蜀悼莊世子墓

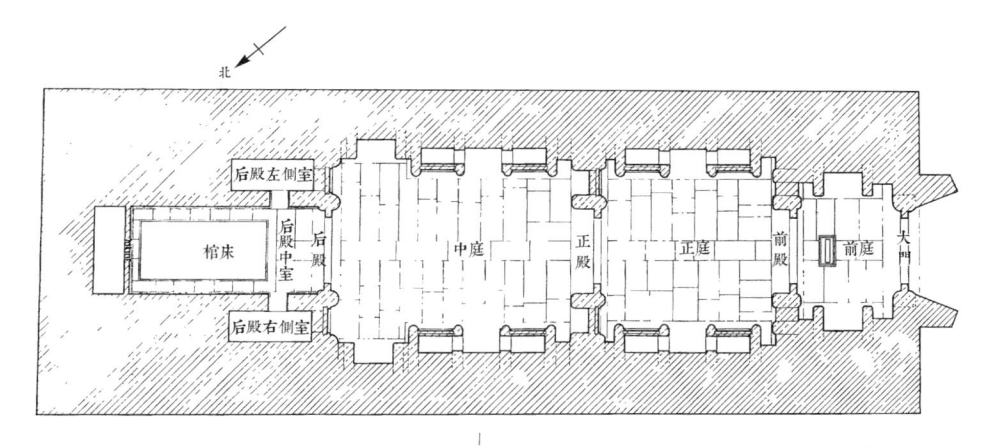

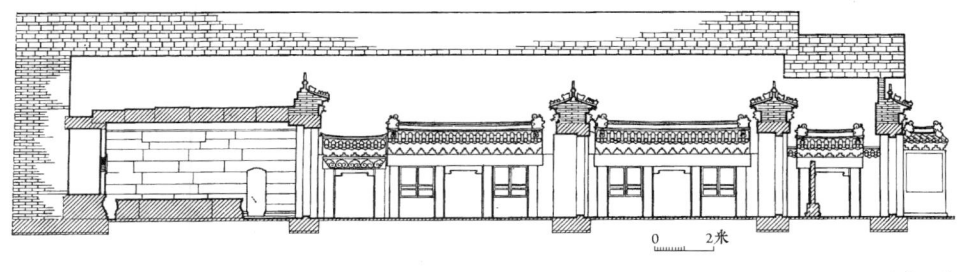

蜀僖王墓

說墓　239

蜀懷王墓

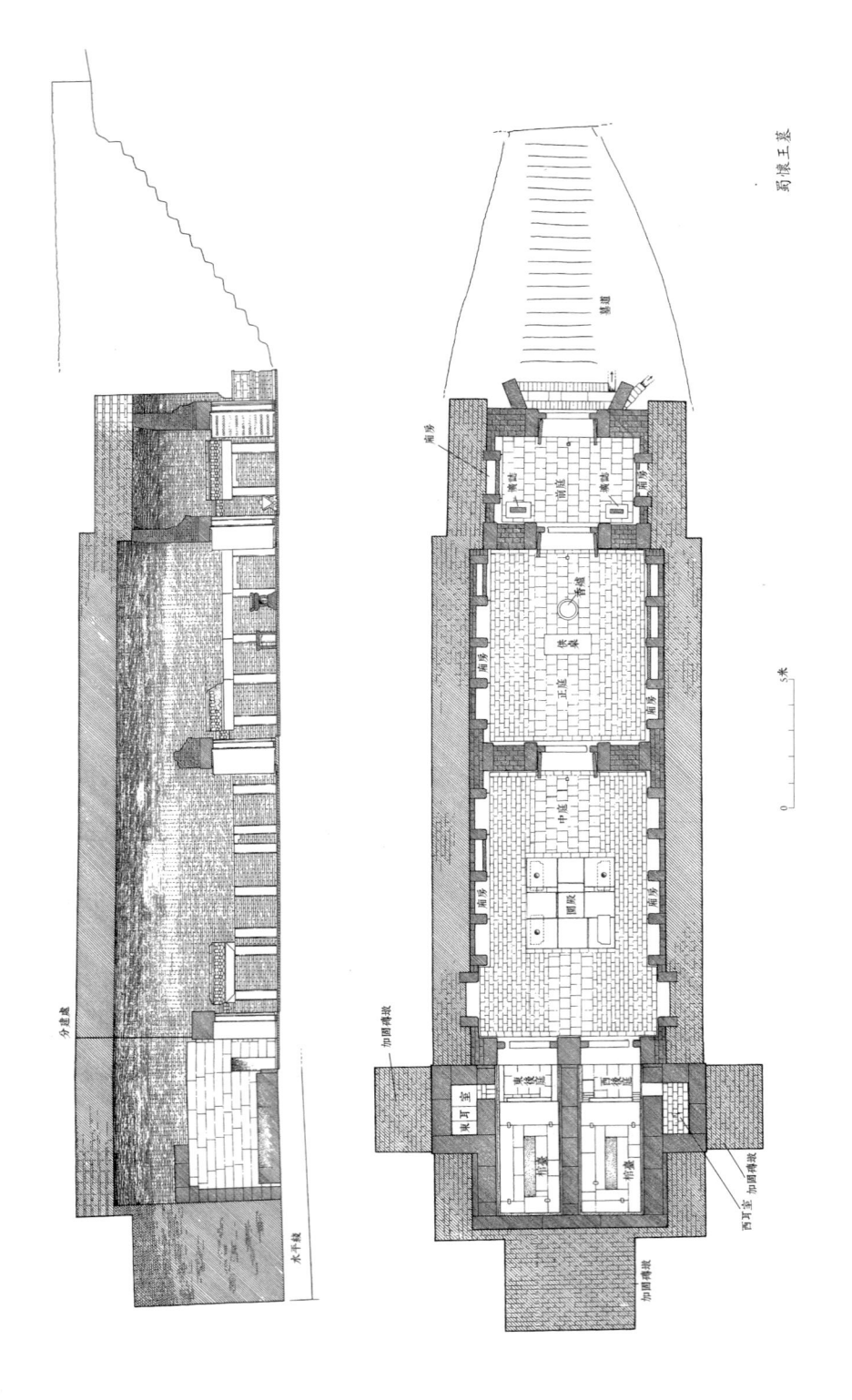

墓道

耳房 頭龕 頭龕 耳房
棺牀
正庭
廂房 廂房
中庭
閣殿
廂房 廂房
加圓磚級
東耳室 棺牀 門道 西耳室
棺牀 棺牀
加圓磚級

分建處
水平線
加圓磚級

0 5米

覆奏，舊無事例，止宜準令添壙合葬。從之"[7]。蜀藩事例，成化八年（1472）懷王申鈘先葬，十一年（1475）妃徐氏合葬，其墓亦經發掘，配置雙棺室，但係二次改建所爲[8]。推測懷王墓初以舊制僅建單棺室，嗣後徐妃未準別葬，祇能添壙改建雙棺室。然蜀藩特例非獨和王，另有惠王別葬。成化二十二年（1486）二月己亥，"蜀王申鑿以繼妃梁氏薨，乞別擇壽壙地，並繼妃壙同造。詔可。先年，王妃陸氏薨，已預造王壽壙，蓋王例與妃合葬，而繼妃則祔葬其傍，茲特因王請從之"[9]。此後，正德四年（1509）昭王賓瀚先葬，遵天順規制預建雙棺室，十六年（1521）其妃"啓昭園壽宮"合葬，故考古發掘見有兩條墓道先後使用[10]。

明代王妃有正、次、繼之分，正妃按例與王合葬，繼妃、次妃則"於王墳傍另造壙穴附葬"[11]。成化九年（1473），惠王申鑿生母王氏封爲定王次妃[12]。定王友垓天順八年（1464）薨，嫡子申鈘、庶子申鑿先後襲封，王氏母以子貴得晉次妃，其墓單

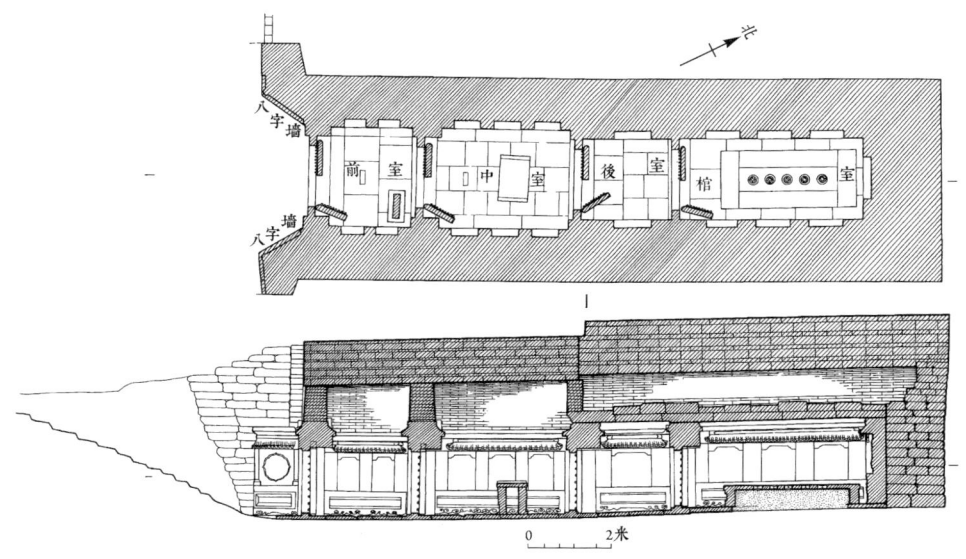

蜀定王次妃墓

葬,前、中、後、棺四室齊備,頗疑逾制[13]。萬曆四十一年(1613)端王宣垍之葬,取宋代蜀人之葬同塋異壙遺意,三墓並列排布,王自居中,史妃居左,均作四室,居右一墓祇爲三室,或即次妃[14]。

2016 年 4 月 17 日

1 《明英宗實錄》卷三三六,影印國立北平圖書館藏紅格鈔本,臺北:中研院史語所,1962 年,6873—6874 頁。
2 中國社會科學院考古研究所、四川省博物館成都明墓發掘隊《成都鳳凰山明墓》,《考古》1978 年 5 期,306—313 頁。成都市文物考古研究所《成都明代蜀僖王陵發掘簡報》,《文物》2002 年 4 期,41—54 頁。
3 《明英宗實錄》卷二八九,影印國立北平圖書館藏紅格鈔本,臺北:中研院史語所,1962 年,6176—6177 頁。
4 申時行等修、趙用賢等纂《大明會典》卷二〇三《工部》二三《王府墳塋》,《續修四庫全書》影印明萬曆十五年刻本,第 792 册,上海:上海古籍出版社,2002 年,423 頁。
5 《明憲宗實錄》卷五二,影印國立北平圖書館藏紅格鈔本,臺北:中研院史語所,1962 年,1057 頁。
6 《明憲宗實錄》卷二一三,影印國立北平圖書館藏紅格鈔本,臺北:中研院史語所,1962 年,3697 頁。
7 《明憲宗實錄》卷二六四,影印國立北平圖書館藏紅格鈔本,臺北:中研院史語所,1962 年,4478—4479 頁。
8 成都文物考古研究所《成都市三聖鄉明蜀"懷王"墓》,《成都考古發現(2005)》,北京:科學出版社,2007 年,382—428 頁。
9 《明憲宗實錄》卷二七五,影印國立北平圖書館藏紅格鈔本,臺北:中研院史語所,1962 年,4633 頁。
10 王毅等《成都地區近年考古綜述》,《四川文物》1999 年 3 期,11 頁。
11 《明憲宗實錄》卷七六,影印國立北平圖書館藏紅格鈔本,臺北:中研院史語所,1962 年,1463 頁。
12 《明憲宗實錄》卷一一八,影印國立北平圖書館藏紅格鈔本,臺北:中研院史語所,1962 年,2274 頁。
13 劉駿、朱章義《明蜀定王次妃王氏墓》,《成都考古發現(1999)》,北京:科學出版社,2001 年,295—314 頁。
14 謝濤《成都市潘家溝村明蜀王、王妃墓》,《中國考古學年鑑 1998》,北京:文物出版社,2000 年,224—225 頁。

王祥墓

　　遼陽舊城東南四十里而近有村名王家墳，稍南山腳下亦有數户人家，稱胡家溝。庚申之歲，村民於山坡掘出古墓一座，見"驃騎將軍左軍都督府都督僉事王公墓誌銘"，方知是明天順元年（1457）遼東武將王祥葬所。其地適處大小石門嶺之間，正當遼東、朝鮮往來驛路，故明代朝鮮朝京使節在所撰燕行錄中對墓園面貌多有記錄，可補中國史乘之闕，亦備考古工作參考，特摘錄如下。

　　崔溥《錦南先生漂海錄》：弘治元年（1488）五月二十九日"過大石門嶺、小石門嶺，兩嶺間有王都督墓"[1]。

　　蘇巡《葆真堂燕行日記》：嘉靖十三年（1534）正月二十七日，"據鞍渡三柳河，歷見杏山王祥墓。圍之以城，又以石作門，門外兩邊立雙碑，石羊、石馬又立於前。作舍於傍，使其後人世守，不絶其祀。其進官封墓之厚可知"[2]。

　　丁焕《朝天錄》：嘉靖十六年（1537）七月初七，"過大、小石門領（嶺），從人指示，兩嶺間有都督墓云，乃高皇帝勳臣王祥墓也"[3]。

　　趙翊《皇華日記》：萬曆二十七年（1599）九月十六日，"歷小石門子，路右數里許有古墳，一行俱入見。即驃騎將軍王祥墓也。……繚以周垣，立石爲門，四代同塋，而以東爲上，驃騎最下。墙外設石馬、石羊，且立石柱，繡刻皇帝祭文。右竪豐碑，即天順五〔年〕（1461）所建，而翰林編修樊仁所撰也"[4]。

　　李馨郁《燕行日記》：萬曆三十三年（1605）六月初一，"又見王都督墳。墳在□

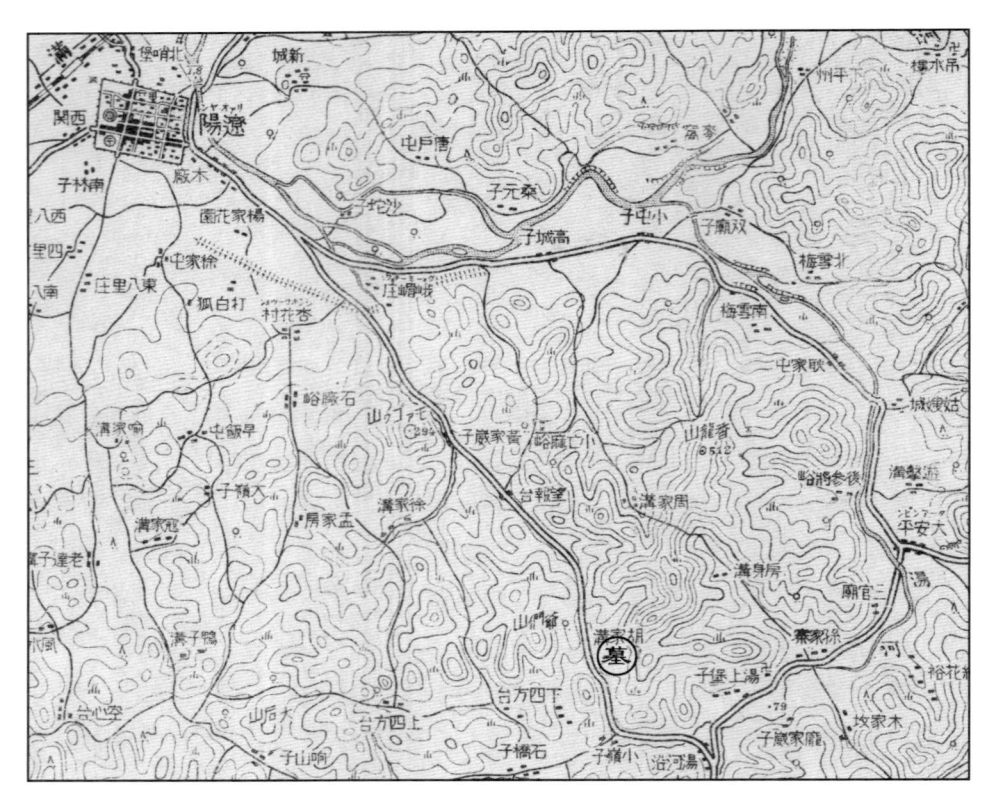

王祥墓位置圖

山下平地，五代連葬於一行，年月已久，五墳崩堆，合爲一邱。四面築石墻，前有石門，墳前立碣石，香爐、香盒以石爲之，石門外左右立碑石，又立〔石〕人、石羊、石馬、石虎、望柱石。自此以後，□有墳墓，皆葬平田"[5]。

鄭士信《梅窓先生朝天録》：萬曆三十八年（1610）九月初七，"行過王祥墓下。書狀獨入見墓所，來言曰：王祥是天順年間都督府驃騎將軍也。墓前數十步許，皆編鋪薄石爲庭壇，其上立望柱、翁仲、石羊麟馬之屬甚多。建三大碑，歲久莫護。二碑斷裂在地，驗其文，乃通政右參議趙廣所撰，而天順四年（1460）立者。近墓數步，又建二碑。繞以垣而門之，礴石作柱，高幾二丈，篆其額曰'杏山壟'。自入遼陽，罕見松柏，而是山多青松，蓋封植而然也"[6]。

金中清《朝天錄》：萬曆四十二年（1614）六月八日，"逾小石門嶺；過王祥墓，祥爲天順間都督，葬於此；逾大石門嶺"[7]。

李尚吉《朝天日記》：萬曆四十五年（1617）十月二日，歷"小石門嶺；王祥墓，非孝子也，乃古將軍也；大石門嶺。"[8]

黃中允《西征日錄》：萬曆四十八年（1620）五月初六，"王祥墓，孝子王祥也。至今墓尚在，流傳爲王祥墓，亦至孝感人之深耶"[9]。

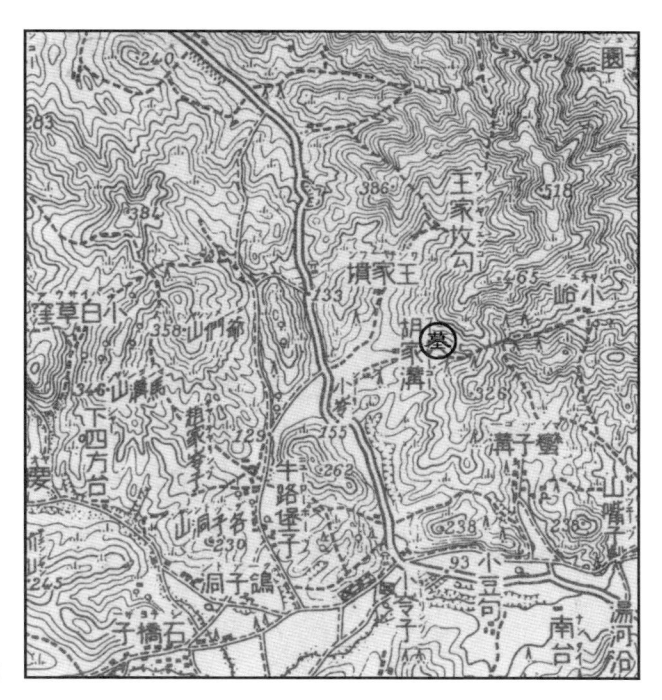

王祥墓形勢圖

檢閱《明實錄》，稽考王祥家族事跡。祥之先光州固始人，祖憲初爲元行院樞副，洪武二年（1369）附明，任職燕山。父喚以燕山左護百戶從成祖靖難有功，升都指揮使，守興和，永樂二十年（1422）韃靼破城，戰歿。當年，祥得以敕授燕山左衛指揮使，宣德八年（1433）升都指揮僉事，赴任遼東。正統六年（1441）升都指揮同知，九年（1444）升都指揮使，景泰元年（1450）升左軍都督府都督僉事仍掌都司事，天順元年卒，遣官賜祭，營葬柳山。次年，子鍇襲爲遼東定遼後衛指揮使，纍升至左軍都督府都督同知，正德元年（1506）卒，賜祭葬如例。孫孝忠以指揮使升至都指揮，嘉靖十四年（1535）遼東兵變，以撫馭無方追奪世襲、杖發戍邊。王祥祖孫三代鎮守遼東九十餘年，至是敗落，而後墓園亦乏人照管[10]，以致萬曆末年燕行使竟將墓主誤作孝子王祥。

　　遼陽發現明代墓誌不在少數，然墓園建築俱已無存。朝鮮使節過境，於民俗風物頗有留意。佚名《朝天日錄》記萬曆三十二年（1604）所見遼東墳墓式樣云："葬地惟遼東王都督祥墓葬於山，其餘皆葬之原野。近衛邑城外則叢冢纍纍，如本國薄石岾等處。大官則以石作門，題其門曰某家先塋，或做號刻之。又設石羊馬、石牀爐盒等，具豐約有差。父子祖孫親屬□□如林，每墓前又各樹短碣以誌之。"[11] 金中清《朝天錄》記萬曆四十二年（1614）見聞云：遼東"城外阡陌纍纍，赤冢不知其數。或樹之以木，立石爲門，左右塋域，似有昭穆之序，此則世族之墳也。厥或有繚以垣墻，竪碑以誌，所謂園陵者也。此地非無可葬之山，而必埋諸田野，鋤去青草，作一土塊，其俗不可知。"[12] 王祥墓址選在山地，似與元季以降南方風水之術北漸有關，觀其地勢坐西面東，後倚來龍，前望案山，左右護砂，儼然佳城。

2015 年 12 月 6 日

1 崔溥《錦南先生漂海錄》卷三,《燕行錄全集》第 1 冊,漢城:東國大學校出版部,2001 年,579 頁。
2 蘇巡《葆真堂燕行日記》,《燕行錄全集》第 3 冊,漢城:東國大學校出版部,2001 年,373 頁。
3 丁煥《朝天錄》,《燕行錄全集》第 3 冊,漢城:東國大學校出版部,2001 年,69—70 頁。
4 趙翊《皇華日記》,《燕行錄全集》第 9 冊,漢城:東國大學校出版部,2001 年,141 頁。
5 李馨郁《燕行日記》,《燕行錄全集》第 5 冊,漢城:東國大學校出版部,2001 年,661—662 頁。
6 鄭士信《梅窓先生朝天錄》,《燕行錄全集》第 9 冊,漢城:東國大學校出版部,2001 年,256—257 頁。
7 金中清《朝天錄》,《燕行錄全集》第 11 冊,漢城:東國大學校出版部,2001 年,432—433 頁。
8 李尚吉《朝天日記》,《燕行錄全集》第 9 冊,漢城:東國大學校出版部,2001 年,184 頁。
9 黃中允《西征日錄》,《燕行錄全集》第 16 冊,漢城:東國大學校出版部,2001 年,25 頁。
10 嘉靖二十七年(1548)九月,崔演過王祥墓,作詩自注云:"曾孫王愛,僅守門戶,不能奉烝嘗,草樹蕪没,故云。"崔演《西征錄》,《燕行錄全集》第 3 冊,漢城:東國大學校出版部,2001 年,175—176 頁。
11 《朝天日錄》,《燕行錄全集》第 20 冊,漢城:東國大學校出版部,2001 年,95 頁。
12 金中清《朝天錄》,《燕行錄全集》第 11 冊,漢城:東國大學校出版部,2001 年,433—434 頁。

何源墓

　　江西廣昌出土銅鑄墓誌一方，曾流落上海，後歸贛州市博物館[1]。自名銅方册，題曰"皇明刑部左侍郎贈都察院右都御史心泉何公暨誥封淑人吳氏合葬內壙誌"。誌主"姓何，諱源，字仲深，號心泉，江西廣昌縣人"。萬曆"丙戌年（1586）升南京吏部右侍郎。戊子年（1588）改刑部右侍郎，尋轉左。本年三品考滿"。萬曆己丑年（1589）"七月二十二日戌時卒于京，享年七十一。蒙恩差官諭祭壹壇，敕賜三品全葬，贈都察院右都御史"。"辛卯年（1591）葬先君于監南里姚家坊，十七年不吉。萬曆癸丑（1613）年七月二十八甲申日，奉先君與吳淑人柩，合葬于本縣文會里清修土名上白，丁山癸向兼午子三分，奔江龍形。壙內甃以窑磚，築以灰隔。墳上蓋以石條，疊疊五層，護衛堅密。墳前豎造敕諭龍亭，派立文官、武將、虎羊、馬、華表，又建石坊一座，周圍磚石垣墻，製作悉遵憲典。"[2]

　　明代"凡兩京三品以上官，葬祭制度俱照依品級。其四品、五品官，得特恩賜葬者，亦以本等品級爲定"[3]。是知三、四品之間存在重大等級差別。正德六年（1511）例："凡三品官曾經考滿者，祭一壇，全葬；未經考滿者，祭一壇，減半造葬。"[4] 隆慶三年（1569）禮部議上《恤典條例》云："三品官祭葬，不分在任、致仕，俱祭一壇；兼學士、贈尚書者祭二壇；未及考滿、病故者祭一壇，減半造葬，悉如舊例。"[5] 何源以侍郎三品考滿，故得諭祭一壇、三品全葬。嘉靖初定文官造墳料價[6]：三品銀二百兩，夫匠一百名，每名銀一兩，合三百兩，即何源造葬額度。

何源銅壙誌

　　洪武二十九年（1396）定碑碣石獸制度[7]：一品、二品石人、石馬、石羊、石虎、石望柱各二，三品無石人。何源墳前竪立文官、武將，尚稱"製作悉遵憲典"，或以所贈都察院右都御史正二品爲據？然上海寶山萬曆九年（1581）都察院右副都御史贈兵部左侍郎張任墓，本官贈官同屬三品却於墳前立文官、武將各二尊[8]。"任山西人，部稱其清謹素著，在任有平妖功，復卒於官，雖三品未經考滿，得旨照例加優。"[9] 準此，張任得給全葬已屬優渥，翁仲逾制恐不在官給待遇之列。洪武二十九年亦定墳塋制度：三品塋地周圍七十步。何源墓"周圍磚石垣墻"長度不明。考古所見常州武進御史錢一本墓園圍墻長141米、寬43米[10]，周長在二百步之上，遠超品官規制。以此言之，明代對於代表朝廷態度之官員諭祭及涉及公費開銷之給葬銀錢均有嚴格控制，而有關墓地形態之塑造則喪家自主程度較高。

說墓　249

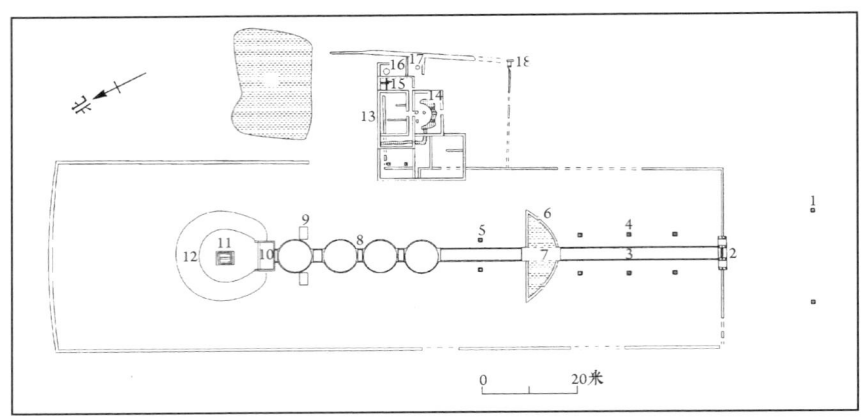

1.一對望柱 2.牌坊 3.神道 4.三對石獸 5.一對石人 6.泮池 7.石橋 8.四級圓形臺階 9.建築基址 10.祭臺 11.墓葬 12.擋墻 13.墓舍 14.墓舍院落 15.墓舍廚房 16.墓舍廁所 17.墓舍水井 18.小南門

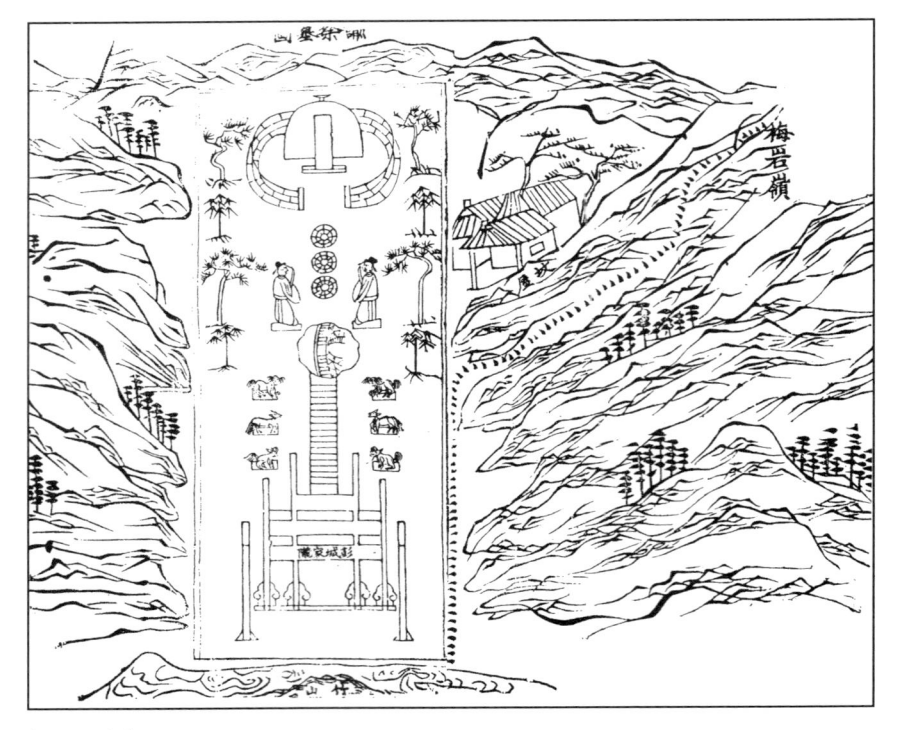

常州錢一本墓圖

灰隔之法本爲南方因地制宜之舉，經朱子《家禮》之倡，元明廣爲流行。何源墓外砌磚槨、內築灰隔、上蓋石條爲其變體。考古所見實例與之最相近者爲德安嘉靖十六年（1537）熊氏墓。墓壙內灌糯米石灰包圍磚槨，槨內棺外填充石灰，槨上蓋以石條，復封糯米石灰，其上木炭、石灰與土層兩兩相間，再築封土，外包石條[11]。類似做法，與廣昌毗鄰之寧都明末清初人魏禧，作《灰槨紀事》論之甚詳[12]：

> 既鋤土穴，周圍仍以火磚砌槨，其闊狹度容棺之外，頭空一尺，脚空一尺，餘兩旁各空一尺，以下灰。磚槨外有空隙處，先用無沙石好黃泥塞之，輕築，令槨牆緊靠，以便築灰……穴內先用嫩灰一、二寸鋪底，置棺其上，四旁下灰，築齊棺面，平鋪灰於上築之……築灰既完，仍用火磚接四圍槨牆，卷砌其上，成一磚槨。（若穴淺，墳不宜高大者，不用卷砌，即加灰頭黃泥可也）……上用嫩泥

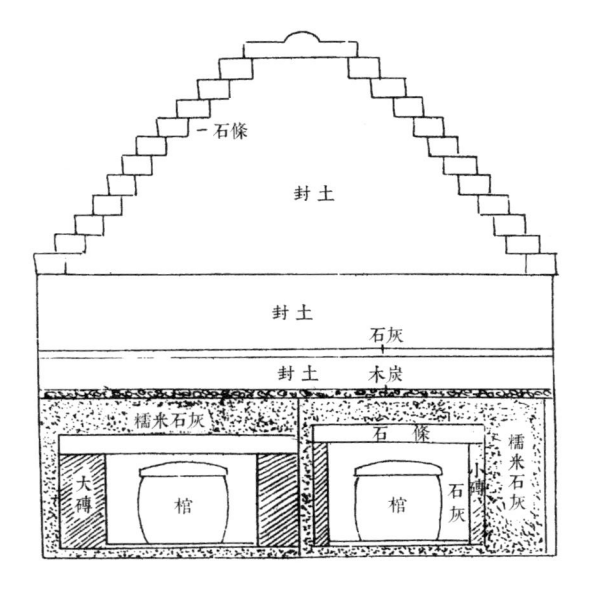

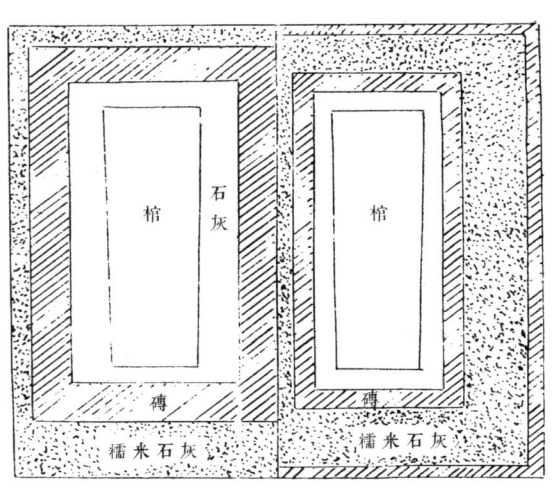

德安熊氏墓

說墓　251

寸許鋪之，止以脚略躧匀。然後置堅好大石數塊，其土仍須合縫抿灰，約周磚椁爲度。既置大石，上用好黃泥堅築至頂，其泥以光熟至極爲度，將及墓面，築龜背形，然後用嫩土鋪匀砌磚。（或仍砌大石）

讀罷其文，何源墓形宛然在目。

2017 年 2 月 19 日

1　廣昌縣博物館《廣昌縣發現明代文學家何源銅壙誌》，《江西歷史文物》1984 年 2 期，52 頁。
2　中國文化遺産研究院等《新中國出土墓誌·上海天津》，北京：文物出版社，2009 年，144 頁。
3　李東陽、申時行《大明會典》卷一〇一《禮部》五《喪禮》六《恩卹》，影印明萬曆十五年刻本，臺北：文海出版社，1984 年，1988 年，1557 頁。
4　李東陽、申時行《大明會典》卷一〇一《禮部》五《喪禮》六《恩卹》，影印明萬曆十五年刻本，臺北：文海出版社，1984 年，1988 年，1559 頁。
5　《明穆宗實錄》卷四〇，影印國立北平圖書館藏紅格鈔本，臺北：中研院史語所，1962 年，996 頁。
6　李東陽、申時行《大明會典》卷二〇三《工部》二三《職官墳塋》，影印明萬曆十五年刻本，臺北：文海出版社，1988 年，2736 頁。
7　李東陽、申時行《大明會典》卷二〇三《工部》二三《職官墳塋》，影印明萬曆十五年刻本，臺北：文海出版社，1988 年，2733 頁。
8　上海市文物管理委員會《上海明墓》，北京：文物出版社，2009 年，122—125 頁。
9　《明神宗實錄》卷一〇九，影印國立北平圖書館藏紅格鈔本，臺北：中研院史語所，1962 年，2099—2100 頁。
10　南京博物院等《江蘇常州錢一本墓園考古發掘與初步研究》，《東南文化》2013 年 3 期，44—54 頁。
11　德安縣博物館《江西德安明代熊氏墓清理簡報》，《南方文物》1994 年 4 期，5—9 頁。
12　魏禧《魏叔子文集》外篇卷二二《雜著》，《清代詩文集彙編》影印清易堂刻《寧都三魏全集》本，第 92 册，上海：上海古籍出版社，2010 年，668 頁。

靈 屋

中國人民大學博物館藏徽州文書中有靈屋契一紙[1],錄文如下:

　　立斷骨出賣靈屋契人東王公、西王母,今有三間五彩靈屋壹堂,坐落土名前山橋頭上首。其四至:上至青天,下至黃泉,東至甲乙青龍,南至丙丁朱雀,西至庚辛白虎,北至壬癸玄武,四至述明。今因正用,自情願央中將三間五彩靈屋樓上樓下、魚塘花園、四圍磚墻板壁、椽瓦地坦、檯凳椅桌、對聯字畫、傢伙物件,以及樓上樓下出入路道、四向適水餘地,盡行立契出賣與方母吳(陸)氏思里孺人名下爲業,三面言定時值價銀九萬九千九百九十九貫正。其價契即日兩相交付足訖,其五彩靈屋自今賣後,悉聽亡人擇吉進〔屋〕居住,無淂異説。未賣之先,並無重張交易,倘有來歷不明,盡是賣人料理,不累買人之事。〔倘若妖魔鬼怪、魑魅魍魎,不□來占,如若來占〕,奏到泰山門下女青案前發落。恐口無憑,立此斷骨出賣五彩三間靈屋契文存照。

　　大清光緒三拾式年拾式月初二日立此斷骨出賣靈屋契人東王公 ☰
　　　　　　　　　　　　　　　　　　　　　　　　　西王母 ☷
　　　　　　　　　　　　　　　　　　　　　　　　　南王郭 ☷
　　　　　　　　　　　　　　　　　　　　　　　領錢北王蒲 ☷
　　　　　　　　　　　　　　　　　　　　　　　交錢白鶴仙 ☷

説墓　253

中見張堅固 ☷

李定都 ☷

雙鯉魚 ☷

依口代筆列奇秀才（押）[2]

靈屋契

此類虛擬契約閩臺地區當代仍有存續，名爲陰厝契，超度亡人時與紙厝（靈屋）一併焚化[3]。湖南道光《永州府志》云："若已葬者，三年內作靈屋燒之，謂之除靈。""富者除靈，或擇期用鼓吹執事送於曠野，設牲以祭，並造地契一紙焚之，其神主有並靈屋焚者，有請歸安奉者。"[4]即指其事。靈屋，北方或稱之爲樓庫。河北民國《三河縣新志》云："至期臨奠，先期糊樓庫車馬人輛及冥器多種，以備發引時陳列，送至塋地焚燒，爲亡人冥中收用。"[5]就方志所記各地習俗，靈屋焚化時間地點不盡相同。有如前引三河縣隨出殯焚於墓所者。浙江民國《龍游縣志》云："葬前預以紙扎靈屋，棺出則舁置安棺處，及冢成，乃由家屬及戚友送至墓前焚之，謂之燒靈。"[6]又有葬後奉安神主始焚於祠堂者。湖南民國《汝城縣志》云："安靈儀式：紙扎靈屋，安厝回家僧讚行禮，敬捧神主安置奉祀，至徹靈奉新主祔祠時焚化。"[7]廣東光緒《鎮平縣志》（石窟一徵）云："今俗以紙扎彩畫爲靈屋，以栖虞主，至三年喪畢祔廟，始將靈屋焚化，謂之除靈。"[8]

光緒十六年（1890）《飛影閣畫報》有《冥宅宏開》一題[9]，圖文並茂，描繪祠堂前焚化靈屋事例頗爲形象，錄此備考。

> 粵東順德縣大良鄉龍某，巨家也，年三十餘而卒。其家人爲之製造冥宅，先度地於家祠前，縱橫數丈，乃命扎作工人造成房屋一所。高一丈四、五尺，闊四、五丈。門外顏曰奉政第，頭門內左爲門房，右爲茶房，再進爲轎廳，再進爲大堂。中列几案及著衣鏡、自鳴鐘等物。高懸堂上者，珠燈也；張挂兩旁者，字畫也；五彩紛披羅列階前者，各種花朵也。堂之後爲卧室，牀榻鋪墊錦衾繡褥等，無一物不精，無一物不備。旁列婢僕數輩，飾以真衣，與生人無別。鄉鄰之往觀者，入其室，據其牀，憑其几案，幾忘其爲冥器云。

2017 年 2 月 26 日

《飛影閣畫報》

1　陳姝婕《淺談中國人民大學博物館所見徽州地區冥器文書》,《第八屆臺灣古文書與歷史研究學術研討會論文集》,臺中:逢甲大學歷史與文物研究所,2015年,84、89頁。

2　"依口代筆列奇秀才"之後押字類草書"福"字,相似押字見於南平明萬曆三十二年(1604)蔡宣墓買地券,可知民俗傳統由來有自。參:南平市博物館、南平市延平區文化體育新聞出版局《南平市延平區明墓清理簡報》,《福建文博》2018年3期,15頁。

3　陳進國《"買地券"習俗的考現學研究:閩臺地區的事例》,《民俗研究》2008年1期,150—155頁。

4　隆慶修,宗績辰纂〔道光〕《永州府志》卷五上《風俗志》喪,《中國方志叢書》影印清道光八年刻本,臺北：成文出版社，1976年，373—374頁。

5　章維燮修，吴寶銘等纂〔民國〕《三河縣新志》卷八《經制志》禮俗篇，《中國地方志集成》影印民國二十四年鉛印本，上海：上海書店出版社，2006年，136頁。

6　余紹宋纂修〔民國〕《龍游縣志》卷二《地理考》風俗，《中國方志叢書》影印民國十四年鉛印本，臺北：成文出版社，1970年，46頁。

7　陳必聞等修，盧純道等纂〔民國〕《汝城縣志》卷二一《禮俗》下《喪葬禮》，《中國方志叢書》影印民國二十一年刻本，臺北：成文出版社，1975年。

8　黄釗《石窟一徵》卷四《禮俗》一，清光緒刻本，葉一一至一二。

9　《飛影閣畫報》，光緒十六年十一月下浣。

談
物

董昌器
趙李青瓷
揚州鏡
乾德四年鏡
太廟祭器
定器制度
寺龍口
餘姚秘色
板橋鎮
韓瓶
建盞
內府瓷瓶
窰變

牌印隨葬
從物
澄泥硯
綦陽犁鏡
《永樂大典・順天府》
杭州金箔鋪
九老仙都君印
秋思曲與得意詩
寄寄老人
坫
王氏祭器
姜氏銅爐

董昌器

壬申孟春，友人惠示江西吉安近代民居照片[1]，隔扇上以金彩摹繪篆書"董昌器"三大字，其左楷書小字三列："摹漢董昌器洗。漢董昌器洗，因剝蝕不可考，僅存殘銅一片，銘旁有羊形。"此處圖文取材於清阮元《積古齋鐘鼎彝器款識》董昌洗條："右董昌洗銘三字，器在杭州，已剝落，僅存殘銅一片，據拓本摹入，銘旁有羊形，蓋取吉羊之義。"[2] 阮氏將洗銘釋爲"董昌器"，馮雲鵬兄弟《金索》則不以爲然，其書漢董崈洗條："董崈器，漢陽葉東卿所藏洗。'董'作'薑'，'崇'作'崈'，猶見古法。《漢書》'崇山'俱作'崈山'，可證。《積古款識》釋作'昌'，誤，且其文亦不似'昌'字。其左作吉羊之飾。"[3]

然阮、馮二說均誤，該洗銘文實當釋爲"董是器"。"是"通"氏"，即作器匠人姓氏之謂也。宋洪適《隸續》有董氏二洗款識條："右董氏二洗，一款其右曰'董氏雅好'，一款其左曰'董氏器'，中圖一鼎，鼎上有禽，今雖藏於二家，乃一人所作者，雖無年月可考，却非魏晉人字畫，亦可證董姓之從童也。"[4] 洪書闕圖，無以爲證，傳世銅洗器底紋飾於鼎上立禽鳥者，其側銘文曰"董是器"、"董氏造"、"董是造作"。另有紋飾作一羊者，其上銘文曰"董是器"（同馮氏著錄者）、"董"、"董氏作"、"董氏造作"；及紋飾作禽羊、

吉安民居隔扇裝飾

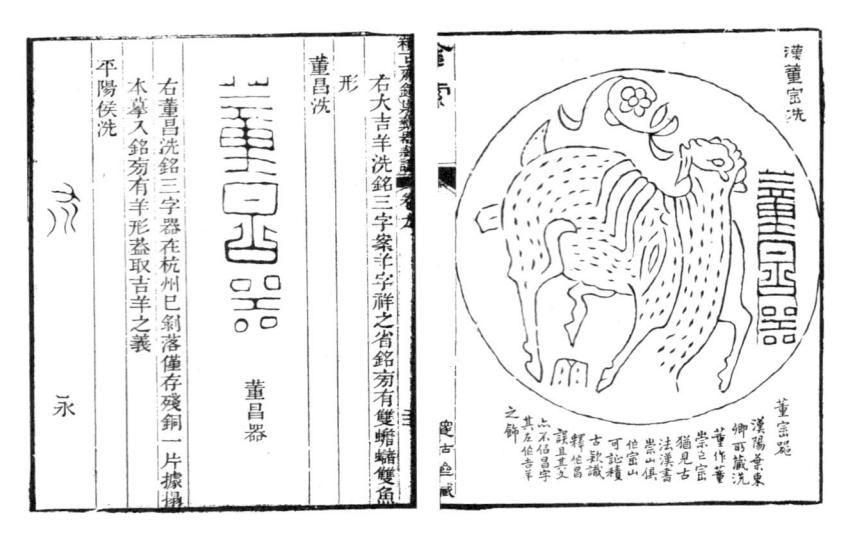

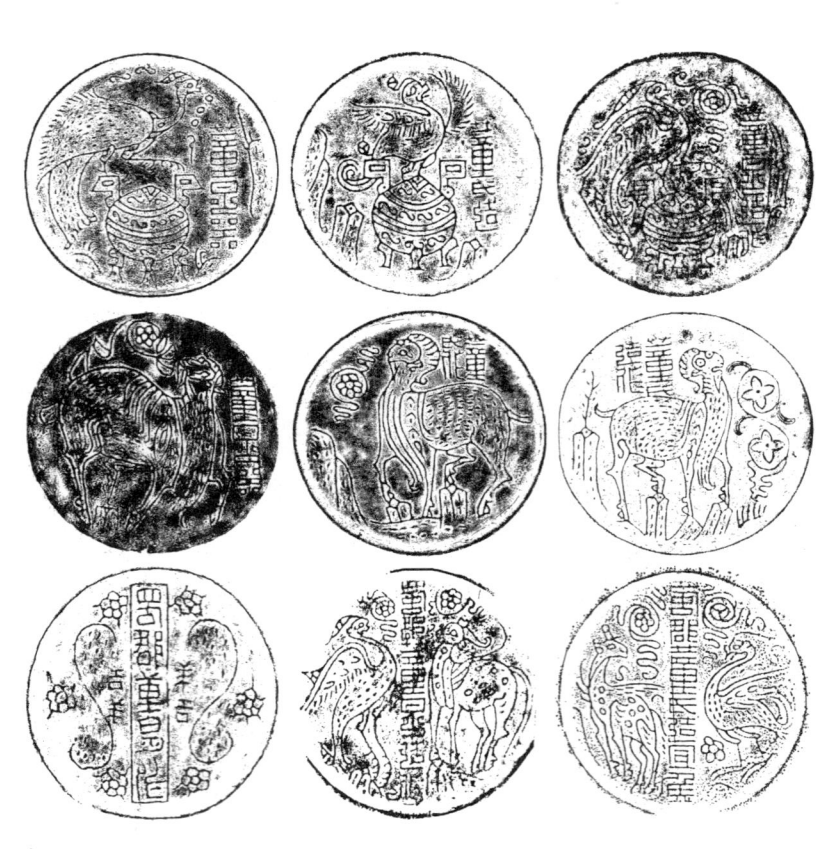

《積古齋鐘鼎彝器款識》　　　　　《金索》

262　董氏銅洗

雙魚等對稱圖案者，其間銘文曰"蜀郡董是作"、"蜀郡董是造作"、"蜀郡董氏造宜侯"、"董氏富貴□"[5]。可知此類銅洗乃蜀郡董氏所作，若與紀年器相比較，斷代當在東漢。

江西民居摹仿《積古齋鐘鼎彝器款識》著錄，將所謂"董昌器"作爲博古象徵，並非孤例，民國景德鎮瓷器、楊家埠年畫及宜興紫砂、嘉興竹刻均有類似之作。又，湖北浠水博物館藏銅洗數件，其中之一以龍鳳、雙魚爲紋飾，氣息與漢洗絕不相類，亦屬近代仿品[6]。然各類工藝均以阮書爲本，描摹"董昌器"銘文，其中緣由，頗可玩味。

2016 年 3 月 20 日

1 照片電子檔由中國人民大學劉後濱先生提供。
2 阮元《積古齋鐘鼎彝器款識》卷九《漢器款識》董昌洗，清嘉慶九年刻本，葉二一。
3 馮雲鵬、馮雲鵷《金索》卷三《漢董窑洗》，清道光滋陽馮氏邃古齋刻本，葉二二。
4 洪適《隸續》卷一四《董氏二洗款識》，中華書局影印清洪氏晦木齋刻本，1985 年，420—421 頁。
5 容庚《漢金文錄》卷五、卷七補遺，《秦漢金文錄》，北京：中華書局影印本，2011 年；劉體智《小校經閣金石文字》卷一二，民國二十四年廬江劉氏石印本；熊傳新《湖南發現的古代巴人遺物》，《文物資料叢刊》7，北京：文物出版社，1983 年，32 頁；劉心健、劉自強《山東蒼山柞城遺址出土東漢銅器》，《文物》1983 年 10 期，76 頁。
6 浠水縣博物館《浠水縣博物館館藏東漢銅洗》，《江漢考古》1994 年 2 期，35 頁。

趙李青瓷

唐李吉甫《元和郡縣圖志》云：贊皇"百陵岡，在縣東十里。即趙郡李氏之別業於此岡下也。岡上亦有李氏塋冢甚多"[1]。今贊皇南邢郭先曾發掘東魏武定二年（544）李希宗、北齊武平七年（576）崔幼妃夫婦墓[2]，西高繼而發掘北朝李氏族墓八座，其中已發表者爲北魏正始四年（507）李仲胤、永熙三年（534）邢僧蘭夫婦墓[3]及永熙三年（534）李翼、崔徽華夫婦墓[4]。兩處墓地均在縣東五馬山東麓崗坡，與唐人所記方位大體相合。按希宗爲順之曾孫[5]，翼父叔胤與仲胤爲均之孫、靈之從孫[6]。李順、李靈，皆趙李也。"時趙郡諸李，人物尤多，各盛家風。故世之言高華者，以五姓爲首"[7]。贊皇李氏墓地考古發現，爲探討北朝世族喪葬文化提供重要材料自不待言。然在此所欲討論者，僅限墓中所出青瓷，因己丑歲末西高之行曾目睹實物，彼時存疑，近年始解也。

李希宗墓出土青瓷碗十六件，敞口微斂，圓弧腹，假圈足內凹，青灰胎，青綠釉，內壁滿釉，外壁施釉至下腹，簡報認爲"此類瓷碗與北齊崔昂墓相近，可能屬於當地或附近燒製的生活實用器"，隨後中國硅酸鹽學會編《中國陶瓷史》亦將其歸爲北方青瓷例證[8]。李仲胤夫婦墓出土青瓷碗五件，敞口、弧腹，假圈足，淺灰胎，青綠釉，外壁施釉至足，內底三岔形區域無釉，並有三枚泥釘殘跡，外底有三處橢圓形支墊痕及綫割痕。李翼夫婦墓出土青瓷碗兩件，敞口、弧腹、假圈足，灰白胎，黃綠釉，外壁施釉至下腹，內壁滿釉，內底有三枚泥釘痕，外底有綫割痕。青瓷盤兩件，一件敞口，淺弧腹，假圈足稍內凹，灰白胎，青綠釉，內壁滿釉，外壁施釉至足，口沿內側、內底外緣及中心施凹弦紋，內外底均有四枚泥釘痕。另一件侈口，淺弧腹，假圈足內凹，足底有溝槽一周，灰白胎，青綠釉，內壁滿釉，外壁施釉至下腹，內底壓印蓮子紋並環繞七枚草葉紋。青瓷唾壺兩件，盤口，束頸，扁圓腹，假圈足稍內

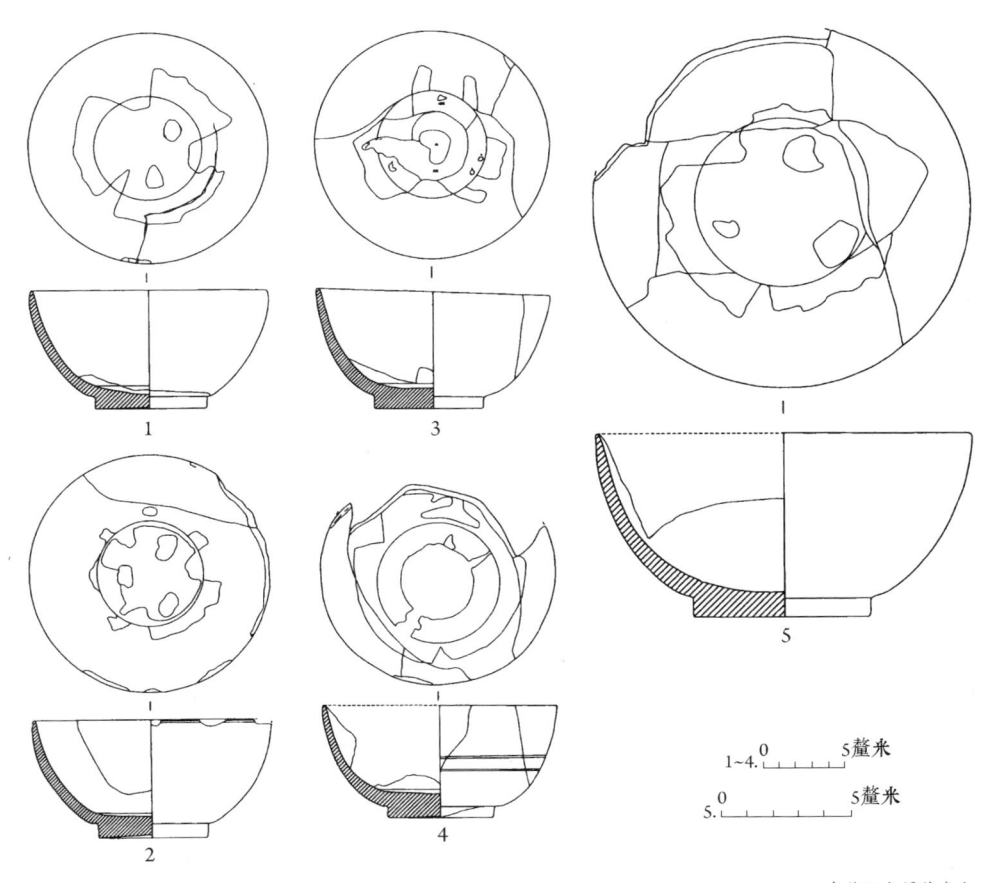

李仲胤夫婦墓青瓷

談物 265

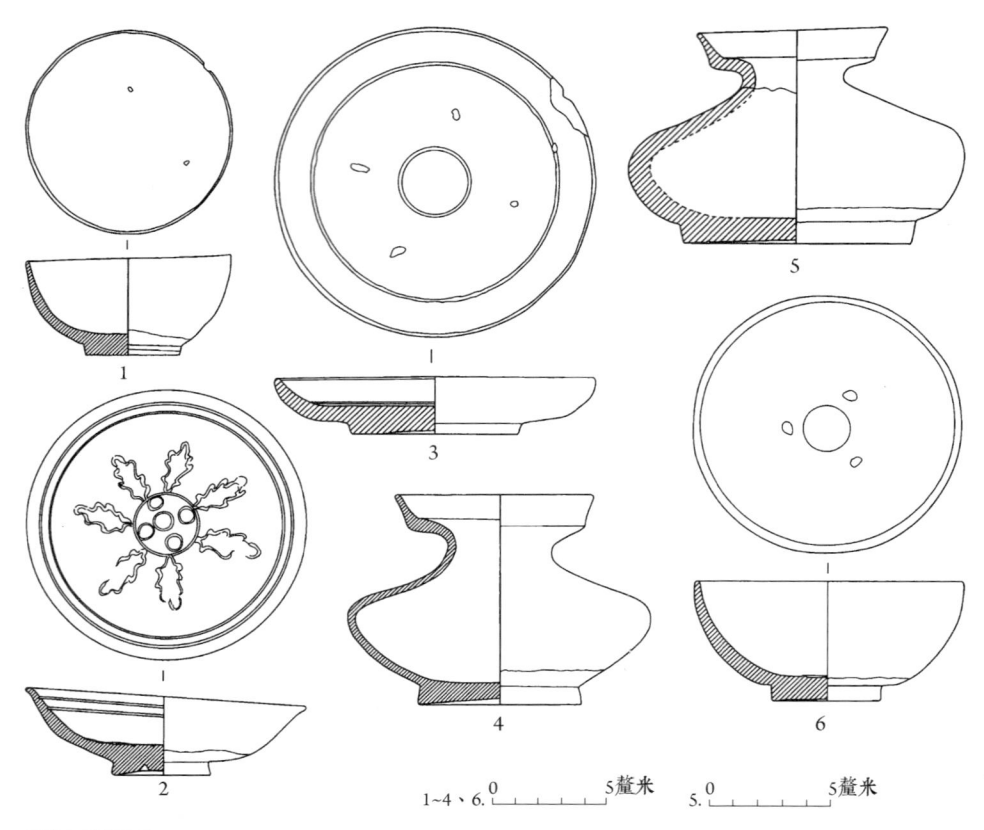

李翼夫婦墓青瓷

凹，足底有溝槽一周，灰白胎，青綠釉，內外壁釉不及底，外底塗有紅褐色胎衣。西高墓地同是永熙三年所遷葬李弼（翼兄）夫婦墓青瓷與李仲胤夫婦墓、李翼夫婦墓頗相類似，另見蓮花紋碗、蓮瓣紋盞托、雞首壺、五管插器等[9]，亦被認作北方青瓷代表。

然目前所見北朝墓葬出土青瓷絕大多數實為長江中游地區窯場產品，贊皇李氏墓亦不例外。其中李仲胤夫婦墓、李翼夫婦墓所出碗盤假圈足較寬大、泥釘支燒、外底綫割，屬江西豐城洪州窯產品；李希宗夫婦墓所出碗假圈足較瘦小，李翼夫婦墓所出盤內底印花，唾壺外底有凹槽、塗胎衣，屬湖南湘陰岳州窯產品（李弼夫婦墓青瓷亦分屬以上二窯）。而北方地區窯場產品年代最早者祇能落實到北齊晚期，器類僅有碗、帶繫罐、高足盤等，外壁施半釉，流釉較普遍，積釉作青黑色，使用三岔或四岔支釘支燒。作爲北方青瓷創燒階段，窯業技術尚處於探索之中，對釉之色澤與流動性控制不佳，但分岔支釘支燒技術確立起隋唐時期北方窯場獨具特色之技術傳統[10]。

2016 年 7 月 3 日

1　李吉甫《元和郡縣圖志》卷一七《河北道》二，趙州贊皇縣，北京：中華書局，1983 年，493 頁。

2　石家莊地區革委會文化局文物發掘組《河北贊皇東魏李希宗墓》，《考古》1977 年 6 期，387 頁。

3　中國社會科學院考古研究所河北工作隊《河北贊皇縣北魏李翼夫婦墓》，《考古》2015 年 12 期，70—73 頁。

4　中國社會科學院考古研究所河北工作隊《河北贊皇縣北魏李仲胤夫婦墓發掘簡報》，《考古》2015 年 8 期，82—83 頁。

5　魏收《魏書》卷三六《李順傳》，北京：中華書局，2017 年，923—926 頁。

6　魏收《魏書》卷四九《李靈傳》，北京：中華書局，2017 年，1213—1215 頁。

7　司馬光《資治通鑑》卷一四〇，北京：中華書局，1976 年，4395 頁。

8　中國硅酸鹽學會《中國陶瓷史》，北京：文物出版社，1982 年，165 頁。

9　韋正《魏晉南北朝考古》，北京：北京大學出版社，2013 年，311—312 頁。

10　劉未《北朝墓葬出土瓷器的編年》，《慶祝魏存成先生七十歲論文集》，北京：科學出版社，2015 年，244 頁。

揚州鏡

李心傳《建炎以來繫年要錄》記建炎三年（1129）十一月丁未，"罷邠州歲貢火箸、襄陽漆器、象州藤合、揚州照子之屬"[1]。此乃北宋舊例，其時揚州貢鏡之事尚有實物可證。中國國家博物館藏圓形素鏡，鏡緣內側有陰文一周："宣和伍年（1123），分進貢銅鑄貳拾面，監鑄官承直郎揚州司儀曹事臣萊景（押），管句□□□盛奇，匠人臣郭成鑄，揚州鑄造。"[2]

類似事例唐代即已有之。《舊唐書·德宗紀》云：大曆十四年（779）六月"己未，揚州每年貢端午日江心所鑄鏡，幽州貢麝香，皆罷之"[3]。李肇《唐國史補》亦云："揚州舊貢江心鏡，五月五日揚子江中所鑄也。"[4] 揚州江心鑄鏡事以《太平廣記》李守泰條引《異聞錄》所記較詳[5]（故事另一版本見段成式《酉陽雜俎》[6]）：

唐天寶三載（744）五月十五日，揚州進水心鏡一面，縱橫九寸，青瑩耀日，背有盤龍，長三尺四寸五分，勢如生動，玄宗覽而異之。進鏡官揚州參軍李守泰曰：鑄鏡時，有一老人，自稱姓龍名護，鬚髮皓白，眉如絲，垂下至肩，衣白衫。有小童相隨，年十歲，衣黑衣，龍護呼為玄冥。以五月朔忽來，神采有異，人莫之識。謂鏡匠呂暉曰：老人家住近，聞少年鑄鏡，暫來寓目。老人解造真龍，欲為少年制之，頗將愜於帝意。遂令玄冥入爐所，扃閉戶牖，不令人到。經三日三夜，門左洞開。呂暉等二十人於院內搜覓，失龍護及玄冥所在。鏡爐前獲素書一紙，文字小隸云：鏡龍長三尺四寸五分，法三才，象四氣，稟五行也。縱橫九寸，類九州分野。鏡鼻如明月珠焉。開元皇帝聖通神靈，吾遂降祉，斯鏡可以辟邪鑒萬物，秦始皇之鏡無以加焉。歌曰：盤龍盤龍，隱於鏡中。分野有象，變化無窮。興雲吐霧，行雨生風。上清仙子，來獻聖聰。呂暉等遂移鏡爐置船中，以五月五日午時，乃于揚子江鑄之。

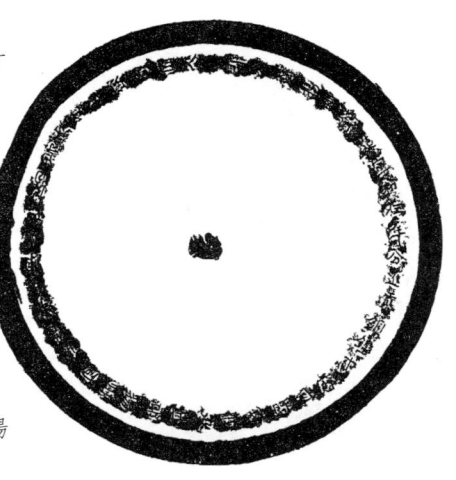

中國國家博物館藏宣和五年鏡

唐代盤龍鏡雖多見，未能證實孰爲揚州所貢。然印度尼西亞黑石號沉船曾出有四神八卦鏡一件，銘文爲："唐乾元元年（758）戊戌十一月廿九日於揚州揚子江心百煉造成。"[7]是爲江心鏡寶貴實例，祇是鑄造時間不在端午，鏡背紋飾亦非盤龍。

與端午揚州鑄鏡相關實物另有上海博物館所藏八葵花形月宮鏡一件，銘文頗長[8]：

楊府呂氏者，其先出于呂公望，封于齊八百年，與周衰興，後爲權臣田兒所篡，子孫流迸，家于淮揚焉。君氣高志精，代罕知者，心如明鏡，日得其精焉。常云：秦王之鏡，照膽照心，此蓋有神，非良公所得。吾每見古鏡極佳者，吾今所製，但恨不得停之多年，若停之一二百年，亦可毛髮無隱矣。蘄州刺史杜元志，好奇賞鑒之士，吾今爲之造此鏡，亦吾子之一生極思。開元十年（722）五月五日鑄成。東平郡呂神賢之詞。

黑石號沉船乾元元年鏡

上海博物館藏開元十年鏡

此鏡開元十年端午鑄於揚州，匠人吕氏，恰與天寶三年端午爲李守泰鑄鏡者同姓，或非偶然，可備識者查考。

2015 年 11 月 2 日

1　李心傳《建炎以來繫年要録》卷二九，北京：中華書局，2013 年，667 頁。
2　楊桂榮《館藏銅鏡選輯（六）》，《中國歷史博物館館刊》1994 年 2 期，139 頁。
3　劉昫等《舊唐書》卷一二《德宗紀》上，北京：中華書局，1975 年，322 頁。
4　李肇《唐國史補》卷下，上海：古典文學出版社，1957 年，64 頁。
5　李昉等《太平廣記》卷二三一，北京：中華書局，1961 年，1771 頁。
6　段成式《酉陽雜俎》前集卷三，北京：中華書局，1981 年，40 頁。"僧一行窮數有異術。開元中嘗旱，玄宗令祈雨，一行言當得一器，上有龍狀者，方可致雨。上令於内庫中遍視之，皆言不類。數日後，指一古鏡，鼻盤龍，喜曰：此有真龍矣。乃持入道場，一夕而雨。或云是揚州所進，初範模時，有異人至，請閉户入室，數日開户，模成，其人已失。有圖并傳於世。此鏡五月五日於揚子江心鑄之。"
7　Regina Krahl et al. eds. *Shipwrecked: Tang Treasures and Monsoon Winds*, Washington, D.C.: Arthur M. Sackler Gallery, Smithsonian Institution, 2010, p. 37. Zoi Kotitsa ed., *The Belitung Wreck: Sunken Treasures from Tang China*, Seabed Explorations New Zealand, 2004, p. 197.
8　上海博物館《練形神冶、瑩質良工：上海博物館藏銅鏡精品》，上海：上海書畫出版社，2005 年，262—263 頁。

乾德四年鏡

《續資治通鑑長編》乾德四年（966）五月乙亥條[1]云：

> 上初命宰相撰前世所無年號，以改今元。既平蜀，蜀宮人有入掖廷者，上因閱其奩具，得舊鑑，鑑背有"乾德四年鑄"。上大驚，出鑑以示宰相曰："安得已有四年所鑄乎？"皆不能答。乃召學士陶穀、竇儀問之，儀曰："此必蜀物，昔偽蜀王衍有此號，當是其歲所鑄也。"上乃悟，因嘆曰："宰相須用讀書人。"由是益重儒臣矣。

李燾自注云："此事不知果何時，既無所繫，因附見收偽蜀圖書法物之後。"

此事史源似以江少虞《皇朝事實類苑》所引《聖政錄》[2]爲最早：

> 太祖將改年號，謂宰臣等曰："須求古來未嘗有者。"宰臣以乾德爲請。三年（965）正月平蜀，宮人有入掖庭者，太祖因閱其奩具，得鑑，背字云："乾德四年鑄。"大驚曰："安得四年鑄字鑑？"以出示宰相，皆不能對。乃召學士陶穀、竇儀問之，儀曰："蜀主曾有此號，鑑必蜀中所得。"太祖大喜曰："作宰相須是讀書人。"自是大重儒臣矣。

同書引《劉貢父詩話》³ 文辭略異。

或將其事屬之陶穀。歐陽修《歸田錄》⁴ 云：

> 太祖建隆六年，將議改元，語宰相勿用前世舊號，於是改元乾德。其後因於禁中見內人鏡背有"乾德"之號，以問學士陶穀。穀曰："此偽蜀時年號也。"因問內人，乃是故蜀王時人。太祖由是益重儒士，而嘆宰相寡聞也。

李攸《宋朝事實》略同⁵，惟繫作四年。按改元乾德事在建隆四年（963）十一月，則前書必誤。

又有附會盧多遜之異聞。葉夢得《石林燕語》⁶ 云：

> 盧相多遜，素與趙韓王不恊，韓王爲樞密使，盧爲翰林學士。一日，偶同奏事，上初改元乾德，因言此號從古未有，韓王從旁稱贊。盧曰："此偽蜀時號也。"帝大驚，遂命檢史，視之果然。遂怒，以筆抹韓王面，言曰："汝爭得如他多識！"韓王經宿不敢洗面。翌日奏對，帝方命洗去。自此隙益深。

今人以爲此類記載不可盡信，"太祖改元乾德抑或是知之爲前蜀舊號，但當時爲求美名，並不避忌，及至後來正統論高漲，正統王朝用僭偽王朝之年號不利於鼓吹正統觀點，大致才附會出相關的故事來"⁷。"'宰相須用讀書人。'像這種能夠'垂範後世'的警句，通常受到後世修史的'讀書人'們的重視，也受到後世研究前代史事者的重視。而太祖的這一說法、這一意向，似乎並未被他這一階段內的行爲措置所驗證。"⁸

成都出土乾德四年鏡

改元故事書寫雖因夾雜後人意願而撲朔迷離，乾德四年鏡鑑却有地下出土實物可得以爲證。民國三十四年（1945）夏，成都青羊宫附近因掘出磚墓而獲鐵鏡一枚，背鑄"乾德四年"直讀四字陽文，由鄭德坤訪得，歸之於四川大學博物館[9]。宋人所記後蜀宫人奩中之物或當類此。

2017 年 7 月 2 日

1　李燾《續資治通鑑長編》卷七，北京：中華書局，1979 年，171 頁。
2　江少虞《宋朝事實類苑》卷一，上海：上海古籍出版社，1981 年，10 頁。
3　江少虞《宋朝事實類苑》卷五九，上海：上海古籍出版社，1981 年，782 頁。
4　歐陽修《歸田録》卷一，《全宋筆記》第 1 編第 5 册，鄭州：大象出版社，2003 年，241 頁。
5　李攸《宋朝事實》卷二《紀元》，《景印文淵閣四庫全書》第 608 册，臺北：臺灣商務印書館，1986 年，22 頁。
6　葉夢得《石林燕語》卷七，北京：中華書局，1984 年，99—100 頁。
7　李華瑞《宋代建元與政治》，《中國史研究》1996 年 4 期，70 頁。
8　鄧小南《談宋初至"欲武臣讀書"與"用讀書人"》，《史學月刊》2005 年 7 期，48 頁。
9　Cheng Te-kun, *Archaeological Studies in Szechwan*, Cambridge: Cambridge University Press, 1957, p. 313.

太廟祭器

《續資治通鑑長編》記宋太祖入太廟見祭器事[1]，本自《邵氏聞見錄》："太祖初繼位，朝太廟，見其所陳籩豆簠簋，則曰：'此何等物也？'侍臣以禮器對。帝曰：'我之祖宗寧曾識此！'命徹去。亟令進常膳，親享畢，顧近臣曰：'却令設向來禮器，俾儒士輩行事。'"[2] 按太祖初詣太廟，事在乾德元年（963）十一月[3]。此前，顯德四年（957）正月[4]，"周世宗命國子司業兼太常博士洛陽聶崇義詳定郊廟器玉，崇義因取《三禮》舊圖，考正同異，別爲新圖二十卷"。建隆二年（961）五月"丙寅來上，詔加襃賞，仍命太子詹事汝陰尹拙集儒臣參議。拙多所駁難，崇義復引經解釋，乃悉以下工部尚書竇儀，裁處至當，然後頒行"[5]。"未幾，崇義卒，《三禮圖》遂行於世，並畫於國子監講堂之壁。"[6]

聶氏《三禮圖》今存淳熙二年（1175）刻本，籩豆簠簋見載於卷一三[7]。豆作長柄淺盤，蓋有三鈕。簠身外方內圓，蓋承一龜。簋則外圓內方，蓋亦承龜。三者均爲喇叭式圈足。討論宋初中朝祭器制度僅聶圖可資憑據，實物則付闕如，然其流裔實可見諸東國[8]。高麗成宗二年（宋太平興國八年，983）五月"甲子，博士任老成至自宋，獻《大廟堂圖》一鋪並記一卷、《社稷堂圖》一鋪並記一卷、《文宣王廟圖》一鋪、《祭器圖》一卷、《七十二賢贊記》一卷"。八年（宋端拱二年，989）四月"乙丑，始營大廟"。十一年（宋淳化三年，992）十二月"大廟成"[9]。韓國梨花女子大學博物館藏有瓷罐（疑爲尊），器底刻銘曰："淳化四年癸巳大廟第一室享器匠崔吉會

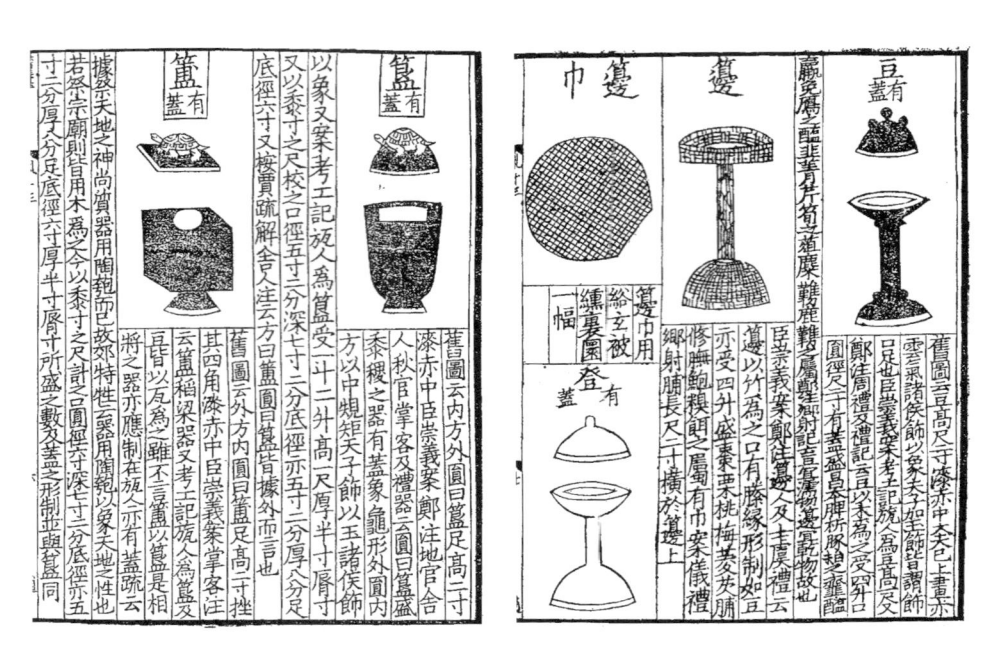

《新定三禮圖》簠簋籩豆

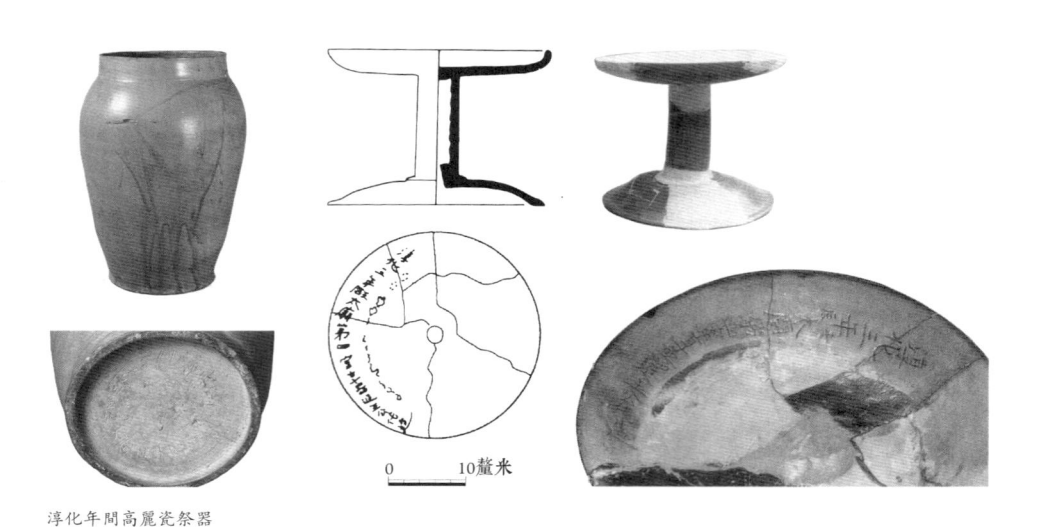

淳化年間高麗瓷祭器

龍仁西里高麗瓷祭器

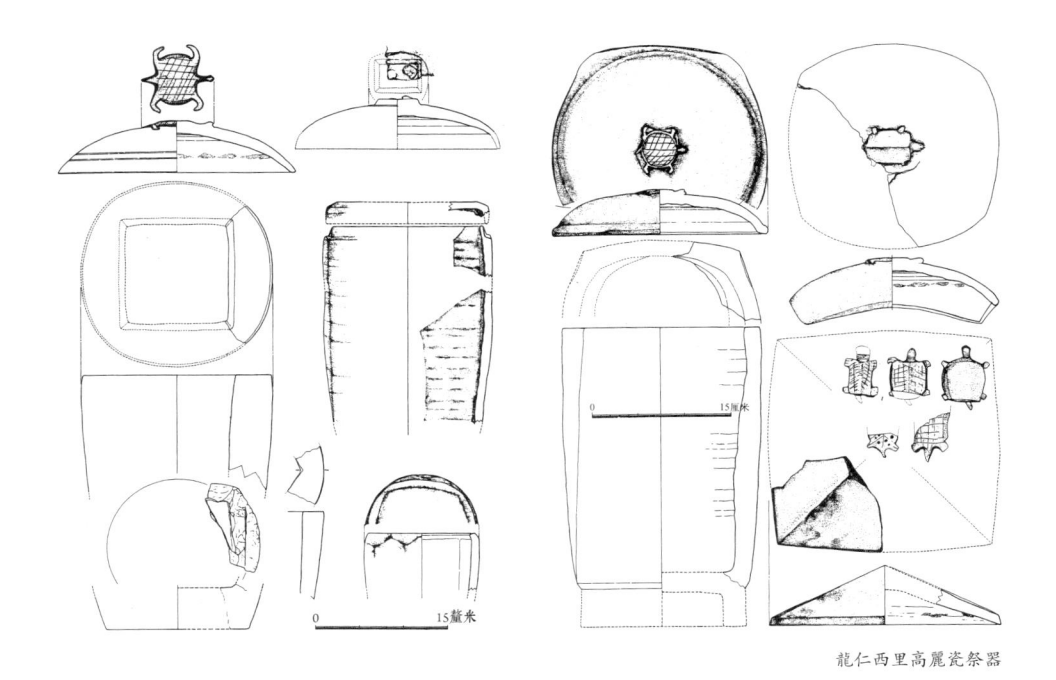

造。"[10] 朝鮮黃海南道圓山里窯址出有瓷豆，器底刻銘曰："淳化三年壬辰太廟第四室享器匠王公托造。"[11] 均可明確斷爲高麗初建太廟時所造祭器。韓國龍仁西里窯址另出瓷簠簋多件[12]，雖未見刻銘，但形制同屬《三禮圖》系統，年代亦與前兩者相近。

2017 年 7 月 10 日

1　李燾《續資治通鑑長編》卷九，北京：中華書局，1979 年，211 頁。
2　邵伯溫《邵氏聞見錄》卷一，北京：中華書局，1983 年，5 頁。
3　李燾《續資治通鑑長編》卷四，北京：中華書局，1979 年，108 頁。
4　司馬光《資治通鑑》卷二九三，北京：中華書局，1976 年，9563 頁。
5　李燾《續資治通鑑長編》卷二，北京：中華書局，1983 年，44—45 頁。
6　脱脱等《宋史》卷四三一《儒林傳》一《聶崇義》，北京：中華書局，1977 年，12797 頁。

7 聶崇義《新定三禮圖》卷一三,《中華再造善本》影印中國國家圖書館藏宋淳熙二年鎮江府學刻本,葉六至七。
8 謝明良《記唐恭陵哀皇后墓出土的陶器》,《中國陶瓷史論集》,臺北:允晨文化,2007 年,177—178 頁。
9 鄭麟趾《高麗史》卷三,明景泰二年朝鮮活字本,葉四至五。
10 《世界陶磁全集》18 高麗,東京:小学館,1976 年,153 頁。
11 姜敬淑(강경숙)《韓國陶瓷窑址研究》(한국 도자기 가마터 연구),首爾(서울):SIGONGART(시공아트),2006 年,185 頁。
12 李鍾宣、金載悅、朴淳發《龍仁西里高麗白磁窑發掘調查報告書 I》,龍仁:湖巖美術館,1987 年,295—299 頁。

定器制度

徐兢《宣和奉使高麗圖經》云:"陶器色之青者,麗人謂之翡色。近年以來,製作工巧,色澤尤佳。酒尊之狀如瓜,上有小蓋,面爲荷花伏鴨之形。復能作碗、楪、桮、甌、花瓶、湯盞,皆竊仿定器制度。"又云:"狻猊出香,亦翡色也,上爲蹲獸,下有仰蓮以承之。諸器惟此物最精絶,其餘則越州古秘色、汝州新窯器,大概相類。"[1] 此段文獻論高麗青瓷者每必稱引,談汝窑者亦多以爲據,然何謂"定器制度",則少有涉及。

定窑作爲五代宋金北方白瓷之冠,北宋早期業已進入朝廷視野,定州土産有瓷器一項[2],開封建隆坊瓷器庫即掌受定州白瓷[3]。至北宋晚期,據南宋人追記,却有揚汝抑定之説。陸游《老學庵筆記》:"故都時,定器不入禁中,惟用汝器,以定器有芒

定窑"尚藥局"款蓋盒

也。"⁴ 葉寘《坦齋筆衡》:"本朝以定州白磁器有芒,不堪用,遂命汝州造青窰器。故河北、唐、鄧、耀州悉有之,汝窰為魁。"⁵ 有芒何解?或曰芒口,或曰光芒,莫衷一是。可確知者,徽宗末年宮中六尚局仍用中山府所貢定器。《宋會要輯稿》載:"宣和七年(1125)六月二十六日,詔:近命有司考不急之務,無名之費,特加裁定,允協厥中。……應殿中省六尚局諸路貢物,可止依今來裁定施行。……尚食局:……中山府瓷中樣矮足裹撥盤龍湯盞一十隻……並罷貢。"⁶ 今所見北宋晚期定窰白瓷,有"尚食局"款深腹碗及"尚藥局"款大小蓋盒⁷,碗之外壁有行龍紋劃花(內底殘缺,疑有盤龍),盒之蓋面亦曾見有盤龍紋劃花,應即供給宮廷者。

無獨有偶,高麗青瓷同見"尚藥局"款蓋盒,口沿上下刻字及蓋面盤龍劃花與定窰產品幾無二致⁸,實為"竊仿定器制度"之絕佳詮釋。除此以外,六葵口牡丹紋劃花碗、內盤龍牡丹紋外蓮瓣紋刻劃花盤均明顯以定窰同類器物為藍本仿製⁹,某些模印饕餮紋雲雷紋香爐在定窰亦有相似實例¹⁰。所謂禮失而求諸野,儘管就生產體制而言,定窰並非由官府直接控制,大宗產品面向普通市場需求,然高麗青瓷所映射北宋

高麗青瓷"尚藥局"款蓋盒

280　雞冠壺:歷史考古劄記

晚期器形、紋飾方面若干"制度"因素，則提請對定窰"製樣須索"[11]宮廷用瓷之可能及其內涵予以考慮。

2016 年 4 月 3 日

1 徐兢《宣和奉使高麗圖經》卷三二《器皿》三，民國二十年故宮博物院《天禄琳瑯叢書》影印宋乾道三年澂江郡齋刻本，葉二。

2 樂史《太平寰宇記》卷六二《河北道》一一《定州》，北京：中華書局，2007 年，1270 頁。

3 徐松《宋會要輯稿》食貨五二，上海：上海古籍出版社，2014 年，7190 頁。

4 陸游《老學庵筆記》卷二，北京：中華書局，1979 年，23 頁。

5 葉寘《坦齋筆衡》，陶宗儀《南村輟耕錄》卷二九《窰器》，北京：中華書局，1959 年，362—363 頁。

6 徐松《宋會要輯稿》崇儒七，上海：上海古籍出版社，2014 年，2916—2917 頁。

7 大阪市立東洋陶磁美術館《定窰・優雅なる白の世界：窯址発掘成果展》，川崎：株式会社アサヒワールド，2013 年，152—157 頁。

8 鄭良謨著，金英美譯《高麗青瓷》，北京：文物出版社，2000 年，120 頁。鄭銀珍《定窰と高麗青磁》，《定窰・優雅なる白の世界：窯址発掘成果展》，川崎：株式会社アサヒワールド，2013 年，244 頁。

9 沈瓊華主編《翡色出高麗：韓國康津高麗青瓷特展》，北京：文物出版社，2012 年，62、67 頁。

10 National Museum of Korea, *Royal Ceramics of Goryeo Dynasty*, Seoul: National Museum of Korea, 2009, p. 111. 大阪市立東洋陶磁美術館《定窰・優雅なる白の世界：窯址発掘成果展》，川崎：株式会社アサヒワールド，2013 年，142 頁。

11 語出莊綽《雞肋編》卷上，北京：中華書局，1983 年，5 頁。

寺龍口

寺龍口窯址位居古銀錠湖東南隅，慈溪市寺龍村東北山坡，爲唐宋越窯代表性窯址之一。經考古發掘，窯業遺存分爲六期，其最末一期產品分爲兩種類型[1]：一類爲舊有之劃花青瓷，除碗盤類飲食用具外，亦有爐瓶類閑適雅器，另一類爲新見之天青釉瓷，碗盤與瓶觚兼備。報告將此期器物目爲南宋初年官府兩次命燒祭器，其文獻依據出自《中興禮書》[2]：

（紹興元年，1131）四月三日，太常寺言，條具到明堂合行事件下項：一、祀天並配位用匏爵陶器，乞令太常寺具數下越州製造，仍乞依見今竹木祭器樣製燒造。

（紹興四年四月二十七日，1134）工部言，據太常寺申，契勘今來明堂大禮，正配四位合用陶器，已降指揮，下紹興府餘姚縣燒造。

其祭器樣制如何？至紹興十三年（1143）別備郊祀祭器時，執事者曾有複述[3]：

（二月二十七日）禮部言……紹興元年，有司始造明堂祭器，止依舊圖之説。四年親祀，議者以新成禮器爲合於古，請復用其禮度。事下禮官，謂無《博古圖》本，遂不果行。十年親祀，前期内出古制爵坫，以易雀背負盞之陋。然而豆、尊、罍、簠、簋、鼎諸器，至今依《三禮圖》，如簠、簋爲桶立龜蓋上之類。

可知紹興元年、四年餘姚縣燒造明堂祭器乃據聶氏《三禮圖》舊制所爲，紹興十三年再造郊祀祭器，始改宗《宣和博古圖》，但係平江府所燒陶器[4]：

> 今來若並仿《博古圖》樣制改造，內銅器約九千二百餘件，竹木一千餘件，其銅約用三萬餘斤。若更製造準備值兩祭器，委是功力浩大，竊慮製造不及。今看詳，欲乞先次將圜壇上正配四位合用陶器，並今來所添從祀爵坫，並依新成禮器。仿《博古圖》內陶器，下平江府燒變。

其具體樣制見載於《中興禮書》所錄紹興十五年（1145）禮器局"開說制度"[5]，亦即《紹熙州縣釋奠儀圖》所本之《紹興製造禮器圖》[6]，簡略圖形以"禮局樣"爲名，與"三禮圖"對照刊印於宋本《周禮圖》[7]中。若將寺龍口六期器物與兩種禮圖對比，形制、紋飾均大相徑庭，顯然並不屬於官方禮制系統，故無法以《中興禮書》爲據斷爲紹興初年官造祭器，其年代推斷仍有賴於考古材料之對比分析。

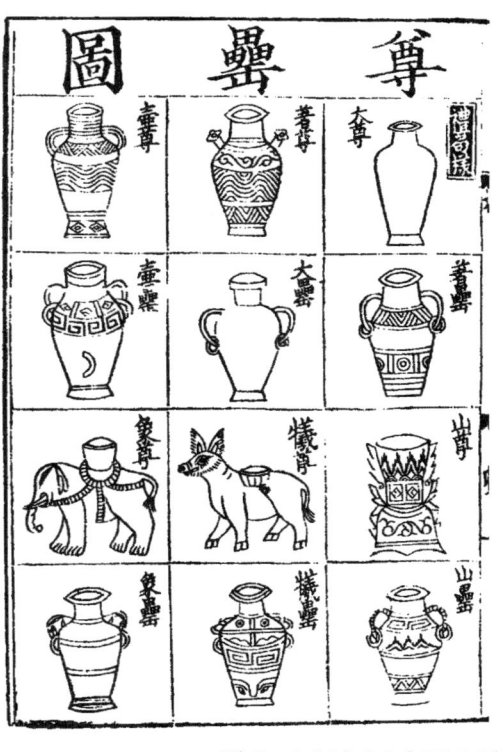

《纂圖互注周禮》卷首《周禮圖說》

定窯北宋晚期器物

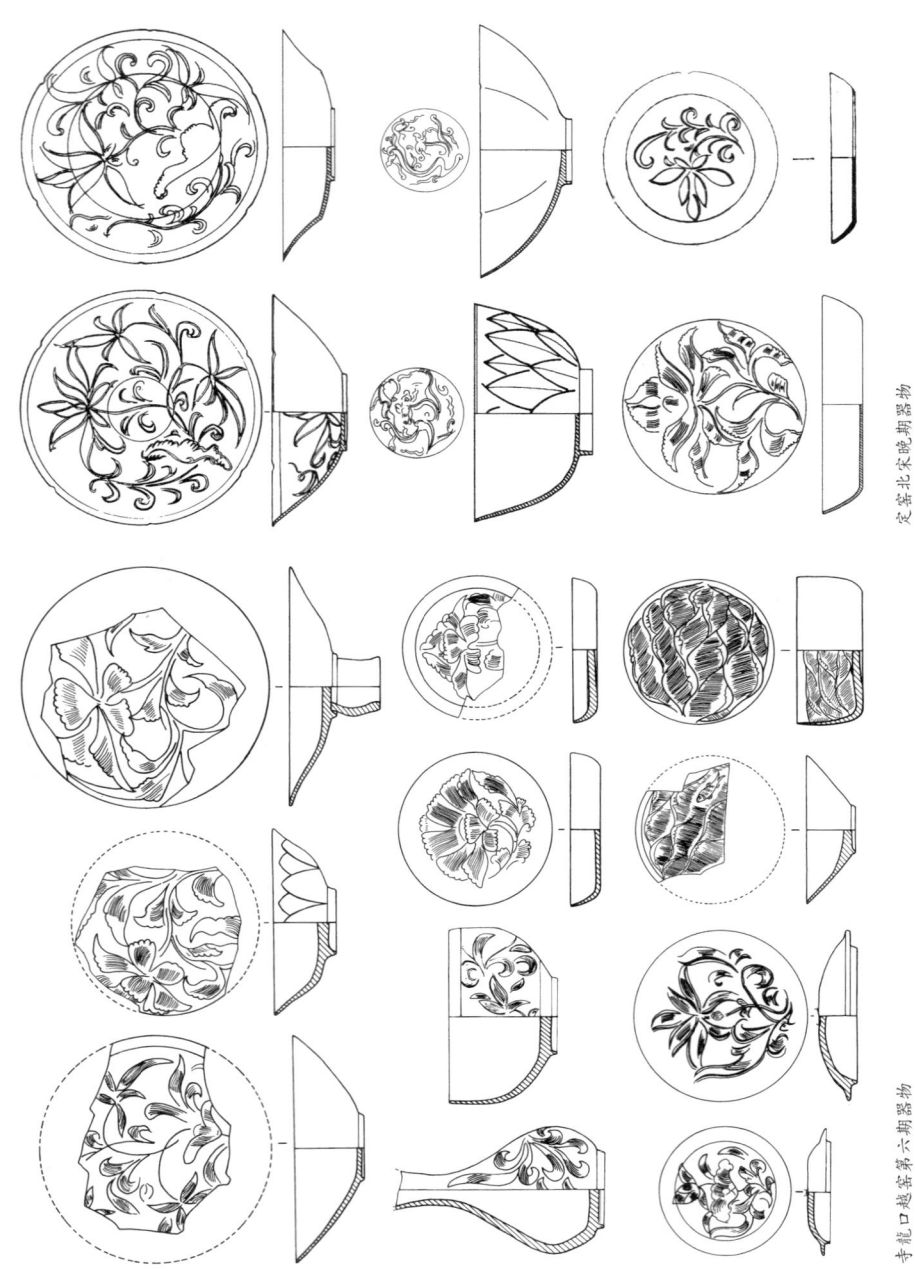

辛龍口越窯第六期器物

284　鷄冠壺：歷史考古劄記

報告亦曾指出該期劃花青瓷與北京金墓所出定窯白瓷在形制與紋飾方面存在相似之處，並據以將該期年代下限定爲十二世紀中葉。按宋金定窯瓷器特徵向來混淆難分，紀年材料以金代中晚期爲多，宋金之際較少，故北宋晚期面貌難以確指，越窯斷代因此偏差亦在情理之中。近年定窯遺址新作發掘，資料漸次刊布[8]，宋金斷限有望釐清[9]。將寺龍口六期與定窯北宋晚期單位重加對比，不難發現其相似度遠較與金代爲高。於是，此種窯際産品關聯現象再度引出《宣和奉使高麗圖經》謂高麗青瓷"竊仿定器制度"之語。其書又云："狻猊出香，亦翡色也，上爲蹲獸，下有仰蓮以承之。諸器惟此物最精絶，其餘則越州古秘色、汝州新窯器，大概相類。"[10] 熙寧間，越州貢瓷尚以"秘色"稱之[11]，故此言"越州古秘色"不宜做唐物解。徽宗朝，宫廷用白瓷以定窯爲貴，青瓷以汝窯爲尊，越窯雖趨式微，模仿兩窯樣制，却不無可能。寺龍口六期之年代，若推斷爲兩宋之際，或近其實。所謂官窯型天青釉瓷（又稱低嶺頭類型），亦不必南渡後始爲也。

2016 年 8 月 14 日

1　浙江省文物考古研究所等《寺龍口越窯址》，北京：文物出版社，2002 年，349 頁。

2　徐松《中興禮書》卷五九《吉禮》五九《明堂祭器》，《續修四庫全書》影印清抄本，第 822 册，上海：上海古籍出版社，2002 年，242—243 頁。

3　徐松《中興禮書》卷九《嘉禮》九《郊祀祭器》，《續修四庫全書》影印清抄本，第 822 册，上海：上海古籍出版社，2002 年，36 頁。

4　徐松《中興禮書》卷九《嘉禮》九《郊祀祭器》，《續修四庫全書》影印清抄本，第 822 册，上海：上海古籍出版社，2002 年，36 頁。

5　徐松《中興禮書》卷一〇《吉禮》一〇《郊祀祭器》二，《續修四庫全書》影印清抄本，第 822 册，上海：上海古籍出版社，2002 年，40—44 頁。

6　朱熹《紹熙州縣釋奠儀圖》，《景印文淵閣四庫全書》第 648 册，臺北：臺灣商務印書館，1986 年，4—5

頁。又著錄作《紹興禮器圖》，參：尤袤《遂初堂書目》，清道光二十六年刻《海山仙館叢書》本，葉四。

7 《纂圖互注周禮》卷首《周禮圖說》，《中華再造善本》影印中國國家圖書館藏宋刻本，葉九；《周禮》卷首《周禮圖》，《中華再造善本》影印北京大學圖書館藏宋刻本，葉一七至一八。

8 大阪市立東洋陶磁美術館《定窯・優雅なる白の世界：窯址発掘成果展》，川崎：株式会社アサヒワールド，2013年；河北省文物研究所等《河北曲陽縣澗磁嶺定窯遺址A區發掘簡報》，《考古》2014年2期，3—25頁。

9 陳冲、劉未《定窯瓷器的編年：以城址、墓葬、塔基、窖藏資料爲中心》，《故宮博物院八十七華誕定窯學術研討會論文集》，北京：故宮出版社，2014年，128—133頁。

10 徐兢《宣和奉使高麗圖經》卷三二《器皿》三，民國二十年故宮博物院《天禄琳瑯叢書》影印宋乾道三年澂江郡齋刻本，葉二。

11 徐松《宋會要輯稿》食貨四一，上海：上海古籍出版社，2014年，6931頁。

餘姚秘色

越瓷之精者，宋人仍稱之爲秘色[1]，南渡之後續有供御。《新刊國朝二百家名賢文粹》收錄曲肱先生《應詔上皇帝陳利害書》，略云[2]：

> 臣尚有得於耳目之間者：永嘉養兵置局，織造錦袍；餘姚呼集陶工，坯冶秘色；錢塘村落，輦致花窠。方陛下衣裳在笥，敝袴不假，則錦袍何用？日昃（晷）不食，土鈃致膳，則秘色何求？《詩》、《書》爲囿，仁義爲圃，則花木何觀？是必供奉之臣舉其職，而陛下不之知也。

曲肱先生即熊彥詩，時任"左迪功郎特差溫州瑞安縣令主管學士勸農公事兼監雙穗鹽場"。查瑞安宋代知縣名錄[3]，熊彥詩紹興二年（1132）任，康惇紹興三年（1133）任。又據《建炎以來繫年要錄》，紹興三年四月"左奉義郎知瑞安縣"熊彥詩等以政績進一官[4]。儘管此處寄祿官階名稱或有訛誤[5]，仍可推定彥詩上書時間在紹興二、三年之際。

與南宋早期越窯生產有關文獻另有史浩《祭窯神祝文》[6]，略云：

> 比者憲臺有命，埏埴是營。鳩工彌月，巧歷必呈。惟是火齊，造化杳冥。端圓縹碧，乃氣之精。茲匪人力，實係神明。

史浩"登紹興十五年（1145）進士第，爲餘姚尉……任滿，詣行在。時仲父才爲右諫議大夫"[7]，而史才以右正言兼崇政殿説書試右諫議大夫乃紹興二十三年（1153）七月[8]，則祭文當作於餘姚尉任内，即紹興十五年之後數年。

　　熊彦詩言及紹興初年"餘姚呼集陶工，坯冶秘色"事件，係指越窰制瓷供御當無疑問，然就其上下文意觀之，仍屬燕享用器範疇，故上書以玩好之弊論之。關於生産組織者，熊文但謂"供奉之臣"，惜不得其詳；史文徑稱"憲臺有命"，則相對明確。周必大《二老堂雜志》云："憲臺，御史臺也，今直以諸路刑獄爲憲，雖聖旨處分、敕令所立法，凡及安撫、提刑司處，皆以帥、憲爲稱。而提刑告詞並曰憲臺，其失多矣。"[9]故史浩所謂"憲臺"，當爲餘姚縣所在兩浙東路提點刑獄司之謂。宋代提刑兼管民政、財政[10]，"雖專以刑獄爲事，封樁、錢穀、盜賊、保甲、軍器、河渠，事務浸繁，權勢益重"[11]。南宋初年，庶事草創，由"憲臺"須索御瓷，亦近情理。

2016 年 8 月 21 日

1　徐松《宋會要輯稿》食貨四一，上海：上海古籍出版社，2014 年，6931 頁；徐兢《宣和奉使高麗圖經》卷三二《器皿》三，民國二十年故宮博物院《天禄琳瑯叢書》影印宋乾道三年澂江郡齋刻本，葉二；陸游《老學庵筆記》卷二，北京：中華書局，1979 年，23 頁。

2　《新刊國朝二百家名賢文粹》卷七六，《中華再造善本》影印中國國家圖書館藏宋慶元三年書隱齋刻本，葉一四。

3　劉畿修，朱綽等纂〔嘉靖〕《瑞安縣志》卷四《職官志》，明嘉靖三十四年刻本，葉三二。

4　李心傳《建炎以來繫年要録》卷六四，北京：中華書局，2013 年，1262 頁。

5　案：《要録》卷八〇紹興四年九月，左宣義郎熊彦詩守秘書丞。依《慶元條法事類》卷四所載，奉議郎正八品，宣義郎從八品，秘書丞從七品。又據《宋史·職官志》，"凡除職事官，以寄禄官品之高下爲準……下一品爲守"。則《要録》所記紹興四年官階無誤，而前此一年彦詩不當爲奉議郎。

6　史浩《鄮峰真隱漫録》卷四二《祭窰神祝文》，《景印文淵閣四庫全書》第 1141 册，臺北：臺灣商務印書館，1986 年，856 頁。

7 胡矩修，方萬里、羅濬纂《寶慶四明志》卷九《叙人》中《先賢事跡》下，《中華再造善本》影印中國國家圖書館藏宋刻本，葉三。
8 李心傳《建炎以來繫年要錄》卷一六五，北京：中華書局，2013 年，3131 頁。
9 周必大《二老堂雜志》卷四，《全宋筆記》第 5 編第 8 册，鄭州：大象出版社，2012 年，368 頁。
10 王曉龍《宋代提點刑獄司制度研究》，北京：人民出版社，2008 年。
11 馬端臨《文獻通考》卷六一《職官》一五，北京：中華書局，1986 年，559 頁。

板橋鎮

北宋元豐六年（1083）十一月，知密州范鍔言[1]：

　　轄下板橋鎮隸高密縣，正居大海之濱，其人烟市井交易繁夥，商賈所聚，東則二廣、福建、淮浙之人，西則京東、河北三路之眾，絡繹往來。然海商至者，類不過數月即謀還歸，而其物貨間有未售，則富家大姓往往乘其急而以賤價買之。在海商者十止得其四五之直，而富姓乃居積俟時，以邀倍稱之利。欲乞於本州置市舶司，於板橋鎮置抽解務，籠賈人專利之權，以歸之公上。

京東路都轉運使吳居厚以爲：

　　如此，則牽制明、廣二州已成之法，非浙、廣、江、淮數路公私之便。海道至南蕃極遠，登、萊東北密邇遼人，雖立透漏法，勢自不可拘攔，而板橋又非商賈輻凑之地，恐不可施行。

七年（1084）三月，居厚又言[2]：

　　密州板橋鎮東枕大海，四方商賈所聚，並無垣墻。乞調明年春夫厚築高垣，以包民居，置關鎮。其海灘浮居小屋，大半隱藏禁物盜賊，並令毀撤，仍委密州覺察。

元祐三年（1088）三月，范鍔再奏[3]：

本鎮自來廣南、福建、淮浙商旅，乘海船販到香藥諸雜稅物，乃至京東、河北、河東等路商客般運見錢、絲綿、綾絹，往來交易，買賣極爲繁盛……今相度板橋鎮委堪與置市舶司。

從之，改板橋鎮爲膠西縣，軍額以臨海軍爲名。

板橋鎮故址在今膠州市區，考古發掘出土瓷器數十萬片，可復原者近千件，以宋金元時期爲主[4]。其中南方各地窯場產品占據一定比例。北宋晚期以景德鎮青白瓷最爲常見，與北方墓葬、城址顯現情況相一致，並不意外。可值注意者：有劃花執壺、篦點劃花碗來自越窯、龍泉窯兩所浙江窯場；另有青灰釉彩繪盆、唇口碗、劃花碗、劃花盤、蓋盒及青釉褐彩盆等物，約來自廣州西村—沙邊窯、潮州筆架山窯、閩清義窯、南安南坑窯、晉江磁竈窯等閩廣窯場。如此器物組合，當由所謂"廣南、福建、淮浙商旅"泛海攜來，故與內陸遺址面貌迥異，却和韓國泰安馬島水下遺址[5]及日本大宰府、博多遺跡群[6]同時期單位所見頗相類似，可連同近年所發掘之上海青龍鎮遺址[7]一併納入東亞海上貿易圈予以考察。板橋鎮入金以後，南方舶來瓷器並未斷絶，景德鎮青白瓷及龍泉青瓷仍具一定數量。相形之下，側近因鹽業興起之海豐鎮則所見甚少[8]。或以爲宋金易代，海豐鎮作爲海絲港口業已取替舊日板橋鎮地位。若就南方瓷器而論，兩鎮於貿易網絡中各自角色似可重加評估。

2017 年 6 月 4 日

龍泉窯　　　　　　　　　　　西村窯

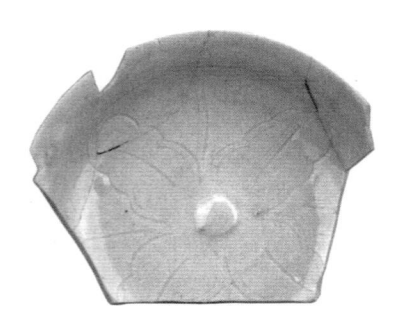

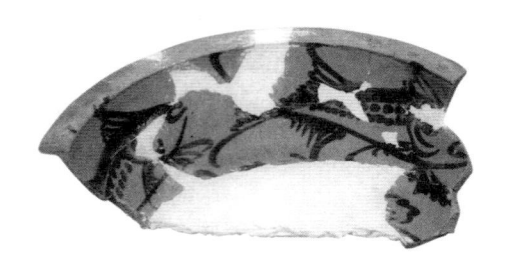

潮州窯　　　　　　　　　　　閩清窯

南坑窯　　　　　　　　　　　磁竈窯

292　雞冠壺：歷史考古劄記

1　李燾《續資治通鑑長編》卷三四一，北京：中華書局，1990 年，8199—8200 頁。
2　李燾《續資治通鑑長編》卷三四四，北京：中華書局，1990 年，8266 頁。
3　李燾《續資治通鑑長編》卷四〇九，北京：中華書局，1992 年，9956—9957 頁。
4　青島市文物保護考古研究所《膠州板橋鎮遺址考古文物圖集》，北京：科學出版社，2014 年。
5　《泰安馬島出水中國陶磁器》，木浦：國立海洋文化財研究所，2013 年。
6　山本信夫《北宋期貿易陶磁器の編年—大宰府出土例を中心として—》，《貿易陶磁研究》8，1988 年，49—87 頁；池崎讓二、森本朝子《博多出土北宋後半期の貿易陶磁》，《貿易陶磁研究》8，1988 年，30—48 頁。
7　上海博物館《千年古港：上海青龍鎮遺址考古精粹》，上海：上海書畫出版社，2017 年。
8　黄驊市博物館等《2000 年黄驊市海豐鎮遺址發掘報告》，北京：文物出版社，2015 年；吉林大學邊疆考古研究中心等《華瓷吉彩：黄驊市海豐鎮遺址出土文物》，北京：科學出版社，2016 年。

韓　瓶

韓瓶一物，實帶繫釉陶瓶也，目爲宋將韓世忠軍中酒器，故名。此物常見於清代中期江浙文獻，聊舉數例，以廣見聞。

孟瑢《豐暇筆談》："康熙丁亥（1707），蘇城大旱，川澤皆涸。有漁人於陽澄湖中掘得瓷罌數百，小口巨腹，容五升許，好事者取以養花，能結實，或謂此韓瓶也，韓蘄王所遺，得者遂珍之。"[1]

陶煦《周莊鎮志》："乾隆間，南湖水涸，撈得酒瓶甚多，兩頭尖銳，識者知爲韓瓶，即背嵬軍所負者。插桃梅花枝於中能結實，殆以久淪水底得地氣故歟？"[2]

倪鴻《桐陰清話》："韓瓶，宋時貯酒器也。紹興中韓世忠圍金完顏兀朮於黃天蕩，高宗聞之喜，賜軍士酒萬瓶。其瓶本瓦質，高尺許，形如筒，口與足微束，旁有小耳可繫繩。出太湖，内貯污泥。帶泥貯水折枝於内，能生根結實。"[3]

沈學淵《韓瓶歌》："余鄉（寶山）多韓瓶，蘄王犒軍酒器也。……瓶大者有耳，可貫繩，小者無之。置几案間，古撲可玩，插花經時不萎，歲久得土氣厚也。"[4]

王誠《韓瓶歌序》："韓瓶者，崇二尺，厚寸，圍尺半，直腹，背微坳，弇口，旁有雙耳，其色黝然。皋亭山人墾田得之，及門俞生拱辰購其一，出以示余，云是韓蘄王軍中盛酒器也。"[5]

夏荃《退庵筆記》：泰州"南門外耕者及送葬家，往往於土中得古瓦瓶。長身，兩頭微銳，渾淪如冬瓜。近瓶口布列四小耳，出土時輒爲鋤鐹所傷，耳多缺。取以養花，能耐久不凋。土人呼爲韓瓶"[6]。

　　韓瓶於江浙地區宋元明墓葬、水井等類遺跡中多有發現，且常與相同質地四繫罐及執壺同出。其形態演變遠較瓷器遲緩，然亦非無跡可循。大略言之，北宋後期至南宋早期，中腹稍鼓，肩尾斜弧，口唇寬平[7]；南宋中期至元代，中腹較直，肩尾稍斜，重唇略聳[8]；明代早中期，中腹仍直，肩尾斜甚，重唇聳立[9]。據清人描述，其所見者應多爲元明之物。韓瓶本盛酒水粗器，製作鄙陋，若與同期瓷器相比，幾無可觀之處。然既附會爲蘄王故物，文人雅士率多置於案頭，以爲插花清玩。乃至衍生出一類繪畫題材，如道光中六舟所作瓶梅圖[10]是也，民國間談月色以全形拓韓瓶補作墨梅[11]亦其流裔云。

2016 年 1 月 31 日

1　孟瑢《豐暇筆談》，《申報館叢書》第 232 册，清光緒鉛印本。

2　陶煦《周莊鎮志》卷一《勝跡》，清光緒八年刻本，葉二六。

3　倪鴻《桐陰清話》卷五《韓瓶》，民國十三年掃葉山房石印本。

4　沈學淵《韓瓶歌》，《桂留山房詩集》卷六，《清代詩文集彙編》影印清道光二十四年刻本，第 560 册，上海：上海古籍出版社，2010 年，154 頁。

5　王誠《韓瓶歌序》，《兩浙輶軒續錄》卷三八，《續修四庫全書》影印清光緒十七年浙江書局刻本，第 1686 册，上海：上海古籍出版社，2002 年，445 頁。

6　夏荃《退庵筆記》卷七《韓瓶》，《四庫未收書輯刊》影印清抄本，第 3 輯第 28 册，北京：北京出版社，2000 年，436—437 頁。

7　南京市博物館《南京市太新路宋墓發掘簡報》，《東南文化》2011 年 6 期，41 頁。上海博物館考古研究部《上海市青浦區青龍鎮遺址 2010 年發掘簡報》，《東南文化》2012 年 2 期，35 頁。

8　王世傑《上海奉賢縣馮橋宋井的清理》，《考古》1997 年 5 期，48 頁。

9　武漢博物館《鍾家村宋代水井清理簡報》，《江漢考古》1998 年 4 期，22 頁。

10　浙江省博物館《六舟：一位金石僧的藝術世界》，杭州：西泠印社出版社，2014 年，154 頁。

11　蔡談月色《韓瓶墨梅》，《東方雜誌》27 卷 16 期，1930 年 8 月，插圖。

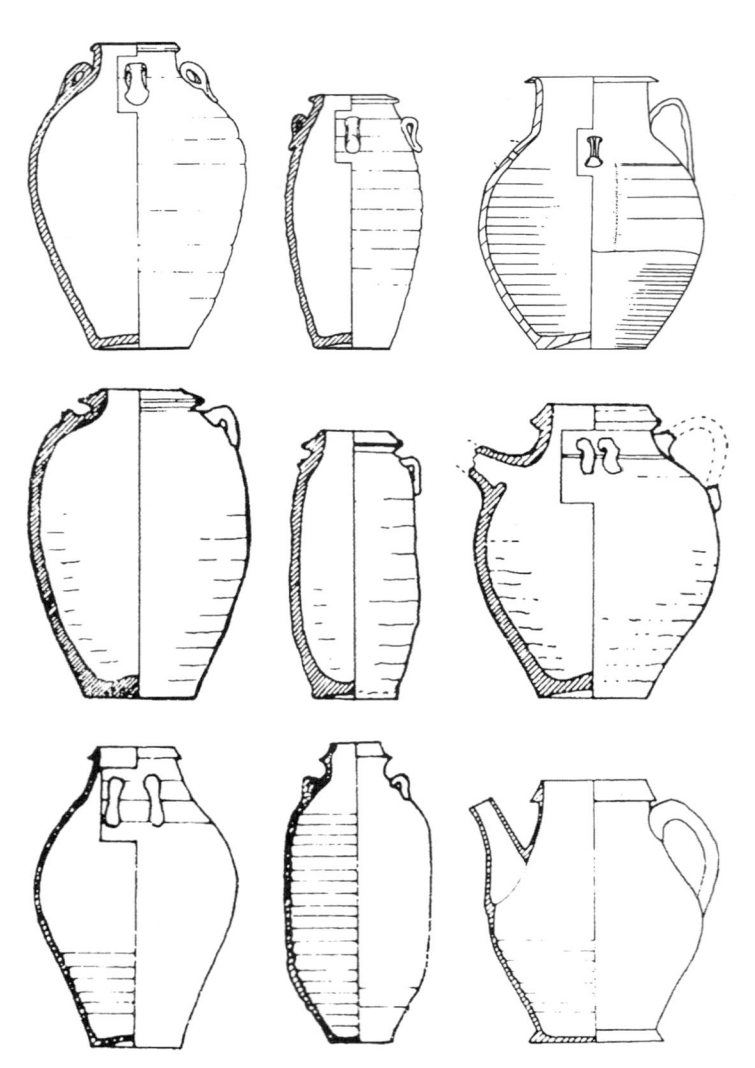

韓瓶形制演變圖　　　　　　　　　　　　　　　　　談月色《韓瓶墨梅》

建　盞

建窯所造黑釉茶盞較早見載於蔡襄《茶錄》，其論茶器曰："茶色白，宜黑盞。建安所造者紺黑，紋如兔毫。其坯微厚，熁之久熱難冷，最爲要用。出他處者，或薄或色紫，皆不及也。"[1] 是書撰於皇祐間（1049—1053）而刊於治平初（1064），所述應爲北宋中期事[2]。襄另有《試茶》詩云："兔毫紫甌新，蟹眼青泉煮。"[3] 襄之從侄條記述："伯父君謨嘗得……茶甌十，兔毫四散，其中凝然，作雙蛺蝶狀，熟視若舞動，每寶惜之。"[4] 蘇頌之孫象先又記："祖父常云：蔡君謨爲福建漕，聞一寺僧收兔毫盞甚奇，迳道訪之，求觀，果尤物也。問：可酌茗乎？僧駭曰：某藏之什襲數十年，時出一玩，豈可汦水！"[5] 若此傳聞不誤，兔毫建盞創製年代或可前提。

然質諸考古材料，墓葬所出建盞迄今未見有早至北宋中期者。若以紀年材料論，藍田大觀元年（1107）呂省山妻墓[6]及婺源靖康二年（1127）張氏墓[7]所出侈口盞腹部一深一淺，可作爲北宋末期代表。武漢十里鋪墓類同，與丙戌（崇寧五年，1106）、丁亥（大觀元年，1107）、戊子（大觀二年，1108）、己丑（大觀三年，1109）題記漆器同出[8]。順昌大坪林場墓侈口盞及敞口盞，以往據伴出銅錢斷作元豐（1078—1085），恐年代估計偏早，因與龍泉窯篦點劃花青瓷碗同出，實應屬於北宋末期徽宗朝[9]。將樂梅花井 M4 敞口盞情況與其相同[10]。淮安元豐七年（1084）田政墓侈口盞則可作爲北宋晚期代表，係紀年材料最早之例[11]。松陽雲巖山墓侈口盞與龍泉窯篦劃花青瓷碗盤（不晚於哲宗）、景德鎮窯十二瓣青白瓷碟（不早於哲宗）等器物同出，瓷器、漆器又有"丁巳"(熙寧十年，1077)、"辛未"(元祐六年，1091)、"癸酉"(元祐八年，1093)題記，其年代當在北宋晚期神哲之交[12]。長清崮雲湖 M1 時代相近，兩侈口盞腹有深淺之別[13]。上海青龍鎮、日本博多出有建窯貿易瓷，但均未突破前述材料年代上限[14]。

南宋前期建盞持續繁盛，深圳咸頭嶺 M6(約孝宗朝)[15]、江浦慶元元年(1195)張同之墓[16] 及婺源嘉定四年(1211)程寶睦墓[17] 所出之束口盞即典型形制，似未見於北宋。前人曾據程大昌"今御前賜茶皆不用建盞"之語[18]，推斷孝宗淳熙年後建盞在宮廷中地位大為降低[19]。今檢倪思《重明節館伴語錄》，記紹熙二年(1191)九月金使完顏兗來賀光宗生日重明節事，思為館伴使，"循例送兗等第一次私覿"及"回答兗等第二次泛送土物"，均有"建茶盞一十隻"[20]，可證南宋中期建盞仍在官方視野之中。與此同時，福建諸窯場蜂起仿製黑釉茶盞，至南宋晚期，建窯確呈衰微之態。吉

淮安田政墓、順昌大坪林場墓、松陽雲巖山墓、長清崮雲湖 M1
藍田呂省山妻墓、長清崮雲湖 M1、順昌大坪林場墓、將樂梅花井 M4
深圳咸頭嶺 M6、江浦張同之墓、婺源程寶睦墓、吉水張重四墓

水嘉熙四年（1240）初葬寶祐二年（1254）改葬張重四墓所出淺腹束口盞可作爲該期少見例證[21]。至於元代中期韓國新安沉船雖仍有建盞存在，顯屬前朝舊物，當以"古董"視之[22]。

2016 年 9 月 18 日

1　蔡襄《茶錄》下篇《論茶器》，《中華再造善本》影印中國國家圖書館藏宋刻《百川學海》本，葉三。

2　李民舉《建窑初論稿》，《"迎接二十一世紀的中國考古學"國際學術討論會論文集》，北京：科學出版社，1998 年，332 頁。

3　蔡襄《北苑十詠》，《蔡襄集》卷二，上海：上海古籍出版社，1996 年，33 頁。

4　蔡絛《鐵圍山叢談》卷六，北京：中華書局，1983 年，102 頁。

5　蘇象先《丞相魏公譚訓》卷八，《全宋筆記》第 3 編第 3 册，鄭州：大象出版社，2008 年，86—87 頁。

6　陝西省考古研究院等《異世同調：陝西藍田家族墓地呂氏家族墓地出土文物》，北京：中華書局，2013 年，174—175 頁。陝西省考古研究院等《藍田呂氏家族墓園》，北京：文物出版社，2018 年，358 頁。

7　詹永萱、詹祥生《婺源兩座宋代紀年墓的瓷器》，《中國陶瓷》1982 年 7 期，圖版 8；婺源博物館《婺源博物館藏品集粹》，北京：文物出版社，2007 年，18 頁。

8　湖北省文化局文物工作隊《武漢市十里鋪北宋墓出土漆器等文物》，《文物》1966 年 5 期，61 頁。

9　曾凡《福建順昌大坪林場宋墓》，《文物》1983 年 8 期，圖版 6；福建省博物館、茶道資料館《唐物天目—福建省建窑出土天目と日本伝世の天目—》，京都：茶道資料館，1994 年，42—43 頁。

10　福建博物院、將樂縣博物館《將樂縣梅花井宋代墓群發掘簡報》，《福建文博》2012 年 2 期，25 頁。

11　張柏主編《中國出土瓷器全集》7，北京：科學出版社，2008 年，99 頁。

12　宋子軍、劉鼎《浙江松陽宋墓出土瓷器》，《文物》2015 年 7 期，86 頁。

13　濟南市考古研究所《山東濟南長清崮雲湖宋墓發掘簡報》，《文物》2016 年 2 期，30 頁。

14　上海博物館《千年古港：上海青龍鎮遺址考古精粹》，上海：上海書畫出版社，2017 年，38、184—193 頁；森本朝子《博多遺跡群出土の天目》，福建省博物館、茶道資料館《唐物天目—福建省建窑出土天目と日本伝世の天目—》，京都：茶道資料館，1994 年，194—214 頁。

15　深圳博物館《廣東深圳宋墓清理簡報》,《考古》1990 年 2 期,133 頁;深圳市文物管理委員會辦公室《深圳 7000 年——深圳出土文物圖錄》,北京:文物出版社,2006 年,119 頁。

16　南京市博物館《江浦黃悅嶺南宋張同之夫婦墓》,《文物》1973 年 4 期,64 頁;張柏主編《中國出土瓷器全集》7,北京:科學出版社,2008 年,133 頁。

17　詹永萱、詹祥生《婺源兩座宋代紀年墓的瓷器》,《中國陶瓷》1982 年 7 期,圖版 9;婺源博物館《婺源博物館藏品集粹》,北京:文物出版社,2007 年,32 頁。照片攝於婺源博物館展廳。

18　程大昌《演繁露》卷一一《銅葉盞》,《全宋筆記》第 4 編第 9 冊,鄭州:大象出版社,2008 年,91 頁。

19　顧文璧《建窯"供御"、"進盞"的年代問題:〈宣和遺事〉"建溪異毫盞"正誤》,《東南文化》第 2 輯,1986 年,138 頁。

20　倪思《重明節館伴語錄》,《全宋筆記》第 6 編第 4 冊,鄭州:大象出版社,2013 年,316、322 頁。

21　陳定榮《江西吉水紀年宋墓出土文物》,《文物》1987 年 2 期,圖版 6;吉水縣博物館《珍藏吉水》,北京:文物出版社,2014 年,70 頁。

22　韓國文化財廳、國立海洋遺物展示館《新安船》,2006 年,319—326 頁。

內府瓷瓶

《嘉靖惟揚志·雜志》揚州瓷瓶條:"揚州開元寺嘗伐地得二瓷瓶,白質小口,膚理極細,一書'內府',一書'會慶館',疑是隋宮舊名也。"[1] 今所見內府款瓷瓶不在少數,以元物居多,北京[2]、河北[3]、黑龍江[4]、內蒙古[5]、浙江[6]等地及蒙古國[7]元代城址、窖藏均有出土。形制大體相類,小口、束頸、鼓肩、斜腹、撇足,多爲化妝白瓷,個別翠藍釉或黑釉瓷,內府二字位於肩部,前兩種以黑彩書於釉下,後一種剔刻露胎或以白彩書於釉上,均屬北方地區磁州窯類型製品,窯場可確知者爲磁縣觀臺[8]、峰峰臨水[9]與隆化鮑家營[10]。

《元史·別兒怯不花傳》:"宣徽所造酒,橫索者衆,歲費陶瓶甚多。別兒怯不花奏製銀瓶以貯,而索者遂止。"[11] 或據此以爲內府款瓷瓶係裝盛宣徽院産酒之儲酒瓶[12]。宣徽院,"凡稻粱牲牢酒醴蔬果庶品之物,燕享宗戚賓客之事"皆隷焉。下轄光祿寺,"掌起運米麴諸事,領尚飲、尚醖局,沿路酒坊,各路布種事"。大都尚飲局,"掌醖造上用細酒"。大都尚醖局,"掌醖造諸王百官酒醴。"[13] 另有中政院所轄典飲局,"掌醖造酒醴,以供內府,及祭祀宴享賓客賜頒之給"[14]。是知以上機構造酒均可以內府名義供給,即如王惲《三勒漿歌序》所述者:"今光祿許公復以庵摩、訶〔黎〕、毗梨三者釀而成漿,其光色曄曄,如蒲萄桂醑,味則温馨甘滑,渾涵妙理。及薦御,天顏喜甚,謂非餘品可及,遂時供內府。"[15]

朝鮮漢語教材《朴通事》中有一著名橋段亦與內府供酒相關,衆人預備賞花筵席時提及[16]:

赤城縣博物館藏品　　懷來縣博物館藏品　　開魯縣文管所藏品　　敖漢旗博物館藏品

　　酒京城槽房雖然多，街市酒打將來怎麼喫？咱們問那光祿寺裏，討南方來的蜜林檎燒酒一桶、長春酒一桶、苦酒一桶、豆酒一桶，又內府管酒的官人們造的好酒，討十來瓶如何？可知道好，著誰去討？光祿寺裏著姓李的館夫討去，內府裏著姓崔的外郎討去。討酒的都迴來了，勘合有了不曾？討將來了，我到那衙門裏，堂上官說了，便叫將當該的外郎來寫勘合，就使印信與我來。在那裏？拿來我看。官人們文書分付管酒的署官根底：支與竹葉清酒十五瓶、腦兒酒五桶。照依前例該與多少？如今怎麼少了？都是官人們剋減了。罷，罷，減不多。

　　既是依例堪合支取，便與任意橫索不同，可以推知內府供酒除頒賜外，亦有其他流通渠道，酒瓶傳布四方自在情理之中。

2016 年 1 月 17 日

1　朱懷幹修，盛儀纂《嘉靖惟揚志》卷三八《雜志》，《天一閣藏明代方志選刊》影印明嘉靖二十一年刻本，葉六。

2 中國科學院考古研究所、北京市文物管理處元大都考古隊《北京後英房元代居住遺址》,《考古》1972年6期,9—10頁。田敬東《北京良鄉發現的一處元代窖藏》,《考古》1972年6期,33頁。趙光林《北京市發現一批古遺址和窖藏文物》,《考古》1989年2期,181頁。

3 河北省文物研究所等《隆化皇姑屯遼北安州及其附近遺跡調查簡報》,《文物春秋》1991年2期,照44。王國榮《河北赤城縣出土元代"內府"白釉梅瓶》,《文物》1994年8期,80頁。張家口市文物考古研究所《張家口古陶瓷集萃》,北京:科學出版社,2008年,143—144頁。

4 朱國忱《塔子城調查紀略》,《遼海文物學刊》1987年2期,69頁。

5 汪慶正主編《中國陶瓷全集》10,上海:上海人民美術出版社,2000年,圖版134、135。蘇東、湯寶珠《內蒙古博物館藏元集寧路出土的瓷器》,《中國古陶瓷研究》第11輯,北京:紫禁城出版社,2005年,圖6。

6 桑堅信《杭州市發現的元代瓷器窖藏》,《文物》1989年11期,26頁。

7 X. 勃爾來《蒙古的古代城市和居民區史略述》,《蘇聯考古學》1957年3期,中譯文載《蒙古史研究參考資料》第19輯,1965年4月,8頁。

8 北京大學考古學系等《觀臺磁州窰址》,北京:文物出版社,1997年,圖版50。

9 邯鄲市文物保護研究所、峰峰礦區文物保管所《河北邯鄲臨水北朝至元代瓷窰遺址發掘簡報》,《文物》2015年8期,49頁。

10 郭濟橋等《隆化興州窰考古取得階段性成果》,《中國文物報》2010年7月2日4版。

11 宋濂《元史》卷一四〇《別兒怯不花傳》,北京:中華書局,1976年,3366頁。

12 施靜菲《蒙元宮廷中瓷器使用初探》,《"國立"臺灣大學美術史研究集刊》第15期,2003年,185頁。

13 宋濂《元史》卷八七《百官志》三,北京:中華書局,1976年,2200—2201頁。

14 宋濂《元史》卷八八《百官志》四,北京:中華書局,1976年,2233頁。

15 王惲《秋澗先生大全文集》卷六《七言古詩》,《四部叢刊》初編影印明弘治刻本,葉一四。

16 《朴通事諺解》上,《奎章閣叢書》影印朝鮮肅宗三年活字本,葉二至四。

窯　變

南宋周煇《清波雜志》云[1]：

  饒州景德鎮，陶器所自出，於大觀間窯變，色紅如朱砂，謂熒惑躔度臨照而然。物反常爲妖，窯户亟碎之。時有玉牒防禦使仲楫，年八十餘，居于饒，得數種，出以相示，云：比之定州紅瓷器，色尤鮮明。

元蘇天爵撰董士良神道碑云[2]：

  大德初，公起家承直郎、保定路曲陽縣尹……邑陶縹瓷，歲貢有常，是年色幻爲赤，奇異可玩。公曰："禮，奇器不入宫。今若輸之，是求媚也。朝廷若復欲之，民何由致？"悉毁而瘗之，人服其識。

  以上二則文獻，記録宋元窯變異聞，惜無從得證。北宋末年景德鎮窯燒造青白瓷，質量正逢其盛，精製品釉色多白中顯青。偶因窯内氣氛異常，見有通體烏黑者，紅如朱砂則未遇。曲陽定窯始自晚唐，盛於宋金，至元代中期僅餘粗瓷零星燒造，既非縹瓷，亦難上貢，所謂色幻爲赤，實不知爲何物。

  明代瓷業，以景德鎮御窯爲尊，宫廷用瓷，體制甚嚴，務求劃一，然銅紅鈷藍，窯變難免，凡有所遇，主事者皆毀棄不報[3]：

> 鄭弘，字仲耀，諸暨人。永樂初，以明經判安慶府，改饒州，升南安同知，所歷皆有善政。饒民以燒瓷爲業，故多官府造作之所。弘嘗監督其事，忽值窯變，瓷器皆成異色。守者將以上聞，弘謂："任土作貢，不強所無，倘因適然，而責其常，然後將何以應？"遽毀之。民立祠窯所以報德。

此類事例，明代中期官員何孟春論之最詳，錄此備查[4]：

> 江浙官窯，燒造供上磁器。其始搏作塗飾，求其精緻一也。開窯之日，反覆比量，而美惡辨矣。其中有同是質，而遂成異質；有同是色，而特爲異色者。水土所合，人力之巧，不復能與，是之謂窯變。蓋數十窯中，千萬品而一遇焉。然監窯官見，則必毀之。窯變寶珍奇，而不敢以進御，以非可歲供物也。故供上磁器，惟取其端正合制，瑩無疵瑕，色澤如一者耳。噫！物苦窳不足道也，物亦奚用珍奇爲。民間燒磁，舊聞有一二變者，大者毀之，盡甓小者藏去，鬻諸富室，價與金玉等。夫金玉物產之英華，聖人貴之。彼磁雖奇，出於所變。大者，上之不得用於宗廟朝廷，而下之使人不敢用，不免毀裂，竟同瓦礫；而瑣瑣者，以供富室私玩，奚以變爲哉！願質於司甄陶者，其亦致惜是物否乎？或曰，是造化之責，吾不得而知也。

2016 年 9 月 11 日

1　周煇《清波雜志》卷五，北京：中華書局，1994 年，213 頁。
2　蘇天爵《元故朝列大夫開州尹董公神道碑銘并序》，《滋溪文稿》卷一二，北京：中華書局，1997 年，190 頁。

3 嵇曾筠等修，沈翼機等纂〔雍正〕《浙江通志》卷一六九引〔弘治〕《紹興府志》，《景印文淵閣四庫全書》第 523 冊，臺北：臺灣商務印書館，1986 年，464 頁。

4 何孟春《餘冬序錄》卷四六，《四庫全書存目叢書》影印明嘉靖七年郴州家塾刻本，子部第 102 冊，濟南：齊魯書社，1995 年，83—84 頁。

牌印隨葬

杭州半山鋼鐵廠宋墓，作南北并穴石藏，與湖州風車口墓類同，爲北宋葬制南漸之例。墓中出有紹興十九年（1149）文思院鑄"建寧軍節度使之印"一方[1]，墓主推斷爲高宗生母韋太后之侄韋謙，卒於紹興二十六年（1156）[2]。

宋墓隨葬官印，由來有自，《續資治通鑑長編》即見北宋事例數則。慶曆元年（1041）二月，忠正軍節度使、壽國公昕"薨，贈太師、中書令、豫王，諡悼穆，命端明殿學士李淑護喪事，陪葬永定陵，納旌節符印於壙中"[3]。熙寧十年（1077）六月，"合州防禦使趙思忠卒，贈鎮洮軍留後，官給葬事，許以牌印從葬"[4]。九月，"彰德軍節度使、同平章事、濮國公宗樸爲兼侍中，進封濮陽郡王……後五日，宗樸卒，輟朝臨奠，贈太師、中書令，追封康王，諡僖穆。其後又給彰德軍節度使牌印隨葬"[5]。元豐五年（1082）二月，"崇信軍節度使、開府儀同三司、華陰郡王宗旦卒，車駕臨奠，輟視朝二日，贈太尉、勝王，諡恭孝，聽以旌節牌印葬"[6]。循例漸多，即成制度。於是，元豐六年（1083）十二月"詔：自今臣僚所授旌節碑印，亡没並賜葬。不即隨葬者，徒二年；因而行用者，論如盜用官文書印律"[7]。相同規定另見南宋《慶元條法事類》："諸臣僚所賜旌節牌印，聽隨葬，訖，申所屬州縣。""諸臣僚所賜旌節牌印，若不隨葬，過叁拾日不納官者，徒貳年。印因而行用，依僞寫官文書印律；印僞文書者，仍依盜用法。"[8]

關於牌印，《資治通鑑》卷二五六胡三省注云："古者授官賜印綬，常佩之於身，至解官則解印綬。至唐始置職印，任其職者，傳而用之。其印盛之以匣，當官者置之臥內，別爲一牌，使吏掌之，以謹出入，印出而牌入，牌出則印入，故謂之牌印。"[9]《朝野類要》則云："印司掌銅、木朱記，以牌詣本官請關印。用印畢封匣，復納之。凡牌入則印出，印入則牌出，蓋立法防嚴之意也。"[10]《文獻通考》記錄規制較詳："宋因唐制，諸司皆用銅印。諸王及中書門下印方二寸一分，樞密、宣徽、三司、尚書省諸司印方二寸。惟尚書省印不塗金，餘皆塗金。節度使印方一寸九分，塗金。餘印並方一寸八分，惟觀察使塗金。諸王、節度使、州、府、軍、監、縣印皆有銅牌，其長七寸五分，諸王廣一寸九分，餘廣一寸八分。諸王、節度、觀察使牌塗以金，刻文云：牌（出）〔入〕印（入）〔出〕，印入牌出。"[11]

存世宋代印牌實物見有六例："熙州管內觀察使印牌"[12]、"綿州防禦使印牌"[13]、"榮州防禦使印牌"[14]、"奉節縣印牌"[15]、"新浦縣印牌"[16]、"竹山縣印牌"[17]，均鑄"牌入印出，印入牌出"八字。其中榮州防禦使與新浦縣兩例牌印雙全，前者出自南

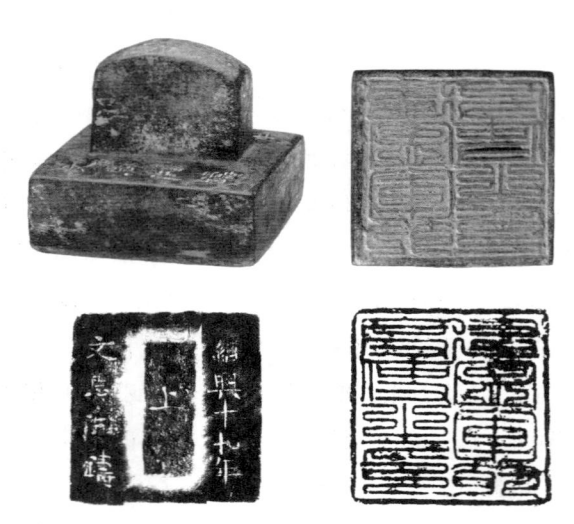

建寧軍節度使印

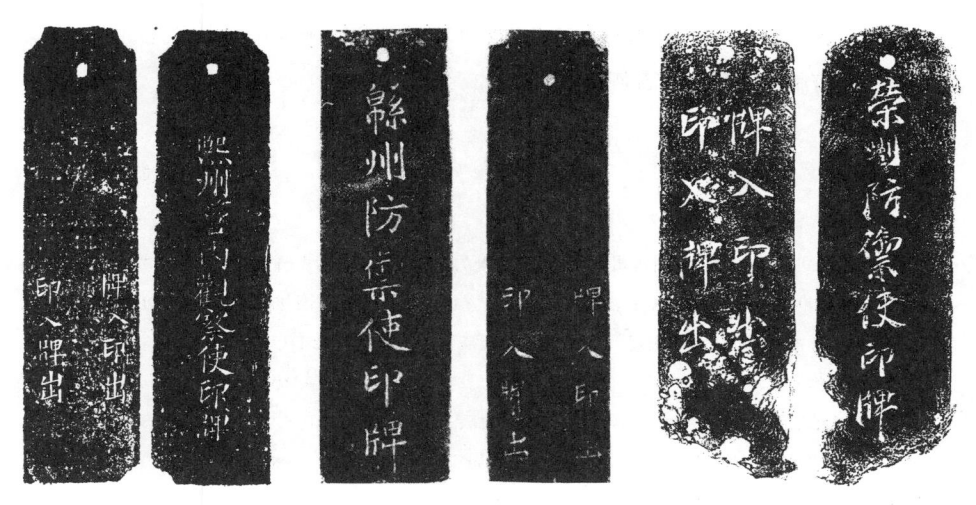

熙州管内觀察使印牌、綿州防禦使印牌、榮州防禦使印牌

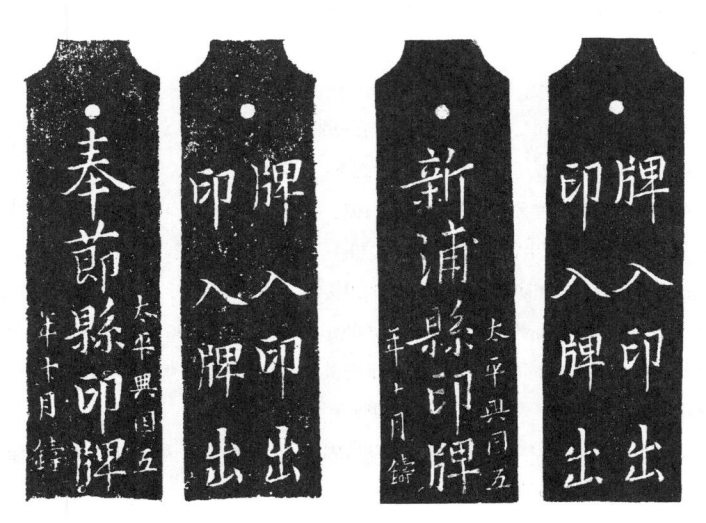

奉節縣印牌、新浦縣印牌

談物 309

京戚家山張保墓。保爲清河郡王張俊之弟，亦卒於紹興二十六年，與韋謙同時。兩墓均爲宋代武官牌印隨葬之寶貴例證。

2017 年 5 月 27 日

1　浙江省文物管理委員會《浙江省杭州鋼鐵廠宋墓概況》，《浙江省文物考古研究所學刊》第 7 輯，杭州：杭州出版社，2005 年，467—473 頁；浙江省博物館《方寸乾坤》，杭州：浙江古籍出版社，2009 年，99 頁。
2　浙江省文物考古研究所《浙江宋墓》，北京：科學出版社，2009 年，78 頁。
3　李燾《續資治通鑑長編》卷一三一，北京：中華書局，1985 年，3103—3104 頁。
4　李燾《續資治通鑑長編》卷二八三，北京：中華書局，1986 年，6924 頁。
5　李燾《續資治通鑑長編》卷二八四，北京：中華書局，1986 年，6966—6967 頁。
6　李燾《續資治通鑑長編》卷三二三，北京：中華書局，1990 年，7783 頁。
7　李燾《續資治通鑑長編》卷三四一，北京：中華書局，1990 年，8212 頁。
8　謝深甫《慶元條法事類》卷七七，《中國珍稀法律典籍續編》第 1 册，哈爾濱：黑龍江人民出版社，2002 年，837、834 頁。
9　司馬光《資治通鑑》卷二五六，北京：中華書局，1956 年，8312 頁。
10　趙昇《朝野類要》卷三《牌印》，北京：中華書局，2007 年，76 頁。
11　馬端臨《文獻通考》卷一一五《王禮考》一〇，北京：中華書局，1986 年，1039 頁。
12　秦明智《熙州管内觀察使印牌》，《考古與文物》1982 年 2 期，30、41 頁。甘肅省博物館《甘肅省博物館文物精品圖集》，西安：三秦出版社，2006 年，251 頁。
13　何鈺《甘肅通渭縣發現"綿州防禦使印牌"》，《四川文物》1986 年 4 期，53—54 頁。
14　邵磊《早期牌印制度的實物見證：記南宋榮州防禦使印及印牌》，《四川文物》2003 年 5 期，68—71 頁；南京市博物館《南京市博物館藏印選》，上海：上海書店出版社，2005 年，15—16 頁。
15　王英黨《湖南桃源縣發現北宋銅牌》，《考古》1989 年 4 期，323 頁。
16　劉喜海《三巴古古志》第三册《宋新浦縣六印並印牌》，清道光刻本；謝儉華《宋代新浦縣的牌和印》，《文物天地》1997 年 3 期，45 頁。
17　《竹山發現宋代印牌》，《十堰晚報》2009 年 2 月 7 日 16 版。

從　物

宋代皇室及官員出行，皆有侍從贊引，儀仗之外另執從物。其名件文獻記載較詳者凡四例，抄錄如下：

政和六年（1116），賜太師蔡京：金鍍銀燎籠一副，湯茶合子二具各匙子全，大湯瓶二隻，中湯瓶二隻，湯茶托子一十隻，廝羅一面，唾盂、缽盂一副蓋子全，湯藥盤子二面，好茶湯瓶一隻，搊提一隻，熟水檯子一隻，撮銚一隻，水罐子、手巾筒子一副，湯茶盤各二十隻，通裹裝釘交椅一張，青羅涼扇二柄各袋全[1]。

紹興十五年（1145），賜太師秦檜：金鍍銀鈔〔沙〕鑼、唾盂、照匣、手巾筒子、罐子、裝釘頭籠茶燎子、熟水檯子各一，金鍍銀湯瓶二，灰匙大箸一，黑漆桌子、杌子各一，銀絲劄柄青羅撒一[2]。

紹興九年（1139），爲太后回鑾擬製：金鍍銀粧平鈒龍燎籠一副金鍍銀作子、梅紅綫團板條金之鍍銀裹兩頭朱紅漆檐子全，梅紅羅表絹裹三副，夾帕一條，金鍍銀平鈒龍湯瓶二隻，注碗一副，盤盞一副蓋子全，疊五隔，隔楪六片，湯茶筒子五個，熟水檯子二隻，果楪三千隻，金平鈒龍茶托子一隻，茶匙子一柄，茶盞蓋子一個，金棱平鈒龍白定磁湯茶盞二隻，紅漆茶藤面面牀一張，梅紅羅表裏三副，夾帕一條，梅紅羅表裏絹夾裙一條，腰瀝水礎石栓寨全，朱紅漆藤面從籠子一對朱紅漆檐子並梅紅綫條全，槐黃絹三幅，夾帕四條，朱紅漆藤面桌子二隻，機子一隻，大合二具。又有：金鍍銀香毬二座，藥罍子二桌底紅綫絡子幹竿子全，合子一副匙子全，大沙羅一面手把鈒兒全，小沙羅一面，御水桶一隻黃綫條全，看罐子一隻手把子紅綫條全，唾盂一隻，鉢盂一隻，手巾筒一隻紅綫條全，搭濾子一柄紅羅袋兒全，黃羅繖二柄黃絹袋全，黃羅暖扇四柄黃絹袋全，紅羅黃羅繡手巾二條，黃羅裹椅背座子一副，御座朱紅椅子踏子一副，黃絹油雨傘二柄袋全，紅黃銷金拂扇二柄，緋羅繡雉扇六柄黃絹袋並油扇袋全[3]。

紹興十三年（1143），爲皇后册命而造：大沙鑼一面，出香、香毬二座，香合一具匙子全，香藥罍二桌，吐盂、體〔鉢〕盂一副蓋全，小沙鑼一副，手巾筒一隻，小桶子一隻，水灌子一隻，搭濾子一件全，紅羅繡繖二柄，扇四柄，素繖二柄，行幕二竿[4]。

上述名件雖多，類別實簡。其中檐子主人乘坐，傘扇貼身近侍，若嚴格區分，當列於從物之外。其餘器物茶具、潔具通用之，香具似爲宮廷或女性專屬。傳世《中興瑞應圖》（嘉德本）[5]第五段"四聖護祐"繪高宗（時爲康王）出使金營前列隊場景。院外十人前導，其中一人張舉傘蓋。院內六人侍立，另有四人背椅、挑擔、提盒、抱筒。頗疑擔中所置爲諸色茶具，而盒中則盛潔具與巾筒配合使用。《文姬歸漢圖》（臺北本、大都會本）[6]第十四拍所繪出行隊列有侍者八人，前導四人各執骨朵、大劍，

《中興瑞應圖》嘉德本第五段局部

《文姬歸漢圖》大都會本第十四拍局部

《文姬歸漢圖》大都會本第十六拍局部

《文姬歸漢圖》大都會本第十七拍局部

彭山宋墓石刻

樂平宋墓壁畫

後從四人分持水罐、交椅、沙鑼、唾盂并缽盂附蓋。(第十六拍、第十七拍略同。)《望賢迎駕圖》(上海博物館藏)[7]侍從隊列中除相同式樣帶蓋唾盂缽盂外,另見香毬。《春游晚歸圖》(故宮博物館藏)[8]騎馬主人身後隨從五人,一扛交椅、一負茶牀、一挑茶具、一提沙鑼唾盂缽盂、一抱巾筒。彭山慶元六年(1200)虞公著夫人留氏墓[9]前室西壁刻出行圖,後方有檐子一乘,右側一人執傘,左側一人叉手,前方右側四人提骨朵、左側四人扛大劍前導,隨後兩側各有四人攜交椅、沙鑼等物。樂平九林村南宋墓[10]南壁繪交椅一把,後置屛風,兩側各立一執扇侍女。東西兩壁繪侍從,前一組

談物　315

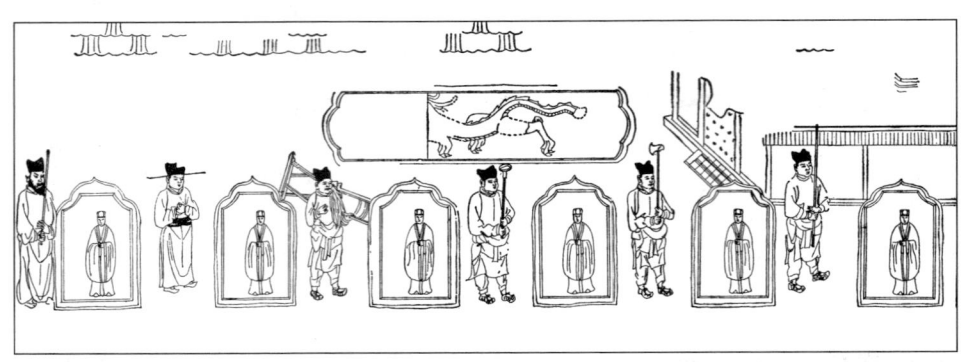

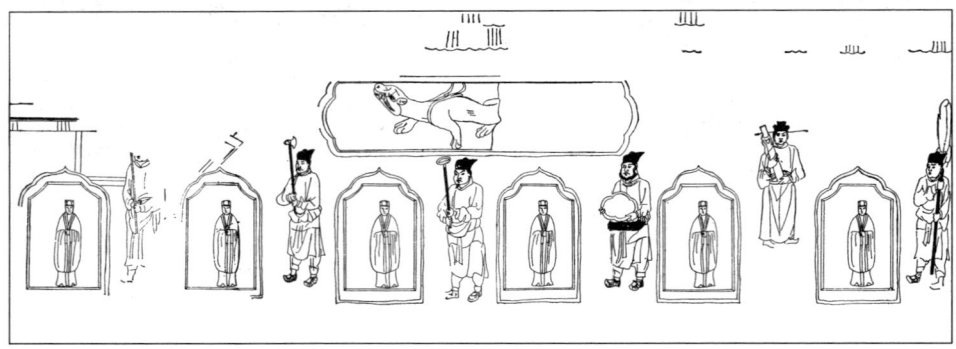

尤溪宋墓壁畫

各二人，武吏佩弓箭執骨朵，文吏執笏板；後一組各三人，分持巾筒、沙鑼、出香等物。尤溪一中北宋墓[11]南北兩壁繪侍從，前一組各三人，分執長竿、柱斧、骨朵；後一組亦各三人，分持傘子、交椅、巾筒、沙鑼等物。

從物不特宋人所用，亦及遼金。據《金史·儀衛志》："其常朝、御殿、郊廟、臨幸，凡步輦出入則有近侍導從，執金鍍銀骨朵者二人，左右扇十人，拂子四人，香盒二人，香毬二人，節二人，幢二人，盂一人，唾壺一人，净巾一人，鍬鑼一人，水罐一人，交椅一人，斧一人。"[12]遼陳國公主墓[13]墓道兩壁影作廊廡中繪侍者備馬，前室南壁繪二人持骨朵，北壁一男抱唾盂、一女持手巾。蕭和墓[14]墓道南壁壁畫影作廊廡中繪漢官儀衛隊列，前段六人分持骨朵、大劍，中段四人各携大劍、傘子、交椅、水罐，後段二人備馬，餘二人持骨朵、傘子。兩例均爲從物隨行之具象表現。

2017 年 6 月 18 日

1　徐松《宋會要輯稿》禮六二，上海：上海古籍出版社，2014 年，2142 頁。
2　徐松《宋會要輯稿》禮六二，上海：上海古籍出版社，2014 年，2150 頁。
3　徐松《中興禮書》卷一七五《嘉禮》三《皇太后回鑾》一，《續修四庫全書》影印清抄本，第 822 册，上海：上海古籍出版社，2002 年，579 頁。
4　徐松《中興禮書》卷一八八《嘉禮》一六《册名皇后》一，《續修四庫全書》影印清抄本，第 822 册，上海：上海古籍出版社，2002 年，639 頁。
5　龍美術館《敏行與迪哲：宋元書畫私藏集萃》，上海：上海書畫出版社，2016 年，145 頁。
6　Robert A. Rorex & Wen Fong, *Eighteen Songs of a Nomad Flute: The Story of Lady Wen-chi, A Fourteenth-century Handscroll in the Metropolitan Museum of Art*, New York: The Metropolitan Museum of Art, 1974.
7　中國古代書畫鑑定組《中國繪畫全集》第 5 卷，杭州：浙江人民美術出版社；北京：文物出版社，1999 年，70—73 頁。
8　中國古代書畫鑑定組《中國繪畫全集》第 6 卷，杭州：浙江人民美術出版社；北京：文物出版社，1999 年，96 頁。
9　四川省文物管理委員會、彭山縣文化館《南宋虞公著夫婦合葬墓》，《考古學報》1985 年 3 期，393 頁。
10　江西省文物考古研究所、樂平縣文物陳列室《江西樂平宋代壁畫墓》，《文物》1990 年 3 期，16—17 頁。
11　福建省博物館、尤溪縣博物館《福建尤溪發現宋代壁畫墓》，《考古》1991 年 4 期，348 頁。
12　脱脱等《金史》卷四一《儀衛志》上，北京：中華書局，1975 年，928 頁。
13　内蒙古自治區文物考古研究所、哲里木盟博物館《遼陳國公主墓》，北京：文物出版社，1993 年。
14　遼寧省文物考古研究所《關山遼墓》，北京：文物出版社，2011 年。

澄泥硯

袁文《瓮牖閑評》憶南宋初年事云：

余少時見家中一瓦硯，頭有一品字，多將其背試金，後因擾攘，遂失所在。及觀蘇東坡集，方知澤州金道人澄泥硯與家中瓦硯正同，蓋是時好物易得，故不甚愛惜，使今日尚在，豈不爲吾家之寶，其忍棄之耶！[1]

此說或有手民之誤，蘇軾《書呂道人硯》原文云：

澤州呂道人沉泥硯，多作投壺樣，其首有呂字，非刻非畫，堅緻可以試金。道人已死，硯漸難得。元豐五年（1082）三月七日，偶至沙湖黃氏家，見一枚，黃氏初不知貴，乃取而有之。[2]

呂道人以硯名，其事跡又見載於何薳《春渚紀聞》：

高平呂老，造墨常山，遇異人傳燒金訣，煅出視之，瓦礫也。有教之爲研者，研成堅潤宜墨，光溢如漆。每研首必有一白書呂字爲誌。呂老既死，法不授子。而湯陰人盜其名而爲之甚衆，持至京師，每研不滿百錢之直。至呂老所遺，好奇之士，有以十萬錢購一研不可得者。研出於陶，而以金鐵物劃之不入爲眞。余兄子碩所獲，而作玉壺樣者，尤爲奇物。[3]

米芾《硯史》則云：

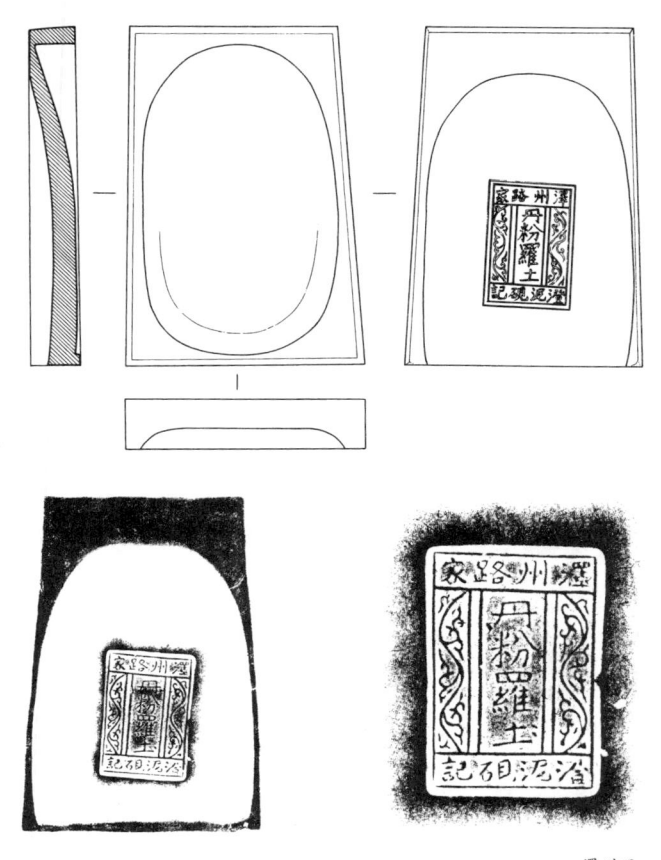

澤州硯

虢州硯　　　　　西京硯

澤州有呂道人陶硯，以別色泥於其首，純作呂字，內外透，後人效之，有縫不透也。其理堅重與凡石等，以瀝青火油之堅向滲入三分許，磨墨不乏，其理與方城石等。[4]

呂道人硯古已難得，今不復見。山西汾陽東龍觀金明昌六年（1195）王立墓之地心明堂中出澄泥硯一方，壓印"澤州路家丹粉羅土澄泥硯記"字樣[5]，藉此路家硯或可略窺澤州澄泥硯工藝之一斑。另，北京良鄉高教園區墓所出一硯據云印有"澤州任家丹粉羅土澄泥硯記"字樣[6]。宋元時期私營手工業產品多標記店家名號，澄泥硯亦然。除前述澤州硯外，所見名目另有"柘溝徐老功夫細硯"[7]、"柘溝劉家石塱硯子"[8]、"滹陽劉萬功夫法硯"、"魏家虢州澄泥硯瓦"[9]、"虢州裴第三羅土澄泥造"[10]、"虢州法造閏金硯子"[11]、"濠州劉家澄泥造□"[12]、"炭窯烽趙家沉泥硯瓦記"[13]等。又以標記西京者為多，如："西京仁和坊李讓羅土澄泥硯瓦記"（內蒙古巴林右旗慶州城[14]、集寧路古城出土[15]）、"西京仁和坊馬〔松羅土澄泥硯瓦記〕"（山西大同雲岡石窟出土[16]）、"西京南關史思言羅土澄泥硯瓦記"（河北康保西土城出土[17]）等。此西京或誤以爲唐之長安或宋之洛陽,實爲遼金雲州。因考古遺址所出均來自金代單位,而長方雙欄記號於銅鏡始自北宋晚期,盛於南宋,頗疑此類西京澄泥硯均爲金物。

2015 年 12 月 27 日

1　袁文《甕牖閒評》卷八,《全宋筆記》第 4 編第 7 册,鄭州:大象出版社,2008 年,220 頁。
2　蘇軾《書吕道人硯》,《蘇軾文集》卷七〇《題跋》,北京:中華書局,1986 年,2238 頁。
3　何薳《春渚紀聞》卷八《吕老煆研》,北京:中華書局,1983 年,135 頁。
4　米芾《硯史》,《景印文淵閣四庫全書》第 843 册,臺北:臺灣商務印書館,1986 年,69 頁。
5　山西省文物考古研究所《汾陽東龍觀宋金壁畫墓》,北京:文物出版社,2012 年,87 頁。
6　付立《良鄉高教園區發現遼代古墓》,北京市房山區地方志編纂委員會《北京房山年鑒 2007》,北京:方志出版社,2008 年,268 頁。
7　趙智强《介紹兩方陶硯》,《文物》1992 年 8 期,94 頁。
8　天津博物館編《天津博物館藏硯》,北京:文物出版社,2012 年,25 頁。
9　中國社會科學院考古研究所《隋唐洛陽城:1959—2001 年考古發掘報告》,北京:文物出版社,2014 年,圖版 55-3。
10　《硯史資料(八)》,《文物》1964 年 8 期,圖版拾玖。章放童《泥硯遺韵》,杭州:浙江大學出版社,2008 年,32、28 頁。
11　《硯史資料(七)》,《文物》1964 年 7 期,圖版拾柒。
12　趙進、季壽山《江蘇寶應出土的幾方宋硯》,《收藏家》2003 年 2 期,2 頁。
13　杭天《西夏瓷器》,北京:文物出版社,2010 年,262—263 頁。
14　成順《遼慶州古城出土"西京古硯"》,《文物》1981 年 4 期,38 頁。
15　陳永志、張紅星《内蒙古集寧路元代古城遺址出土各窑口瓷器》,《中國文物報》2003 年 2 月 19 日 1 版。
16　趙曙光《龍王廟溝西側古代遺址清理簡報》,《中國石窟·雲岡石窟(二)》,北京:文物出版社,1994 年,228 頁。
17　河北師範大學歷史文化學院考古學系、康保縣文物保護管理所《河北省康保縣西土城城址考古調查簡報》,《草原文物》2014 年 1 期,73、75 頁。

綦陽犁鏡

犁鏡,亦名犁耳、犁壁、犁鐴。元王禎《農書·農器圖譜》云[1]:

> 鐴,犁耳也。陸龜蒙《耒耜經》其略曰:冶金而爲之曰犁鐴案《耒耜經》鐴作壁。起其墢者鑱也,覆其墢者鐴也。鑱引而居下,鐴倚而居上。鐴形,其圓、廣、長皆尺,微橢。背有二乳,係於壓鑱之兩旁。鑱之次曰策額,言其可以捍其鐴也,皆相連屬不可離者。夫鐴形不一,耕水田曰瓦繳、曰高脚,耕陸田曰鏡面、曰碗口,隨地所宜制也。

吉謝列夫(S.V. Kiselev)《南西伯利亞古代史》論及葉尼塞點戛斯經濟,舉哈卡斯所出鐵犁鏡爲證,其中一件鑄有銘文[2]。據葉夫秋霍娃(L.A. Evtukhova)《古代南西伯利亞》所附摹圖,此器略呈半月形,上凸下凹,頂端並列雙突,背面分置四鈕,兩側各飾一魚,中有陽文二字,摹本似作"荼陽"[3]。吉氏稱中國學者傅振倫訪蘇曾目驗該物,推爲唐代以前,或屬五世紀。按傅氏《七十年所見所聞》追記往事,則稱所見乃"鐵犁一具,背鑄隸書'綦陽'二字,疑是漢代物"[4]。《蘇聯考古學·中世紀歐亞草原》中將其歸於六至七世紀點戛斯,而同類器物却另外分屬八至九世紀點戛斯、回鶻及十三至十四世紀阿斯基兹(Askiz)文化[5]。

重審哈卡斯犁鏡,形制、紋飾、文字均與漢唐實物形式有別,下部内曲而不平犁墾田器釋名曰犁利也利則發土絕草根也利從牛故曰犁山海經曰后稷之孫叔均始教牛耕注云用牛犁也後改名耒耜曰犁陸龜蒙耒耜經曰農之言也耒耜民之習通謂之犁治金而為之曰犁鑱木金為之曰犁壁作壁俗斷禾而為之曰犁底曰歐鏡曰策額曰犁箭曰犁轅曰犁梢曰犁評去聲曰犁建曰犁槃木金凡十有一事耕之土曰墢墢猶塊也起其墢者鏡也覆其墢者壁也故

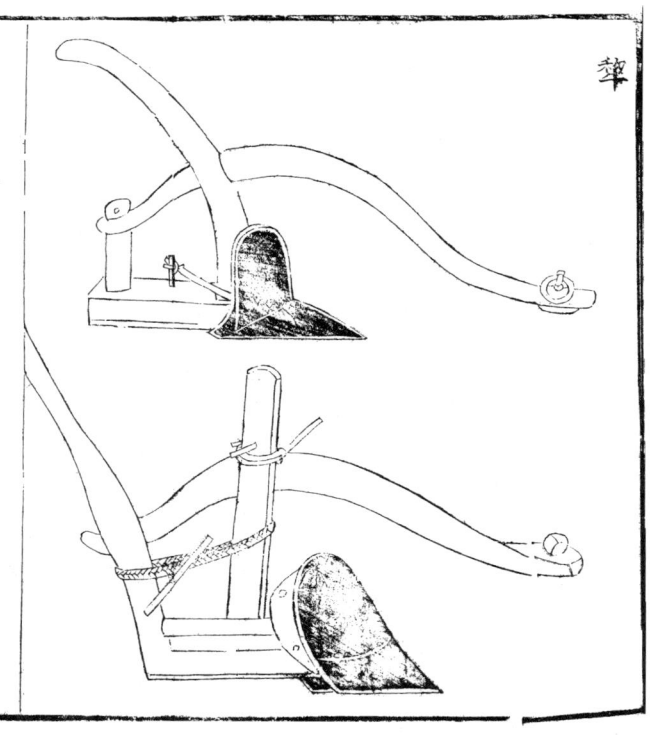

《農書·農器圖譜》犁

直，相似者常見於北方及西北地區金元遺址，如順義、房山[6]、天津[7]、豐寧[8]、霍林河[9]、烏蘭察布[10]、包頭[11]、額濟納[12]等地所出均可為證。循此綫索，於科茲拉索夫（L.R. Kyzlasov）《葉尼塞河上游發現的十三世紀銘文農具窖藏》一文中檢得圖瓦索斯諾夫卡村（Sosnovka）一窖所出同式元代犁鏡四件（另有二犁），其中兩件鑄有銘文，分別爲"至元二十三年"（1286）、"綦易"[13]。於是可知傅振倫文字辨識正確，而年代判定有誤。蘇聯學者受其影響，雖有紀年器物佐證，仍錯將同類器物年代綿延數世紀之久。

哈卡斯所處米努辛斯克盆地諸部元代稱爲吉利吉斯，稍南圖瓦西部葉尼塞河上游（謙河）谷地元置謙謙州、益蘭州。《長春真人西游記》謂儉儉州"出良鐵，多青鼠，亦收禾麥。漢匠千百人居之，織綾羅錦綺"[14]。《元史·地理志》云[15]：

> 謙州亦以河爲名，去大都九千里，在吉利吉思東南，謙河西南，唐麓嶺之北。居民數千家，悉蒙古、回紇人。有工匠數局，蓋國初所徙漢人也。地沃衍宜稼，夏種秋成，不煩耘耔。……至元七年（1270），詔遣劉好禮爲吉利吉思撼合納謙州益蘭州等處斷事官，即於此州修庫廩，置傳舍，以爲治所。先是，數部民俗，皆以杞柳爲杯皿，剡木爲槽以濟水，不解鑄作農器，好禮聞諸朝，乃遣工匠，教爲陶冶舟楫，土人便之。

其地既有鐵礦，又徙工匠，或可自鑄農器，然所出"綦陽"銘文犁鏡却是遠程販運而來。

綦陽即今河北沙河綦村，冶鐵遺址在焉。有宣和四年（1122）所立《大宋重修冶神廟記》："朝廷一襟要，其地多隆崗禿，坑冶之利自昔有之，綦村者即其所也。□皇祐五年（1053）始置官吏，歲入之數，初也甚微……"又有大德二年（1298）"順德等處鐵冶都提舉司"所立碑石[16]。《元史·食貨志》云[17]：

"綦陽"犁鏡 　　　　　"綦昜"犁鏡 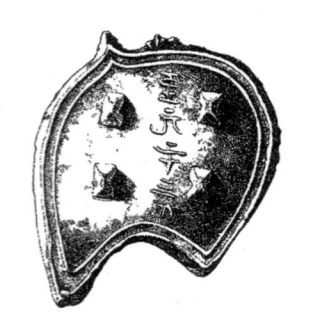　　　　　"至元二十三年"犁鏡

（鐵）在順德等處者，至元三十一年（1294），撥冶戶六千燼焉。大德元年（1297），設都提舉司掌之，其後亦廢置不常。至延祐六年（1319），始罷兩提舉司，併爲順德廣平彰德等處提舉司。所隸之冶六：曰神德，曰左村，曰豐陽，曰臨水，曰沙窩，曰固鎮。

所謂"豐陽"，實爲"綦陽"之誤[18]。哈卡斯及圖瓦出土"綦陽"或"綦易"銘文犁鏡當即該地產品，而額濟納黑城遺址所出犁鏡"□陽官造"銘文所損首字亦疑爲"綦"[19]。

河北鑄造犁鏡，貨運於萬里之外，或因"農器不得收稅"政策而得便利。《元典章》載[20]：

至元八年（1271）八月，尚書戶部：據中都等處民匠打捕鷹房鐵冶總管府申該："王明狀告：'鑄到中都路分農器犁耳，搬載前來貨賣。至河西務碼頭卸賣，要納訖稅錢鈔。又於七月二十一日，先令焦大押運犁耳七百，而經由施仁門入城內，吊引處要訖鈔四錢五分，稅務內要訖七兩四錢。'申訖照驗"事。省部照得至元八年二月內承奉尚書省劄付："御史臺呈：'爲本部准大名路備錄事司申：崔良弼等四名狀告：自來但有鑄鎬農器犁鏵等物，並不投稅，有稅使司不容分說，便要收稅'公事。省府送法司檢會得舊例：'蠶織、農器，及布帛不成端匹，災傷流民物貨，並不在收稅之限。'爲此，呈奉到都堂鈞旨：送本部，一體施行。"

此則案例恰可爲理解犁鏡遠銷絕域補一注腳。

2017年8月26日

1 王禎《農書·農器圖譜》卷三，明嘉靖九年山東布政司刻本，葉七。

2 С.В. Киселев, *Древняя история Южной Сибири*, Москва, 1951, Таблица 53.

3 Л.А. Евтюхова, "Южная Сибирь в древности", *По следам древних культур: От Волги до Тихого океана*, Москва, 1954, 208.

4 傅振倫《七十年所見所聞》，上海：華東師範大學出版社，1997 年，145 頁。

5 С.А. Плетнева, *Археология СССР: Степи Евразии в эпоху средневековья*, Москва, 1981, 137–140.

6 北京市文物工作隊《北京出土的遼、金時代鐵器》，《考古》1963 年 3 期，140、142 頁。

7 天津市文物管理處《天津市西郊小甸子元代遺址》，《文物資料叢刊》8，北京：文物出版社，1983 年，108 頁。

8 白光、張漢英《河北豐寧農業考古概述》，《農業考古》1990 年 1 期，90 頁。

9 哲里木盟博物館《內蒙古霍林河礦區金代界壕邊堡發掘報告》，《考古》1984 年 2 期，168 頁。

10 李興盛《內蒙古烏蘭察布博物館收藏的鐵農具》，《農業考古》1999 年 1 期，178 頁。

11 蓋山林《內蒙古包頭市郊麻池出土銅範》，《考古》1965 年 5 期，260 頁。

12 內蒙古文物考古研究所、阿拉善盟文物工作站《內蒙古黑城考古發掘紀要》，《文物》1987 年 7 期，11 頁。

13 Л.Р. Кызласов, "Клад земледельческих орудий с надписями XIII века на верхнем Енисее", *Древности Алтая: Известия Лаборатории археологии*, 8, 2002. Э.Р. Рыгдылон, "Китайские знаки и надписи на археологических предметах с Енисея", *Эпиграфика Востока*, 5, 1951, 115.

14 李志常《長春真人西游記》卷上，《道藏》第 34 冊，北京：文物出版社，1988 年，494 頁。

15 宋濂《元史》卷六三《地理志》六，北京：中華書局，1976 年，1574—1575 頁。

16 任志遠《沙河縣的古代冶鐵遺址》，《文物參考資料》1957 年 6 期，84 頁。

17 宋濂《元史》卷九四《食貨志》二，北京：中華書局，1976 年，2381 頁。

18 朱建路《元代直隸省部地區鐵冶研究》，《中國經濟史研究》2016 年 5 期，87 頁。

19 中國歷史博物館亦藏"綦陽"犁鏡，見：方壯猷《戰國以來中國步犁發展問題試探》，《考古》1964 年 7 期，361 頁。

20 陳高華等點校《元典章》卷二二《戶部》八，天津：天津古籍出版社；北京：中華書局，2011 年，910—911 頁。

《永樂大典·順天府》

《永樂大典·順天府》凡二十卷，自卷四六四四至四六六三。清光緒十二至十四年間，繆荃孫從《大典》抄出其時尚存之順天府八卷（七至十四），即卷四六五零至四六五七。此藝風堂抄本三冊先歸李盛鐸木犀軒，後入藏北京大學圖書館，一九八三年影印出版[1]。傅增湘雙鑑樓舊藏相同卷次抄本三冊，後歸其孫傅熹年[2]。趙萬里亦曾有抄校本[3]。北京市文物部門一九五四年據北大本傳抄，後存首都博物館[4]，徐蘋芳一九六一年曾摘錄其中與遼金燕京城及元大都有關內容[5]，一九七一年始抄全帙，並過錄趙萬里書[6]、宿白文[7]中校記，復校以傅氏藏本[8]。

繆抄本題作《順天府志》，蓋視其為明初所修新志。宿白所檢北大圖書館藏繆氏《戊子日記》稿本云：「《永樂大典》中有明初《順天府志》二十卷，今存四千六百五十起，四千六百五十七止，為府志卷七至卷十四。」[9]徐蘋芳又檢文廷式《純常子枝語》卷三云：「明初《順天志》尚存數冊，付繆筱珊前輩抄之。」[10]雖然，宿白一九六四年文中已疑繆抄之名：「檢現存大典若影印本第二十一二冊所收之湖州府，第二十三四冊所收之梧州府……等皆與靈石楊氏目錄符合，以地名作標題，此有關大典分目體例，自不容有順天府志之例外，然繆氏既目睹原書，並又屢屢言之，且有北京圖書館所藏另一抄本亦題《順天府志》者為之旁證，似亦不應有誤。」[11]惟於兩說如何取捨，仍未能遽斷。延至一九八二年再論雲岡金碑時，則徑稱繆抄作《大典·順天府》而不復言《府志》[12]。嗣後，姜緯堂一九九〇年文詳辨繆抄題名之誤[13]。徐蘋芳《元大都考古序論》講義亦指："當年修《永樂大典》的時候，在全國各府的韻下，皆立'××府'，這不是各地方政府所修的'府志'，而是在修《永樂大典》時特別編纂的該府的地志，但是它從來都未單行成《府志》。……它不是正式出版的地方志，所以，我們衹能以《永樂大典·順天府》來命名。"[14]

繆抄本之外，北平圖書館曾藏孫殿起自濟南友竹山房所購《永樂大典》卷四六五〇、四六五一（順天府七、八）抄本兩卷一冊，前卷末行題"永樂大典卷之四千六百五十"，後卷首行題"順天府志"[15]，中國科學院圖書館另藏傳抄本二冊[16]。宿白一九六四年文引繆抄本時提及北圖本，並注云："北京圖書館藏所謂大典本《順天府志》二卷，其前卷即大典卷四六五〇、順天府七，其後卷與繆抄府志校，知爲大典卷四六五一、順天府八。按兩書行款不同，分段亦異，因知彼此相互無直接關係，意者兩書俱出自大典原本。"[17]徐蘋芳一九七一年以北圖本校繆抄本。孫氏云："書中遇真字皆缺末筆，此是避雍正皇帝之諱，方知其爲雍正間繕本。"[18]徐跋云："此抄本避清諱'玄'、'真'、'弘'三字，當爲乾隆以後所寫，較繆抄時代稍早，然首尾殘缺，未見題跋，亦不知爲何人所抄。……此本錯訛極多，校對不精，不如繆抄本。然因其直接出於《大

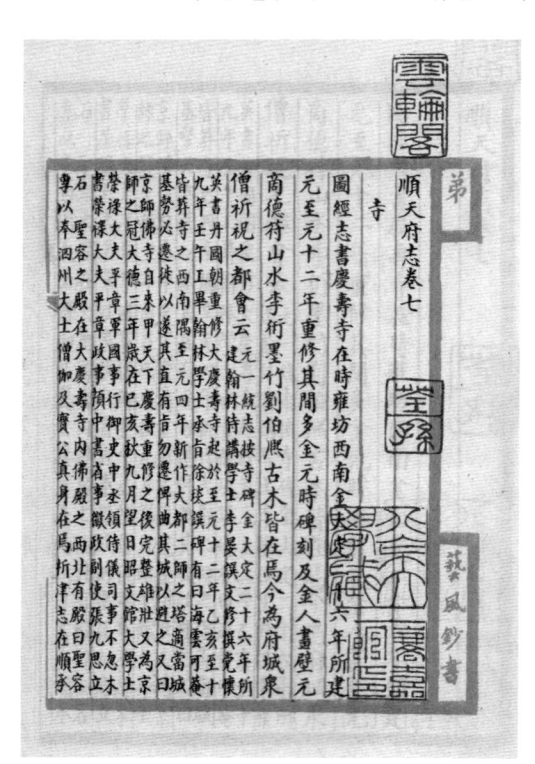

繆荃孫抄本《永樂大典·順天府》書影

典》，亦有某些重要字句繆抄本錯脫，而此本不誤者。如卷七大憫忠寺條，記憫忠寺傑閣摧於遼清寧間地震，繆抄本誤作'清寧二年'，按《遼史》及《宋會要》所記均在清寧三年（北宋嘉祐二年），而此本正作'清寧三年'。故可補校繆抄本之誤。"[19]

與《永樂大典·順天府》相關者另有徐維則鑄學齋舊藏抄本《析津志》二册（舊題誤作《憲臺通紀》）。宿白論居庸關過街塔所引"北京某氏"藏抄本"係過錄原爲山陰李宏信小李山房舊藏，後歸會稽徐維則鑄學齋之舊抄本者"。"按該書內有'臣夢祥曰……'一則，夾注錄'已上並見《析津志》'者六處，考現存熊夢祥《析津志》佚文，直接間接俱出自大典，而此書眉端又錄有'查大典原本……俱原本叙置'校記一則，是此書亦係自大典抄出。"宿又注云："抄本《析津志》之内容，首錄祠廟（？首缺），次祠祀、學校、風俗、河間、橋梁，末爲古跡。按此内容準以繆抄府志卷十一至卷十四所錄順天府屬縣之體例（各縣大體皆以建置沿革、縣境、至到、城池、廨宇、坊市、鄉社、民軍屯、壇場、祠廟、學校、風俗、山川、關隘、橋梁、古跡、寺觀、户口、田糧、宦跡［或名宦］、人物、孝義、貞婦、仙釋、土產、場冶、靈異爲順序），知適爲繆抄府志卷七至十所錄順天府本府之所缺（繆抄府志卷七至十之内容爲寺、院、閣、塔、宫、觀、庵、户口、田糧、額辦錢糧、名宦、人物、忠節、孝行、貞婦、仙釋、土產、靈異），因疑此抄本《析津志》亦爲過錄大典之一部，若更以上舉順天府屬縣體例之順序度之，此抄本《析津志》之内容，正值繆抄府志卷七之前，則所謂《析津志》者，其即大典卷四千六百四十×順天府×至卷四千六百四十九順天府六之過錄本乎？"[20]

所謂"北京某氏"即趙萬里，其所藏抄本《析津志》，北京市文物部門一九五四年亦曾借抄，原本據傳收歸北京圖書館，傳抄本後存首都博物館[21]。徐蘋芳"久聞有舊抄本，終未獲見。一九六一年冬十一月二十八日始見據原抄本重抄者兩册，乃窮一日夜之力，亟過錄之。然倉促急迫，未克全錄，乃揀與余有用者抄之，亦滿三十頁"，次年又補錄若干條[22]，至一九七一年終抄全帙。並以爲趙萬里處抄本即徐維則舊藏[23]。北京圖書館一九八三年出版《析津志輯佚》，李致忠撰《整理說明》亦稱主要文字來源即"清徐維則鑄學齋藏本"[24]。其實，宿白初引趙氏藏本即已明言其爲"過錄"徐氏舊藏本者，而後者至晚於民國初年即已入藏天津圖書館，近百年來乏人關注，最近方因邱靖嘉尋訪而得以重現學林[25]。邱氏推斷該本"當即清修《四庫全書》時從《永樂大典》中抄出的輯佚稿本"，"此書實乃四庫館臣專輯《析津志》之書，其摘錄範圍並不限於'順天府'條"，其説不妥。宿白曾將抄本《析津志》內容編排與繆抄《永樂大典·順天府》對照，體例全同。可知前者係從後者直接摘錄

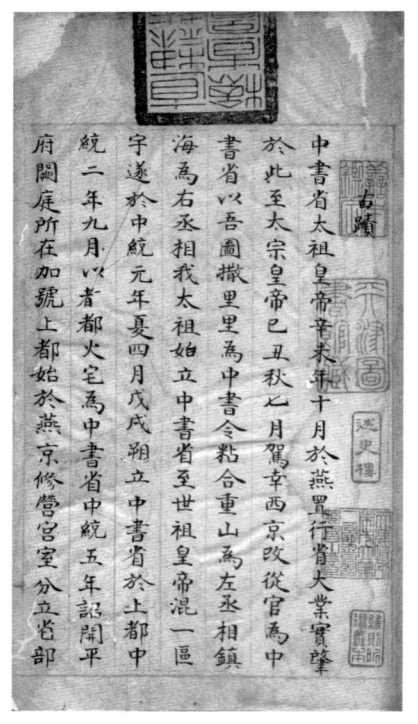

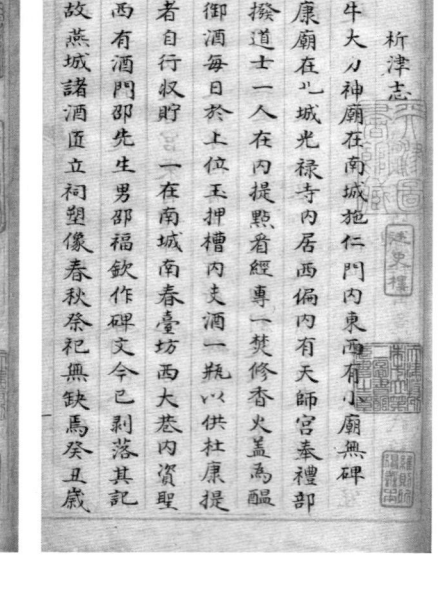

徐維則舊藏抄本《析津志》書影

《析津志》引文而成,並非廣輯《大典》全書。但又不宜視爲"録自大典本《順天府志》卷七之前某兩卷者"[26]。因其摘録内容僅限《析津志》,故抄本雖訂爲兩册,内容則不止於兩卷。上册祠廟至古跡部分應含於《大典》卷四六四九(順天府六)及之前數卷,而下册細目誤題"古跡"(後塗去),實爲中書省、樞密院、御史臺三廨宇,當源自更前不相聯屬之某卷,蓋所述廨宇之後另當有坊市、街巷等目[27]方能及於上册所始之祠廟也。

抄本《析津志》所涉争議另有兩處。其一爲上册"學校"條之下一段文字:"府學在崇教坊,即舊國子監,元至大元年建。中曰明倫堂,東西二廳曰崇術、曰立教。兩廊列爲八齋,齋前樹立元延祐元年至至正二十三年登科進士題名碑記。北有崇文閣。改爲府學。洪武三年頒行格式,刊立碑石,永爲遵守。"或以爲此段文字係熊夢祥本人於明初補入《析津志》者[28],實誤。按《永樂大典》諸府皆於擬定條目之下羅列明初以前諸地志之相關内容,順天府多首引洪武北平《圖經志書》,再以《元一統志》、《析津志》等書補充,故前者通常語意較完,而後者率多文字割裂。府學一段"則爲洪武《北平圖經志書》原文無疑"[29],不屬《析津志》範疇,當係摘抄者不察致誤。

其二爲下册"臺諫叙"及御史臺"創造沿革"兩條。文字均另見於《永樂大典》卷二六〇七所引《析津志》,或將此作爲抄本《析津志》輯佚屬性之證[30]。按此文字重疊,徐蘋芳抄校本已有所注意,並指抄本《析津志》"有廊房廳□"於《大典》卷二六〇七引《析津志》作"臺之西有廊房所以"[31]。可知抄本此節實非輯自别處,仍處順天府卷次之内。而《永樂大典》不同部分重疊徵録文獻非止一例,如卷四六五四至四六五七(順天府十一至十四)屬縣部分軍屯諸目所引《圖經志書》内容即集中另見於卷三五八七屯田目[32]。

《永樂大典·順天府》以其所存《析津志》、《元一統志》、《圖經志書》佚文頗有助於考訂遼金元舊跡,素爲考古者所重。惜《大典》原本亡佚,清季以來抄本復多秘而不宣，信息交流既難通暢，傳聞訛誤在所難免。謹於徐師蘋芳先生抄校本影印之際略述本末，致敬先賢。

2018 年 4 月 4 日

1 《順天府志》，北京：北京大學出版社，1983 年。

2 謝國楨《評介北京最早的一部志書〈析津志〉》，北京史研究會編《燕京春秋》，北京：北京出版社，1982 年，235 頁。

3 《趙萬里主持〈永樂大典〉輯佚成果簡目》，《趙萬里文集》第 3 卷，北京：國家圖書館出版社，2012 年。另參趙萬里輯《元一統志》所引。孛蘭肹等撰，趙萬里校輯《元一統志》，北京：中華書局，1966 年。

4 趙其昌《〈析津志〉及其著者熊夢祥》，《首都博物館叢刊》第 1 輯，北京：首都博物館，1982 年，57 頁。

5 徐蘋芳未刊稿本。

6 孛蘭肹等撰，趙萬里校輯《元一統志》，北京：中華書局，1965 年。

7 宿白《〈大金西京武州山重修大石窟寺碑〉校注》，《北京大學學報》（人文科學）1956 年 1 期，71—84 頁；《居庸關過街塔考稿》，《文物》1964 年 4 期，13—29 頁。

8 解縉等主編，徐蘋芳整理《永樂大典本順天府志》，北京：北京聯合出版公司，2017 年。

9 宿白《居庸關過街塔考稿》，《文物》1964 年 4 期，29 頁。

10 解縉等主編，徐蘋芳整理《永樂大典本順天府志》，北京：北京聯合出版公司，2017 年，1 頁。

11 宿白《居庸關過街塔考稿》，《文物》1964 年 4 期，29 頁。

12 宿白《〈大金西京武州山重修大石窟寺碑〉的發現與研究》，《北京大學學報》（哲學社會科學版）1982 年 2 期，30 頁。

13 姜緯堂《辨繆鈔〈順天府志〉的來歷——影印〈永樂大典〉失收一例》，《文史》第 32 輯，北京：中華書局，1990 年，197—201 頁。

14 徐蘋芳未刊稿本。

15 現存臺北故宮博物院，《原國立北平圖書館甲庫善本叢書》影印出版。

16 姜緯堂《辨繆鈔〈順天府志〉的來歷——影印〈永樂大典〉失收一例》，《文史》第 32 輯，北京：中華書局，1990 年，206 頁。

17 宿白《居庸關過街塔考稿》,《文物》1964 年 4 期,25 頁。
18 孫殿起遺著,雷夢水整理《庚午南游記》,《文物》1962 年 9 期,39 頁。
19 解縉等主編,徐蘋芳整理《永樂大典本順天府志》,北京:北京聯合出版公司,2017 年,2 頁。
20 宿白《居庸關過街塔考稿》,《文物》1964 年 4 期,25—26 頁。
21 趙其昌《〈析津志〉及其著者熊夢祥》,《首都博物館叢刊》第 1 輯,北京:首都博物館,1982 年,56 頁。
22 徐蘋芳未刊稿本。
23 解縉等主編,徐蘋芳整理《永樂大典本順天府志》,北京:北京聯合出版公司,2017 年,2—3 頁。
24 熊夢祥著,北京圖書館善本組輯《析津志輯佚》,北京:北京古籍出版社,1983 年,10—11 頁。
25 邱靖嘉《天津圖書館藏抄本〈析津志〉的四庫學考察》,《文獻》2017 年 4 期,58—74 頁。
26 解縉等主編,徐蘋芳整理《永樂大典本順天府志》,北京:北京聯合出版公司,2017 年,3 頁。
27 見《日下舊聞考》卷三八所引。于敏中等編纂《日下舊聞考》,北京:北京古籍出版社,1983 年,600—604 頁。
28 趙其昌《〈析津志〉及其著者熊夢祥》,《首都博物館叢刊》第 1 輯,北京:首都博物館,1982 年,66 頁。
29 解縉等主編,徐蘋芳整理《永樂大典本順天府志》,北京:北京聯合出版公司,2017 年,2—3 頁。
30 邱靖嘉《天津圖書館藏抄本〈析津志〉的四庫學考察》,《文獻》2017 年 4 期,69 頁。
31 解縉等主編,徐蘋芳整理《永樂大典本順天府志》,北京:北京聯合出版公司,2017 年,495 頁。
32 《永樂大典》,北京:中華書局,1986 年,2162—2163 頁。

杭州金箔鋪

柏林勃蘭登堡科學院所藏德國探險隊吐魯番收集品中有出自柏孜克里克千佛洞之木版刻印裹貼紙三張，編號 Ch1064、Ch1103、Ch1875[1]，文曰："信實徐鋪打造／南櫃佛金諸般／金箔不悮使用／住杭州官巷北／崔家巷口開鋪"（甲種）〔前人錄文"北"誤作"在"〕。吐魯番文管所又清理得另式裹貼紙一張，編號 80TBI：508[2]，文曰："□□□家打造南 櫃 佛金 諸 般金箔見住／杭州泰和樓大街南／坐西面東開鋪 仔細 ／辨認不悮主顧使用"（乙種）〔前人錄文"櫃"誤作"噩"〕。

陳國燦曾撰文討論兩種裹貼紙，斷爲元代遺物[3]，其説可從，然推斷金箔鋪位置所在却有差誤。陳氏將甲種裹貼紙錄文誤作"住杭州官巷，在崔家巷口開鋪"，遂以爲崔家巷在官巷内，實則不然。官巷，位處杭城中部南宋御街西側，爲壽安坊，明清沿用此名，民國稱壽安坊巷。其北即崔家巷，南宋志書無載，明代又稱忠孝坊。嘉靖《仁和縣志》云："忠孝坊，舊崔家巷，宋崔清獻與之居此，後爲土神，有祠。"[4] 又云："崔與之，字正之，其先自汴徙番禺，既仕，乃居杭之忠孝巷，故杭至今有崔家巷。……公雖肇生南海，而久居杭之里巷。里人薰其德而思報者，非止一家，特以土神祀之，至今有崔相公祠。又名巷爲忠孝者，以公忠孝兩全也。"[5] 此係後起之説，南宋杭城坊巷絶無以當世名宿獲稱者，崔家巷得名必不早於元代。

陳氏將乙種裹貼紙中"泰和樓大街"指爲穿越柴垛橋之街，以南宋有太和樓（又名大和樓）東酒庫在柴垛橋（又名太和樓橋或大和橋）之東故也。按柴垛橋跨鹽橋運河，東西向，所通爲柴垛橋巷，既非大街，其側鋪面亦不得坐西面東。明人田汝成《西湖游覽志》云："自文錦坊而北至壽安坊，爲連二巷、修義坊、富樂坊、最樂坊、教睦坊、泰和樓、積善坊、秀義坊。"[6]（位置關係參同書《今朝郡城圖》）其秀義坊，南宋下百戲巷，即民國東平巷，在官巷之南。積善坊，南宋上百戲巷，即民國積善坊巷。教睦坊，南宋銀瓮後巷、狗兒山巷，即民國莫家弄。泰和樓在教睦、積善之間，

80TBI：508

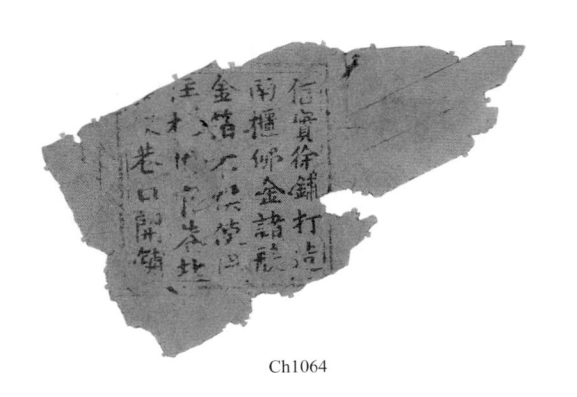

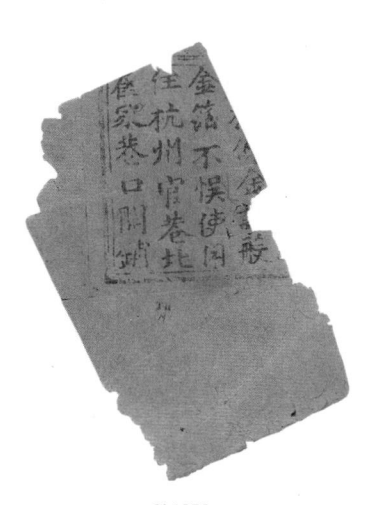

Ch1875

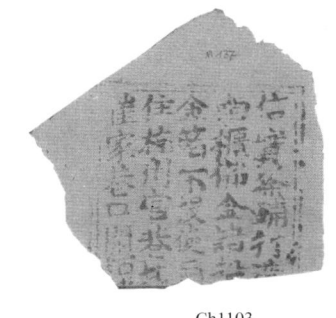

Ch1064

Ch1103

談物　335

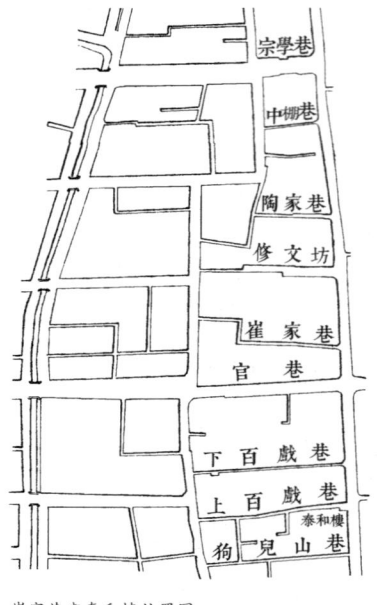

崔家巷與泰和樓位置圖

南宋其地爲中和樓中酒庫，居御街西側。則"泰和樓大街"實即故宋御街之一段，其側鋪面自可坐西面東。

南宋御街爲杭城内南北向主街，起自皇城和寧門北，過朝天門稍折西再向北，過觀橋轉西，過大新莊橋轉北，經景靈宫，可抵餘杭門。本爲皇城與景靈宫之間皇帝乘輿經行路綫，亦是城内商貿繁盛之所。耐得翁《都城紀勝》云："自大内和寧門外，新路南北，早間珠玉、珍異及花果、時新、海鮮、野味、奇器，天下所無者，悉集於此。至朝天門、清河坊、中瓦前、灞頭、官巷口、棚心、衆安橋，食物店鋪，人烟浩穰。"[7] 此景宋元明清相沿無改。大街諸段各以地標代稱，屢見於刻書牌記。如：臨安府太廟前大街尹家書籍鋪（《篋中集》）[8]、臨安府清和坊北街西面東雙桂趙宅書籍鋪（《重編詳備碎金》）[9]、舊日東京大相國寺東榮六郎家見寄居臨安府中瓦南街東開印輸經史書籍鋪（《抱朴子内篇》）[10]〔中瓦在市南坊/巾子巷北〕、行在棚前南街西經坊王念三郎家（《金剛般若波羅密經》）[11]、杭州大街棚南坐東面西沈二郎經識鋪、杭州大街棚前南鈔庫相對沈二郎經坊（《妙法蓮華經》）[12]、臨安府棚北大街睦親坊南陳解元宅書籍鋪（《李群玉詩集》[13]、《唐僧弘秀集》[14]）〔棚之南北約以中棚巷/定民坊爲界〕、臨安府衆安橋南街東開經書鋪賈官人宅（《佛國禪師文殊指南圖贊》[15]）等。崔家巷口、泰和樓大街南金箔鋪與以上諸家書籍鋪相似，均在故宋御街沿綫。

2018 年 7 月 1 日

宵寒

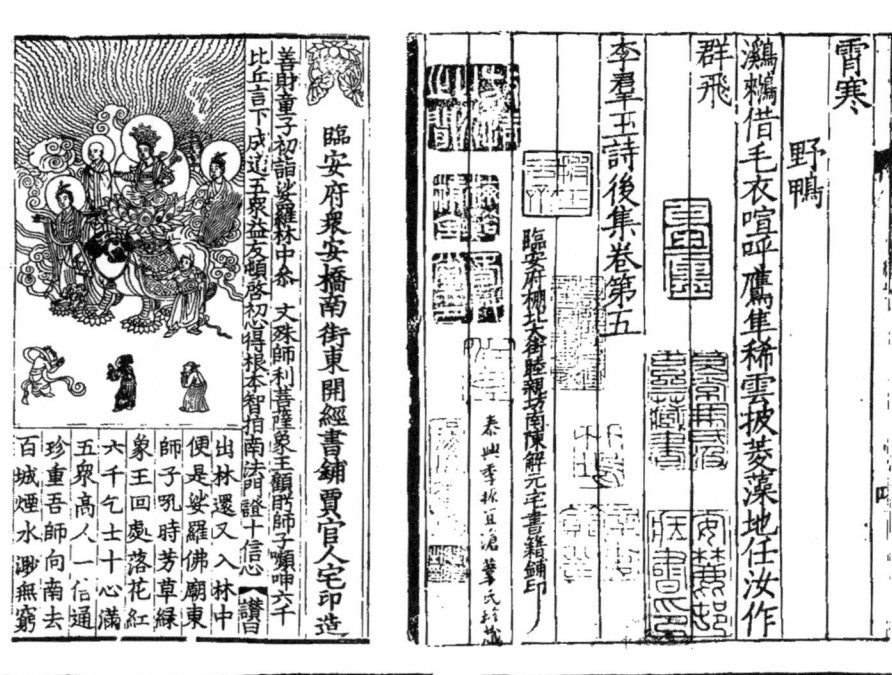

野鴨

鸂鶒借毛衣喧呼鷹隼稀雲披菱藻地任汝作群飛

李羣玉詩後集卷第五

臨安府棚北大街睦親坊南陳解元宅書籍鋪印

臨安府眾安橋南街東開經書鋪賈官人宅印造

善財童子初詣妙羅林中參 文殊師利菩薩眾王頂門師子頻呻六千比丘言下成道五泉益及頓啟初得根本智拍南法師證十信心 讚

出林還又入林中 便是娑羅佛廟東
師子吼時芳草綠 象王回處落花紅
六千乞士十心滿 五泉高人一信通
珍重吾師向南去 百城煙水渺無窮

抱朴子內篇袪惑卷第二十

舊日東京大相國寺東榮六郎家見寄居臨安府中瓦南街東開牋經史書籍鋪今將京師舊本抱朴子內篇校正刊行的無一字差訛請四方收書好事君子幸賜藻鑒紹興壬申歲六月日

儒者方里負笈以尋其師況長生之道真人所重可不勤求足問者哉然不可不精簡其真偽也余恐古強蔡誕䟽瑕都白和之不絕於世間好事者有余此書可以少加沙汰其善否又仙經云仙人目瞳皆方洛中見之白仲理者為余說其瞳正方如此果是異人也

篋中集

舍期出門萬里心 誰不傷別離
縱遠當白髮歲月悲 今時何況異形容
安須與爾悲

南陵徐氏影寫宋本重刻

臨安府太廟前尹家書籍鋪刊行

1　榮新江主編《吐魯番文書總目·歐美收藏卷》，武漢：武漢大學出版社，2007年，89、92、155頁。圖片采自國際敦煌項目（IDP）網站，承新浪博主樂浪公指示綫索。

2　吐魯番地區文物管理所《柏孜克里克千佛洞遺址清理簡記》，《文物》1985年8期，圖版壹。柳洪亮《新出吐魯番文書及其研究》，烏魯木齊：新疆人民出版社，1997年，476頁。

3　陳國燦《吐魯番出土元代杭州"裹貼紙"淺析》，《武漢大學學報》（哲學社會科學版）1995年5期，後收入《陳國燦吐魯番敦煌出土文獻史事論集》，上海：上海古籍出版社，2012年，675—683頁。

4　沈朝宣纂〔嘉靖〕《仁和縣志》卷一《街巷》，清光緒十九年武林丁氏刻《武林掌故叢編》本，葉一三。

5　沈朝宣纂〔嘉靖〕《仁和縣志》卷九《人物》，清光緒十九年武林丁氏刻《武林掌故叢編》本，葉一六至一七。

6　田汝成《西湖游覽志》卷一三《南山分脉城内勝跡》衢巷河橋。《中華再造善本》影印明嘉靖二十六年嚴寬刻本，葉一三。

7　耐得翁《都城紀勝》，《永樂大典》卷七六〇三，北京：中華書局，1986年，3520頁。校以《景印文淵閣四庫全書》第590册，臺北：臺灣商務印書館，1986年，3頁。

8　《隨庵叢書》影宋刻本。

9　《天理大學圖書館善本叢書·漢籍之部》影印宋刻本。

10　《中華再造善本》影印遼寧省圖書館藏宋紹興二十二年刻本。

11　傅增湘《藏園群書題記》卷一〇，上海：上海古籍出版社，1989年，506頁。

12　駱兆平《記天一閣新藏宋本〈蓮經〉》，《天一閣雜識》，上海：上海古籍出版社，2016年，140頁。丁丙《武林坊巷志》第5册，杭州：浙江人民出版社，1987年，23—24頁。

13　臺北中研院史語所傅斯年圖書館藏宋刻本。

14　傅增湘《藏園群書經眼錄》卷一八，北京：中華書局，1983年，1515頁。

15　《吉石盦叢書》影印宋刻本。

九老仙都君印

江蘇泰州發現有明嘉靖二年（1523）劉鑒墓，墓主著棉布長衫，胸前縫綴一塊方形白布，上鈐篆書朱印一方[1]。類似情況此前常州亦見兩例，即廣成路 M1[2] 與懷德南路 M1[3]，均將一鈐篆書朱印方布疊作長方形，置於墓主胸前。三方朱印字形完全一致，常州簡報已正確識讀爲"九老仙都君印"。（然兩墓簡報均將印圖倒置。）清人鄭光祖《一斑錄》茅山古篆條[4]：

> 龍虎山正一真人玉璽，其文雲篆，曰"陽平治都功印"，云是張道陵傳下。茅山道會司玉璽，其文古篆，曰"九老仙都君印"，云是李斯小篆。《志》云，此璽玉色光潤，隨時遞變，以昭靈異。余審之，玉色青綠，未知其真能遞變否？姑爲摹繪其文，以俟識者。

鄭氏所摹印文正與明墓所見相同，可知此印出自茅山道觀。

茅山元符宮舊有"九老仙都君印"，明清游客多曾見之。洪亮吉云："九老仙都君印一，玉，圍徑二寸三分，厚半寸。"[5]池顯方云："觀宋徽宗所賜一劍、一玉印。印方三寸許，色蒼潤，文曰'九老仙都君印'。今靈官冒稱爲真君璽，鈐祝釐之衣以射利爾。"[6]李翊云："靈官所掌玉印，水蒼色，方二寸，有柄，文云'九老仙都君印'，篆畫八疊，制作尚廉，劂不甚古。"[7]都穆云："觀宋徽宗賜元符宗師玉印。方三寸許，其色蒼潤，文曰'九老仙都君印'，篆刻精妙，非今人可及。"[8] 諸人所述，大同小異，殆即明墓覆身方布所鈐之印。其物於亡者，當與冥途路引意義相近；於道觀，即如池氏所言，蓋射利爾。鈐此印更早實例，見遼寧省博物館所藏元楊維楨書周文英墓誌跋尾，文曰："上清嗣師陳天尹焚香觀於梅莊寓舍，謹以祖印證盟，稽首。"[9] 時在洪武初年。

玉印之來歷，見載於元代道士劉大彬所編《茅山志》[10]：

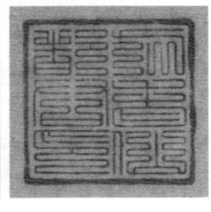

九老仙都君印
左上：泰州劉鑑墓　　右上：常州廣成路墓
左下：常州懷德南路墓　右下：陳天尹鈐印

二十五代宗師葆真觀妙冲和先生太中大夫謚靜一姓劉諱混康……元祐元年（1086），哲宗后孟氏悞吞針喉中，醫莫能出，有司以高道聞，召見。師進服符，嘔出，針刺符上。宮中神其事，賜號洞元通妙法師，住持上清儲祥宮。紹聖四年（1097），敕江寧府即所居潛神庵爲元符觀，別敕江寧府句容縣三茅山經籙宗壇，與信州龍虎山、臨江軍合皂山三山鼎峙，輔化皇圖。徽宗加號元符萬寧宮，賜九老仙都君玉印、景震玉攝具劍、御製詩頌書畫，賜予不能悉紀。

同書又錄有相關碑文。署鮑慎辭《茅山元符觀頌碑》云[11]：

哲宗皇帝推輯福應，報禮上下，游心道真，側席異人。於是，茅山上清三景法師劉混康，以道業聞於東南，乃遣中謁者致禮，意欲必起之。混康不得辭，既朝，遂住持上清儲祥宮，恩數頻煩，爲國廣成。已而，求還故山。許之，賜所居爲元符觀。今皇帝既親萬機,遵復先志,治人事神,誠意感格,而尊德樂道,猶恐不及。復遣使迎致先生於京師,待遇之禮,悉用元符故事有加焉。未幾告歸,賜號葆真觀妙先生,詔刻九老仙都君玉印,及白玉念珠、燒香簡、紅羅龍扇諸物,又親御毫楮,爲書《度人》、《清靜》、《六甲神符》三經以寵貴之,皆驚世駭目,不可名之寶。

署蔡卞《茅山華陽先生解化之碑》云[12]:

哲宗時召至京師,賜號洞元通妙大師,而以所居庵爲元符觀。未幾,謁還故山。上之元年,復召赴闕。其明年,又告歸。許之,賜以九老仙都君玉印。又詔增廣殿宇,而命近侍惣其事,於中都得專達焉。尋降告,賜號葆真觀妙先生。先生雖居山,而手敕詢勞無虛月。觀將成,請朝天廷以謝上恩,有詔敦勉其來。召對宣和殿,賜御書畫。於是,增改觀名曰元符萬寧宮。而宮之正門及景命萬年、天寧萬福兩殿,太平飛天法輪之榜,皆上自書。昭回之章,焜曜萬古。三茅崇奉之嚴,未有盛於斯時也。

元趙道一《歷世真仙體道通鑑》所述淵源更久,宋真宗朝有道士朱自英者"得九老仙都君印,濟人不倦"[13]。"徽宗即位,召(劉混康)赴闕。崇寧二年(1103),乞歸山。七月,有旨用顓妙先生朱自英奏草九老仙都君即文琢玉賜之,仍賜號葆真觀妙先生。"[14]

王育成《道教法印令牌探奧》從道書中輯

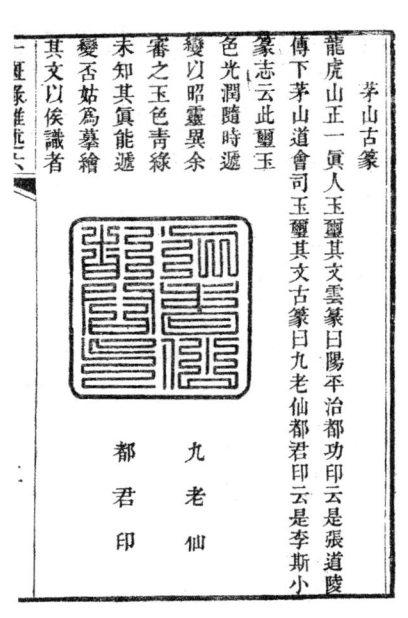

茅山古篆

龍虎山正一眞人玉璽其文雲篆曰陽平治都功印云是張道陵傳下茅山道會司玉璽其文古篆曰九老仙都君印云是李斯小篆志云此璽玉色光潤隨時遞變以昭靈異余審之玉色青綠未知其眞能遞變否姑爲摹繪其文以俟識者

九老仙都君印

鄭光祖摹繪九老仙都君印

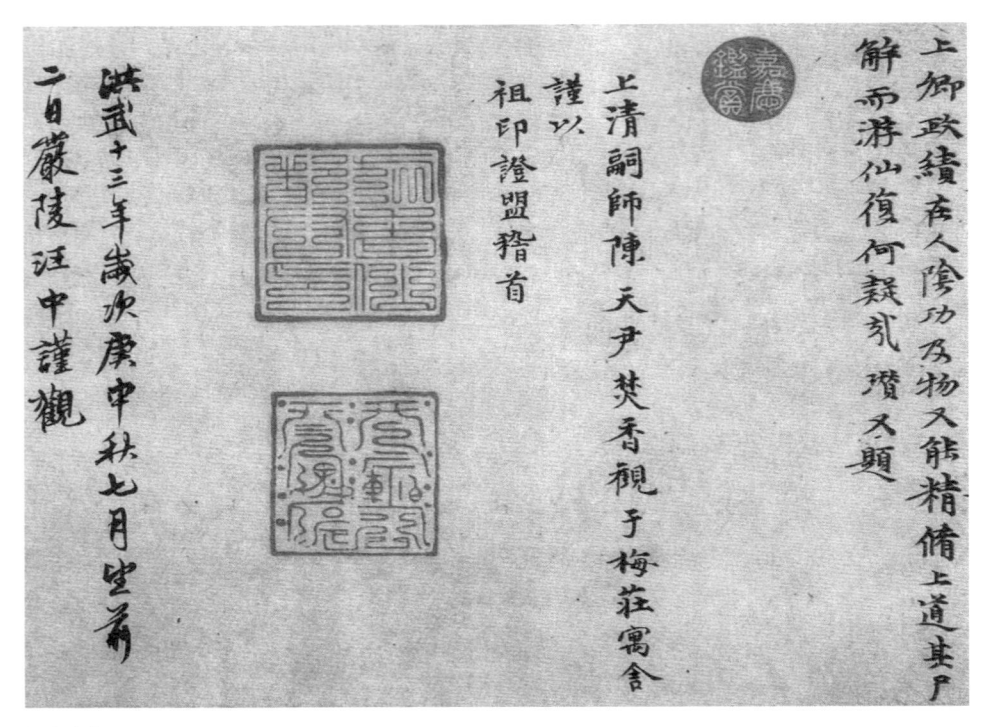

周文英墓誌銘跋尾

錄七方九老仙都印，其文作"上清九老仙都之印"或"九老仙都之印"，字體符篆化，難於辨識，唯茅山玉印面貌與之迥異，故判屬北宋法物[15]。然此印有關文獻全部經元代道士之手編輯，未見其他早期史源。且同時之江西道士吳全節曾記一傳聞："三茅山道童遇白兔入穴，掘之，得一玉印，乃九老仙都君玉印一顆，乃宣和故物也。"[16] 據此，可從側面推知該印傳承並非連續，存在元人攀附再造或創造之可能，不宜遽斷爲北宋作品。若細審印文書法，其"印"字上部兩折上下重疊而非左右並列，於兩宋官印中似未得見，而元代則不乏其例，如"南豐縣尉之印"、"白水寨巡檢印"[17]。元末天完政權亦如之，見有"統軍元帥府印"、"管軍萬户府印"、"管軍千户所印"、"管軍百户之印"、"汴梁行省管勾所之印"等[18]。且上述諸印發現地點均分佈於長江中下

白水寨巡檢印、南豐縣尉之印

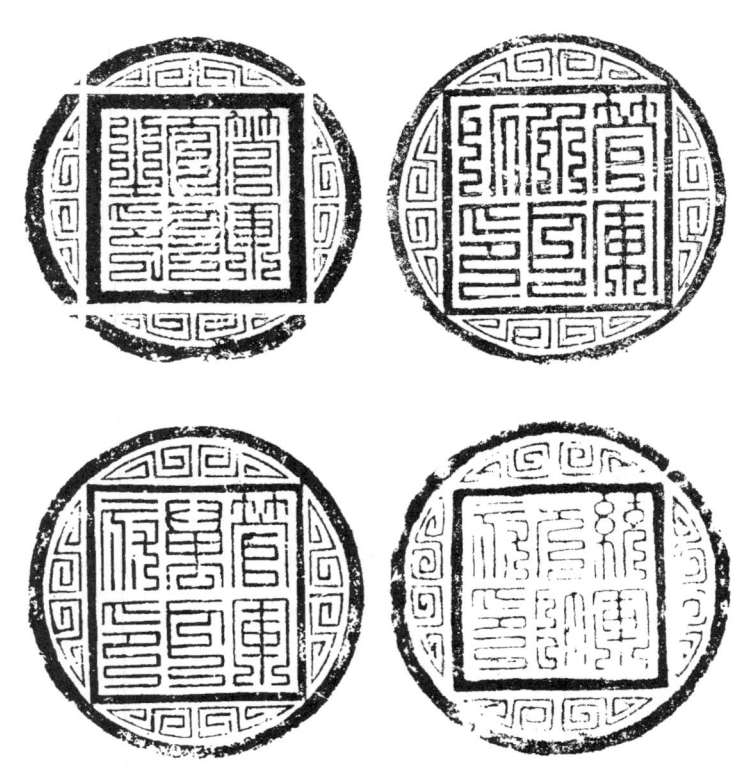

天完政權官印

談 物 343

游,呈現區域性特征。要之,元符宫"九老仙都君印"北宋説頗爲可疑,或係元代茅山道士爲强化其正統地位而冶製。

2017 年 1 月 1 日

1 泰州市博物館《江蘇泰州明代劉鑒家族墓發掘簡報》,《文物》2016 年 6 期,43 頁。
2 常州市博物館《常州市廣成路明墓的清理》,《東南文化》2006 年 2 期,48 頁。
3 常州博物館《江蘇常州懷德南路明墓發掘簡報》,《文物》2013 年 1 期,74 頁。
4 鄭光祖《醒世一斑録》雜述六,清道光二十五年琴川鄭氏青玉山房刻咸豐二年印本,葉三。
5 洪亮吉《游茅山記》,《卷施閣文甲集補遺》,清光緒五年授經堂刻本,葉一八。
6 池顯方《茅山記》,《晃巖集》卷一五,明崇禎十五年刻本,葉四一。
7 李詡《戒庵老人漫筆》卷三《茅山古跡》,北京:中華書局,1982 年,104 頁。
8 都穆《游茅山記》,何鏜《古今游名山記》卷四,《四庫全書存目叢書》影印明嘉靖刻本,史部第 250 册,濟南:齊魯書社,1997 年,410 頁。
9 楊維楨《楷書周文英墓誌銘》,合肥:黃山書社,2008 年。
10 劉大彬《茅山志》卷七,《中華再造善本》影印中國國家圖書館藏元刻本,葉一七。
11 劉大彬《茅山志》卷一三,《中華再造善本》影印中國國家圖書館藏元刻本,葉一四。
12 劉大彬《茅山志》卷一三,《中華再造善本》影印中國國家圖書館藏元刻本,葉二二。
13 趙道一《歷世真仙體道通鑑》卷四八,《道藏》第 5 册,北京:文物出版社,1988 年,378 頁。
14 趙道一《歷世真仙體道通鑑》卷五二,《道藏》第 5 册,北京:文物出版社,1988 年,400—401 頁。
15 王育成《道教法印令牌探奥》,北京:宗教文化出版社,2000 年,94—96 頁。
16 顧嗣立《元詩選》二集,北京:中華書局,1987 年,1349 頁。
17 羅振玉《隋唐以來官印集存》,《叢書集成》三編影印民國五年上虞羅氏珂羅版,第 31 册,臺北:新文豐出版公司,1997 年,76、102 頁。
18 史樹青《元末徐壽輝農民政權的銅印》,《文物》1972 年 6 期,10 頁;邱樹森《元末農民政權幾方銅印的初步研究》,《文物》1975 年 9 期,82 頁;郭若愚《元末徐壽輝起義軍的銅印及其政權問題的探討》,《上海博物館館刊》1,1981 年,89—90 頁;傅舉有《介紹幾方元代銅印》,《文物》1986 年 11 期,94 頁;楊道似《江西高安發現元末紅巾軍銅印》,《文物》1997 年 10 期,91 頁。

秋思曲與得意詩

世傳馬致遠所作《天净沙·秋思》："枯藤老樹昏鴉，小橋流水人家，古道西風瘦馬。夕陽西下，斷腸人在天涯。"較早見載於元周德清《中原音韵》與佚名《梨園按試樂府新聲》[1]。而較馬致遠稍長之盛如梓所撰《庶齋老學叢談》收錄文字略有差異，曰："北方士友傳沙漠小詞三闋，頗能狀其景：瘦藤老樹昏鴉，遠山流水人家，古道西風瘦馬。斜陽西下，斷腸人去天涯。"[2] 今人鈎稽史料，以爲此曲元人著錄均作無名氏，明人始繫於馬致遠名下[3]。山西興縣紅峪村元至大二年（1309）壁畫墓於墓主夫婦圖像後繪一屏障，上書小令一首："瘦藤高樹昏鴉，小橋流水人家，古道西風瘦馬。夕陽西下，已獨不在天涯。西江月。"[4] 文字與以上所錄又有不同。可知此曲當時在北方頗爲流行，且版本多異，元人著錄

興縣紅峪村墓壁畫

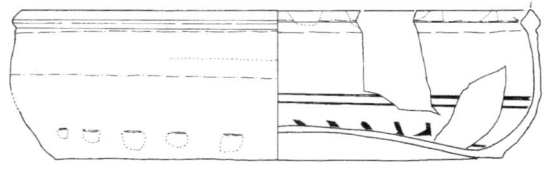

失其名氏,亦近其實。

《全宋詩》據清人俞琰《歷朝詠物詩選》輯錄兩宋之際汪洙《喜》詩曰:"久旱逢甘雨,他鄉遇故知。洞房花燭夜,金榜挂名時。"[5]而洪邁《容齋四筆》得意失意詩條則云:"舊傳有詩四句誦世人得意者云:久旱逢甘雨,他鄉見故知。洞房花燭夜,金榜挂名時。"[6]洪氏是集成於慶元三年(1197),若汪洙果爲作者,不當佚名。日本博多遺跡群第79次調查於536號遺跡中發現晉江磁竈窯青釉陶盆一件,內底以褐彩書寫:"久旱逢甘雨,他鄉無故知。洞房花燭夜,金榜掛明時。"[7]陶盆唇口弧腹,同類者多出自十二世紀早中期至十三世紀中期遺跡。另有折沿弧腹者,多出自十一世紀晚期至十二世紀早期遺跡。兩類產品於約爲兩宋之際之1827號遺跡中曾有共存。而536號遺跡伴出龍泉窯寬蓮瓣碗,則可推其年代約當南宋晚期,較洪氏著錄時間又遲。

博多磁竈窯陶盆

2017年6月14日

---

1 周德清《中原音韵》卷下,《中華再造善本》影印中國國家圖書館藏明刻本,葉六一。不著撰人《梨園按試樂府新聲》卷中,《中華再造善本》影印中國國家圖書館藏元刻本,葉八。

2 盛如梓《庶齋老學叢談》卷中，清長塘鮑氏刻《知不足齋叢書》本，葉一四。
3 范春義《〈天净沙·秋思〉是馬致遠作的嗎》，《古典文學知識》2008 年 3 期，46—51 頁。
4 山西大學科學技術哲學研究中心等《山西興縣紅峪村元至大二年壁畫墓》，《文物》2011 年 2 期，40—46 頁。
5 北京大學古文獻研究所《全宋詩》第 22 册，北京：北京大學出版社，1995 年，14978 頁。
6 洪邁《容齋隨筆》四筆卷八，北京：中華書局，2005 年，720 頁。
7 福岡市教育委員会《博多 50—博多遺跡群第 79 次調查の概要—》，福岡市埋蔵文化財調查報告書第 447 集，1996 年，49 頁。

寄寄老人

寄寄老人，元初長安陶工也，善治黑陶祭器。王惲《題寄寄老人陳氏詩卷》云："昔帝舜陶於河濱，器不苦窳，而陶之爲器，最近古而適用廣。長安寄寄翁得適用近古之法，削爲鼎研諸器，堅潤精緻，粹然含金玉之質，誠可方駕保張，遠紹澤之呂道人矣。"[1] 段成己《贈研師寄寄翁》略云："有客杭城客，不知何人斯；自云來西秦，著脚汾之湄。"[2]

元代祭器多鑄銅爲之，以平江、杭州、吉安聲名最著，而北方地區頗有以陶爲之者。《重修棗陽縣學宮增添禮器記》：至治二年（1322）"教諭楊仲彬曰：覃懷陶工劉氏，器不苦窳，僑居在是，堪膺斯選。公遂授工值，俾就摶埴，器成"。[3]《易州文廟作新祭器之記》：至正六年（1346）"遠募工匠，命州吏馮光祖專董其役，就本縣西北奇里置窑，燒造祭器"[4]。《大元聖廟禮器記》：至正十一年（1351）"即日命工，一尊典制，埏埴熏陶，不數月而工成獻，其色黝如漆瑩，其制完不苦窳"[5]。定州祭器明確爲黑陶燒製，工藝或與寄寄老人類同。

今所見寄寄老人作品實物有西安博物院征集"方合"（簠）、爵、"豆"（登）、"方瓶"（方壺）、鼎（爐）、瓶，海南省博物館藏丹麥追回犧尊、象尊，均印"寄寄老人"款識[6]。有内蒙古烏蘭察布波羅板升古城出土方壺，印"長安脾地寄寄老人"款識[7]。另有臨汾元墓出土簋、簠、爵、坫、登、方壺、爐、瓶等物多件[8]。觀簋、簠之形制方圓内外，可判爲北宋《三禮圖》[9]系統，而犧尊、象尊模擬本相，却屬南宋

《紹興製造禮器圖》[10]、《紹熙州縣釋奠儀圖》[11] 系統。新式樣自南宋中期朱熹大力推行以來，在南方地區已趨普遍，各地新鑄祭器，"尺度一準之朱文公所定圖式"[12]；而北方地區"自中統以來，雜金、宋祭器而用之"[13]，故仍有堅持以舊式樣爲本者。且以爲："備物之饗，以象其德，則當用四代之器，如虞之泰尊、夏之山尊、商之禮尊、周之犧象是也。惟泰無識，著無禁，壘圖山雲於腹，犧象亦圖形於腹，斯爲正矣。今

海南省博物館藏犧尊、象尊

西安博物院藏簋　　　　　　　　　波羅板升古城出土方壺

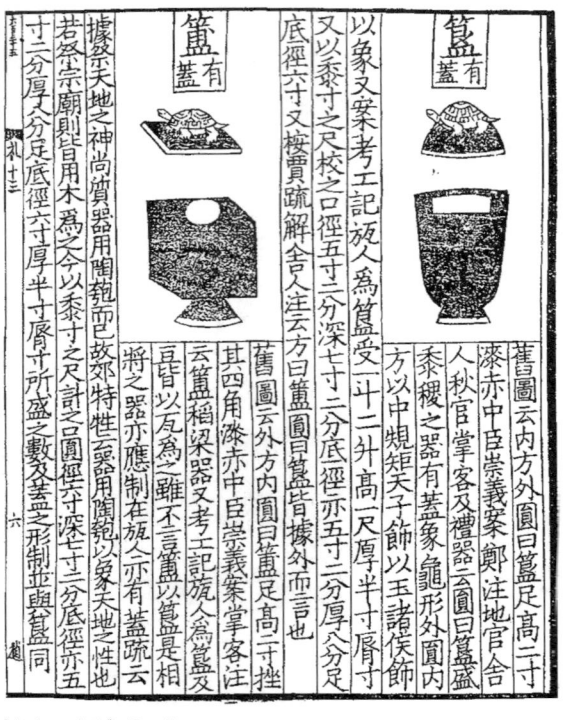

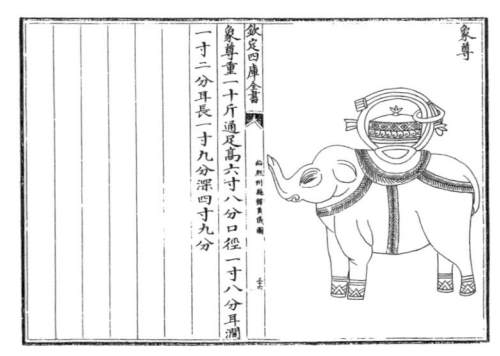

《新定三禮圖》簠、簋　　　　　　　　　　　《紹熙州縣釋奠儀圖》犧尊、象尊

多以犧象負尊者，亦有以酒置其腹者，故有龍杓大而尊口小之異。制不尊古，不敬何別？"[14] 長安一帶元墓所出黑陶祭器常見北方舊式，然寄寄老人作品卻兼具南方新式，貌似和其曾客居杭州有關，實則與後引洛陽事例相類，均可視爲元代早期南北兩脈禮制傳統碰撞交流之寫照。

2016 年 1 月 10 日

1　王惲《秋澗先生大全文集》卷七一《題跋》,《四部叢刊》初編影印明弘治翻元刻本, 葉七至八。

2　段克己、段成己《二妙集》卷一《五言古詩》,《景印文淵閣四庫全書》第1365冊, 臺北: 臺灣商務印書館, 1986年, 532頁。

3　張聲正修, 史策先纂〔同治〕《棗陽縣志》卷二七《藝文》上, 清同治四年刻本, 葉一五。

4　戴銑〔弘治〕《易州志》卷一六《文章》創建,《天一閣藏明代方志選刊》影印明弘治十五年刻本, 葉五。

5　何其章修, 賈恩紱纂〔民國〕《定縣志》卷二〇《志餘》金石篇下,《中國方志叢書》影印民國二十三年刻本, 臺北: 成文出版社, 1969年, 1140頁。

6　國家文物局《追索流失海外的中國文物》, 北京: 文物出版社, 2008年, 154—155頁。宋新潮《"寄寄老人"考》,《文物》2011年10期, 77—82頁。首都博物館《大元三都》, 北京: 科學出版社, 2016年, 155頁。翟榮、李喜萍《"十年藏珍": 西安博物院新入藏文物精品鑒賞》,《收藏》2017年10期, 162頁。

7　蓋山林《陰山汪古》, 呼和浩特: 内蒙古人民出版社, 1991年, 圖一六。

8　臨汾市博物館《臨汾文物精品圖録》, 内部資料, 459—479頁。

9　聶崇義《新定三禮圖》卷一三,《中華再造善本》影印中國國家圖書館藏宋淳熙二年鎮江府學刻本, 葉六。

10　《紹興製造禮器圖》已佚, 文字及簡圖參見: 徐松《中興禮書》卷一〇《吉禮》一〇《郊祀祭器》二,《續修四庫全書》影印清抄本, 第822冊, 上海: 上海古籍出版社, 2002年, 40—44頁;《纂圖互注周禮》卷首《周禮圖説》,《中華再造善本》影印中國國家圖書館藏宋刻本, 葉九;《周禮》卷首《周禮圖》,《中華再造善本》影印北京大學圖書館藏宋刻本, 葉一七至一八。

11　朱熹《紹熙州縣釋奠儀圖》,《景印文淵閣四庫全書》第648冊, 臺北: 臺灣商務印書館, 1986年, 20頁。

12　沈芭仁《儒學祭器記》, 周鶴纂修〔康熙〕《永明縣志》卷九《藝文》一, 清康熙四十九年刻本, 葉七。

13　宋濂《元史》卷七四《祭祀志》三, 北京: 中華書局, 1976年, 1846—1847頁。

14　薛友諒《河南府重修廟學記》, 胡謐等纂修〔成化〕《河南總志》卷一四,《原國立北平圖書館甲庫善本叢書》第343冊, 北京: 國家圖書館出版社, 2013年, 819頁。

坫

湖南省博物館《復興的銅器藝術：湖南晚期銅器展》收錄"海水紋器座"一件，方形中有圓穿，器表飾四出海水紋，側面飾雲雷紋。銘文曰："祁陽縣學祭器，達魯花赤亦憐隻班進盞，提調官縣尹王承直，主簿崔□仕，典史焦友諒，教諭陳時升，至元後四年戊寅（1338）秋誌。"另有形似"器座"一件，惟中部無穿而作圓凹，側面銘文曰："大元大德乙巳（1305）四月貳日丙午，潭州路瀏陽州文靖書院之實始供祀吏銑山修司其永保用。"兩器均推測與豆配合使用[1]。

然此物實應爲坫，即《三禮圖》所言"坫以致爵，亦以承尊"者[2]。宋初聶氏豐坫圖作豆形，宣和新成禮器已棄而不取。秉承紹興制度[3]之《紹熙州縣釋奠儀圖》云："爵坫，其形方，縱廣各九寸二分，以銅爲之，重二斤九兩。""祝板坫，重二斤九兩，縱廣九寸二分。……今範金爲之，其體四方，措諸地而平正，製作簡古，宜爲定式製造。"[4] 圖示作外方內圓，正與湖南之例相同。文靖書院銅坫長寬25—25.5釐米，若以宋浙尺27.5釐米爲準折算[5]，恰合九寸二分。另有與之配套"大德乙巳"（1305）或"皇慶壬子"（1312）銅爵，通高22—23釐米，則又與同書所記"通柱高八寸二分"爵制相當。坫與爵、尊配合使用之情形，描繪於清代臺灣孔廟禮器圖[6]。以無足之坫致爵，又以四足銅坫承象、犧、山、雷等尊。

故坫之形制並非均作平板。洛陽至正二十五年（1365）賽因赤答忽墓出有"陶案"，四足承板，外方內圓[7]。許雅惠考定爲坫[8]，其論甚確。濟寧泰定元年（1324）

張楷及其族墓所出陶祭器，以四足坫承豆式犧尊、象尊及簋[9]。賽因赤答忽墓另出"陶硯"，束腰圓筒形，面飾雲紋，兩耳亦作雲形。許氏據《明集禮》考爲雲坫。所謂"雲坫用以置尊，形如豐坫，而兩耳作雲形"[10]，可知係由《三禮圖》系統發展而來，故與南方不同。形似之陶質雲坫於臨汾元墓屢有出土，乃長安名家"寄寄老人"作品[11]。得證洛陽所見並非孤例，且將雲坫之出現時限提早至元代初年。

2017 年 3 月 19 日

1 陳建明主編《復興的銅器藝術：湖南晚期銅器展》，北京：中華書局，2013 年。
2 聶崇義《新定三禮圖》卷一四《爵坫》，《中華再造善本》影印中國國家圖書館藏宋淳熙二年鎮江府學刻本，葉六。
3 徐松《中興禮書》卷一〇《吉禮》一〇《郊祀祭器》二，《續修四庫全書》影印清抄本，第 822 册，上海：上海古籍出版社，2002 年，40—44 頁。
4 朱熹《紹熙州縣釋奠儀圖》，《景印文淵閣四庫全書》第 648 册，臺北：臺灣商務印書館，1986 年，24—25 頁。
5 丘光明《中國歷代度量衡考》，北京：科學出版社，1992 年，98 頁。
6 陳芳妹《青銅器與宋代文化史》，臺北：臺大出版中心，2016 年，封面。
7 洛陽市鐵路北站編組站聯合考古發掘隊《元賽因赤答忽墓的發掘》，《文物》1996 年 2 期，28 頁。
8 許雅惠《〈宣和博古圖〉的"間接"流傳：以元代賽因赤答忽墓出土的陶器與〈紹熙州縣釋奠儀圖〉爲例》，《美術史研究集刊》第 14 期，2003 年，8—9 頁。
9 濟寧市博物館《山東濟寧發現兩座元代墓葬》，《考古》1994 年 9 期，820 頁。
10 徐一夔等《明集禮》卷七《宗廟祭器》雲坫，明嘉靖九年刻本，葉一二。
11 臨汾市博物館《臨汾文物精品圖録》，内部資料，461—476 頁。

祁陽縣學祭器

文靖書院祭器

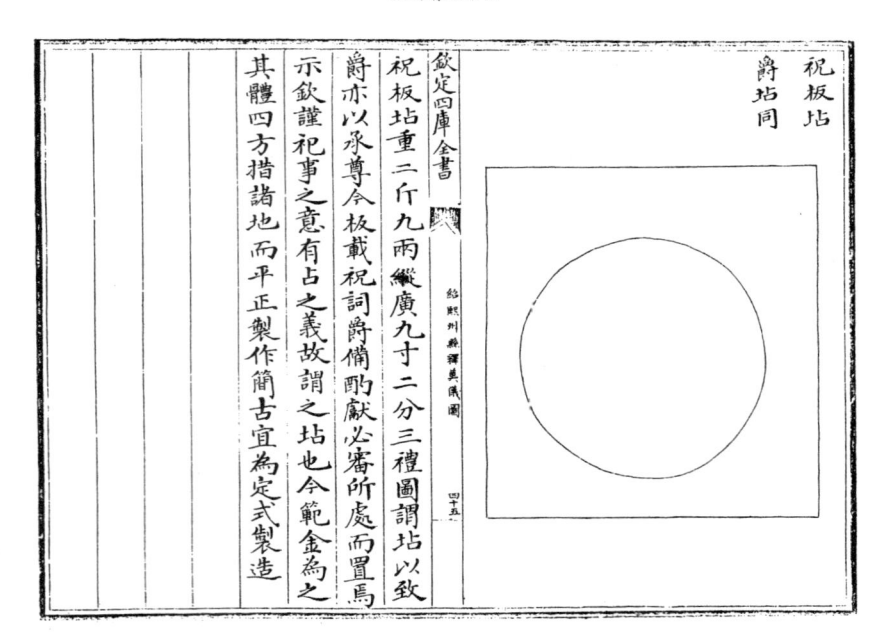

欽定四庫全書

祝板坫
爵坫同

紹熙州縣釋奠儀圖

祝板坫重二斤九兩縱廣九寸二分三禮圖謂坫以致爵亦以承尊今板載祝詞爵備酌獻必審所處而置焉示欽謹祀事之意有占之義故謂之坫也今範金為之其體四方措諸地而平正製作簡古宜為定式製造

《紹熙州縣釋奠儀圖》

354　雞冠壺：歷史考古劄記

孔廟禮器圖

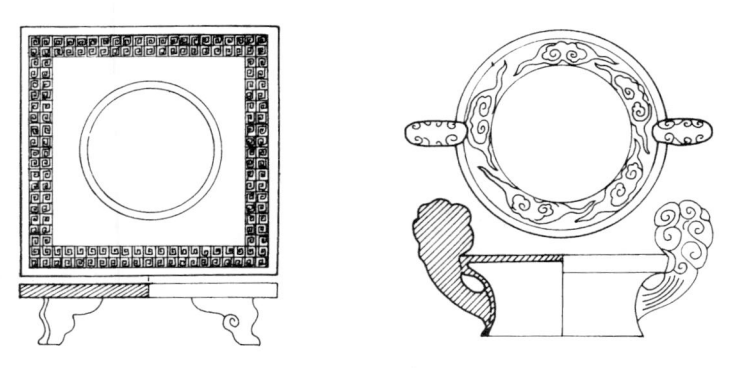

洛陽賽因赤答忽墓出土

談 物　355

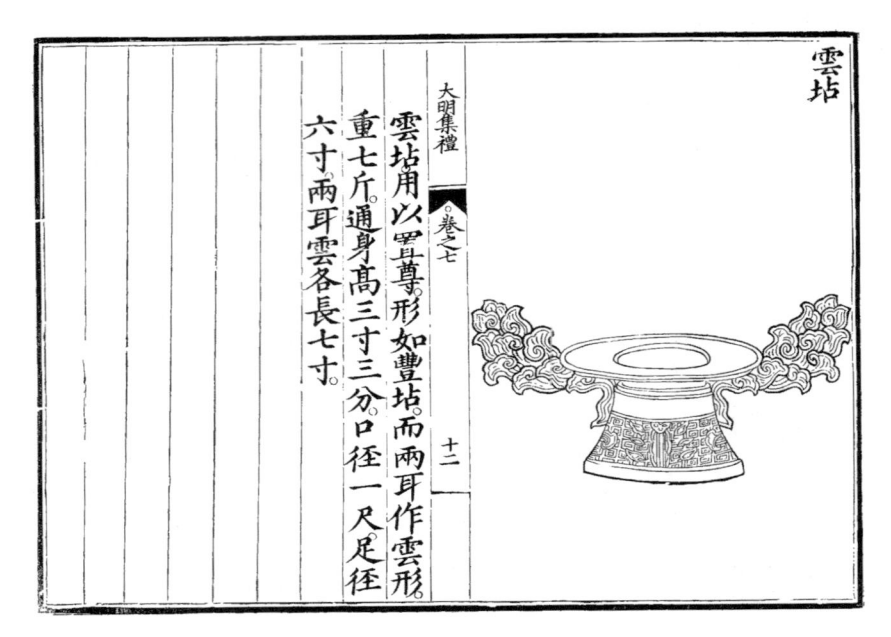

《大明集禮》

雲坫用以罨昆尊。形如豐坫。而兩耳作雲形。重七斤。通身高三寸三分。口徑一尺。足徑六寸。兩耳雲各長七寸。

臨汾元墓出土

王氏祭器

河南西平發現有明代王氏父子墓，出誌銘兩方[1]。父志德，成化二年（1466）生，屢舉不第，正德元年（1506），貢於春官，後爲臨泉王府教授，嘉靖十年（1531）卒。其子誥，弘治十一年（1498）生，登嘉靖二年（1523）進士，官至都察院右都御史，嘉靖三十六年（1557）卒。墓葬已遭破壞，追繳而得瓷器十一件，其中化妝白瓷七件。豆形器六件，形制相同，弧形蓋、子母口、淺弧腹、高圈足。蓋頂各有草書文字，可辨識爲"簠"、"簋"、"籩"、"豆"四種。另有爵一件，有流有尾，兩側立柱，外撇三足。據題名可知爲一組祭器。

宋元祭器或本《三禮圖》唐宋舊制，或本《紹興製造禮器圖》及《紹熙州縣釋奠儀圖》南宋新制，皆作仿古樣式。若以簠簋而論：前者體態縱長，外方內圓或外圓內方，蓋均承龜。後者體態扁闊，覆斗或橢圓，布滿紋飾。王氏族墓所出則別出心裁，簠、簋、籩、豆率以豆形器爲之，僅用文字題名予以區分。此類簡化之舉似與明代官方祭器改革背景有關。洪武二年（1369）纂修三年（1370）成書嘉靖九年（1530）刊印之《大明集禮》中，祭器形制仍源自南宋一支[2]。然據萬曆本《大明會典》記載，洪武"二年，定祭器皆用瓷"[3]。"凡祭器、禮物、樂舞，洪武四年（1371）更定，各置高案、籩、豆、簠、簋、登、鉶，悉用瓷器。"[4]至"洪武二十六年（1393），著令：天下府州縣合祭風雲、雷雨、山川、社稷、城隍、孔子及無祀鬼神等，有司務要每歲依期致祭，其壇壝廟宇制度，牲醴祭器體式，具載洪武禮制。今列于後：……祭器……籩、豆、簠、簋，俱用瓷楪，簠、簋楪稍大。酒尊三，用瓷尊，每尊用蓋布巾一，酌酒杓一。爵六，用瓷爵。鉶一，用瓷碗"[5]。形式可參考圜丘祭祀圖[6]。故"就其形制看，除瓷爵還存有三代禮器的形制外，簠、簋、籩、豆、登、鉶之屬皆祇存古名而已，其實都是一些特意製成的瓷碗、盤，至於祭禮中所用的尊，實也祇是瓷罐"[7]。王氏祭器非以碗楪相代，自與官方體式有別，但諸器名異而形同，質樸不華，可謂得洪武禮制之神。類似之例亦可參考萬曆刻本《琵琶記》中秋祭月圖[8]。

2017 年 7 月 24 日

1 西平縣文物管理所《河南西平縣明代王氏家族墓》，《文物研究》第 22 輯，北京：科學出版社，2017 年，189—200 頁。
2 徐一夔等《大明集禮》卷二，明嘉靖九年刻本，葉四二至四四。
3 申時行等修，趙用賢等纂《大明會典》卷二〇一《工部》二一《器用》，明萬曆十五年刻本，葉二五。
4 申時行等修，趙用賢等纂《大明會典》卷九一《禮部》四九《先師孔子》，明萬曆十五年刻本，葉二八。
5 申時行等修，趙用賢等纂《大明會典》卷九四《禮部》五二《有司祀典》下，明萬曆十五年刻本，葉一至三。
6 申時行等修，趙用賢等纂《大明會典》卷八二《禮部》四〇《圜丘》，明萬曆十五年刻本，葉三五。
7 王光堯《清代瓷質祭禮器略論》，《故宮博物院院刊》2003 年 2 期，72 頁。
8 高明《琵琶記》第二十八齣《中秋望月》，明萬曆二十五年汪光華玩虎軒刻本，葉四九。

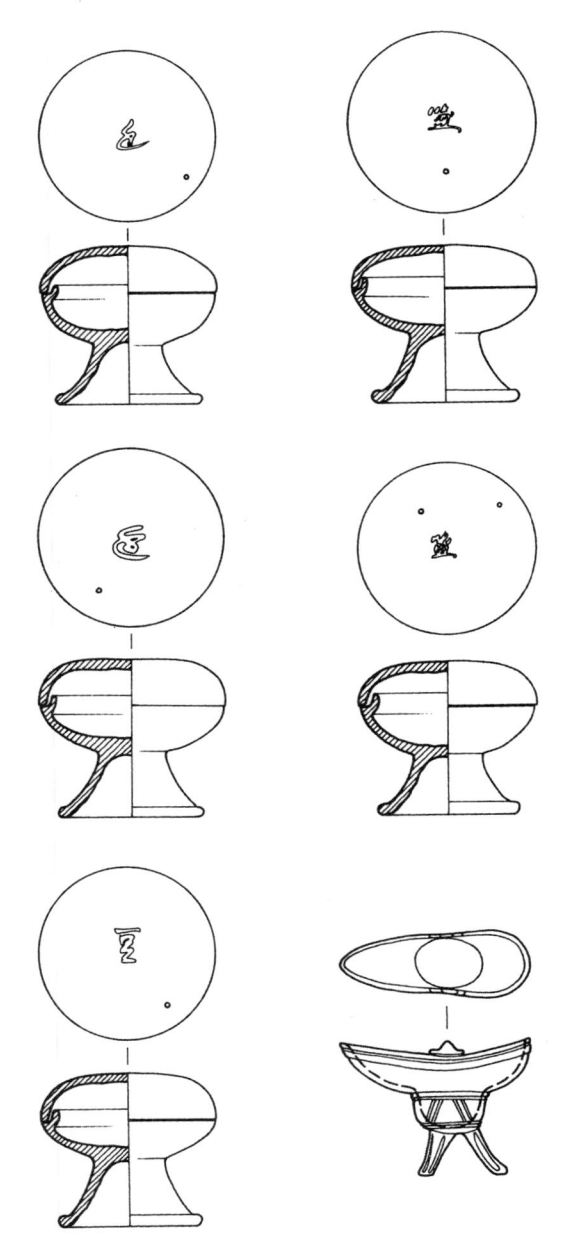

王氏祭器

談 物 359

《紹熙州縣釋奠儀圖》簠、簋、籩、豆

《大明集禮》簠、簋、籩、豆

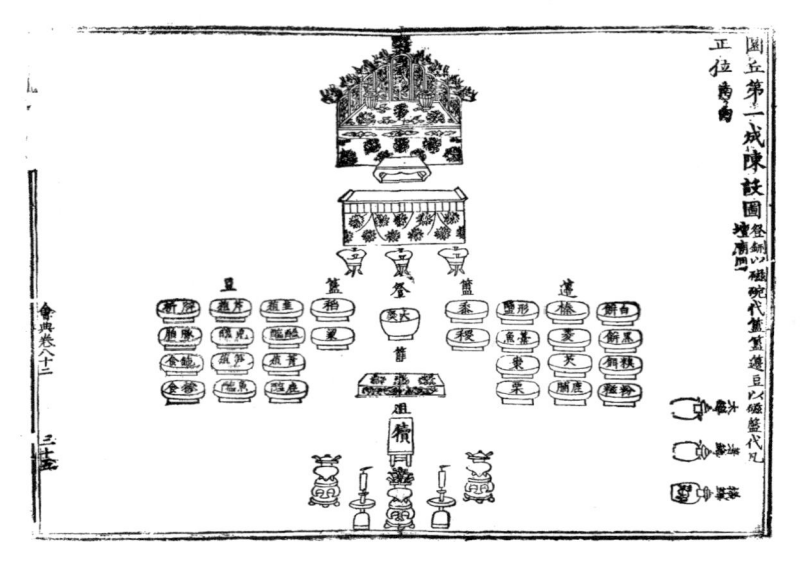

《大明會典》圜丘陳設

《琵琶記》中秋祭月

姜氏銅爐

傳世有銅方爐一種，通體飾云雷紋，爐蓋鏤空卍、卐形圖案八組，爐身兩側附獸首銜環，腹有篆書陽文五行二十字："紹興二年（1132）大寧廠臣蘇漢臣監督姜氏鑄至德壇用。"所見諸例體制稍有不同，馮雲鵬言書法之異，鄧之誠指大小之別[1]。臺北故宮博物院[2]、浙江省博物館[3]皆藏者足爲素方，《金石索》[4]、《善齋吉金錄》[5]摹繪者足作卷雲。另有圓爐，頗罕見，紋飾銘文與方爐同[6]，即道光初嘉興張廷濟謂"所見是爐大小方圓不等，文字悉同"[7]者。

現知姜氏銅爐最早確切記錄爲王士禎康熙間所撰《居易錄》，其"過國子博士孔東塘尚任，觀宋方爐款識云：'紹興二年大寧廠臣蘇漢臣監督姜氏鑄至德壇用'，凡二十字，小篆，姜氏即姜娘子"[8]。姜娘子之名見於明初曹昭《格古要論》："宋句容縣及台州鑄者，多是小雷紋花兒。元杭州姜娘子、平江王吉鑄銅器，皆得名，花紋麓，姜鑄勝於王，俱不甚直錢。"[9]晚明高濂《遵生八箋》所述稍詳："元時杭城姜娘子、平江王吉二家，鑄法名擅當時，其撥蠟亦精，其煉銅亦净，細巧錦地花紋，亦可入目。或作鎏金，或就本色，傳之迄今，色如蠟茶，亦爲黑色，人多喜之。因其制務法古，式樣可觀。但花紋細小，方勝、龜紋、回紋居多。平江王家鑄法亦可，煉銅瑩净，撥蠟精細，但制度不佳，遠不如姜。"[10]今人或據曹、高之説，以姜氏銅爐爲元代仿作[11]。

乾隆中，海寧吳騫保藏一爐，後置杭州孤山蘇文忠公祠[12]。其所著《尖陽叢筆》

談物　363

云:"南宋古銅器,姜娘子、王吉二人所鑄,皆得名,見《建炎以來朝野雜記》。予家藏宋方爐一,其銘云:'紹興二年大寧廠臣蘇漢臣監督姜氏鑄至德壇用',凡小篆二十字,四面並同。此爐舊在曲阜孔東堂博士家,王漁洋嘗見之,載於《居易錄》中,以爲姜氏即姜娘子。蓋姜乃南宋初人,曹昭《格古要論》謂姜、王俱元人,誤。"[13] 道光初所刊阮元《兩浙金石志》亦有著錄,乃錢塘趙氏所藏,"按《咸淳臨安志》,南宋時吳山有至德觀,蓋即此壇也。《圖繪寶鑒》,蘇漢臣,開封人,宣和畫院待詔,師劉宗古,工畫釋道,人物臻妙,尤善嬰孩,紹興間復官大寧廠。又案《居易錄》載宋方爐,款識文與此同,云姜氏即姜娘子,南宋人,善鑄銅器者"[14]。後人多有本吳、阮之說,以姜氏銅爐爲南宋所造者[15]。然《朝野雜記》實無姜氏鑄器相關記載,《圖繪寶鑒》僅稱漢臣紹興間復官,而未言及"大寧廠",吳騫、阮元引書均誤,平添混亂。

徐蘋芳先生業已提示,銅爐銘文所謂"姜氏"與《格古要論》"姜娘子"不可混爲一談[16]。曹昭言元杭州姜娘子、平江王吉所鑄銅器迄今未見實例,文獻中姜氏銅爐之出現,似乎僅可追溯至明末。李日華《味水軒日記》云,萬曆四十年(1612)無錫孫姓者一舫泊其門首,出觀諸種青綠,其中有"姜鑄方圓香爐二"[17],正與現今所知姜氏銅爐分方圓二式相合。時人文震亨《長物志》所云"姜鑄回文小方斗"[18]或亦屬類似之物。此外,《宣德彝器圖譜》(二十卷本)、《宣德鼎彝譜》(八卷本)收錄各式銅爐,頗多標記爲"照元朝姜鑄"、"仿元朝姜鑄"[19]者。然兩本文字相互抵牾,同器或又標記爲仿宋定瓷或元內府款式。蓋其書疑僞,編成年代上限晚明,伯希和辨之甚詳[20]。故此,姜氏銅爐製作年代非但不能至南宋,即便元代亦無確鑿證據。或可目爲晚明仿古風潮產物,既僞托宋人蘇漢臣之名,又追襲曹昭所記元代姜娘子雷紋銅器之制。

2016年12月25日

1 鄧之誠著，鄧瑞整理《鄧之誠文史劄記》，南京：鳳凰出版社，2016年，138頁。

2 臺北故宮博物院網站器物典藏資料檢索系統，文物統一編號：故-銅-000437-N000000000。

3 曹錦炎《姜娘子銅爐辨偽》，《中國文物報》1990年5月3日3版。

4 馮雲鵬、馮雲鵷《金索》三《雜器之屬》，清道光滋陽馮氏邃古齋刻本，葉七五。

5 劉體智《善齋吉金錄》，民國廬江劉氏石印本。劉體智《小校經閣金文拓本》卷一三《雜器》，民國二十四年廬江劉氏石印本。

6 《宋姜氏造至德壇銅爐款字》，《藝林月刊》第22期，1931年10月，6頁。

7 張廷濟《清儀閣所藏古器物文》第八冊《宋紹興姜氏造方鑪》，日本京都大學圖書館藏稿本。

8 王士禎《居易錄》卷二五，《景印文淵閣四庫全書》第869冊，臺北：臺灣商務印書館，1986年，625頁。

9 曹昭《格古要論》卷上《古銅器論》新銅器，影印明萬曆二十六年刻《夷門廣牘》本，葉二至三。

10 高濂《雅尚齋遵生八箋》卷一四《新鑄偽造》，明萬曆十九年刻本，葉三〇。

11 曹錦炎《姜娘子銅爐辨偽》，《中國文物報》1990年5月3日3版。

12 吳騫《拜經樓詩集》卷一〇《南宋方爐歌》，《續修四庫全書》影印清嘉慶八年刻增修本，第1454冊，上海：上海古籍出版社，2002年，97頁。

13 吳騫《尖陽叢筆》卷二，《續修四庫全書》影印清抄本，第1139冊，上海：上海古籍出版社，2002年，459頁。

14 阮元《兩浙金石志》卷八，《石刻史料新編》影印清光緒十六年浙江書局刻本，第1輯第14冊，臺北：新文豐出版公司，1982年，10376頁。

15 劉體智《善齋吉金錄》，民國廬江劉氏石印本；李拓之《答徐蘋芳先生》，《廈門大學學報》1956年3期，3—4頁；揚之水《兩宋香爐源流》，《中國典籍與文化》2004年1期，52頁。

16 徐蘋芳《"骨董瑣記質疑"質》，《廈門大學學報》1956年3期，2頁。

17 李日華《味水軒日記》卷四，民國吳興劉氏刻《嘉業堂叢書》本，葉四〇。

18 文震亨著，陳植校注《長物志校注》卷七《器具》，南京：江蘇科學技術出版社，1984年，264頁。

19 呂震（舊題）《宣德彝器圖譜》，民國十七年武進陶氏刻《喜詠軒叢書》本，卷三，葉六；卷一〇，葉五；卷一四，葉四。呂震（舊題）《宣德鼎彝譜》，民國十九年武進陶氏刻《喜詠軒叢書》本，卷六，葉一一；卷七，葉四、一五；卷八，葉一〇。

20 伯希和著，馮承鈞譯《歷代名瓷圖譜真偽考》，《中國學報》第2卷第2期，1944年，46—50頁。

浙江博物館藏 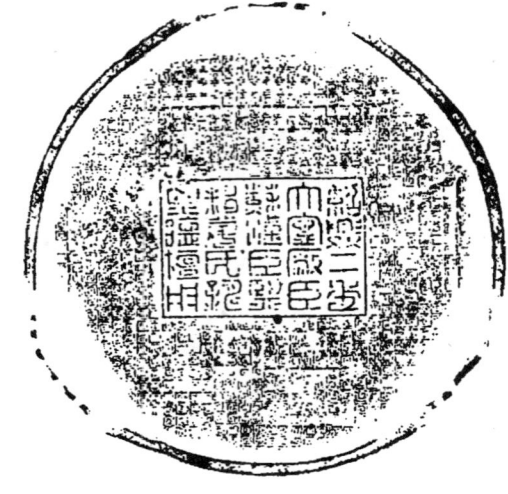　　　　　　　　　　《藝林月刊》

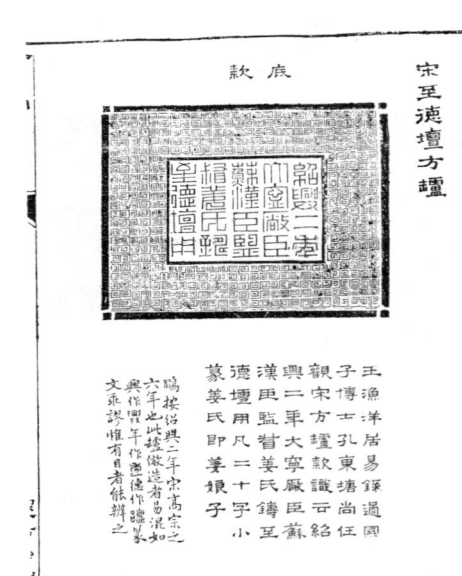

宋至德壇方罏

底款

王漁洋居易錄過國
子博士孔東塘尚任
觀宋方罏款識云紹
興二年大寧臟臣鑄
漢壇用凡二十字小
德壇即姜鑲子
蒙姜氏即姜鑲子

鴨按紹興二年宋高宗之
六年此罏徽宗造者易混之
興作開寧作作蜜德作臘之
文乘謨惟有目者能辨之

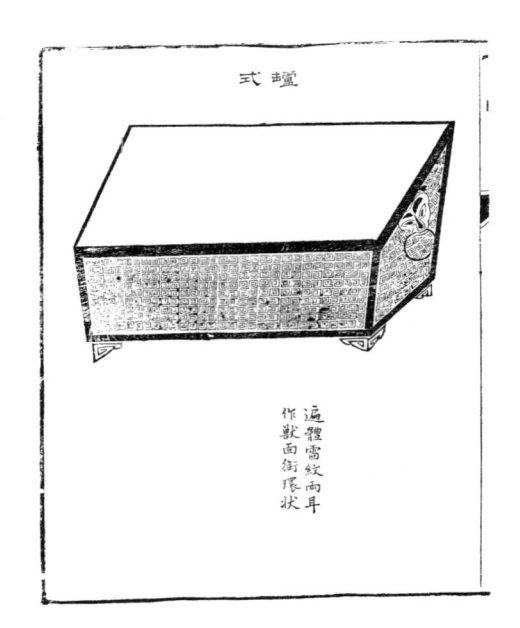

罏式

遍體雷紋兩耳
作獸面銜環狀

《金索》

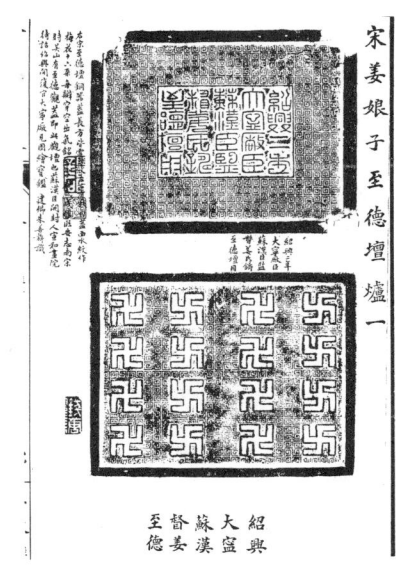

宋姜娘子至德壇鑪
身高二寸六分 口
縱四寸七分 橫六
寸二分

《善齋吉金錄》

宋姜娘子至德壇爐一

紹興
大監
蘇漢臣
督姜
至德

《小校經閣金文拓本》

右方鑪筒購于郡城集街張氏初學齋值銀五餅鑄識在底紹興
二年大盦藏臣蘇漢臣監督姜氏鑄至德壇用五行二十字至德
壇宋志咸淳臨安志夢梁錄俱不載新城王文簡曾於扎東塘處
見是鑪載居易錄中謂姜氏即姜娘子以製薰籠禮名者漢臣
以繪事供奉兩朝監督鑄造宜文字精好迺爾然余所見是鑪大
小方圓不等文字悉同則當時所鑄不知幾何矣
道光二年壬午七月十五日　　　　　　　　　　林朱張廷濟
兩浙金石志卷八載至德壇鑪爲辯藏督當南京時吳中有至德觀基印拖本注稱

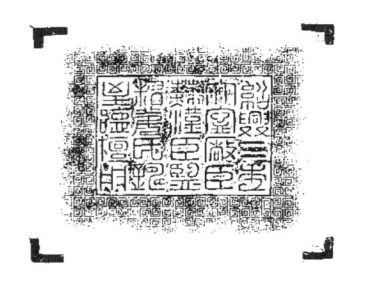

《清儀閣所藏古器物文》

語石

當省澤閣州閿鄉縣福昌院
禮部狀據閿州閣中縣借郭永安院興陵名
相犯合行迴避本部勘會寺院類係為陵名
犯先係本朝勅額今來依朝廷別降
勅額伏候
指揮

牒奉
勅宜改賜
福昌院為額
牒至准
勅故牒
崇寧二年六月六日牒

牒奉
太中大夫守尚書吳□
中大夫守左丞張□
右光祿大夫守左僕射

武氏祠
栖先塋記
揚州贊賢坊
李琬石堂
賈府君墓
蔡家勑
三明寺碑
一墓兩誌
張澄石棺銘
何懷保地券
玉女地券
張寧鎮墓文
酆都山真形圖

酆都羅山真形
石若爛，人來換
金元墓儀石刻
宋碑仿漢
浙西安撫司殘碑
昭惠靈顯真君
天地日月國王父母
天運紀年
列子御風
小關管
倪瓚像
泰和寫真

武氏祠

清黄易《修武氏祠堂記略》云¹:

乾隆丙午（1786）秋八月，自豫還，東經嘉祥縣署，見《志》載：縣南三十里紫雲山西，漢太子墓石享堂三座，久没土中，不盡者三尺。石壁刻伏羲以來祥瑞及古忠孝人物，極纖巧。漢碑一通，文字不可辨。易訪得拓取，堂乃武梁，碑爲武斑，不禁狂喜。九月親履其壤，知山名武宅，又曰武翟。歷代河徙填淤，石室零落。

黄氏所閲志書，即乾隆四十三年（1778）刊刻之《嘉祥縣志》，其卷一《方輿志》載²:

漢太子墓，縣南三十里紫雲山西，上有石享堂三座，年久没於土，不盡者三、四尺。石壁刻伏羲以來祥瑞及古忠孝人物，極纖巧。漢碑一通，亦餘三尺許在土外，中有一孔，文字不可辨。相傳爲漢太子墓云。

現存《嘉祥縣志》以明萬曆始修、清順治九年（1652）續修刻本爲最早，即乾隆志所本，文字微異³:

漢太子墓，縣南三十里紫雲山西，上有石享堂三座，年久没於土，不盡者

天津博物館藏《紫雲山探碑圖》

沙畹攝武氏祠舊影

三、四尺。石壁刻伏羲以來祥瑞及古忠孝人物，極其纖巧。漢碑一通，亦餘三尺許在土外，中有一孔，文字糢糊不可讀。相傳爲漢太子墓云。

萬曆間，徐昌祚撰《燕山叢録》，亦有漢太子墓條目，與順治《志》相類[4]：

嘉祥縣紫雲山西，有石室三間，已爲沙埋没，不盡者三、四尺。石壁刻宓羲已來祥瑞及古賢形像，極其纖密。室旁有碑，亦餘三尺許在土外，泐不可讀。相傳漢太子墓云。

徐氏自序云："會當事者謂太僕舊志漫漶，欲加修輯，不以不佞淺陋，屬以具稿。緣是哀所屬諸郡邑誌傳……而誌傳所載山川、人物、古跡、灾祥、奇事、異聞，得於訂證之餘者，悉録之別帙。其詞繁者會意芟刻，指晦者就文藻潤。不敢剿其陳説，亦不敢失其旨歸。"則其書實據方志改編可知。《嘉祥縣志》始修者龔仲敏萬曆二十三年至二十五年（1595—1597）間任縣令，志當作於此時。而徐書成於萬曆三十年（1602），漢太子墓條以文字論，似曾參考龔志。

龔氏《萬曆嘉祥縣志序》云："復取《一統志》、《山東通志》，濟寧、鉅野等州邑志，考其異同，合爲一轍。"現存之嘉靖《山東通志》[5]與萬曆元年（1573）《兗州府志》[6]漢太子墓條文字相同：

漢太子墓，在嘉祥縣南三十里紫雲山西，上有石享堂，半淤入土。石壁刻伏羲以來祥瑞之物及古忠孝故事，皆極纖巧。北有漢碑一通，頂微露，中有一孔，文字糢糊莫辨。相傳爲漢太子墓。

均可視爲《嘉祥縣志》之史源。

論者多以爲順治志或乾隆志所記武氏祠係當時實景，而未慮及方志輾轉傳抄之弊。經黃易、李克正發掘及今人復原[7]可知，有孔漢碑即武斑碑，"石亭堂三座"或"石室三間"即武梁祠、前石室及左石室。黃氏所見武斑碑已是"横闕北道旁。土人云，數十年前從坑中拽出"，諸石室亦結構不完，與明代志書寫照大相徑庭。又有據黃易《前後石室畫像跋》引洪山石崖元人題字"至王四年，昏墊最甚，當時濁浪奔騰，石室盡損，積淤盈丈"[8]，推斷武氏祠毀於此時者。若引明志爲證，嘉靖之前祠堂建築保存尚好，圖像半可識讀，其解體時間疑在明末清初。

2018 年 7 月 27 日

1　黃易《修武氏祠堂記略》，翁方綱《兩漢金石記》卷一五，《石刻史料新編》影印清乾隆五十四年刻本，第 1 輯第 10 册，臺北：新文豐出版公司，1977 年，7427 頁。

2　倭什布纂修〔乾隆〕《嘉祥縣志》卷一《方輿志》墳墓，《北京大學圖書館藏稀見方志叢刊》影印清乾隆四十三年刻本，第 88 册，北京：國家圖書館出版社，2013 年，85 頁。

3　龔仲敏纂修，張太昇續修，董方大續纂〔順治〕《嘉祥縣志》卷一《方輿志》墳墓，中國國家圖書館藏清順治九年刻本，葉一五。

4　徐昌祚《新刻徐比部燕山叢錄》卷一九《古墓類》，《四庫全書存目叢書》影印明萬曆三十年刻本，子部第 248 册，濟南：齊魯書社，1997 年，461 頁。

5　陸鈇纂修〔嘉靖〕《山東通志》卷一九《陵墓》，《天一閣藏明代方志選刊續編》影印明嘉靖刻本，第 51 册，上海：上海書店，1990 年，1172 頁。

6　朱泰、游季勳修，包大爟纂〔萬曆〕《兗州府志》卷四九《陵墓》，《天一閣藏明代方志選刊續編》影印明萬曆元年刻本，第 56 册，上海：上海書店，1990 年，772 頁。

7　蔣英炬、吳文祺《漢代武氏墓群石刻研究》(修訂本)，北京：人民美術出版社，2014 年。巫鴻著，柳揚、岑河譯《武梁祠：中國古代畫像藝術的思想性》，北京：生活・讀書・新知三聯書店，2006 年。

8　黃易《前後石室畫像跋》，方朔《枕經堂金石題跋》卷二，《石刻史料新編》影印清同治三年刻本，第 2 輯第 19 册，臺北：新文豐出版公司，1977 年，14253 頁。

栖先塋記

西安碑林有唐李季卿撰文、李陽冰篆書碑刻兩通，號爲書法名作。其一題作《栖先塋記》，文曰[1]：

粵：烏乎！昔蒼龍大泉獻（景雲二年，711），遭家不造，先侍郎即世，建塋霸陵，遺/令也。先大夫徐公高□備矣。洎單闕歲十有一月，先夫人合/祔。天寶改元（742），我之伯也卒。間五六年，仲也卒。不四三年，叔也卒。君子/曰：李氏子，天假其才，不將其壽。盡謀及龜策，謀及鬼神歟？方士邵權，/遍得管郭之道，喑曰：霸岸鑿龕，客土毛矣。干溫冥之禁，非窀穸攸宜。/是用相叶永地，其原鳳栖。筮之，遇損䷨之解䷧。曰：損孚解緩，吉孰甚/焉。乃虔卜邠城左、時□右，惟茲食；枚卜滻水東、樊水西，亦惟茲食。新/

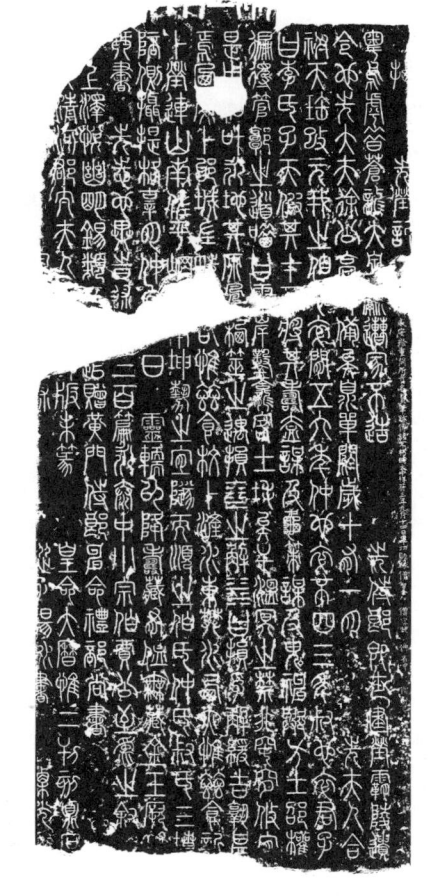

《栖先塋記》拓本

卜塋，連山南，佐平崗，□用坤勢之宜，隧而順之，伯氏、仲氏、叔氏三墳／陪側。攝提格（寶應元年，762）辜月仲旬□日，靈輀以降，壽藏有甀，無藏金玉，厥惟／琴書，先志也。異時述□三百篇，永泰中，小宗伯賈公至爲之叙。／□上澤悦幽明，錫類□□，追贈黃門侍郎，申命禮部尚書，／□□清河郡太夫人，□□□版，朱篆皇命。大曆惟二（767），刊刻貞石。／嗣□□□述，從子陽冰書，栗光刻。

其二無題，趙明誠《金石録》稱作《三墳記》，後世仍之，文曰[2]：

先侍郎之子曰／曜卿，字華，名世才也。弘毅樂易，機符朗徹。既冠，遭家／不造，諸季種藐。植之以□藝，博之以文行。始調秘書／正字，授右衛騎曹，轉新安尉。豪猾未孚，立信以示之／禮。浮窳未復，本仁以示之義。領長安尉，直京師浩穰，／決賊曹繁劇，有立斷焉，焯見焉。左遷普安郡户掾。賦／古樂府廿四章，左史韋良嗣爲之叙，文集十卷。叔卿，字萬，天骨琅琅，德光文蔚，識度標邁。弱冠，以明／□觀國，苤鹿邑、虞鄉二尉。巍守崔公沔洎相國晉公／□□甲科第之進等舉之。嘗游嵩少，夜聞山鐘，賦云／□□繼也，洪爐沸鼎火半死，巨壑重林風稍止，無間／□□□未已，詞人珍之。轉金城尉，曹無受謝，吏不敢／□。□□□卷行於世。／春卿，字榮，寬栗柔立，於穆不瑕。起家拜靈昌主簿。己／丑歲（天寶八年，749），小冢宰李公彭年尚其文翰，署朝邑簿。時漆沮決溢，馮翊昏墊，醼渠楗灾，股引脉散，下土得澮，上腴／成賦，人到于今賴之。文集百一十二篇。於戲！三英／孝友，曾閔儔也。文學繼業，璇碧產也。純固含章，杞／梓材也。昊穹生德，宜受封福。僅逾強仕，以講陰堂。未／盈一紀，三墳相比。思其谷職，訊之逢占。占者邵權曰：／霸陵故塋，葬不違禁，害于而家。歲攝提格（762），乃貞陽卜，／而祔大墳。三墳以東南爲伯、仲、叔，貤之若雁行然。／大曆建元之明年（767），於斯刻石，恐夫溟海爲陸，老沙防焉。季卿述，陽冰書，栗光刻。／

《三墳記》拓本

　　李季卿，肅宗朝中書舍人，代宗朝吏部侍郎，父適，京兆萬年人，終工部侍郎，《新唐書》俱有傳[3]，而《舊唐書》將季卿父誤作李適之，附其傳後[4]，平添混亂。李適卒於景雲二年（711）歲次辛亥[5]（太歲在亥稱大泉〔淵〕獻），臨終"敕其子曰：霸陵原西視京師，吾樂之，可營墓，樹十松焉"[6]。故碑云"建塋霸陵，遺令也"。寶應元年（762）歲次壬寅（太歲在寅稱攝提格），因曜卿、叔卿、春卿昆仲三人數年間相繼棄世，季卿遂信風水不利之説，改卜先塋。

　　與此相似之例見於《博陵崔氏改卜誌》，補刻崔璘墓誌石側，文曰[7]：

　　　　孤子崔鉢泣血謹言：伏自奄鐘偏罰，未終喪紀。斷手之痛，俄及長兄。又二年，不孝招禍，丁先考府君憂。又二年，季弟傾喪。冤哀既甚，行路皆傷。於是中外親族，俱來省慰。退而謂鉌曰：《孝經》云，卜其宅兆而安厝之。子之恃怙並失，昆弟俱喪，得非松柏陷於不善之地乎？有楊均者，居在東平，子能迓之，必有所益。鉌曰唯唯。及楊生至汝上，目先夫人之塋，乃告鉌曰：子角姓耳，艮為福德，地不欲卑；坤為鬼賊，勢不欲盛。斯地也，皆反於經，須求改卜，或冀安寧。余聞邙山之上，可置子之先靈。地曰尹村，鄉曰金谷，北背瀍水，東接魏陵，屬洛京之河南縣界。如神道獲安，則子孫安矣。鉌曰：且懼滅姓，豈敢望安。教命敬依，果決塋辦。乃用乾符四年（877）三月廿六日，自汝州梁縣啟護先考府君先妣夫人，葬於此地，即四月二日也。長兄諱銖，比祔葬於汝墳，今亦改卜，去大塋東南七十七步。□□□，自有銘誌。粗紀遷移之禮，蓋憂陵□之更。名諱家風，備於前說。罪迸蒼天，不孝蒼天。謹誌。外甥彭城劉峻書。

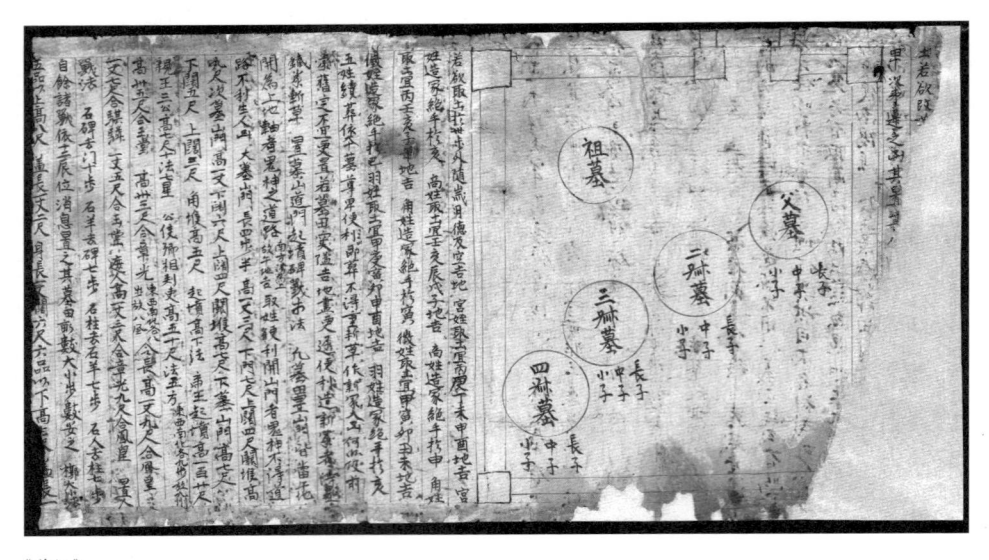

《葬錄》

崔氏墓地以長子葬父墓東南，作斜向排列，係洛陽唐墓之通例，如偃師杏園唐墓所見諸多紀年墓例（惟父南子北）。李氏墓地與之類似而稍顯複雜，三子祔於父墓，"以東南爲伯仲叔，迆之若雁行然"。偃師杏園有宋氏墓地，父宋思真位在西南，長子撝在東偏北，次子禎在北偏東，而五子祜附撝之東北[8]。敦煌晚唐張忠賢《葬録》（S. 2263）繪有家族塋域，圖中祖墓居於左上，父墓、二叔墓、三叔墓、四叔墓由右上向左下排列[9]。如此父子兄弟墓位彼此斜列作人字形，或即碑文所謂"雁行"原初之義。

李季卿既改卜先塋，必冀此得享壽考，然大曆二年樹碑紀事，同年七月即薨，享年僅五十有九[10]。岑仲勉論曰："遷不足五年而季卿卒，且在刻石之歲，又不登壽，方士之説，可無惑矣。"[11]

2016 年 10 月 30 日

1　趙力光編《三墳記碑·栖先塋記碑》，上海：上海古籍出版社，2016 年。

2　叔卿、春卿之名據《寶刻叢編》補。

3　歐陽修、宋祁《新唐書》卷二〇二《文藝傳》中《李適》，北京：中華書局，1975 年，5747—5748 頁。

4　劉昫等《舊唐書》卷九九《李適之傳》，北京：中華書局，1975 年，3102 頁。

5　沈佺期《故工部侍郎李公祭文》，沈佺期、宋之問撰，陶敏、易淑瓊校注《沈佺期宋之問集校注》，北京：中華書局，2001 年，316 頁。

6　歐陽修、宋祁《新唐書》卷二〇二《文藝傳》中《李適》，北京：中華書局，1975 年，5748 頁。

7　崔鈇《博陵崔氏改卜誌》，吳剛主編《全唐文補遺》第 4 輯，西安：三秦出版社，1997 年，259—260 頁。

8　中國社會科學院考古研究所《偃師杏園唐墓》，北京：科學出版社，2001 年，4 頁。

9　中國社會科學院歷史研究所等《英藏敦煌文獻》第 4 卷，成都：四川人民出版社，1991 年，54 頁。彩圖采自國際敦煌項目（IDP）網站。

10　獨孤及《唐故正議大夫右散騎常侍贈禮部尚書李公墓誌銘》，董誥等編《全唐文》卷三九一，北京：中華書局影印清嘉慶刻本，1983 年，3981 頁。

11　岑仲勉《貞石證史》，《國立中央研究院歷史語言研究所集刊》第 8 本第 4 分，1939 年，544 頁。

揚州贊賢坊

清人端方《壬寅銷夏錄》中收有江都梅植之（蘊生）《載碑圖卷》，記其獲唐貞元三年（787）田侁及妻冀氏墓誌事云[1]：

> 余始得誌石於灣頭鎮，今山光寺西原。其鎮人云，去冬河役，築堤取土，叢葬之所，坎深及泉，得甖，遂穫四石。……余買土築墳，題石致祭。道光十六年（1836）正月二十七日，輦石而藏之。揚州李唐刻石，此爲第一完好，因名其居爲唐石齋，志其遭也，並遺海好金石者編載焉。

梅氏又作《唐田府君墓誌及其夫人冀氏合祔墓誌考釋》，略云[2]：

> 田君誌云告終於江都縣贊賢坊之私弟，夫人誌云殁於揚州贊賢坊之私第也。……同邑田生普實云曾見楊吳天祚二年（936）造像拓本，其文云：右街右南巡贊賢坊市北界。考楊吳時建都揚州，其右街右南巡蓋即都城内金吾巡緝之街。所謂贊賢坊者，與此誌之贊賢坊當是一地。惜造像之石尚未訪得，不能確指其地耳。

贊賢坊（里）之名，數見於揚州唐五代墓誌。何公妻沈氏墓誌，建中四年（783）

"終於贊賢里之私第"[3]；賈瑜墓誌，貞元七年（791）"終於揚州江都縣贊賢坊之私舍"[4]；毛公妻鄒氏墓誌，元和元年（806）"奄終於揚州江都縣贊賢坊之私第"[5]；陳從懸季女墓誌，元和十年（815）"終於江都縣贊賢里從父之私室"[6]；鄭永墓誌，大中四年（850）"歿於揚州江都縣贊賢里之私第"[7]；董惟靖墓誌，大中六年（852）"殞於江都縣贊賢里之寢舍"[8]；洪君妻張氏墓誌，大中八年（854）"終於揚州江都縣贊賢里河界之私第"[9]；某贇墓誌，武義二年（920）"薨於吳國右街贊賢坊私地"[10]。

誌文中與贊賢坊（里）位置有關之辭爲"河界"、"市北界"。唐揚州城內附郭江都、江陽兩縣，"江陽，貞觀十八年（644）分江都縣置，在郭下，與江都分理"[11]。兩縣以官河爲界，江都在西，江陽在東[12]。既稱"江都縣贊賢里河界"，則其地當近官河西岸。類似者有王公妻張氏墓誌，貞元十七年（801）"終於揚州江都縣通肆河界之私第"[13]。近見鍾離贇墓誌，咸通十三年（872）"終於揚州江陽縣通肆坊私第"[14]。兩誌似有矛盾，然揚州二十四橋"並以城門、坊市爲名"[15]，張誌所謂"通肆河界"當指橋之西岸，仍屬江都縣，而鍾離誌所記"通肆坊"則在東岸，故屬江陽縣。另，官河南部五代北宋有通泗橋[16]，未知是否原名通肆。關於"市北界"，朱叔和及范氏墓誌，長慶四年（824）"歿於江都縣市北之旅舍"[17]；鄧瑫墓誌，咸通六年（865）"終於江都縣市東北壁私第"[18]，則贊賢坊以南似曾有集中市場存在。今之唐揚州城復原圖將大市、小市均標記於官河東側江陽縣界[19]，恐有不周。

贊賢坊唐屬江都縣，楊吳則受轄於"右街"或"右街右南巡"。魯西奇論唐宋城市廂制之淵源云："至遲到唐武宗會昌年間，東都洛陽城已置有左右街使，分掌洛水北、南岸城區的警巡治安。後梁開平三年在洛陽置左右軍巡使，是削奪地方軍閥張全義控制河南府城防衛治安權的舉措。後唐定都洛陽，仍恢復唐制，分置左右街使，後又同時並設左右軍巡使。"[20]可知"右街"即如梅植之所指"都城內金吾巡緝之街"，兩街使以左右金吾衛大將軍充任。而"右南巡"頗疑爲"右軍巡"之誤讀。如此，楊吳都揚州期間，亦與梁唐相仿，以兩街兩軍巡分掌城內東西兩部警巡治安。故民衆書

語石　381

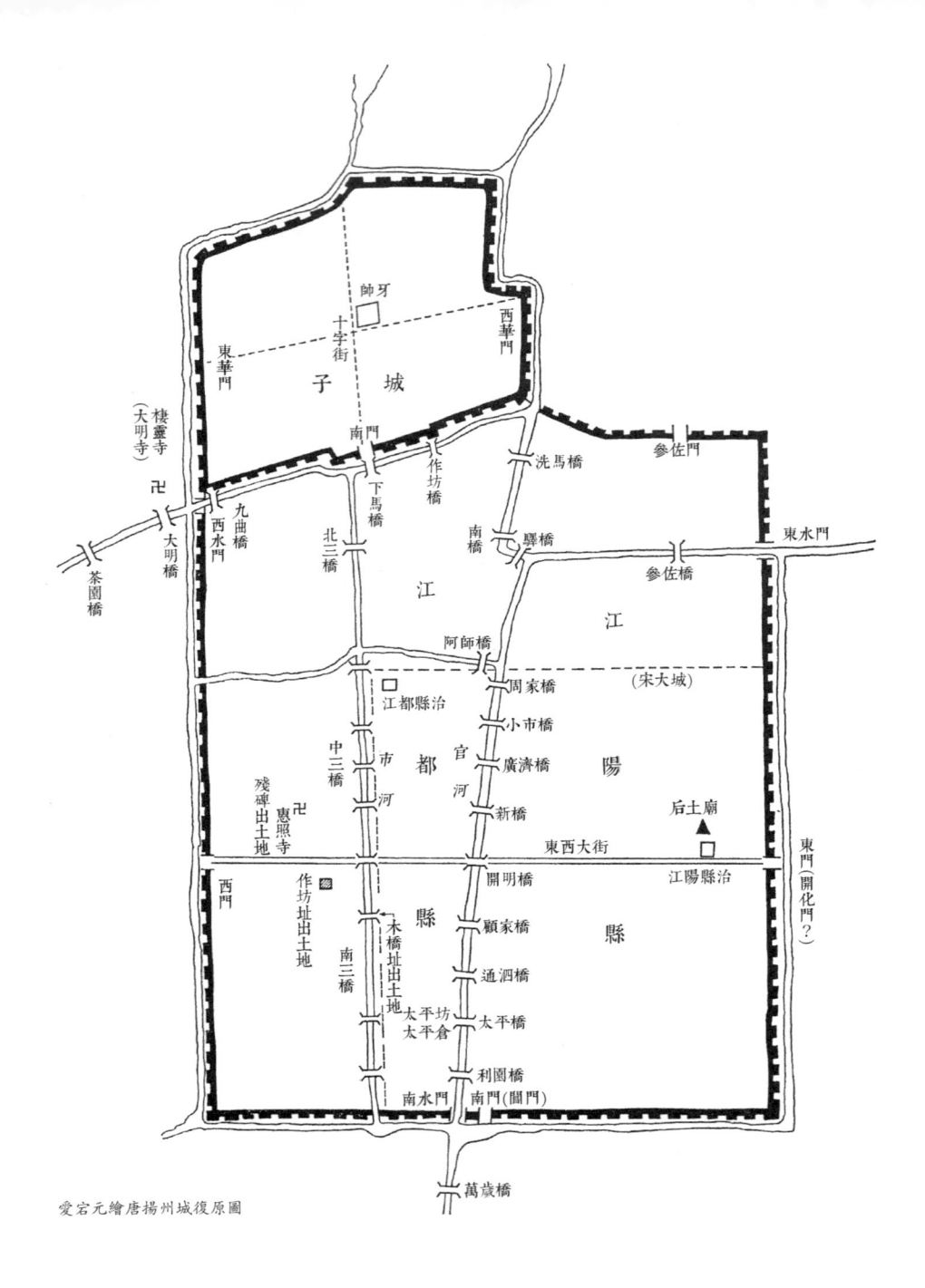

愛宕元繪唐揚州城復原圖

其居址，遂以此代兩縣之名冠於坊前。惟揚州新制見諸石刻，洛陽事例僅存史書。及至北宋，兩街兩軍巡又爲廂所取替。金陵長干寺塔地宮出土大中祥符四年（1011）七寶阿育王塔銘文即有"揚州左廂北進坊"、"揚州右廂延慶坊"之名[21]。

2018 年 6 月 15 日

1 端方《壬寅銷夏錄》，《續修四庫全書》影印稿本，第 1090 冊，上海：上海古籍出版社，2002 年，219 頁。
2 梅植之《唐田府君墓誌及其夫人冀氏合祔墓誌考釋》，《嵇庵文集》卷一，清道光二十四年刻本，葉二六至二七。
3 陳尚君輯校《全唐文補編》，北京：中華書局，2005 年，2120—2121 頁。
4 王思禮等主編《隋唐五代墓誌彙編·江蘇山東卷》，天津：天津古籍出版社，1991 年，56 頁。
5 錢祥保修，桂邦傑纂〔民國〕《續修江都縣志》卷一五《金石考》，《中國方志叢書》影印民國十五年刻本，臺北：成文出版社，1975 年，1071—1072 頁。
6 吳鋼主編《全唐文補遺》第 7 輯，西安：三秦出版社，2000 年，91 頁。
7 錢祥保修，桂邦傑纂〔民國〕《續修江都縣志》卷一五《金石考》，《中國方志叢書》影印民國十五年刻本，臺北：成文出版社，1975 年，1091—1093 頁。
8 錢祥保修，桂邦傑纂〔民國〕《續修江都縣志》卷一五《金石考》，《中國方志叢書》影印民國十五年刻本，臺北：成文出版社，1975 年，1095—1096 頁。
9 錢祥保修，桂邦傑纂〔民國〕《續修江都縣志》卷一五《金石考》，《中國方志叢書》影印民國十五年刻本，臺北：成文出版社，1975 年，1100—1101 頁。
10 章紅梅《五代石刻校注》，南京：鳳凰出版社，2017 年，741 頁。
11 劉昫等《舊唐書》卷四〇《地理志》三，北京：中華書局，1975 年，1572 頁。
12 愛宕元《唐代の揚州城とその郊區》，梅原郁編《中國近世の都市と文化》，京都：京都大學人文科學研究所，1984 年，277 頁。
13 袁道俊編《唐代墓誌》，上海：上海人民美術出版社，2003 年，100 頁。

14 吳煒、田桂棠《解讀一方唐人墓誌》,揚州博物館編《江淮文化論叢》,北京:文物出版社,2011 年,281 頁。

15 王象之《輿地紀勝》卷三七《淮南東路》揚州,北京:中華書局影印清道光二十九年刻本,1992 年,1562 頁。

16 李昉等《太平廣記》卷三五八《舒州軍吏》引《稽神錄》,北京:中華書局,1961 年,2838 頁;沈括《夢溪筆談》補筆談卷三《雜誌》,北京:中華書局,2015 年,311 頁。

17 周紹良主編《全唐文新編》總第 22 冊,長春:吉林文史出版社,2000 年,15418 頁。

18 錢祥保修,桂邦傑纂〔民國〕《續修江都縣志》卷一五《金石考》,《中國方志叢書》影印民國十五年刻本,臺北:成文出版社,1975 年,1102—1103 頁。

19 中國社會科學院考古研究所等《揚州城:1987~1998 年考古發掘報告》,北京:文物出版社,2010 年,64 頁。

20 魯西奇《唐宋城市的"廂"》,《文史》第 104 輯,北京:中華書局,2013 年,199 頁。

21 南京市博物館《聖塔佛光》,展覽資料,2010 年,18 頁。

李琬石堂

代縣博物館藏北宋李琬石堂一具，縱長方體，四面均有淺浮雕圖像[1]。上半部偏上爲四神，前朱雀、後玄武、左青龍、右白虎（方位以石堂自身爲基準）；偏下前爲鏤空壺門，余三面作假門，門之兩側均有鉤欄；前門左右有戴兜鍪、著甲冑、執骨朵武士兩名，後側兩旁有裹巾著衫男侍各一。兩側面青龍白虎頭前加刻題記，右爲："皇宋皇祐二年（1050）四月二十六日代州繁時（峙）縣宋家莊李甫、李澄、李方、李嵩葬父伯李琬石堂。"左爲："命到石匠人李遇、男李青同鐫。"按石堂一辭，曾見於北魏太安四年（458）解興墓[2]及北周大象二年（580）史君墓[3]自銘，其實乃房形石椁。李琬石堂亦有房頂，但體制較小，當屬骨灰匣。其四神、假門、鉤欄、壺門等裝飾仍與須彌座式圍欄石棺或木棺意匠相通。

石堂下半部偏上前面雕樂舞圖，左右後三面各列二壺門，內爲奔獅。樂舞者八名，中間偏右一人手舞足蹈，左四人依次演奏方響、拍板、觱篥、觱篥，右三人依次演奏觱篥、橫笛、大鼓。其中方響一架，置曲足高几之上。據徽宗時陳暘《樂書》所記："方響之制，蓋出於梁之銅磬。形長九寸、廣二寸，上圓下方，其數十六，重行編之，而不設業，倚於虡上，以代鐘磬。……後世或以鐵爲之，教坊燕樂用焉，非古制也。非可施之公庭，用之民間可也。今民間所用，纔三四寸爾。"[4]石刻圖像簡省，僅見重行，未現編磬，就其比例約略估算，與所謂民間所用者尺寸相仿。唐人奏樂，席地而坐，方響高大，直立面前，此類場景以傳周文矩《合樂圖》（美國芝加哥美術

李晚石堂拓本

《合樂圖》局部

386　雞冠壺：歷史考古劄記

正定隆興寺大悲閣須彌座石雕　　　　　敖漢羊山遼墓壁畫

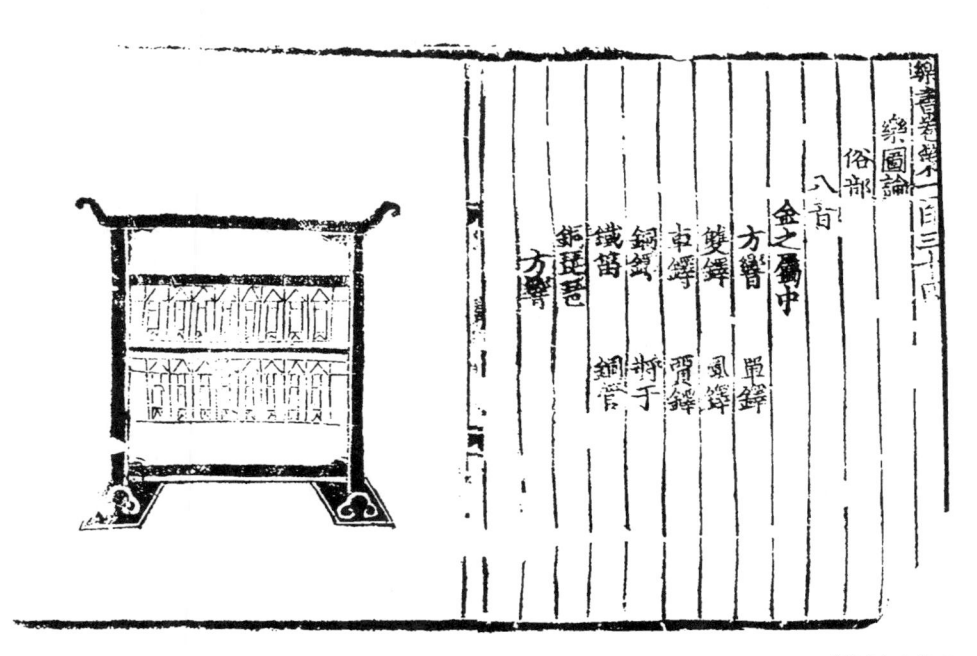

《樂書》方響圖

馮暉墓磚雕

平定姜家溝墓壁畫

長治鎮裏石棺

388　鷄冠壺：歷史考古劄記

長治韓裏石槨二十四孝線刻

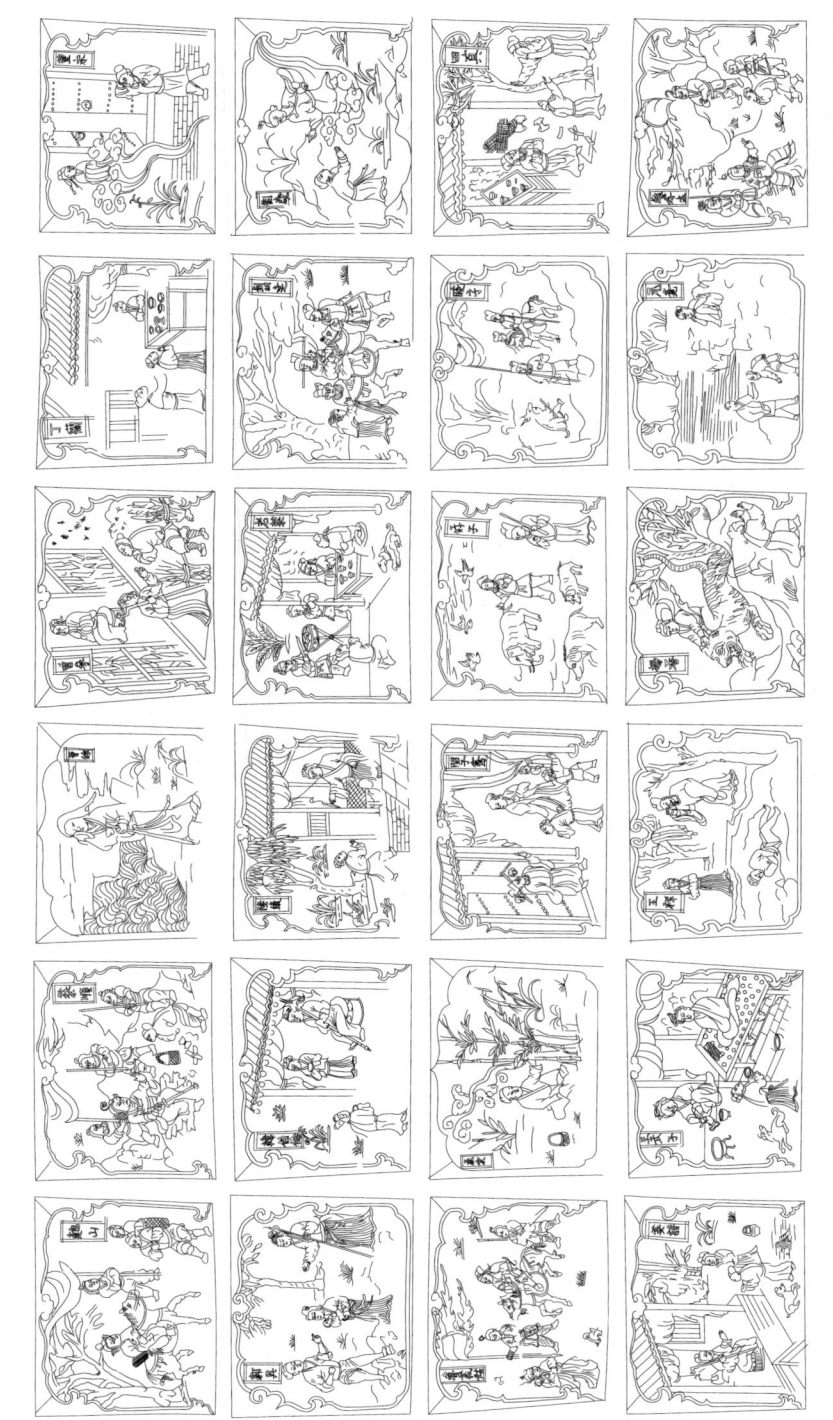

長子南溝墓二十四孝壁畫

館藏）描繪最爲精細，正定隆興寺大悲閣須彌座壼門石雕亦屬同類[5]，延至敖漢羊山遼末墓葬壁畫仍有所見[6]。考古材料五代始見矮小方響與高几配合使用者，彬縣馮暉墓磚雕即刻繪入微[7]。宋金壁畫磚雕承托方響之几案率多安設帷幔，如平定姜家溝墓所繪[8]。

　　石堂下半部四面各列六壼門，內爲孝子圖，合爲二十四孝。其中人物可試推歸屬者可過半數。以左起計，前面第二鮑山、第三曾參、第四蔡順、第五丁蘭、第六楊香，左面第一王裒、第三郭巨、第五王武子妻，右面第一曹娥、第六姜詩，後面第二董永、第三王祥、第四韓伯瑜、第五陸績、第六舜子。中原北方地區宋金墓葬圖像二十四孝俱全者已積多例。其中北宋孟津張君石棺（崇寧五年，1106）、鞏義西村石棺（宣和七年，1125）、滎陽孤伯嘴墓，金代林州文明街墓（皇統三年，1143）、長治魏村墓（天德三年，1151）[9]、長子石哲墓（正隆三年，1158）、長治安昌墓（明昌六年，1195）、長治鎮裏石棺[10]、屯留宋村墓[11]、沁縣西林東莊墓、沁縣南里東莊墓[12]、林州李家池 M1[13]、新絳南範莊墓、稷山馬村 M4、清水箭峽墓等人物組合一致，即：鮑山、蔡順、曹娥、丁蘭、董永、郭巨、韓伯瑜、姜詩、老萊子、劉明達、劉殷、魯義姑、陸績、孟宗、閔子騫、睒子、舜子、田真、王武子妻、王祥、楊香、元覺、曾參、趙孝宗。又有林州城關墓、城西幼兒園墓[14]、焦作麻地溝墓[15]、長子南溝墓[16]、屯留宋村墓（天會十三年，1135）、永濟姚氏石棺（貞元元年，1153）等，以王裒取代某一人物[17]。長治魏村墓磚雕題記見"畫相二十四孝銘"之語，可知其時已有較爲固定配圖文本流傳，可視爲元明之際高麗人權準所編《孝行錄》中相同組合之淵藪[18]。反觀李琬石堂，完整二十四孝圖像雖爲迄今所見最早之例[19]，但人物配置似與北宋晚期以降通行模式有別，則《孝行錄》系統二十四孝組合確立年代暫時不宜估計過早。

2018 年 3 月 10 日

1　據代縣博物館展出拓本。

2　大同北朝藝術研究院《北朝藝術研究院藏品圖錄：青銅器·陶瓷器·墓葬壁畫》，北京：文物出版社，2016 年，圖版 15。

3　西安市文物保護考古研究院《北周史君墓》，北京：文物出版社，2014 年，45—46 頁。

4　陳暘《樂書》卷一三四《樂圖論》俗部·八音·金之屬中，《中華再造善本》影印中國國家圖書館藏元至正七年福州路儒學刻明修本，葉二。

5　河北省正定縣文物保管所《正定隆興寺》,北京:文物出版社,2000年,169頁。

6　邵國田《敖漢旗羊山1—3號遼墓清理簡報》,《內蒙古文物考古》1999年1期,15頁。

7　咸陽市文物考古研究所《五代馮暉墓》,重慶:重慶出版社,2001年,圖版5、23頁。

8　山西省考古研究所等《山西平定宋、金壁畫墓簡報》,《文物》1996年5期,6頁。徐光冀主編《中國出土壁畫全集》2,北京:科學出版社,2012年,120頁。

9　長治市博物館《山西長治市魏村金代紀年彩繪磚雕墓》,《考古》2009年1期,59—64頁。

10　山西省考古研究所、長治縣博物館《山西長治縣出土金代石棺》,《中國國家博物館館刊》2018年6期,29—39頁。

11　山西省考古研究所、長治市博物館《山西屯留宋村金代壁畫墓》,《文物》2008年8期,55—62頁。

12　曹雪霞《沁縣金代古墓二十四孝圖》,《文物世界》2013年1期,38—43頁。

13　林州市文物管理所《河南林州市李家池宋代壁畫墓清理簡報》,《華夏考古》2010年4期,32—39、121頁。

14　林州市文物保護管理所《河南林州市北宋雕磚壁畫墓清理簡報》,《華夏考古》2010年1期,38—43頁。

15　郭建設、索全星《山陽石刻藝術》,鄭州:河南美術出版社,2004年,46—52頁。

16　山西省考古研究所等《山西長子南溝金代壁畫墓發掘簡報》,《文物》2017年12期,19—34頁。

17　劉未《尉氏元代壁畫墓劄記》,《故宫博物院院刊》2007年3期,49—52頁。凡此文已引墓例均不出注,僅補後續發表者。

18　金文京《高麗本〈孝行錄〉與"二十四孝"》,《韓國研究論叢》第3輯,上海:上海人民出版社,1997年,273—287頁。董新林《北宋金元墓葬壁飾所見"二十四孝"故事與高麗〈孝行錄〉》,《華夏考古》2009年2期,141—152頁。

19　此前所知年代最早之例爲元豐六年(1083)湯陰薛方石棺,但圖像情況不明。參:王波清《湯陰古今地名考》,《宋史研究論叢》第8輯,保定:河北大學出版社,2007年,491頁。

賈府君墓

甲午季春，大同西北郊發掘墓葬一座，出土誌石僅刻標題一行："燕故河東道橫野軍副使賈府君墓誌並序。"[1] 簡報以誌文之燕爲五代幽州劉守光所建桀燕，故將下葬時間推定爲後梁乾化元年至三年（911—913）之間。

關於橫野軍，據《唐會要》："初置在飛狐，復移於新州。開元六年六月二十三日，張嘉貞移於古代郡大安城南。"[2] 即天寶元年（742）移治以來之蔚州[3]。五代初年其地與大同均在河東李存勗治下，而不在幽州劉守光控制範圍。

就墓葬形制而言，大同地區中晚唐至五代多見土洞墓及圓形磚室墓[4]，而此墓則爲弧方形磚室墓。墓中隨葬有彩繪陶罐三件，組合及樣式亦與當地五代前後常見之塔式罐、鴞首壺大異其趣。另出葵花形雙鸞鏡、菱花形花鳥鏡各一件，均流行於八世紀中期，至遲不晚於九世紀初年，尤其與後者相同之例曾見於天寶九載（750）偃師鄭琇墓[5] 及不晚於安史之亂的朝陽飼養場M1[6]。故可推知賈府君墓年代約在天寶前後，則誌文之燕實爲安史之亂僭建國號（756—763）。

橫野軍副使葬於大同並非偶然。天寶十四載（755）"十一月甲子，祿山發所部兵及同羅、奚、契丹、室韋凡十五萬衆，號二十萬，反於范陽。命范陽節度副使賈循守范陽，平盧節度副使呂知誨守平盧，別將高秀巖守大同"[7]。至德二年（757），史思明"以所管兵衆八萬人及以僞河東節度高秀巖來降。肅宗大悅，封歸義王、范陽長史、御史大夫、河北節度使，朝義已下並爲列卿，秀巖雲中太守，以其男如岳等七人爲大

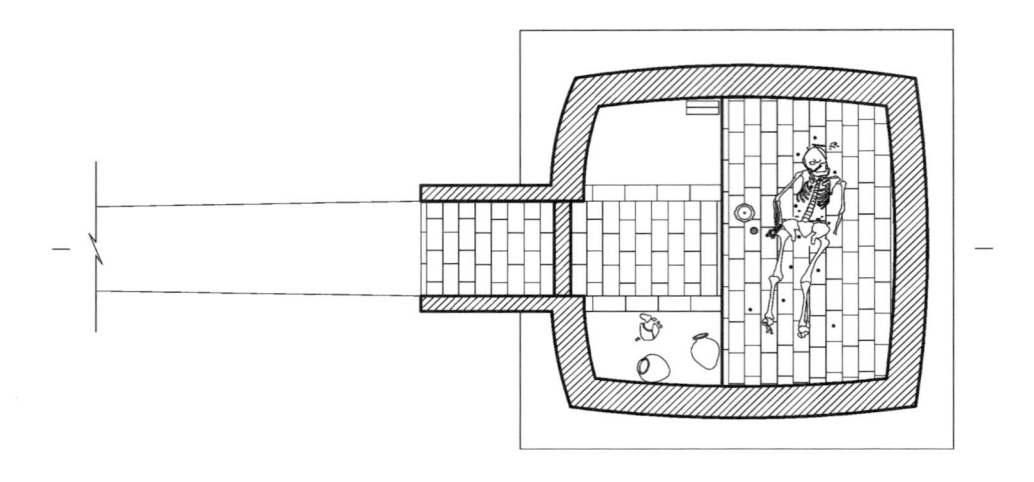

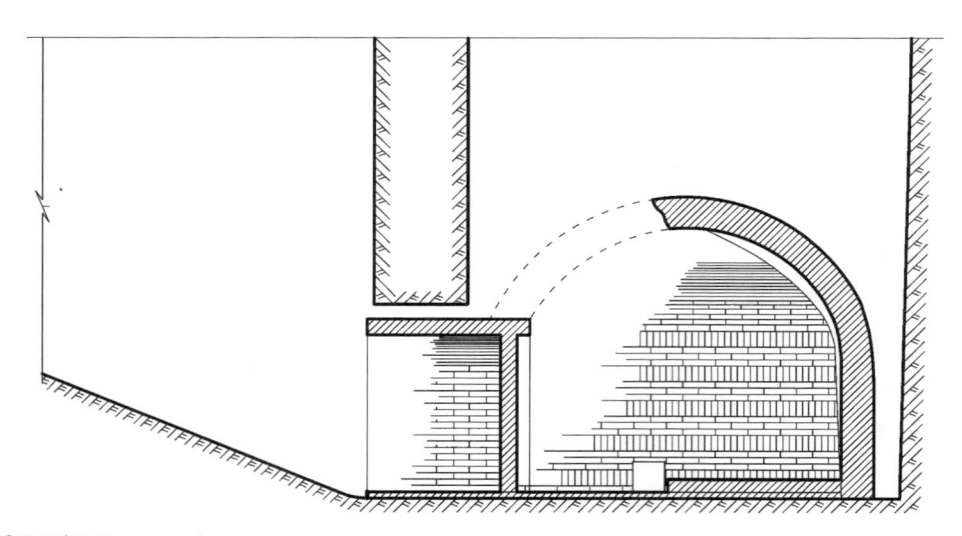

賈府君墓形制

賈府君墓誌拓本

官"[8]。其間雲州、蔚州均爲高秀巖部控制。上元元年（760），肅宗欲命郭子儀"取邠慶、朔方路，過往收大同、橫野、清夷，便收范陽及河北"[9]。此戰略構想雖未付諸實施，但亦可從一側面反映雲蔚之密切關係。

安史亂間僭號墓誌已見有數十方，屬叛軍將領者却極少見。此誌僅具標題而無正文，墓主名諱不得而知，賈姓橫野軍副使於史籍中亦暫無綫索。誌文未及刊刻，似與某種特別事故有關。安祿山之叛，賈循留守范陽，受顏杲卿之約欲謀變歸順，事泄被殺，以致族滅[10]。賈府君，或即循之族人受株連者？然不敢臆斷，姑作猜想，可否驗證，留待來日。

2016 年 5 月 29 日

賈府君墓雙鸞鏡　　　　　　　　　賈府君墓花鳥鏡

1　大同市考古研究所《山西大同西北郊五代墓發掘簡報》,《文物》2016 年 4 期, 26—31 頁。
2　王溥《唐會要》卷七八《諸使》中《節度使》, 上海：上海古籍出版社, 2006 年, 1687 頁。
3　嚴耕望《唐代交通圖考》卷五《河東河北區》篇三七《太原北塞交通諸道》, 臺北：中研院歷史語言研究所, 1986 年, 1369 頁；孫靖國《蔚州城最初修築年代考》,《中國史研究》2014 年 3 期, 202 頁。
4　大同市考古研究所《大同市南關唐墓》,《文物》2001 年 7 期, 52—57、85 頁；大同市考古研究所《山西大同新發現的 4 座唐墓》,《文物》2006 年 4 期, 35—46 頁；大同市考古研究所《山西大同渾源唐墓發掘簡報》,《文物世界》2011 年 5 期, 11—15 頁。
5　中國社會科學院考古研究所《偃師杏園唐墓》, 北京：科學出版社, 2001 年, 137—139 頁。
6　遼寧省博物館文物隊《遼寧朝陽隋唐墓發掘簡報》,《文物資料叢刊》6, 北京：文物出版社, 1982 年, 86—101 頁。
7　司馬光《資治通鑑》卷二一七, 北京：中華書局, 1956 年, 6934 頁。
8　劉昫等《舊唐書》卷二〇〇上《史思明傳》, 北京：中華書局, 1975 年, 5378—5379 頁。
9　王欽若等《册府元龜》卷一二二《帝王部》一二二《征討》二, 北京：中華書局, 1960 年, 1459 頁。
10　姚汝能《安祿山事跡》卷下, 北京：中華書局, 2006 年, 102 頁；顏真卿《攔常山郡太守衞尉卿兼御史中丞贈太子太保諡忠節京兆顏公神道碑銘》, 董誥等編《全唐文》卷三四一, 北京：中華書局, 1983 年, 3463 頁。

蔡家勅

　　晁説之《跋唐劉元方勅》云："開元中，唐玄度兄弟作此樣勅字，後至本朝，未之或改也。蔡司空始別創一體，謂之蔡家勅。"[1] 所謂蔡家勅，陸游《老學菴筆記》所記稍詳："自唐至本朝，中書門下出勅，其勅字皆平正渾厚。元豐後，勅出尚書省，亦然。崇寧間，蔡京臨平寺額作險勁體，'來'長而'力'短，省吏始效之相誇尚，謂之'司空勅'，亦曰'蔡家勅'，蓋妖言也。京敗，言者數其朝京退送及公主改帝姬之類，偶不及蔡家勅。故至今勅字蔡體尚在。"[2] 陸游之説大醇小疵，可據石刻史料爬梳驗證。

　　宋金寺觀敕牒多存刻石，然熙寧以前敕牒刻石一般不依原件形態，熙寧以後始存勅字原貌，徽宗以後押字、官印往往真實再現[3]。所見景德四年（1007）晉城縣景德寺至崇寧三年（1104）安吉縣仁濟廟[4] 勅牒刻石（其中景德四年晉城縣景德寺[5]、皇祐三年新鄭縣旌賢崇梵院[6] 二牒刻石時間均晚於熙寧），勅字寫法相近，"來"大而"力"小，似難稱"平正渾厚"。丙戌孟秋晉東南訪古，偶於壺關縣神郊二仙廟得睹崇寧四年（1105）真澤廟勅牒碑，押字最末者正司空左僕射蔡京也。該牒勅字與此前諸例頗不相同，既合"來長而力短"之狀，稱之"險勁"亦不爲過。大觀四年（1110）涉縣覺慈寺、普光院牒[7] 與之相似。政和八年（1118）威勝軍應感廟、朝邑縣崇佑觀牒[8] 勅字"力"旁改作圓折，自此以迄嘉定八年（1215）成州孚澤廟牒[9]，勅字寫法均大體相類。此即陸游"至今勅字蔡體尚在"所言之本源。至咸淳

皇祐三年新鄭縣崇聖院牒

崇寧二年閿中縣福昌院牒

崇寧四年壺關縣真澤廟牒[11]

六年（1270）安吉縣嘉應廟牒[12]，"來""力"齊頭相當，寫法始改。（勅字書法變化，非獨牒文，告身、詔敕亦然。）金大定初年，官賣寺觀名額，北方地區所遺這一時段勅牒碑石頗多，樣式劃一，嗣後至泰和、崇慶、貞祐牒碑亦然，勅字"來""力"等長，與宋制頗有不同。

　　石刻史料之運用，多重文而輕形，若以物質文化視角觀之，蔡家勅之例雖微，但或亦可爲政治史之談助也。

2015 年 11 月 22 日

政和八年威勝軍應感廟牒

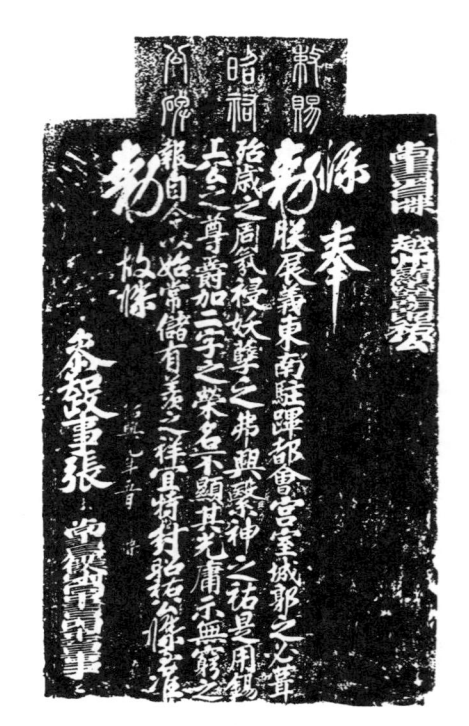

紹興元年越州顯寧廟牒

大定二年修武縣普恩院牒

1　晁說之《嵩山文集》卷一八,《四部叢刊》續編影印舊抄本,葉二五。
2　陸游《老學庵筆記》卷八,北京:中華書局,1979 年,101 頁。
3　小林隆道《宋代的賜額敕牒與刻石》,鄭振滿主編《碑銘研究》,北京:社會科學文獻出版社,2014 年,94—117 頁。
4　北京大學圖書館藏拓,編號:A152512。
5　北京大學圖書館藏拓,編號:A15444。
6　北京大學圖書館藏拓,編號:A152561。
7　北京大學圖書館藏拓,編號:A152590、A16665。陳慧、李靜《涉縣媧皇宮藏宋代覺慈寺敕牒碑小議》,《文物春秋》2012 年 5 期,61 頁。
8　李樹生主編《三晉石刻大全·長治市武鄉縣卷》,太原:三晉出版社,2013 年,29 頁。北京大學圖書館藏拓,編號:A152703。
9　中國國家圖書館藏拓,編號:各地 10996;北京大學圖書館藏拓,編號:A153382。
10　劉喜海《三巴㫚古志》第三冊《宋福昌院牒》,清道光刻本。另參北京大學圖書館藏拓,編號:A152494。
11　張平和主編《三晉石刻大全·長治市壺關縣卷》,太原:三晉出版社,2014 年,20 頁。
12　北京大學圖書館藏拓,編號:A153586。
13　北京圖書館金石組編《北京圖書館藏中國歷代石刻拓本匯編》第 43 冊,鄭州:中州古籍出版社,1989 年,10 頁。
14　北京圖書館金石組編《北京圖書館藏中國歷代石刻拓本匯編》第 46 冊,鄭州:中州古籍出版社,1989 年,70 頁。

三明寺碑

鉅鹿縣城西南隅舊有三明寺，遺存北宋宣和三年（1121）知縣李桓所撰《鉅鹿縣三明寺妙嚴殿記》碑刻一通，康熙《畿輔通志》錄文[1]頗有舛誤，今以原石爲據[2]，略引其文，稍事注釋。

宣和二年（1120）秋，證悟大師義雨來謁予曰，三明寺舊有行香大殿，近以水壞，棟宇埋没，今願再有建焉。太守錢公既可其請，乃即舊址經營，將底於成，屬予以紀其事。按《圖經》，鉅鹿縣本《禹貢》大陸之地，更漢、晉、後魏置縣不同。隋於南巒故城改置鉅鹿，開皇十年（590）置三明寺。……垂拱元年（685），徙舊縣於東南十有一里之新城，乃今邑地。

《舊唐書·地理志》：鉅鹿縣"舊治東府亭城。嗣聖元年（684），移於今所"。[3]垂拱即嗣聖之明年，唐《志》與碑記所述實爲一事。光緒《鉅鹿縣志》："舊城在今縣北十有一里，唐垂拱元年，因漳河水爲患，遂徙於東南隅。"[4]其説乃以宋碑爲據。

有釋智良與其徒……乞地創立，逮天寶十有二年（753），寺始就緒。粵有大殿，正居寺地之中，南向有塔，旁有廊廡，而以衆院環列於外。雖其瓦木之類，移自舊城，而此殿之建，自此地始。

天寶中新創三明寺主院前塔後殿，仍襲北朝以來舊制[5]，兩側周以廊廡、環列別院，則與此前乾封中道宣於《關中創立戒壇圖經》所繪寺院佈局相類。

聖天子在御……天下之民，無有遠邇，沐浴加惠，莫不謳歌鼓舞，願祝天子萬年之壽。由是郡邑梵宇，務加修崇。於時天寧，邑之官屬，與其士庶，啟建道場，仰祝聖壽，獨就此殿，遂名曰行香大殿。

聖天子謂徽宗，元符三年（1100）即位，以其誕辰十月十日爲天寧節。《宋會要輯稿》：政和"七年（1117）八月三十日，尚書祠部員外郎李楊言：每歲天寧節，內外臣僚各有祝聖壽道場，多（誼）〔詣〕僧寺開建，禮非所宜，欲望聖慈許詣神霄玉清萬壽宮道觀開建。詔除宰臣樞密已下依例大相國寺外，餘並詣道觀，違者以違御筆論"[6]。

大觀二年（1108）秋，河決舊堤，流行邑中，寺之所存，塔與羅漢閣爾。水既東下，退淤之地，高餘二丈。

《宋會要輯稿》："大觀二年八月十九日，工部言：邢州奏鉅鹿下埽大河水注鉅鹿縣，本縣官私房屋等盡被漫浸。"[7]《宋史·河渠志》：大觀二年，"邢州言河決陷鉅鹿縣，詔遷縣於高地"[8]。《讀史方輿紀要》據此以爲"今城蓋宋大觀中所遷矣"[9]，誤。鉅鹿縣城自唐垂拱以來古今重疊，未曾易址。民國九年（1920）春，城內土人掘地得古瓷甚衆。天津博物院派員徵集，所獲瓷器題識見有元祐七年（1092）八月及大觀二年四月置到者[10]。三明寺舊址迤北，至今尚存紹聖三年（1096）九月題刻石梁兩段。

政和五年（1115），既復邑，證悟來自邢臺，以上生院舊嘗授業，刻意完葺，凡六年。有殿有堂，有庖有室……大殿之役，尤不可緩……越今年二月丁卯建木，而落成六月之丁未。殿崇六十有五尺，其修七十有二尺，廣八十有四尺……揭其名曰妙嚴，蓋以至妙之理而致事佛之嚴也。

傳世文獻詳記宋代佛殿丈尺者不多，就有限之例考察，較大型者如泰州報恩光孝寺最吉祥殿，"重屋八楹，東西百三十六尺，南北九十六尺，高百一十尺"[11]。妙嚴殿屬中等規模，與面闊五間之大同下華嚴寺薄伽教藏殿[12]約略相當。

塑迦葉、釋迦、彌勒佛於殿中，文殊、普賢、日光、月耀菩薩於左右，列圖天宮內院、六事因行、西方淨土、九品化生於東西壁，以至三千化佛、十地菩薩、十六羅漢，各以其類，炳然見於設色之圖……

"迦葉"，《畿輔通志》誤作"迦藍"，以致語意不明。按毗婆尸、尸棄、毗舍浮、拘留孫、拘那含、迦葉爲釋迦之前六佛，迦葉、釋迦、彌勒即構成過去、現在、未來三世佛。三佛題材北朝業已流行，組合多樣，北宋寺院造像常見者爲阿彌陀、釋迦、彌勒。熙寧五年（1072）日僧成尋入宋巡禮，於開封太平興國寺大佛殿見"中尊丈六釋迦，西彌陀，東彌勒"，天台山國清寺大佛殿見"丈六金色釋迦像，左右坐丈六彌陀、彌勒像"，餘天台山大慈寺、泗州普照王寺亦如之[13]。

2017 年 12 月 24 日

1　于成龍、格爾古德修，郭棻纂〔康熙〕《畿輔通志》卷三九《藝文》四，清康熙二十二年刻本，葉七至九。
2　北京大學圖書館藏拓，編號：A251437。

3　劉昫等《舊唐書》卷三九《地理志》二，北京：中華書局，1975 年，1500 頁。

4　凌燮修，夏應麟、赫慎修纂〔光緒〕《鉅鹿縣志》卷二《建置志》城池，《中國方志叢書》影印清光緒十二年刻本，臺北：成文出版社，1976 年，116 頁。

5　宿白《東漢魏晉南北朝佛寺佈局初探》，《慶祝鄧廣銘教授九十華誕論文集》，石家莊：河北教育出版社，1997 年，後收入《魏晉南北朝唐宋考古文稿輯叢》，北京：文物出版社，2011 年，230—247 頁。

6　徐松《宋會要輯稿》禮五七，上海：上海古籍出版社，2014 年，1998 頁。

7　徐松《宋會要輯稿》食貨五七、五九、六八，上海：上海古籍出版社，2014 年，7339、7381—7382、7971、8018 頁。

8　脫脫等《宋史》卷九三《河渠志》三，北京：中華書局，1977 年，2312 頁。

9　顧祖禹《讀史方輿紀要》卷一五《北直》六，北京：中華書局，2005 年，670 頁。

10　李詳耆、張厚璜《鉅鹿宋器叢錄》，民國十二年石印本，葉二至四。

11　陸游《泰州報恩光孝禪寺最吉祥殿碑》，《渭南文集》卷一六，《四部叢刊》初編影印明華氏活字本，葉一三。

12　梁思成、劉敦楨《大同古建築調查報告》，《中國營造學社彙刊》第 4 卷第 3、4 期，1934 年 6 月，測繪圖。

13　成尋《參天台五臺山記》卷四、卷一、卷三，石家莊：花山文藝出版社，2008 年，123、23、28、96 頁。

一墓兩誌

《至正四明續志》云："正獻袁燮墓，在鄞縣十一都穆公嶺。"[1] 晚清徐時棟《煙嶼樓筆記》記其墓誌出土經過頗詳[2]：

袁翁葦堤萬經者，吾月樓同年世恒之父也，世居東錢湖大堰塘。嘗以遠祖正獻公燮墓，《縣志》云在穆公嶺，而子孫不知其所。家距嶺不甚遠，屢率月樓尋覓之，碑版全無，竟不可得。於是設正獻位，虔祭而哀祝之，以期必獲。明日，小憩嶺中，以烟幹叩泥地上，似擊石聲，剮土視之，則古之攔墓横石也（俗呼此石為攔土）。急起而洗滌之，正正獻墓前石之傾埋於土中者。詳記墓之基址，且云此處去墓幾丈幾尺，墓中有男喬所撰壙誌，墓上有楊公簡所撰墓誌。父子大喜，按其丈尺掘之，見磚結小橋，發之，得慈湖墓誌。遂錄其文而還置之，結磚如舊而封。遍告城南及慈溪、鎮海諸袁之同祖者，使共修歲事。因是而嘆古人作事精詳不苟如此！先是，慈湖撰正獻墓誌，但見真西山撰正獻行狀中語及之，而其文不見於《慈湖遺書》，亦未錄于《袁氏家乘》，至是而楊文亦顯。

宋人往往一墓兩誌，既有墓誌，又有壙誌。壙誌多子孫所作，墓誌多出自名人。始吾疑之，以為壙誌既在穴中，而復置墓誌，一穴寬廣曾有幾何，可容此重疊耶？一誌已足，兩之又安需耶？豈壙誌固置穴中，而墓誌不過求名手撰著，為傳世計，不置於墓耶？後聞袁氏修正獻公墓，墓上得楊慈湖所作墓誌，而後知壙

閑人曦、胡净修合葬壙誌拓本　　　　　　　　　薛朋龜妻王氏墓誌拓本

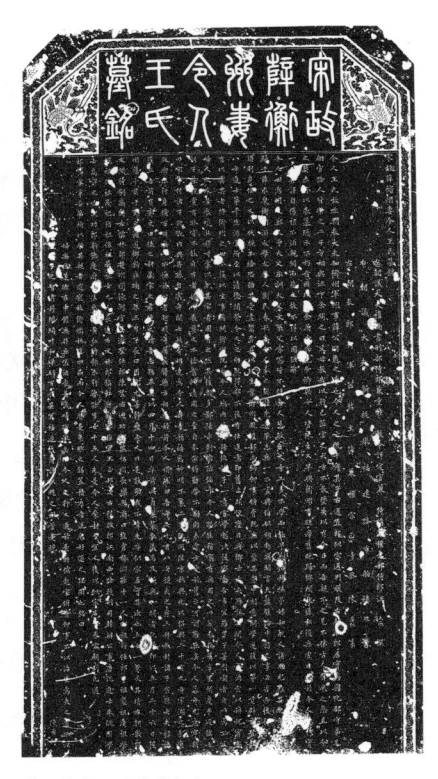

　　誌在穴中，墓誌則在椁上，又結磚如橋以覆之，而後封土者也。按此法甚善，蓋年久之墓，夷爲平地。誤掘者必自上而下，一見墓誌，即知古墓，可無開壙之患矣。

　　楊簡爲燮所撰《故龍圖閣學士袁公墓誌》收入《宋儒袁正獻公從祀録》卷六，袁喬爲父所撰《先公壙誌》"舊存袁氏譜中"，亦收入該卷。誌文末稱："窆有日，不肖孤男喬泣血叙次大略，書而納諸壙。"[3] 而袁燮爲其母所撰《太夫人戴氏壙誌》云：

"葬有日，燮等忍死書歲月納諸壙，當代人物必有能銘吾親者，嗣將有請焉。先君姓袁氏，諱文，字質甫。男燮等泣血謹記。"⁴ 亦屬同類做法。

墓誌固然多請名士撰就，壙誌却未必子孫親爲。元人陸文圭《墻東類稿》收錄有《榕山君墓誌銘》，係其爲陳傑所撰。而該誌之後隨即另附《故稅使陳君壙誌》："不肖孤銜哀忍死，匍匐以襄事，大懼無以彰先考之懿，將乞銘於當代鴻筆，而又斬然在衰絰之中，未敢以請，姑識歲月姓系納諸壙。"夾注曰："按此即陳傑壙誌，原注爲其子代作，故附次前篇之後。"⁵ 是墓誌、壙誌均出文圭之手。

至於一墓兩誌之實物例證，丙戌仲夏曾於餘姚私家偶遇嘉定十年（1217）聞人曦、胡凈修合葬壙誌："若其先親行事，則見於武學博士樓公昉之誌銘，兹復記歲月納諸壙云。孤遺泣血謹書。"⁶ 惜樓氏所撰墓誌無從得見。袁燮墓誌形態不明，誌文近一千二百言，與乾道間汪大猷撰薛朋龜妻王氏墓銘大體相當。王氏誌石作碑碣狀，與人等高，原本立於新莊墓所，後乃移諸薛氏宗祠⁷。

2015 年 10 月 26 日

---

1 王元恭修，王厚孫、徐亮纂《至正四明續志》卷四《邱墓》，《宋元方志叢刊》影印清咸豐四年甬上徐氏煙嶼樓刻《宋元四明六志》本，北京：中華書局，1990 年，6483 頁。

2 徐時棟《煙嶼樓筆記》卷三，《續修四庫全書》影印清光緒三十四年鄞縣徐氏蘧學齋鉛字本，第 1162 册，上海：上海古籍出版社，2002 年，619 頁。

3 《宋儒袁正獻公從祀錄》卷六，清同治十一年四明袁氏進修堂刻本，葉四至五。

4 袁燮《絜齋集》卷二一，《景印文淵閣四庫全書》第 1157 册，臺北：臺灣商務印書館，1986 年，291 頁。

5 陸文圭《墻東類稿》卷一三，《景印文淵閣四庫全書》第 1194 册，臺北：臺灣商務印書館，1986 年，699 頁。

6 章國慶《寧波歷代碑碣墓誌彙編（唐、五代、宋、元卷）》，上海：上海古籍出版社，2012 年，230—231 頁。

7 章國慶《寧波歷代碑碣墓誌彙編（唐、五代、宋、元卷）》，上海：上海古籍出版社，2012 年，186—188 頁。

張澄石棺銘

甲申暑假，游大同下華嚴寺，於薄伽教藏殿南側得見散置遼金元時期小石棺若干，其中一件金代石棺蓋上刻有銘文，與宋元時期五音墓地問題相關，錄文如下：

故叔父宣武將軍、行文繡署承（丞）、騎都尉、清河縣開／國男、食邑三百户張公。公諱澄，字彦清，出官歷任，／□建豐碑，今記本官年甲其實。公天會十三年（1135）乙／卯十月廿九日戌時生，遂下世之歲承安三年（1198）戊／午八月初九日戌時卒，享壽六十有四。命終于／燕山文繡署官舍，附／靈柩歸于本家。未獲便時，權寄之／佛寺。常念白骨帽露于僧舍，今得姓通時，以泰和／元年（1201）歲次辛酉三月壬辰辛亥朔十七日丁卯乙／時破土，至當月二十日庚午乙時葬叔父於／先祖舊塋庚穴，與／父次焉。故書於此，以紀其實，庶貽不朽。／泰和元年歲次辛酉三月壬辰辛亥朔廿日庚午乙時扣掩，侄男張師仁書。／

如金大定三十年（1190）西京玉虛觀道士閻德源墓誌所云："雲中故俗，人亡則聚薪而焚之。"[1] 大同地區遼金元墓葬多采用火葬方式，小石棺乃考古發現常見葬具。不過於石棺上鐫刻銘文者尚少發現[2]。文中所記張澄靈柩寄厝佛寺擇日卜葬事例，隱約顯露遼金時期燕雲漢人葬俗之側面。

張澄葬事由其侄師仁操辦，"葬叔父於先祖舊塋庚穴，與父次焉。"按《重校正地

理新書》五姓所屬條,張姓屬商音[3]。同書步地取吉穴條云[4]:

> 凡葬有八法,步地亦有八焉。……八曰昭穆,亦名貫魚。入先塋內葬者,即左昭右穆,如貫魚之形。……惟河南、河北、關中、壟(隴)外並用此法。喬道用添:商姓祖墳壬、丙、庚三穴葬畢,再向正東偏南乙地作一墳,名昭穆葬,不得過卯地,分位仿此。……商姓祖墳下壬、丙、庚三穴葬畢,再於正南偏東丙地作墳一座,謂之貫魚葬,不得過於午地,分位仿此。

可知商姓昭穆貫魚葬入葬先後次序為壬、丙、庚。參照銘文所記,張氏墓地排列大約以師仁祖父為尊,葬壬穴;師仁父為次,葬丙穴;師仁叔澄為卑,葬庚穴。實屬大同地區金代五音墓地之寶貴例證。

無獨有偶,大同十里鋪曾發現遼乾統七年(1107)董承德妻郭氏墓記,略云:"今為亡妻郭氏於京西南約五里買到雲中縣孫權堡劉士言地五畝,長三十八步、闊三十二步。其塋方二十九步,其妻葬在甲穴。"[5]復查前書,董姓屬宮音,昭穆貫魚葬入塋先後次序為甲、庚、壬。又因墓地為董承德新置,可知乃以甲穴為尊,其妻所葬亦即董承德身後之所歸。

此類葬俗非祇雲州,亦見燕京。北京海淀中國工運學院遼墓出土康文成墓誌云[6]:

> 維咸雍七年(1071)歲次辛亥,當四月丙辰朔八日癸亥逝。往中京大定府鎮國寺北街出廊火葬訖,遷神柩來於先祖塋墳,至燕京宛平縣礬村名西北鄉,至當年六月二十九日壬午辛時葬如京使。於祖墳西北雁翅又起一圍,亦用地南北長二十一步、東西闊一十九步,居上壬穴。故兄官衔如京使、銀青崇祿大夫、檢校尚書右僕射、兼殿中侍御史、驍騎尉、東平縣開國男、食邑三百戶康文成貴年六十有二。……前圍高上純化翁翁諱廷遂、婆婆孟氏,次上寧有貞孝耶耶諱守憐、娘娘李

氏、次娘娘楊氏，三弟三哥諱文俊、妻耿氏。

　　康姓屬商音，比照前例，可以推知康氏墓地分爲兩座墓園。東南祖塋以壬穴爲尊，葬文成祖父廷遂、祖母孟氏；丙穴爲次，葬父守憐、母李氏及楊氏；庚穴爲卑，葬三弟文俊、妻耿氏。西北第二塋仍以壬穴爲尊，葬文成，其餘丙穴、庚穴待葬他人。

　　石刻史料所見遼南京五音墓地另有三例[7]。保寧元年（969）王守謙墓誌云："與夫人清河張氏合葬祔於先司新塋壬地"。王屬商姓，坐穴次序爲壬、丙、庚，"新塋壬地"當即另起一墓域，首葬壬穴，與康氏墓地雷同。大康二年（1076）塋幢記云："自乾亨三年（981）上祖先葬於丙地，至大康二年後輩別葬於壬位記。"此幢葬主姓氏不詳，坐穴次序先丙後壬，唯角姓丙、壬、甲是也。近出清寧三年（1057）劉六符墓誌云："歸葬於析津府宛平縣公輔鄉王佐里，附先域。而啓故夫人之塋，遷於庚穴合祔。"而其夫人前此"祔先塋之癸"。劉屬宮姓，坐穴次序爲甲、庚、壬，故推測六符之父慎行先葬甲穴，六符夫人暫厝癸穴，復與六符合祔庚穴，六符之子雨繼葬壬穴。

張澄石棺銘

語石　411

由遼溯唐，河北宣化大中六年（852）楊少愃墓誌與乾符六年（879）楊釰墓誌述其墓地稱："商角同用，榮加乙庚。"[8] 楊爲商姓，其中所見亦爲五音擇地觀念。由是可知，燕雲地區五姓葬法，係唐遼金一脉相承而來，與中原北方地區宋元墓葬習見同類葬俗並爲唐代以降之兩流。

2016 年 10 月 16 日

1　大同市博物館《大同金代閻德源墓發掘簡報》，《文物》1978 年 4 期，6 頁。
2　大同市博物館《山西大同市金代徐龜墓》，《考古》2004 年 9 期，53 頁。
3　王洙撰，畢履道、張謙補《重校正地理新書》卷一《五姓所屬》，《續修四庫全書》影印北京大學圖書館藏金元刻本，第 1054 册，上海：上海古籍出版社，2002 年，13 頁。
4　王洙撰，畢履道、張謙補《重校正地理新書》卷一三《步地取吉穴》，《續修四庫全書》影印北京大學圖書館藏金元刻本，第 1054 册，上海：上海古籍出版社，2002 年，97—98 頁。
5　山西雲崗古物保養所清理組《山西大同西南郊唐、遼、金墓清理簡報》，《考古通訊》1958 年 6 期，33 頁。
6　朱志剛《海淀中國工運學院遼墓及其墓誌》，《北京文物與考古》第 6 輯，2004 年，29 頁。據遼金城垣博物館藏原石及拓本校正録文。
7　向南等《遼代石刻文續編》，沈陽：遼寧人民出版社，2010 年。王策、周宇《劉六符墓誌簡述》，《北京文博論叢》2016 年第 2 輯，38—39 頁。
8　張家口市宣化區文物保管所《河北宣化紀年唐墓發掘簡報》，《文物》2008 年 7 期，32 頁。

何懷保地券

乙未歲末，一批陝西考古舊資料重新整理刊布，有寶雞姜城堡北宋何懷保墓，長方形豎穴土洞，出磚刻地券一方[1]，其文曰：

維大宋宣和五年（1123）歲次癸卯十一月庚辰朔二十一日庚子，何懷保 / 以宣和二年（1120）四月十三日歿故，龜筮協從，相地襲吉，/ 宜於鳳翔府寶雞縣散關鄉車村社之原祖塋壬穴之內 / 安厝宅兆。謹用陰錢九萬九千九百九十九貫文買地一 / 段，計一料，東西九步，南北一十一步，北有拜墳地三步。/ 東至青龍，西至白虎，南至朱雀，北至真武，內方勾陳，分掌 / 四域，丘丞墓伯，封步界畔，道路將軍，齊整阡陌，千秋 / 萬歲，永無殃咎。知見人歲月掌，保人今日直符。故氣 / 邪精，不得忏咨，先有居者，永避萬里，掌人內外存亡，/ 悉皆安吉。急急如五帝使者女青律令！

券文模式與北宋官方釐定範本相同，據其所記墓地布置情況，可知該墓屬於中古五音昭穆貫魚葬實例之一。《重校正地理新書》言"河南、河北、關中、壠（隴）外並用此法"[2]，唯以往關中地區宋元墓葬確鑿例證稀見，此墓正可予以補充。何屬商姓，坐穴次序當爲壬、丙、庚。地券雖云懷保於祖塋內安厝宅兆，實則新建墓園一座，故仍需斬草立券，其墓爲首，自然置於壬穴尊位。

券文將墓園稱作"一料"，如此稱謂在宋代運用較雜，工程計量相關文字常有所見，如《宋史·黃榦傳》："城分十二料，先自築一料，計其工費若干，然後委官吏、寓公、士人分料主之。"[3] 若論墓葬，相似例證則有山西霍州高繼嵩家族墓地，大觀四年（1110）建成墓園五座，墓表中即以第一至五料稱之[4]。

　　何氏墓園"東西九步，南北一十一步"，計積九十九步，其尾數符合商姓六甲八卦冢原則，儘管絕對數值與《重校正地理新書》記載有別，其意義仍可變通理解。故甘肅寧縣天聖二年（1024）楊氏墓[5]，同屬商姓，墓園長闊數值與何氏一致，並非巧合。及至元代，西安至元二十五年（1288）韓妻呂氏墓[6]，從夫仍屬商姓，墓園南北"長一十二步五分，東西闊九步五分二釐，積一佰一十九步"，正合八卦冢乾冢壬穴。而泰定二年（1325）李氏墓[7]，則屬徵姓，更明言墓園"南北長二十步，東西寬十七步三分五釐，積三百四十七步，合震冢庚穴"。兩例均可與北宋何懷保墓參酌比照。

2016 年 10 月 23 日

1　陝西省文物保護研究院《二十世紀五十年代陝西考古發掘資料整理研究》，西安：三秦出版社，2015 年，228 頁。

2　王洙撰，畢履道、張謙補《重校正地理新書》卷一三《步地取吉穴》，《續修四庫全書》影印北京大學圖書館藏金元刻本，第 1054 冊，上海：上海古籍出版社，2002 年，97 頁。

3　脫脫等《宋史》卷四三〇《道學傳》四《黃榦》，北京：中華書局，1977 年，12779 頁。

4　山西省考古研究所《山西碑碣》，太原：山西人民出版社，1997 年，228 頁。

5　張馳《寧縣境內出土的買地券綜述》，《隴右文博》2001 年 1 期，65 頁。

6　西安市文物保護考古所《西安韓森寨元代壁畫墓》，北京：文物出版社，2004 年。

7　馬志祥、張孝絨《西安曲江元李新昭墓》，《文博》1988 年 2 期，5—6 頁。

玉女地券

吉水宋墓曾出土《有宋張君重四宣義地券》一方[1]，內容較爲特別，據照片錄文如下：

青烏子曰：按鬼律云，葬不斬草買地立券，謂之盜葬。乃作券文曰：維/皇宋寶祐二年歲在甲寅十二月己巳朔越十二日庚辰，孤哀子張叔子伏爲/先考重四宣義，生於紹熙庚戌九月十有八日，終於嘉熙丁酉十一月二十七日，以庚子歲/閏月朔，葬於廬陵縣膏澤鄉汪塘原。今卜此吉日，動土斬草，以是月十七日乙酉，改葬而安/厝之。龜筮協從，州曰吉州，縣曰吉水，鄉曰中鵠，原曰洞源，太平山即壬亥山己丙向，爲之宅/兆。謹以冥貨極九九之數，幣帛依五方之色，就于后土陰官鬻地一區。東止青龍，西抵/白虎，南極朱雀，北距玄武，內方勾陳，分治五土。彼疆爾界，有截其所，神禹所度，豎亥所步，丘/丞墓伯，禁切呵護。歐彼罔象，投畀咒虎，弗迷獸異，莫予敢侮，千齡億年，永無灾苦。敢有干犯，/神弗置汝，幽堂亭長，收付地下，主者按罪，弗敢云赦。乃命翰林主人，子墨客卿，爲作券文，亡/靈允執，永鎮幽宅。天光下臨，地德上載，藏辰合朔，神迎鬼避，塗車芻靈，是爲器使。夔龍/魍魅，莫敢逢旃，妥亡佑存，罔有不祥，子子孫孫，俾熾俾昌。山靈地神，實聞此言，謂予不信，有/如皦日，梅仙真時在旁知。急急如太上女青詔書律令！敕！/（符籙一道）/太上靈符，鎮安幽宅。亡靈永吉，子孫昌熾。邪精伏藏，蛇鼠遁跡。急急如律令！敕！/

語石　415

吉水張重四地券拓本　　　　　新淦楊氏地券拓本

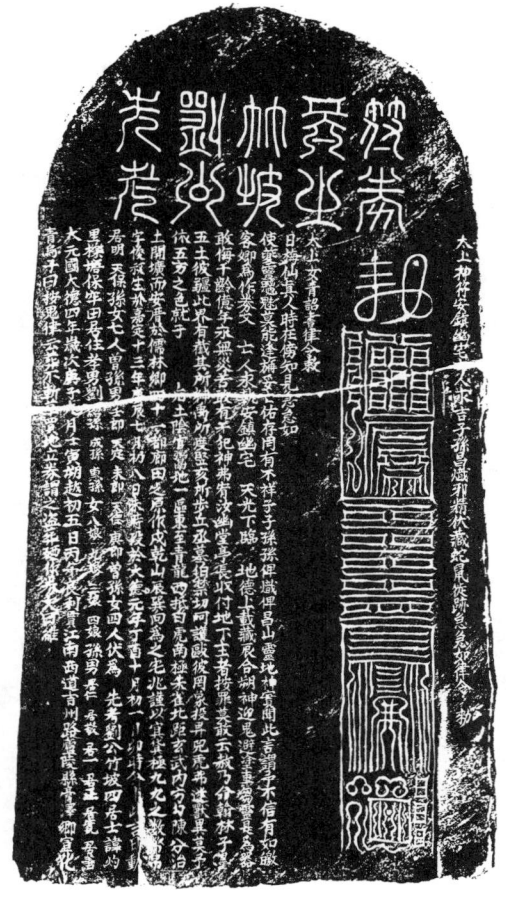

宜黄劉氏地券拓本　　　　　　　廬陵劉灼地券拓本

玉女地券神咒：/ 太乙金璋，靈氣輝光。六丁左侍，六甲右傍。青龍拱衛，白虎趨蹌。朱雀正視，玄武當堂。川原吉 / 水，善應凶藏。五方五殺，不得飛揚。今奉太上玉女神秘券咒，急急如律令！敕！/

該墓地券文字格式自成體系，且券末刻有符籙一道，類似例證目前僅見於吉安及臨近地區。以宋元時代爲限，依年代早晚順次有[2]：紹熙元年（1190）吉州廬陵縣胡氏、紹熙五年（1194）吉州廬陵縣葛彥迪、嘉泰四年（1204）吉州廬陵縣周必大、紹定六年（1233）臨江軍新淦縣楊氏[3]、景定元年（1260）臨江軍新淦縣王百四、至元十六年（1279）吉安府廬陵縣彭因、大德四年（1300）吉州路廬陵縣劉灼[4]、延祐六年（1319）吉州路永豐縣陳淑靈等。其中末段"玉女地券神咒"僅張重四及彭因兩例。至於符篆圖形及其後"太上靈符"等二十四字，類似者又有寶祐五年（1257）撫州宜黃縣劉氏一例[5]。

江西北宋以來地券文本中常見開皇地主、土公、土母、張堅固、李定度、功曹、主簿、直符等神祇之名，格式雖不固定，內容大致類似，地域傳統較爲穩定。"玉女地券"作爲嶄新類型，似與道教信仰相關，且目前所見例證自南宋中期光宗朝方始出現，而同出自吉安之張寧鎮墓文則屬於稍早孝宗朝[6]，轉變關節時代相近。以往探討宋元道教系統買地券與鎮墓文重點多在成都平原，且有相關道教文獻以爲參照佐證[7]。吉安地區所見"玉女地券"雖尚未得證確切文本來源，仍可豐富對於江西宋元葬俗認識。

2016 年 11 月 6 日

---

1 陳定榮《江西吉水紀年宋墓出土文物》，《文物》1987 年 2 期，68 頁。吉水縣博物館《珍藏吉水》，北京：文物出版社，2014 年，115 頁。

2 陳柏泉《江西出土墓誌選編》，南昌：江西教育出版社，1991 年，566—567、575—576、580 頁。高立人《廬陵古碑錄》，南昌：江西人民出版社，2007 年，4—5、7、10、366—367 頁。

3 原石藏吉安文信國公祠，此據自藏拓本。

4 拓本電子檔由鄭州大學何新所先生提供。

5 王鏽《書法文獻（宋代地券卷）》，青島：青島出版社，2014 年，98 頁。符箓之後二十四字以吉水張重四地券格式最爲多見，其餘小有差別。廬陵周必大地券："太上靈符，鎮安幽宅。神魂有歸，子孫永吉。邪精斥逐，蛇鼠徙跡。"新淦楊氏地券："右一靈符，永鎮幽宅。亡魂安静，子孫逢吉。魑魅藏踪，蛇蟲徙跡。"宜黄劉氏地券："太上靈符，永鎮幽宅。亡靈安静，子孫昌吉。邪精伏藏，蛇鼠徙跡。"廬陵劉灼地券："太上神符，安鎮幽宅。亡人永吉，子孫昌熾。邪精伏藏，蛇鼠徙跡。"

6 江西省文物考古研究所、江西吉安市博物館《江西吉安南宋紀年墓》，《南方文物》2014 年 4 期，25—27、57 頁。

7 張勛燎、白彬《中國道教考古》，北京：綫裝書局，2006 年。

張寧鎮墓文

胡銓《貴州防禦使陽曲伯張公墓誌銘》云："乾道丁亥（1167）六月庚辰，宋故知循州兼管内勸農使、特授貴州防禦使、陽曲開國伯、食邑七百户張公諱寧字道安終於正寢，其孤舜臣將以十一月庚寅葬於廬陵膏澤鄉李塘山之原。"[1] 張寧墓近年發現於吉安里塘山村將軍山[2]，地名正與誌文契合。墓葬早年被盜，誌石無存，於擾土中得長方形石質鎮墓文一方，上首斷裂，下角缺損。其額豎排四列十六字："青龍秉炁，□□辟非，玄武延軀，虎嘯八垂。"正文曰：

吾奉 /
太上法教，檢察天下海嶽洞宫、名山大川、關津里社神祇，又有 /
上皇諸君真符呼召，東西南北、四維上下、無極世界一切鬼神， /
隨吾處分，不敢干犯。謹遵舊典，告土下冢中旺炁、五方諸神、丘 /
丞墓伯等：宋故右武大夫、貴州防禦使、陽曲縣開國伯、食邑七 /
百户張寧，壬午歲十二月二日子時生，於丁亥歲六月十四日 /
未時死，將以戊子歲三月十日窆于神宫，翳身冥鄉，爲□□□ /
諸禁忌，不得妄爲害炁。當令子孫昌熾，文咏九功，武備七德 /
世貴旺興，天地無窮。一如土下九天律令！ /
　　宋乾道四年太歲戊子（1168）三月癸亥朔……

太玄都正一明威法師元……
　　太玄都正一真人三 天 ……

　　類似鎮墓文多見於川西宋墓，因文首常作"天帝敕告土下冢中王氣諸神趙公明等"，稱之爲天帝敕告文，河南隋唐墓亦偶有所見。據張勛燎研究[3]，天帝敕告文與華蓋宮文均屬道教上清派材料，其源頭可追溯至陶弘景《真誥》相關文字："夫欲建吉冢之法，去塊後正取九步九尺，名曰'上玄辟非'。華蓋宮王氣神趙子都，冢墓百忌，害氣之神，盡來屬之，能制五土之精，轉禍爲福。侯王之冢招搖，欲隱起九尺，以石方圓三尺，題其文，埋之土三尺也……"段首另書豎排四行十六字"青龍秉氣，上玄辟非，玄武延軀，虎嘯八垂。"又云："員三尺，題其文曰：'天帝告土下冢中王氣五方諸神趙公明等：某國公侯甲乙，年如干歲，生值清真之氣，死歸神宮，翳身冥鄉，潛寧冲虛，辟斥諸禁忌，不得妄爲害氣。當令子孫昌熾，文咏九功，武備七德，世世貴王，與天地無窮。一如土下九天律令！'"[4]

　　張寧鎮墓文與天帝敕告文内容大同而小異，然"太玄都正一"等字樣則又

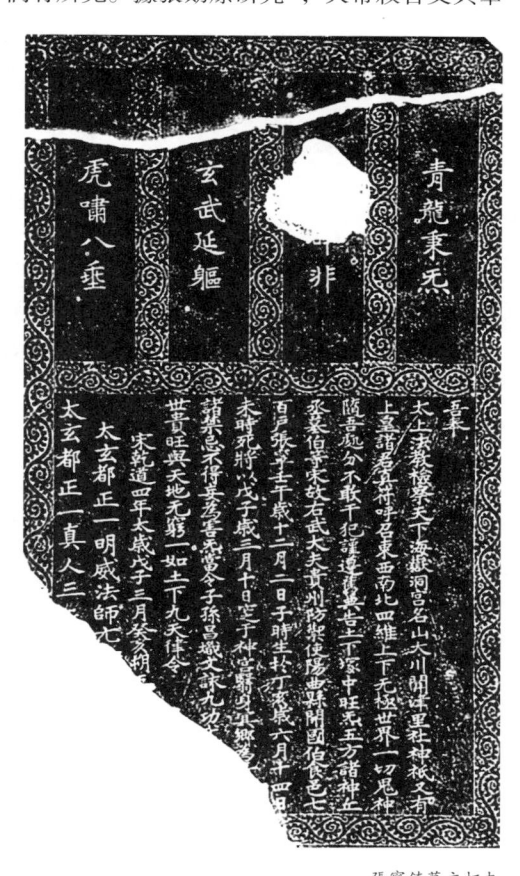

張寧鎮墓文拓本

語石　421

明示與天師道相關。末行"太玄都正一真人三天"之後殘缺文字應爲"扶教輔元大法師",即天師張道陵。江西龍虎山爲天師道祖庭,三十代天師張繼先、三十五代天師張可大先後有寵於徽宗、理宗,"由是龍虎山宮觀壓東南,爲福地第一"[5],其影響波及葬事亦在情理之中。

據墓誌,張寧"嘗手録《道德經》二卷,佛書數十卷。其斂也,舜臣泫然流涕,悉以納諸柩。又嘗手抄《孝經》、《論語》、《孟子》各一編,以授子孫"。其人儒釋道兼修而不偏廢,雖用道教鎮墓文隨葬,却不宜以教徒身份度之。

2016 年 5 月 1 日

1 胡銓《貴州防禦使陽曲伯張公墓誌銘》,《胡澹庵先生文集》卷二七,清乾隆二十二年胡氏練月樓刻本。
2 江西省文物考古研究所、江西吉安市博物館《江西吉安南宋紀年墓》,《南方文物》2014 年 4 期,25—27、57 頁。拓本電子檔由江西省文物考古研究院張文江先生提供。
3 張勛燎《川西宋墓和陝西、河南唐墓出土鎮墓文石刻之研究》,《南方民族考古》第 5 輯,成都:四川科學技術出版社,1993 年,119—126 頁。
4 陶弘景《真誥》卷一〇《協昌期》第二,《道藏》第 20 册,北京:文物出版社,1988 年,550 頁。
5 劉壎《嗣漢三十六代天師簡齋張真人墓誌銘》,《隱居通議》卷一六,清嘉慶四年桐川顧氏刻《讀畫齋叢書》本,葉八。

酆都山真形圖

江西高安淳熙六年（1179）徐永墓出土石刻一件[1]，額題"酆都羅山拔苦超生鎮鬼真形"，額下爲酆都山真形圖，圖左題名"宋故正主押官徐永第行五十二郎字固道"，圖下文曰：

太極真人曰：夫修上清大洞之道及三真之要，而不識酆都羅山真形者，七祖不得長謝鬼官，尸血不得蕩滅於胞門也。又名六天策文，丹書、墨書著没者姓名於其側，以火揚之，則北都解罪，三官赦愆，上升福堂矣。若石刻玄臺墓官，則苦魂受度，簡記朱陵。學者佩身，及置堂室上，萬鬼滅爽，幽原開泰。此文書於上清北玄之闕，以正六鈕之分。出《道藏·元始六天制魔經》。

該石所刻圖形文字見載於《太上元始天尊説北帝伏魔神呪妙經》[2]，張勛燎搜羅《道藏》同類材料論定爲："北宋末南宋初靈寶派道士大量編著靈寶大法道書的過程中創構出來的一種靈圖，它在墓中的主要作用在於鎮邪辟鬼，煉度墓主徐永亡魂，使之最後升天成仙。"[3]

無獨有偶，浙江亦出同類石刻兩件。其一爲湖州市博物館藏嘉熙三年（1239）陳君玉壙誌[4]，額題"酆都山真形"，額下有圖。圖兩側爲誌文，其末云："謹刊酆都山真形，併叙梗概，置於宋故考崇道權院陳公玄堂之上。"圖下有十六句"五言詩"，末四句云：

"千靈重（宛）〔元〕和，常居（千）〔十〕二樓。急宣□□旨，自在天堂游。"實爲兩段咒語，亦見於《太上元始天尊説北帝伏魔神呪妙經》。曰净酆都地獄升天咒：

茫茫酆都中，重重金剛山。靈寶無量光，洞照炎池煩。七祖諸幽魂，身隨香雲幡。定慧青蓮花，上生神永安。

曰開業道甘露通真咒：

功德金色光，微微開幽關。華池流真香，蓮蓋隨雲浮。千靈重元和，常居十二樓。急宣靈寶旨，自在天堂游。

又云："此二神咒出《甘露神呪地獄升天經》。"[5] 該石圖文佈局與《靈寶玉鑑》所謂"山形連上題下咒，共作一板，刊之應用"[6] 者類同，唯咒語有别。

其二爲奉化市文物保護所藏嘉定十六年（1223）樓監元石刻[7]，額題"酆都真形"，額下有圖，圖左文曰：

《元始制魔經》：酆都山真形

徐永墓酆都山真形圖拓本

刻於酆都，以鎮六天。凡制禦鬼魔，當朱書白素，懸於齋室之北，則千魔匿影，萬鬼滅形。如亡者命經太陰，以石刊真形，安於玄堂之頂，鎮禦土府，安慰地祇，即使魂神不經六天，徑度南宮。可以青書其形於黃素，(宋)〔朱〕書亡人姓氏於真形之側，烈火焚燒，揚灰於青烟之中，即使三官解縛，北帝釋愆，魂魄徑生天堂。佩之於心後，或戴之於頂，出入(從)〔往〕來，地祇奉迎，萬神敬仰。六天落死藉，南宮書生名，千魔束首，萬鬼滅形。兆無此真形，終不免六天之魔，試學道無由成仙。授傳之者，對齋七日，歃血以盟玉清。傳非其人，六天滅魂，萬不得仙。《元始制魔經》。嘉定十六年太歲癸未三月初三日，孝子樓优追薦先考二千三四監元、先妣周氏七七孺人超升仙界。

此段經文見於《靈寶無量度人上經大法》[8]，亦是右圖左文，後附十六句太極真人咒語：

奉爲諸幽魂，拔度罪業根。丹墨書示真，北府酆都形。七祖得長謝，蕩滅爲胎門。六天策文秘，鹹爽除幽原。爾等長記憶，開度受生牐。北都咸池府，中有萬鬼冤。水火鍊度法，三官赦罪愆。制魔同保舉，逍遙朝至尊。急急如律令！

三方石刻酆都山真形圖內均有注記。徐永墓所出文字凡十七條："變生府、洞陰金闕、上元六宮洞、丈人宮、溟泠大神、獄穴、泉曲府、中元曹局、下元六

陳君玉墓酆都山真形圖摹本

語石　425

洞、六天使者、鬼帝金闕、上通天門、五道府、幽關、天帝宮、北都宮、司命宮。"金允中《上清靈寶大法》[9]云：

  酆都山真形，流傳久矣，未嘗增損。近浙東人於其側增黑池者，浙西於其側又增硤石地獄者，似不必如此增益也。夫增黑池者，不知其意所據何說。或者又以《仙戒經》所載十地獄，而山形內祇標一十七所，遂以黑池湊成一十八所。不知山形中所標天帝宮、鬼帝宮、通天門之類，則其中之宮闕也；上元六洞、下元六洞之類也，則其中之曹局也。其標一十七所，乃宮闕有司爾，獄則不可勝計也。今以曹局而爲獄，則大失經旨。

  張勛燎據以指明注記 "乃是酆都中的宮闕、曹局，司職所居處所"，並據該書序中 "自南宋（渡）之初，迄今將百載" 之語，推斷書成 "約在寧宗之際"，"在酆都山真形圖上增入黑池、硤石獄名者，當不早於南宋之初"。南渡百年，時當寶慶，金氏作《五元正法圖序》[10]恰在寶慶元年（1225）。按嘉定十六年（1223）樓氏石刻所見注記亦十七條，名目與徐永墓大體相同，而嘉熙三年（1239）陳君玉壙誌則拓爲十八條，增一 "黑池"，可見金書所言不虛，兩浙酆都山真形注記增益之舉恰在寧理之際。

樓監元墓酆都山真形圖摹本

  除以上三件石刻實物外，另有國家圖書館所藏乾道九年（1173）石刻拓本一紙[11]，原石傳爲江西出土。額題 "酆都羅山真形圖"，額下有圖，圖左記墓主爲

"羽化妙行大師萬之言"。圖下文曰：

酆都山六天宫洞大魔王内諱：酆都山紺絶陰天宫洞大魔王、酆都山泰殺諒事宗天宫洞大魔王、酆都山明晨耐犯武成天宫洞大魔王、酆都山恬照罪氣天宫洞大魔王、酆都山宗靈七非天宫洞大魔王、酆都山敢司連宛屢天宫洞大魔王。右真形内諱謹置于墓，歲次癸巳乾道九年閏正月二十七日謹記。

此酆都山六天宫亦與煉度死者有關。《上清天官三圖經》[12]云：

北帝酆都六宫度死法：酆都山在北方癸地，故東北爲鬼户，死氣之根。山高二千六百里，周迴三萬里。其山洞元在山之下，周迴一萬五千里。其上下並有鬼神宫室，山上有六宫，洞中又有六宫，一宫周迴千里，是爲六天鬼神之宫。第一名紺絶陰天宫，第二名泰殺諒事宗天宫，第三名明晨耐犯武城天宫，第四名恬照罪氣天宫，第五名宗靈七非天宫，第六名

萬之言墓酆都山真形圖拓本

敢司連宛屢天官。右六官是北帝所主,六天鬼神所治,領人之死名,死者莫不由酆都六官也。是故帝君常以七星移度學生之人過天關,開南極之官,斷塞東北之死戶也。

據此,復從該真形圖上方正中檢得一組九星符號及兩條文字注記"北斗七元"、"豁落大將軍",或亦如同書所言"七星九君,各授我豁落七元開關之符,以制北帝六官,斷塞死氣之根",表移度之意歟?

2016 年 2 月 21 日

1 陳行一《江西高安南宋墓出土一批道教文物》,《東南文化》1989 年 2 期,64—68、56 頁。陳行一《〈酆都羅山拔苦超生鎮鬼真形〉碑考析》,《江西文物》1989 年 3 期,85—89 頁。陳行一、肖錦秀《江西高安縣發現南宋淳熙六年墓》,《考古》1994 年 2 期,185—187 頁。

2 《太上元始天尊說北帝伏魔神呪妙經》卷六,《道藏》第 34 冊,北京:文物出版社,1988 年,419 頁。文字略有脫訛。

3 張勛燎《江西高安出土南宋淳熙六年徐永墓"酆都羅山拔苦超生鎮鬼真形"圖石刻》,《道家文化研究》第 7 輯,上海:上海古籍出版社,1995 年,300—311 頁。

4 鄭嘉勵、郭勇《一方刊有"酆都山真形圖"的南宋墓誌》,《南方文物》2006 年 4 期,41、31 頁。

5 《太上元始天尊說北帝伏魔神呪妙經》卷六,《道藏》第 34 冊,北京:文物出版社,1988 年,420 頁。

6 《靈寶玉鑑》卷三〇,《道藏》第 10 冊,北京:文物出版社,1988 年,346—347 頁。

7 章國慶《寧波歷代碑碣墓誌彙編》(唐五代宋元卷),上海:上海古籍出版社,2012 年,236—237 頁。

8 《靈寶無量度人上經大法》卷六八,《道藏》第 3 冊,北京:文物出版社,1988 年,1030 頁。

9 《上清靈寶大法》卷三七,《道藏》第 31 冊,北京:文物出版社,1988 年,597 頁。

10 《道法會元》卷一七八,《道藏》第 30 冊,北京:文物出版社,1988 年,144 頁。

11 北京圖書館金石組《北京圖書館藏中國歷代石刻拓本匯編》,鄭州:中州古籍出版社,1989 年,第 43 冊,93 頁。

12 《上清天官三圖經》,《道藏》第 33 冊,北京:文物出版社,1988 年,811 頁。

酆都羅山真形

宋墓出土酆都山真形圖石刻實物，此前已知有三：江西高安淳熙六年（1179）徐永墓、浙江湖州嘉熙三年（1239）陳君玉墓、浙江奉化嘉定十六年（1223）樓監元墓[1]，今又得見江西新余寶慶三年（1227）王孺人墓所出一例[2]。

該石頭圓尾方，橫刻圖文。左半部正書額題"孺人王氏地券"，文曰：

維皇宋寶慶二年（1226）歲次丙戌十月十二日甲午，孺人王氏終於甥館。丁亥五月十三日，於新喻縣地名觀山卜得吉地一穴以葬。丁未山，丑艮向。朱雀玄武衛乎南北，青龍白虎夾乎東西。上則兩曜二十八宿之照臨，下則九宮三十八將之輔助。水歸如顧，山朝若趨。幽曠清淨，神靈逍遥。宅兆妥安，福延後嗣。庚辛壬癸，甲乙丙丁，新塋四方，皆吾受用。應有魍魎，爰洎凶殃，墓中有神，必行誅剪。當膺饗祀，永世無窮。直墓將軍，受事恪遵科教。急急如律令！

右半部模擬碑碣形式，疊篆題額"酆都羅山真形"（篆法不確），雙螭分處兩側。額下居中方版減地陽刻酆都山真形圖，與道經版刻形式相同（僅見之例，餘墓諸石均作陰刻）。山形之間標有注記十八條：北都宮、天帝宮、司命、上通天門孺人王氏、鬼帝金闕、洞陰金闕、變生府、黑池、幽關、五道府、六天使者、上元六洞、中元曹局、下元六宮、泉曲府、丈人宮、獄穴、〔溟泠大神〕。圖右、左、下三面分列[3]：

開業道甘露通真咒：功德金色光，微微開幽關。華池流真香，蓮蓋隨雲浮。千靈重元和，堂（常）屆十二樓。急宣靈寶旨，自在天堂游。

破酆都地獄升天咒：茫茫酆都中，重重金剛山。靈寶無量光，洞照炎池煩。七祖諸幽魂，身隨香雲舉。定慧青蓮花，上生神永安。

太極真〔人曰：夫修〕上清大〔洞之道及三〕真之要，〔而不知酆都〕山真刊（形）〔者，七祖不得〕長謝〔鬼官，尸血不〕得蕩〔滅於胞門也。又〕名六〔天策文，丹墨書〕寫殁〔者姓名於其側〕，烈火〔煬之，則北都解〕縛，三〔官敕宥，上升福〕堂矣。〔石刻玄臺墓宮〕，苦魂〔受度，簡記朱陵〕。學者〔佩身，及置堂室〕上，萬〔鬼滅爽，幽原開〕泰。此〔文書上清北玄〕之關，以〔正六鈕〕之分。贊〔曰〕：酆都真〔形，文〕隸上清。學修仙〔士，佩制魔〕精。三官賜〔福，七祖受〕生。削除黑〔薄，煉度朱〕陵。威神默護，〔致道契〕成。六天策文，〔鎮〕宅利亨。行南昌受〔煉〕司熊天瑞吉行。

正統《道藏》內著錄酆都山真形圖之道書凡七種[4]，其中以《太上元始天尊說北帝伏魔神咒妙經》[5]及《靈寶無量度人上經大法》[6]兩篇與出土石刻關係最爲密切。前者包含出自《元始六天制魔經》之太極真人所述真形圖功能用法、贊文及出自《甘露神咒地獄升天經》[7]之開業道甘露通真咒、淨酆都地獄升天咒，真形圖注記有"黑池"；後者則包含另一段真形圖功用文字及太極真人咒語、贊文，均出

王嬌人墓酆都羅山真形摹本

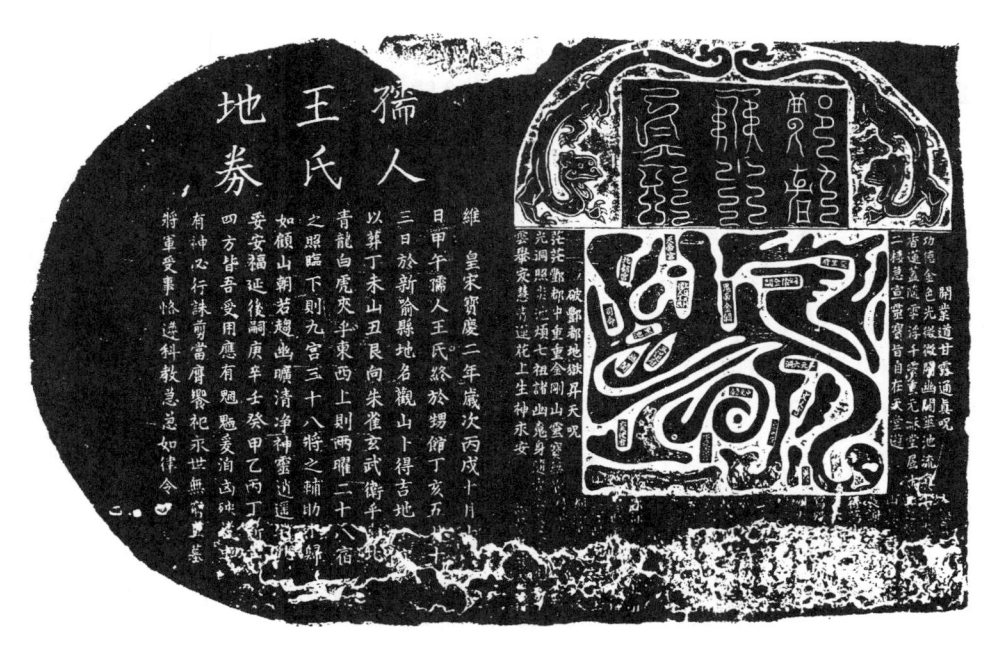

王孺人墓石刻拓本

自《元始六天制魔經》，真形圖注記無"黑池"。兩篇內容小同大異，僅贊文部分約略一致。

經比勘，徐永、樓監元墓石刻內容分別可與《北帝神呪妙經》及《靈寶上經大法》所述真形圖功用文字對應，注記皆無"黑池"；王孺人、陳君玉墓石刻兩段咒語均見於《北帝神呪妙經》，前者另有該經所收真形圖功用文字及贊文（末句"鎮宅利亨"不同於《靈寶上經大法》"永鎮利亨"），注記皆有"黑池"（王孺人墓"下元六宮"，其餘諸例均作"下元六洞"）。

有關真形圖注記，宋室南渡將百載（約嘉定寶慶之間）金允中撰《上清靈寶大法》言，"酆都山真形，流傳久矣，未嘗增損。近浙東人於其側增'黑池'者，浙西於其側又增'砆石地獄'者"[8]。出土資料顯示，"黑池"增益之舉恰在寧理之際。於是根據道經與石刻各自所體現之文本、注記組合關係，似可推斷孝寧兩朝徐永、樓監元墓石刻或直接本自其時已入《道藏》之《元始六天制魔經》，而理宗朝王孺人、陳君玉墓石刻所據或爲注記受浙東影響，且雜糅《元始六天制魔經》、《甘露神呪地獄升天經》之《北帝神呪妙經》。

按《北帝神呪妙經》成書年代張勛燎曾考訂爲北宋末南宋初年以後，吕鵬志則推斷在北宋末之前[9]。參酌王孺人墓實例，該經正統《道藏》本有關酆都山真形圖内容之形成恐不早於南宋中期。

2018 年 1 月 30 日

1 另有中國國家圖書館藏乾道九年（1173）萬之言墓石刻拓本，俱參本書《酆都山真形圖》篇。
2 江西省新余市政協文史委員會《新余文物與考古》，南昌：江西人民出版社，2014 年，347—351 頁。據新余市博物館高增忠、江西省文物考古研究院饒華松先生提供拓本電子檔校正録文。
3 圖下文字殘損較多，據《太上元始天尊説北帝伏魔神呪妙經》卷六及徐永墓石刻補闕校正。
4 張勛燎《江西高安出土南宋淳熙六年徐永墓"酆都羅山拔苦超生鎮鬼真形"圖石刻》，《道家文化研究》第 7 輯，上海：上海古籍出版社，1995 年，300—311 頁。
5 《太上元始天尊説北帝伏魔神呪妙經》卷六，《道藏》第 34 册，北京：文物出版社，1988 年，420 頁。簡稱《北帝神呪妙經》。
6 《靈寶無量度人上經大法》卷六八，《道藏》第 3 册，北京：文物出版社，1988 年，1030 頁。簡稱《靈寶上經大法》。
7 《秘書省續編到四庫闕書目》卷二收録作《天尊説甘露神呪地獄昇天經》（清光緒二十九年長沙葉氏觀古堂刻本，葉二一），疑即《元始天尊説甘露昇天神呪妙經》（《道藏》第 2 册，北京：文物出版社，1988 年，42—43 頁）。
8 《上清靈寶大法》卷三七，《道藏》第 31 册，北京：文物出版社，1988 年，597 頁。
9 吕鵬志《酆都山真形圖新探》，《世界宗教研究》2017 年 2 期，36 頁。

石若爛，人來換

元人朱德潤《存復齋文集》附録中收有虞集爲其母所撰《朱宜人吉氏墓碣銘》[1]，文曰：

> 征東行省儒學提舉朱德潤，常爲集言其母吉宜人之孝也，祖母施夫人甚愛之。至元甲午（1294）十二月，吉宜人將就館，而施夫人疾病，嘆曰："吾婦至孝，天且賜之佳子，吾必及見之。"既而疾且亟，治後事，其大父卜地陽抱山之原，使穿壙以爲藏。施夫人曰："異哉！吾夢衣冠偉丈夫來告云：勿奪吾宅，吾且爲夫人孫。"既而，役者治地深五尺許，得石焉，刻曰："太守陸君績之墓。"別有刻石在傍曰："此石爛，人來換。"石果斷矣。其祖命亟掩之，而更卜兆。施夫人又夢偉衣冠者復來曰："感夫人盛德，真得爲夫人孫矣。"德潤生，其大父字之曰順孫。而施夫人没，人以爲孝感所致。

按虞氏文集《道園學古録》及《道園類稿》均未收録此銘，今引用者多據明人葉盛《水東日記》節本[2]。葉氏稱"此銘康里子山書，立石尚存"，末尾書丹人康里崚跋語起首"泰定四年月日"字樣不見於朱氏集本。節本有八處以小字標注所謂"石本"之異，其中五處與集本同，另有三處不同，僅見石本："集"作"余"，"太守"作"鬱林太守"，"此石爛"作"石若爛"。葉氏廣收圖籍碑刻，其家《菉竹堂碑目》即收入《朱宜人吉氏碣銘》³，故所言石本文字應屬可信。然至正十五年（1355）周伯琦撰朱德潤墓誌⁴所引吉氏碣銘仍與集本同，頗疑三處異文係碣銘上石前臨時修訂，稿本傳世未及更正。

上海朱行曾發現南宋并穴磚室石頂墓一座⁵，雙層結構頗為特異。男室上層葬棺木一具並墓誌一方，下層置圓雕石坐像一軀、浮雕人物磚屏風一具、青白瓷貫耳瓶一支，屏風背刻"石若爛，人來換"雙行六字，恰與吉氏碣銘石本所記相同。據誌文，墓主張珒，為嘉興府華亭縣鄉紳，捐資補承信郎，嘉定六年（1213）卒，享年五十二，次年下葬。張勛燎比照川西宋墓考古材料並結合《水東日記》所載，論定此墓下層石像為墓主張珒之石真⁶，乃道教系統葬俗，係預建壽冢時所置，欲達替代生人、保命延長之效。然據重新刊布之圖片材料，張珒墓石坐像不類常人，身著道袍，手持拂塵，左伏一龜，右倚一鶴，與磚屏風所刻龜鶴人物形象正相呼應。意者，石像、磚屏、瓷瓶組合設計涵義雖與川西宋墓石真相同，但却並非模擬生人日常本相。

南宋姜特立有詩《書壽穴中石壽星背四言》云："彼石何人，云是壽者。作鎮斯宮，孰分真假。以幻對幻，有同兒嬉。他日啓扃，問爾是誰。"⁷宋代壽星作何形象？何薳《春渚紀聞》言："一山石上坐一老人，龜鶴在側，如所畫壽星之像。"⁸洪邁《夷堅丙志》所記略同："一壽星坐磐石上，長松覆之，一龜一鶴，分立左右，宛如世所圖畫然。"⁹據此，張珒墓石像似可與姜特立詩中

張珒墓石坐像

張瑝墓磚屏風

所謂石壽星者相互比照。按龜鶴圖像組合取龜齡鶴壽、龜鶴齊壽之意，宋元時期流布極爲普遍，又多與本命延生相聯繫，亦不特爲奉道信徒專用也[10]。

2016 年 2 月 7 日

1 朱德潤《存復齋文集》附錄，《四部叢刊》續編影印明刻本，葉一。
2 葉盛《水東日記》卷一一《虞文靖朱宜人墓碣》，北京：中華書局，1980 年，121 頁。
3 葉盛《菉竹堂碑目》卷五，清刻《粵雅堂叢書》本，葉一〇。
4 《元周伯琦楷書朱德潤墓誌銘》，北京：紫禁城出版社，1998 年。
5 沈令昕、謝稚柳《上海西郊朱行鄉發現宋墓》，《考古》1959 年 2 期，110—111 頁。上海博物館《上海唐宋元墓》，北京：科學出版社，2014 年，53—58 頁、圖版 26—27。

6 張勛燎《試論我國南方地區唐宋墓葬出土的道教"柏人俑"和"石真"》,《道家文化研究》第 7 輯,上海:上海古籍出版社,1995 年,312—322 頁。

7 姜特立《梅山續稿》卷一一,《景印文淵閣四庫全書》第 1170 冊,臺北:臺灣商務印書館,1986 年,80 頁。

8 何薳《春渚紀聞》卷二《瓦缶冰花》,北京:中華書局,1983 年,25 頁。

9 洪邁《夷堅丙志》卷一四《錫盆冰花》,北京:中華書局,1981 年,484 頁。

10 四川瀘州橋頭山 M2 後壁所刻男墓主坐像頭頂蓮冠、著袍登履、旁立一鶴,形象與張玤墓所見正同,亦擬壽星之相。四川省文物考古研究院等《四川瀘州市江陽區橋頭山宋墓發掘簡報》,《四川文物》2018 年 2 期,35 頁。

金元墓儀石刻

元潘昂霄《金石例》卷一《石人羊虎柱制度》條云："金制：諸葬儀，一品官石人四事，石虎、石羊、石柱各二事；三品、二品減石人二事；四品、五品又減石柱二事。"¹ 元蘇天爵《金進士蓋公墓記》云："故金進士蓋公之墓，在真定路真定縣新市鄉新城鎮之北原，墓前列石翁仲四。……又案《泰和令》：諸葬儀，一品官石人四事，石虎、石羊、石柱各二事；二品、三品減石人二事；四品、五品又減石柱二事。今以蓋公石儀考之，則暮年遷官不止縣令而已。"² 是知潘氏所謂金制實本自《泰和令》，應即《金史·刑志》所記泰和元年（1201）十二月修成、二年五月頒行之《律令》二十卷³。《泰和令》久佚，元人所錄此條遺文誠爲研討金代墓儀石刻制度之寶貴素材，惜論者未曾留意。

河南鹿邑曾發掘金代丁氏家族墓地⁴，出土神道碑一、石虎二、石羊二、石翁仲二（文武各一）。據泰和三年（1203）所立神道碑《丁氏阡表》，丁全於大定二十年（1180）創建新塋，改葬曾祖父、祖父、父、兄等："公時積官至武義。其後二歲，以年逮七十，乃告休致。朝廷允其請，遂超授宣武將軍，仍給懸□之禄。又進贈父爲忠顯校尉，母爲濟陽縣太君。遂於大定乙巳歲（1185）八月二十三日，按五品儀式，琢石爲侍從吏者二，爲羊、爲虎者各二。"考古發現墓儀石刻與神道碑記載相符。此大定二十五年實例已與後來《泰和令》所載制度一致。

日本元禄十二年（1699）翻元泰定二年（1325）刻本《新編群書類要事林廣記》

壬集卷一所收《至元雜令》之《品官葬儀》條云："一品以上石人四事、石柱二事、石虎二事、石羊二事；三品以上石人二事、石柱二事、石虎二事、石羊二事；五品以上石人二事、石虎二事、石羊二事。"[5] 元至順間（1330—1333）西園精舍及椿莊書院刻本《新編纂圖增廣群書類要事林廣記》別集卷三、後至元六年（1340）鄭氏積誠堂刻本《纂圖增新群書類要事林廣記》戊集卷上[6] 同條均作："一品用石人四事、石柱二事、石虎石羊各二事；二品、三品用石人、石柱、石虎、石羊各二事；四品、五品用石人、石虎、石羊各二事。"文字雖與《泰和令》有別，但規制無異，可作爲元承金制例證。民國《臨沂縣志·金石志》所收定宗二年（1247）劉源撰《蘭山密氏祖塋碑》錄文云："公之殊勛冠冕諸將，乃授以定遠大將軍、元帥、右都督兼沂州都巡使，……一日□然嘆曰：先人□庇，乃有今日，而□墳蕪，可乎！公以爵品合制，懇行省庭。……於是□□□祀之禮行，□山之陽，祖林在焉。乃命日者□□辰，即其故址□大而修崇之。起於丙午（1246）十月朔，畢於正月哉生明。石虎二事、石羊二事，石侍者二事，凡所以供祭之儀，無所不備。"[7] 密氏祖塋增廣之舉當蒙古時期，處泰和、至元之間，正屬承上啓下之例。

2015 年 11 月 8 日

---

1 潘昂霄《蒼崖先生金石例》卷一，中國國家圖書館藏元刻本，葉九。
2 蘇天爵《滋溪文稿》卷四，北京：中華書局，1997 年，54—56 頁。
3 脫脫等《金史》卷四五《刑志》，北京：中華書局，1975 年，1024—1025 頁。
4 河南省文物考古研究所《河南鹿邑渦河船閘金墓發掘簡報》，《華夏考古》1994 年 2 期，46—49 頁。
5 陳元靚《新編群書類要事林廣記》壬集卷一，影印日本元祿十二年翻元泰定二年刻本，北京：中華書局，1999 年，492 頁。
6 陳元靚《新編纂圖增廣群書類要事林廣記》別集卷三《刑法類》，日本內閣文庫藏元至順間西園精舍刻本，葉八；影印北京大學圖書館藏椿莊書院刻本，北京：中華書局，1963 年，葉八。陳元靚《纂圖增新群書類要事林廣記》戊集卷上《刑法類》，影印後至元六年鄭氏積誠堂刻本，北京：中華書局，1999年，126頁。

7　沈兆褘等修，王景祐等纂民國《臨沂縣志》卷一二，《中國方志叢書》影印民國六年鉛字本，臺北：成文出版社，1968年，724—725頁。

宋碑仿漢

關於漢碑之形制特點，清代金石學著作多有總結。《山左金石志》云[1]：

漢碑多有穿暈者，此沿周制也……古人墓碑有穿，以貫鹿盧，其綍繞鹿盧，橫而斜過碑頭，碑頭爲此暈以限綍，使之滑且不致外脱，如今石井欄爲綆所漸靡之形矣。漢碑有穿有暈，此必效三代遺制。其暈左垂者，右碑也；右垂者，左碑也。

《碑版文廣例》亦云[2]：

墓碑之穿，所以下棺；廟碑之穿，所以麗牲，漢碑類皆有之。其穿外有暈，其暈繚繞，或即自穿中出，或別從穿外起，尚存古制引綍之意。其碑文有居穿下者，有因當穿而廢其數字者……其額書往往在暈中……亦不必皆在正中，或偏左，或偏右，皆有之。

南宋碑記及碑形墓誌中偶有發現摹仿漢碑穿暈形態者，已知有江蘇蘇州紹熙元年（1190）《吳郡壽寧萬歲禪院之記》碑[3]、李妙香墓誌[4]、浙江武義慶元元年（1195）劉三戒妻阮氏墓誌、嘉泰二年（1202）劉覺墓誌、嘉定十年（1217）劉三戒墓誌[5]、四

《隸續》漢碑摹本

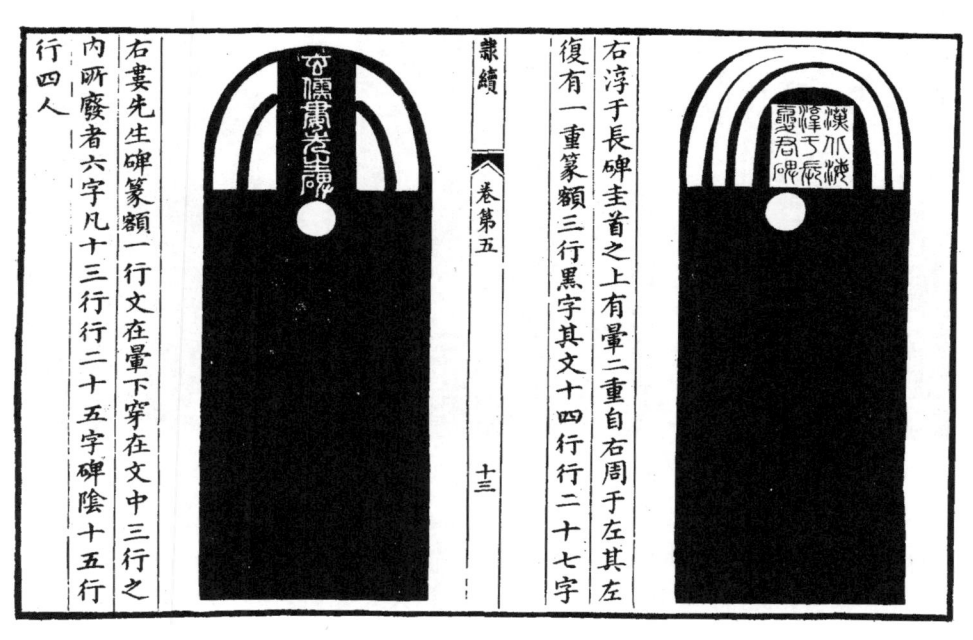

川巴中《游仙觀玉皇殿之碑》[6]、彭山慶元六年（1200）虞公著妻留氏墓誌[7]數例，時代均集中在南宋中期。宋碑仿漢作爲文化復古現象，時人已有留意。趙彥衛《雲麓漫鈔》云[8]：

> 古碑首作垂帶屈下，往往額多偏一邊，後人亦仿而爲之。予好收古碑，蓋嘗疑此。及出守漢東，而郡齋有五大夫碑，碑首作垂帶六，四在碑面，二在碑之左側，後面却連右側自上轉過爲之，正視則碑額甚偏，及摹時，碑面連左側，背連右側，方見其正且博。蓋是文多石小，故爾四邊皆刻字故也。今人不知此，特愛其偏，失古意遠矣。

《吳郡壽寧萬歲禪院之記》碑拓本　　李妙香墓誌拓本　　　　　　　　留氏墓誌拓本

該書前身《擁鑪閒紀》嘉泰二年至嘉泰四年（1202—1204）間刊於漢東（隨州）學宮，則彥衛所見仿作必在其前。當是之時，收錄大量漢碑圖像之金石學名著《隸續》恰好刊行。洪適自述云[9]：

> 《隸釋》有續，前後二十一卷。乾道戊子（1168）始刻十卷於越；淳熙丁酉（1177）姑蘇范至能增刻四卷於蜀；後二年霅川李秀叔又增五卷於越；明年錫山尤延之刻二卷於江東倉臺，而葦其板合之越。

《直齋書錄解題》評論云[10]：

> 凡漢刻之存於世者，以今文寫之，而爲之釋。又爲之世代譜及物象圖碑，形式悉具之。魏初近古者亦附焉。年來北方舊刻不可復得，覽此猶可慨想。

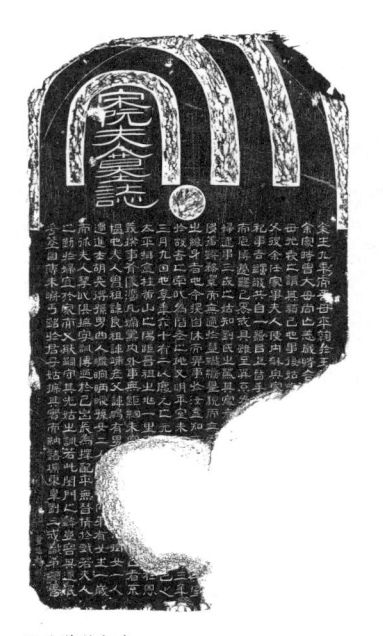

阮氏墓誌拓本

劉三戒墓誌拓本

劉覺墓誌拓本

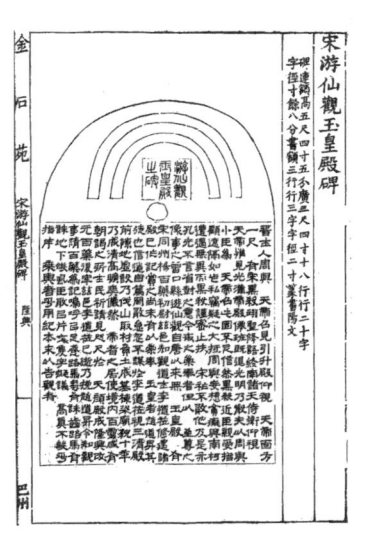

《游仙觀玉皇殿之碑》摹本

語石　443

據此或可推知，南渡以來，漢碑舊拓流傳範圍漸小，而《隸續》作爲圖録刊印，對於漢碑形態信息傳播及影響或有較大推動作用，且其刊刻地點一在江浙，一在蜀中，又恰與當前所見仿漢宋碑分佈地域重合，或非偶然[11]。周必大撰《丞相洪文惠公適神道碑》云：

娶沈氏，太學博士松年女，追封魏國夫人，母夫人之侄也，先公五年薨，葬郡東南四十里徐村之原。公爲墓銘，效漢人立雙闕，因自作小傳，俾後人刻其上。

可知碑刻仿漢，洪適本人即屬身體力行者。

2016 年 5 月 22 日

1　畢沅、阮元《山左金石志》卷八《泰山都尉孔宙碑》，《石刻史料新編》影印清嘉慶二年儀征阮氏小琅嬛仙館刻本，第 1 輯第 19 册，臺北：新文豐出版公司，1977 年，14445 頁。

2　王芑孫《碑版文廣例》卷六《碑額括例》，《石刻史料新編》影印清道光二十一年刻本，第 3 輯第 40 册，臺北：新文豐出版公司，1986 年，304 頁。

3　碑在蘇州羅漢院。

4　楊瑩、楊藝《宋李妙香墓誌考釋》，《蘇州文博論叢》第 2 輯，2011 年，100 頁。蘇州博物館《蘇州博物館藏歷代墓誌》，北京：文物出版社，2012 年，52 頁。

5　鄭嘉勵《武義南宋墓誌集録》，稿本。武義三方墓誌拓本電子檔由浙江省文物研究所鄭嘉勵先生提供。

6　劉喜海《三巴瞽古志》第四册《宋游仙觀玉皇殿碑》，清道光刻本。不早於隆興元年（1163）。

7　四川省文物管理委員會、彭山縣文化館《南宋虞公著夫婦合葬墓》，《考古學報》1985 年 3 期，400 頁。

8　趙彦衛《雲麓漫鈔》卷二，北京：中華書局，1996 年，33 頁。

9　洪適《隸續》卷二○，北京：中華書局影印清洪氏晦木齋刻本，1985 年，448 頁。

10　陳振孫《直齋書録解題》卷八，上海：上海古籍出版社，1987 年，236 頁。

11　周必大《廬陵周益國文忠公集》卷六七《丞相洪文惠公適神道碑》，《宋集珍本叢刊》影印傅增湘校清歐陽棨刻本，第 51 册，北京：綫裝書局，2004 年，655—656 頁。

浙西安撫司殘碑

杭州新民村"南宋臨安府學"遺址元至明初地層出土石碑殘塊兩件，均已琢爲圓形。石質相同，厚度相當，當屬一碑[1]。其一爲篆書碑額，殘存五字，"浙西"二字完整，另外三字據所餘筆畫推測爲"安撫司"。其二爲楷書題名，殘存三組：

趙與籴，三月添差幹辦公事，嘉熙二年三月滿。□㮈，四月添差準備差遣，嘉熙二年四月滿。□□，六月添差主管機宜文字，十一月兩易沿海制置司主管機宜文字。□□，七月爲參議官，嘉熙元年□月監行在都進奏院。

□□，八月主管機宜文字，三年三月差知梅州。□年：沈起巖，□月添差主管機宜文字，□□□□耤田令。家摃，□□再任添差參議官，淳祐元年四月滿。趙唯夫，四月主管機宜文字，四年五月致仕。謝奕勳，七月添差主管機宜文字，淳祐元年七月以避親引與差遣。汪之林，□月幹辦公事，淳祐元年□月主管尚書戶部架閣文字。吳淇，十月……

曹鄆……鄒恭……高摠，十月……十月……二年：劉械，十月……主管……吳淇，九月……事……三年：蔡□……

據《咸淳臨安志》，浙西安撫司有參議官廳，在軍將橋東；主管機宜文字廳，在豐豫門北城下；幹辦公事廳，在樓店務橋東；僉廳，在府治西[2]。諸廳多有廳壁記，

浙西安撫司殘碑

載屬吏題名及任職時限。淳熙十二年（1185）趙與𥲅作僉廳壁記云³：

> 浙西杭爲帥府，始於宣和，南渡移之京口，迨紹興初後復於臨安。初命大使時，其屬有參謀、參議、主管及書寫機宜文字、幹辦公事、準備差遣，若帥非二品以上，則參謀不復置，議幕亦無常員。……於是相與搜粹，淳熙以前，漫不復省，得慈湖先生楊公而下若干人。凡參議至準遣及員外置，總以歲月爲次，叙而迭書之。

景定二年（1261）王應鳳又有續記⁴。出土殘石題名見有參議官、主管機宜文字、幹辦公事及準備差遣諸職，正與淳熙僉廳壁記所述相合，非其餘三廳所能兼備。又因所記屬吏任職時限爲端平二年（1235）至淳祐三年（1243），則可進而斷爲景定續刊，非淳熙初創。碑額行款爲縱橫三三式樣，推測原文或爲"浙西安撫司僉廳壁記"。

浙西安撫司僉廳在臨安府治門內西偏面南，《咸淳臨安志·府治圖》⁵標繪明確，廳壁記碑原當立於該處。宋元易代，以臨安府治爲杭州路總管府治，徙錢塘縣治於其南之西偏⁶。浙西安撫司僉廳或即廢於其時，廳壁記碑亦改作他用。考古發掘顯示，南宋臨安府治中軸綫在今舊仁和署路（簡樂堂以南部分），殘碑出土地點在其正

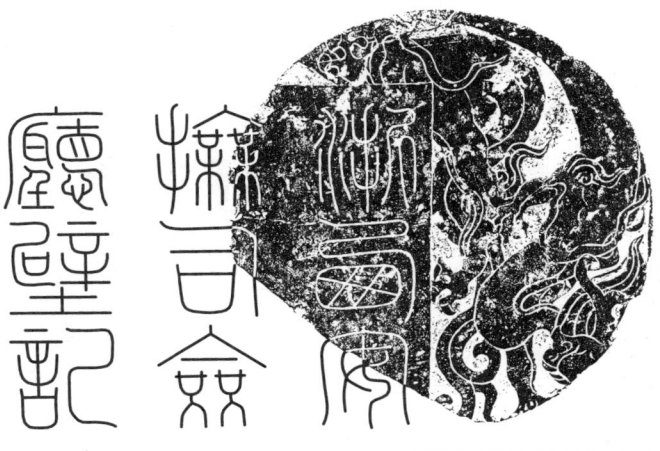

浙西安撫司殘碑碑額文字復原

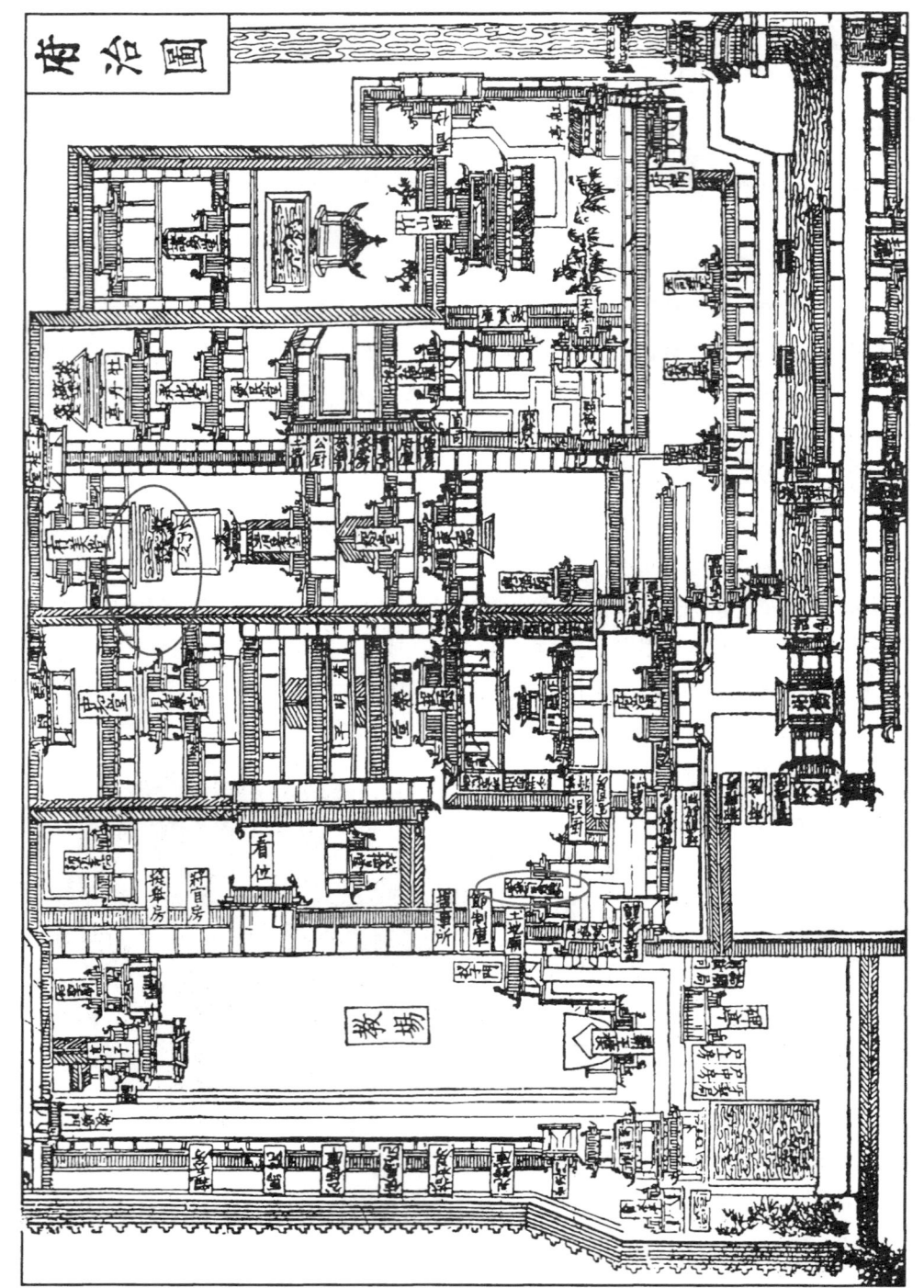

《咸淳临安志·府治图》(上框为浙西安抚司合衙所在地,下框为浙西安抚司残碑出土地)

北。該處所見南宋房址亦屬臨安府治中路建築（約當中和堂前後），疊壓其明清房址則係遵洪武新制改造之知府宅部分[7]。浙西安撫司殘碑雖已改造易地，却仍不出舊日府治範圍。言其址爲府學者未能措意此石，特爲辯之。

2017 年 10 月 6 日

1 杭州市文物考古所《南宋臨安府治與府學遺址》，北京：文物出版社，2013 年。
2 潜説友《咸淳臨安志》卷五三《官寺》二，《中華再造善本》影印南京圖書館藏宋咸淳刻本，葉一至三。
3 潜説友《咸淳臨安志》卷五三《官寺》二，《中華再造善本》影印南京圖書館藏宋咸淳刻本，葉三至四。
4 潜説友《咸淳臨安志》卷五三《官寺》二，《中華再造善本》影印南京圖書館藏宋咸淳刻本，葉四至五。
5 日本静嘉堂文庫藏歸安陸氏皕宋樓舊藏宋咸淳刻本，傅熹年《中國古代科學技術史·建築卷》，北京：科學出版社，2008 年，392 頁。
6 任士林《杭州路重建總管府記》，《松鄉集》卷一，《景印文淵閣四庫全書》第 1196 册，臺北：臺灣商務印書館，1986 年，492—493 頁。
7 王禕《義烏縣興造記》，《王忠文集》卷九，《景印文淵閣四庫全書》第 1226 册，臺北：臺灣商務印書館，1986 年，192—193 頁；陸容《菽園雜記》卷一三引《温州府志》，北京：中華書局，1985 年，163 頁；陳讓等修，夏時正等纂《成化杭州府志》卷一三《公署》，《四庫全書存目叢書》影印明成化十一年刻本，史部第 175 册，濟南：齊魯書社，1997 年，174—175 頁。

昭惠靈顯真君

北京後桃園元大都居址出土龜趺螭首小石碑一件，碑身刻"昭惠靈顯真君之位"，碑首刻"六月廿四"[1]。此即俗謂二郎神者，其信仰宋元以來廣爲流行，然名實頗有差異。

一說神即李冰次子，稱灌口二郎，六月廿四爲其生日。《東京夢華録》記，六月"二十四日州西灌口二郎生日最爲繁盛"[2]。"徽宗崇寧二年（1103）加封昭惠靈顯王，政和八年（1118）八月改封昭惠靈顯真人。"[3]此後北方地區宋金元祠廟碑記屢見其號，宋金或稱王或稱真人，元代則多稱真君。惟舞陽北舞渡二郎廟至正三年（1343）廟記稱"護國聖烈昭惠靈顯仁祐王"[4]。據《元史·文宗紀》，至順元年（1330）"加封秦蜀郡太守李冰爲聖德廣裕英惠王，其子二郎神爲英烈昭惠靈顯仁祐王"[5]。江寧至正二年（1342）《重建清源廟碑銘並序》則稱："我國家用監於前代，增號於延祐，改封於天歷……聖天子嗣位，又詔加護國於舊號之上。"[6]是爲舞陽廟記封號來歷。

宋室南渡，準東京故事，"紹興元年（1131）十二月依舊封昭惠靈顯王"[7]。其事緣起見《夷堅丙志》[8]：

昭惠靈顯真君小石碑

建炎四年（1130），張魏公在蜀。方秦中失利，密有根本之憂，陰禱於閬州靈顯廟，夢神言曰：吾昔膺受王爵，下應世緣，故吉凶成敗，職皆主掌。自大觀後，蒙改真人之封，名雖清崇，而退處散地，其於人間萬事，未嘗過而問焉。血食至今，吾方自愧，國家大計，何庸可知。張公寤而嘆異，立請於朝，復舊封爵，且具禮祭告。自是靈響如初，俗謂二郎者是也。

然南宋二郎神多以清源真君稱之。臨安有"二郎祠，在官巷，紹興元年（1131）立。舊志云，東京有祠，即清源真君"[9]。隆興城北有"清源真人祠，所謂灌口二郎也。舊皆在城内，李伯紀紹興初爲帥，損城使可守，遂在城外"[10]。元《龍興重修敷佑中廟碑》[11]云：

敷佑，舊名昭惠靈顯王祠，在城北薦福院側，宋元祐五年（1090）郡人立廟。……神父姓李，諱冰，秦時爲蜀太守。灌口水怒溢，蛟龍爲害，民幾魚。神父斵石爲三犀牛以壓之。方鑿崖時，操刀入水，與水神戰，莫敢抗，水復故道，蜀人祠之。是役也，神爲人子，與有力焉。……神與父纍封王爵，於後賜神號爲清源。

據此，清源似後起之號。

及至元代，新出二郎神爲清源妙道真君趙昱之説。曹元用《昭惠靈顯真人祠記》[12]云：

昭惠靈顯真人，秦蜀郡守李冰次子也。冰仕秦孝文王時，鑿山穿江以行舟，且廣溉稻田，作石犀、石人以厭水怪，蜀人德之，歷代廟祀不絶。宋政和三年（1113），改封英惠王，而以其子從祀，謂之郎君神，後封昭惠靈顯真人。按《宋會要》所載者如此。而《搜神記》謂真人姓趙，諱昱，隋煬帝起爲嘉州守。率甲士操舟楫夾江鼓噪，從七人入水斬蛟，故蜀人廟祀灌江口，謂之灌口二郎。宋初，追尊爲清源妙道真君。

曹氏所謂《搜神記》似即今所見元末建安刻本《新編連相搜神廣記》[13]，略云：

清源妙道真君，姓趙名昱，從道士李珏隱青城山。隋煬帝知其賢，起爲嘉州太守。郡左有冷源二河，內有犍爲老蛟，春夏爲害，其水汛漲，漂浼傷民。昱大怒，時五月間，設舟船七百艘，率甲士千餘人，民萬餘人，夾江鼓噪，聲振天地。昱持刃入水，有頃，其水赤，石崖奔吼如雷。昱右手持刃，左手持蛟首，奮波而出。時有佐昱入水者七人，即七聖是也。……民感其德，立廟於灌江口，奉

《新編連相搜神廣記》清源妙道真君像

毗盧寺壁畫清源妙道真君像 　　　　　　公主寺壁畫清源妙道真君像

祀焉，俗曰灌口二郎。……宋真宗朝，益州大亂，帝遣張乖崖入蜀治之。公詣祠下，求助於神，果剋之。奏請於朝，追尊聖號曰清源妙道真君。

此書編者署名"淮海秦子晉"，恰與曹氏祠記所處地域相當，似由宋代即已存在之趙昱斬蛟傳説[14]增益而成。嗣後，《三教源流搜神大全》全襲《搜神廣記》[15]，清源妙道真君趙昱説自明代以降遂廣為流傳，其形象於石家莊毗盧寺[16]、繁峙公主寺[17]、榆林懸空寺萬佛洞[18]等處水陸壁畫中均可得見。

2016 年 12 月 18 日

1 中國科學院考古研究所、北京市文物管理處元大都考古隊《北京西絨胡同和後桃園的元代居住遺址》,《考古》1973 年 5 期,285 頁。首都博物館《大元三都》,北京:科學出版社,2016 年,217 頁。

2 孟元老《幽蘭居士東京夢華錄》卷八,《中華再造善本》影印中國國家圖書館藏元刻本,葉一。

3 徐松《宋會要輯稿》禮二〇,上海:上海古籍出版社,2014 年,1062 頁。

4 河南省文物局《河南碑誌叙錄》,鄭州:中州古籍出版社,1992 年,270—271 頁。

5 宋濂《元史》卷三四《文宗紀》三,北京:中華書局,1976 年,750 頁。

6 嚴觀《江寧金石記》卷七《重建清源廟碑銘并序》,《石刻史料新編》影印清宣統二年江楚編譯書局刻本,第 1 輯第 13 册,臺北:新文豐出版公司,1977 年,10118 頁。

7 徐松《宋會要輯稿》禮二〇,上海:上海古籍出版社,2014 年,1062 頁。另參《建炎以來繫年要錄》卷五〇。

8 洪邁《夷堅志》丙志卷一七《靈顯真人》,北京:中華書局,1981 年,508—509 頁。另參《朱子語類》卷三。

9 潛説友《咸淳臨安志》卷七三,《中華再造善本》影印中國國家圖書館藏宋咸淳臨安府刻本,葉八。

10 周必大《廬陵周益國文忠公集》卷一六九,《宋集珍本叢刊》影印傅增湘校清歐陽棨刻本,第 52 册,北京:綫裝書局,2004 年,657 頁。

11 王義山《稼村類稿》卷八,《景印文淵閣四庫全書》第 1193 册,臺北:臺灣商務印書館,1986 年,54—55 頁。

12 吴世熊、朱忻修,劉庠、方駿謨纂《同治徐州府志》卷一四《祠祀考》昭惠靈顯真人祠,清同治十三年刻本,葉一〇。

13 秦子晉《新編連相搜神廣記》後集《清源妙道真君》,《中華再造善本》影印中國國家圖書館藏元刻本,葉一五。

14 不著撰人《河東先生龍城錄》卷下《趙昱斬蛟》,《中華再造善本》影印中國國家圖書館藏宋刻《百川學海》本,葉五至六。

15 不著撰人《三教源流搜神大全》卷三《清源妙道真君》,《叢書集成續編》影印清宣統元年郋園刻本,第 46 册,臺北:新文豐出版公司,1988 年,131 頁。

16 康殿峰主編《毗盧寺壁畫》,石家莊:河北美術出版社,2009 年,75 頁。

17 壁畫藝術博物館《山西古代壁畫珍品典藏》第 4 卷,太原:山西經濟出版社,2016 年,圖版 33。

18 齊慶媛《榆林懸空寺萬佛洞明代壁畫地藏十王地獄變相考察》,《故宫博物院院刊》2016 年 5 期,70 頁。

天地日月國王父母

《西游記》第三十七回唐僧師徒過烏雞國,受國王冤魂之托向太子說明真相:"三藏進前一步,合掌問道:'殿下,爲人生在天地之間,能有幾恩?'太子道:'有四恩。'三藏道:'那四恩?'太子道:'感天地蓋載之恩,日月照臨之恩,國王水土之恩,父母養育之恩。'"[1] 似此等四恩之說或起自元代,不限佛道。《鳴鶴餘音》所錄全真教相關《水龍吟》即見"報天地恩覆載,報日月照臨之德,報國王水土,豐榮快樂,報父母恩憐愛"之詞[2]。北京正覺寺胡同出土至元六年(1340)《歲數碑銘》則有"〔天〕地蓋載、日月照臨、國王水土之恩,生身父母……"之語[3]。

《永樂大典·順天府》引《析津志》,舊金中都雲嚴觀有號天祐道人黃道盈者,元初雲游諸方,"遇道術者張公帶黃,教習書細字,每芝麻一粒,書'天地日月國王父母'八字"[4]。此事顯係特例,常見者乃將八字刻諸小碑。《安陽縣金石錄》載:"秦城起宅記碑。存,正書,元貞二年(1296)四月,在治西北觀音堂塔上。案碑石二尺餘,陽面書'天地日月國王父母'八大字,陰面有秦城起宅記,後書'元貞二年四月日吴淵刊'。"[5] 康熙《鄒平縣志》云:"翠微亭,在黄山畔。元處士安仁甫構,濟南府太守王構記,今亭圮。處士目(自)製白石小碑,高可盈尺,螭頭龜座,亦極精巧。正面刻'天地日月國王父母'八字,三面各刻詩一首,末題'延祐三年(1316)四月日安宅立'。"[6]

與上述小碑類似之實物內蒙古元代古城已出土三件,即托克托西白塔古城[7]、烏蘭

托克托西白塔古城出土　　　　　　　菏澤沉船出土

察布集寧路古城、察右中旗廣益隆古城[8]，前兩者石質螭首，後者陶質笏首。比照文獻，均應屬鎮宅之物，與后土神位相類。近年菏澤元代晚期沉船尾部竈艙亦有發現[9]，與壽山石降龍、伏虎羅漢及香爐同出，爲僅見之例。

2016 年 5 月 15 日

1　吳承恩《西游記》第三十七回《鬼王夜謁唐三藏，悟空神化引嬰兒》，北京：人民文學出版社，1980 年，453 頁。
2　彭致中《鳴鶴餘音》卷五，《道藏》第 24 册，北京：文物出版社，1988 年，283 頁。
3　張寧《記元大都出土文物》，《考古》1972 年 6 期，30 頁。
4　《順天府志》，北京：北京大學出版社，1983 年，101 頁。

5 武億《安陽縣金石錄》卷八,《石刻史料新編》影印清嘉慶二十四年刻本,第 1 輯第 18 冊,臺北:新文豐出版公司,1977 年,13900 頁。

6 程素期等修,程麟德等纂〔康熙〕《鄒平縣志》卷二《建置志》園亭,清康熙三十四年刻本,葉二一。另參:畢沅、阮元《山左金石志》卷二三,《石刻史料新編》影印清嘉慶二年儀征阮氏小琅嬛仙館刻本,第 1 輯第 19 冊,臺北:新文豐出版公司,1977 年,14759 頁。

7 張郁《呼和浩特西白塔古城》,《內蒙古文物考古》第 3 期,1984 年,99 頁。

8 烏蘭察布博物館展品。

9 孫明、張啓龍《元代沉船遺物現菏澤》,《收藏家》2011 年 6 期,7 頁。

天運紀年

戊戌孟冬，友人惠示石刻拓本兩紙[1]。其一額題"地券"，文曰：

　　維天運辛丑年十二月初一日越初八乙酉良辰，即有孝夫艾必祥，孝男四人景壽、景裕、景禮、景甫，孝新婦李氏、三新婦弓氏、孝女孫三人妹娘、閃奴、丑奴，孝孝女艾氏出適於城前游，孝眷等，伏爲亡室戈氏六太君，元命屬丙午年二月初七日申時受生，不幸於十二月初四日傾辭人世，享春秋五十有六歲。卜是乙酉日奉柩葬於住居西方，坐北向南，癸山丁首，卜乃吉也。其所山高水清，龍蟠虎踞，氣聚風澄。安厝之後，賴山川之靈，貽福保護，子孫康寧，春秋祭祀，無負神明。謹立地書爲記耳。
　　天運辛丑年十二月乙酉日哀子等泣書
　　　　張堅固李定度
　　　　户老仙白鶴仙
　　　　書契人天官道士

其二額題"先妣太君王氏壙記"，文曰：

　　先妣太君姓王氏，赤岸田西人也。生前秉性平柔，處家勤儉，親房鄰里，上和下睦,延師教子,剋全忠恕,開基立業,廈宇二新,營謀不倦,紡績何忘。正擬百年之享,何期一疾纏身。嗚呼哀哉!生於前丁酉年十二月二十五日未時,壽年六十有七歲。生男二人:長文富,娶張氏;次文昌,娶王氏。女三人:長適傅文賓,次適高景揚,幼適張有華。孫男五人,名有信、普俚、普苟、真俚、幸俚。女孫一人,名丑姑。辛於癸卯年三月初十日,就卜是月二十庚申吉日,舉棺安葬于地名龍山上,坐酉向卯。其地土山石穴,虎窟龍巢。納諸幽壤,大概云耳。

峕天運癸卯年三月日孤哀子艾文富等泣血書

地券與壙誌均出艾氏家族,雖未明言屬地,知其文字格套合於江西地區宋元慣例。若進而細究,券尾"天官道士"稱謂屢見於撫州治下臨川、金溪、崇仁諸縣及鄰境洪州豐城、進賢、建昌軍南城等縣[2],當以地域特徵視之。另檢元統二年(1334)撫州宜黃譚氏壙記,有"理使天假以壽久爲良助,奈何一疾遂而不起。嗚呼哀哉"及"惟神守護,呵禁不祥,戶庭清潔,子孫繁昌,春秋祭祀,誓以不忘"等語[3],亦與券誌文字氣息相通。如此,可綜合推定兩方石刻原出撫州域內或其左近。

券誌未署國號年號,而代以天運干支紀年。據日干支推算,知辛丑年實元至正二十一年(1361),癸卯年則爲至

天運辛丑地券拓本

語石　459

正二十三年（1363）。此前學界所論天運紀年多屬明末以降各色材料，或用於反清會門組織，或見於民間儀式生活，或存於政權更迭期間[4]。至正天運紀年刻石情境類同後者，當置於元末南方戰亂背景予以理解。至正十一年（1351），徐壽輝於蘄州起事，建國號宋，改元治平，末號天定（至正十九年，1359）[5]。故其腹地黃梅有地券文曰"維大宋天定元年己亥歲次八月一日朔□十二吉日，淮西道蘄州路黃梅縣市曾坊居住恩授蘄陽郡夫人汪氏"[6]云云。至正十八年（1358）五月，陳友諒破撫州[7]。二十年（1360）五月，殺徐壽輝，立國號漢，改

天運癸卯壙誌拓本

元大義[8]。二十一年（1361）十一月，撫州漢將鄧克明以四路三州十八縣降於鄧愈[9]。其時朱元璋方受韓宋所封吳國公，行龍鳳年號，迄於至正二十六年（1366）。是故三年之間，撫州一帶行用國號年號歷經元至正、宋天定、漢大義、宋龍鳳數變，風雲莫測，券誌刻石采用天運干支中性表述亦在情理之中。

是例天運紀年雖屬權宜之舉，却非臨時創建，實則植根日常。安岳峰門寺窟壁題記云："高升場信士陸□□夫婦，發心□□釋迦佛金身一□，祈保人□清吉，天運甲辰孟夏日。"[10]指南宋淳熙十一年（1184），乃天運紀年已知最早之例。承平時代，此法似不必與儀式信仰相關。明人張存《重刊〈埤雅〉序》云："當天子建文貳年（1400），會奉議大夫江西道肅政按察使司僉事古閩林公瑜字子潤巡按贛上……是歲天運庚辰八月中秋日。"[11]瀏陽明墓地券云："維大明正德二年（1507）歲次丁卯三月甲

重刊埤雅序

昔周公著爾雅其事詳矣而有未備也至宋元豐間有尚書左丞陸佃撰埤雅若干卷埤輔也言為爾雅之輔也則事愈備而文愈加詳矣類非博極羣書深窮萬物之理者不能為也書成授其子宰始由秘閣之時宣和七年矣其後五世孫鼇歷世既久□撰來知贛州再用刻于郡庠

熺於兵燹間有遺編多為世俗秘而藏之人罕得聞豈非斯文之一厄歟當天子建文貳年會奉議大夫江西道肅政按察使司僉事古閩林公瑜字子潤泂按顧上公莫遑他務首以興起斯文為己任乃訪於耆民黃維得是書以讀之所謂釋魚獸鳥蟲木艸天之文皆有補於學也於是詡於棗曰吾欲斂是書與四方學者共

埤雅於後亦必有待於公而傳始廣其壽相須爾其學五相發也然是書已經幾毀之餘而所存僅若是其中缺簡甚多公欲求別本補成全書而遍歷部中卒無得者此公復有待於後之博雅君子以共成此書也余既寡陋終不敢以私智補之尚因托名於不朽獨非幸歟故不辭而叙之於此云是歲天運庚辰八月中秋日京口後學張存性中叙

張存《重刊〈埤雅〉序》

辰朔越葬日丁卯，貫屬湖南長沙府瀏陽縣，住城西隅壕上關王祠下人士，明故信女楊氏毛定……天運正德二年三月廿四日。"[12] 灌縣明墓地券云："維墓中亡人袁仲仁……大限亡於萬曆十二年（1584）五月初五日……天運甲申年五月初九日吉時。"[13] 攸縣琢城大師塔銘云："皇上康熙三十八年（1699）季夏月吉旦門徒行性、行審、行端、行祭；天運己卯年六月二十九日法弟監目德宗。"[14] 諸例多將天運干支與年號序數對讀，顯無特殊意涵，蓋民間傳統使然。

2018 年 12 月 3 日

1 拓本電子檔由鄭州大學何新所先生提供。
2 陳柏泉《江西出土墓誌選編》，南昌：江西教育出版社，1991 年，555—556、559、563—564 頁。王鏞《書法文獻（宋代地券卷）》，青島：青島出版社，2014 年，17、25、28、29、31、36、37、40、67、69 頁。李橋《海棠花館藏江西新出宋元買地券整理與研究》，河北師範大學碩士學位論文，2016 年 5 月，30—32、35、37—39 頁。王雲《明止堂藏兩宋墓誌地券略述》，《歷史文獻研究》第 40 輯，上海：華東師範大學出版社，2018 年，309 頁。
3 李橋《海棠花館藏江西新出宋元買地券整理與研究》，河北師範大學碩士學位論文，2016 年 5 月，54—55 頁。
4 趙世瑜《"天運"紀年的利用及其本相：兼論明清以來民間教門的日常形態》，《南國學術》第 7 卷第 3 期，2017 年 9 月，484—495 頁。
5 徐壽輝國號宋參見：宋濂《故懷遠大將軍同知鷹揚衛親軍指揮使司事于君墓誌銘》，《宋學士文集》卷三，《四部叢刊》初編影印明正德刻本，葉一二。劉楨《大夏太祖欽文昭武皇帝玄宮碑》，重慶市博物館《四川重慶明玉珍墓》，《考古》1986 年 9 期，829 頁。
6 魯西奇《中國古代買地券研究》，廈門：廈門大學出版社，2014 年，340—341 頁。
7 宋濂《平漢錄》，《紀錄彙編》卷二八，上海涵芬樓影印明萬曆刻本，葉二。
8 《明太祖實錄》卷八，影印國立北平圖書館藏紅格鈔本，臺北：中研院史語所，1962 年，99—101 頁。

9 《明太祖實録》卷九，影印國立北平圖書館藏紅格鈔本，臺北：中研院史語所，1962年，122頁。
10 胡文和《安岳大足佛雕》，北京：文物出版社，2008年，232頁。
11 陸佃《埤雅》，《中華再造善本》影印中國國家圖書館藏明建文二年刻本，葉一、三。
12 長沙市文物局《長沙碑刻集成》，52—53頁。
13 灌縣泰安鄉志編寫組《灌縣泰安鄉志》，1985年，152頁。
14 攸縣地方志編纂委員會、攸縣黃豐橋鎮人民政府《寶寧寺志（1684—2010）》，2010年，81頁。

列子御風

列子御風，典出《莊子·逍遥游》："夫列子御風而行，泠然善也，旬有五日而後反。"[1] 董迪《廣川畫跋》云："列子御風，世有圖其説者。崇寧五年（1106），官試畫學生，監試學士疏出本文爲目，俾試者圖之。明日來上，悉風脚雨勢，濃雲重烟，空中人立，勢若將隊，蓋無能得其意者。他日，有持古畫者，作草樹相依，層叠遠近，披拂霶霈，假爲游雲飛霧，衣隨蹁躚，扶搖上下，輕重相映，放乎有羽服而游于其中

劉松年列子御風畫頁

者。神淡而氣藏,形解而魄寂,若同乎一氣者也。衆方共嘆,謂筆墨蹊徑,得畫中縣解,雖布列形狀,亦不能到古人地也。"² 時賢李公麟、喬仲常均有同題畫作³,惜皆失傳,宋人筆意,不得而知。

清宮舊藏《煙雲集繪》冊中有籤標"劉松年列子御風"畫頁⁴。松樹之左,一人策杖,衣袖飄動。乾隆題詩曰:"或似空行或地行,最能寫得御風情。設如刻畫句

玄門十子圖

五跡,轉失南華寓意精。"又曰:"順風兩腋若飛行,飄灑衣衫曲盡情。設論鄭人本面目,推敲字義却非精。"自言"二首一韵,後章反前章意","按司馬彪注云,御,迎也。迎風而行,則逆風。此圖爲順風而行,故戲及之"⁵。此説頗具趣味,察之微而言之確。該畫作者與年代均難確指,可舉上海博物館藏元泰定三年(1326)華祖立繪玄門十子圖⁶、佚名繪莊列高風圖⁷及明張路繪列子圖⁸以爲比照,人物衣袖仍作順風之狀,殆非偶然。

另有列子御風圖出自登封王上墓室壁畫⁹,西壁繪樹下黄衣人拱手而立,面前一氣冲天,半空中白衣人回首相望,二人衣帶均順風飄動。此墓初斷爲宋,後改爲金,實應屬元¹⁰。近於高平下臺古中廟又見一例¹¹,出自後殿臺基鑲嵌石刻,兩側分別爲童子蓮荷、孔雀牡丹,居中人物故事構圖與王上壁畫極爲相似,左右翻轉,宛若鏡像。此廟臺基石刻分作兩組:後殿四石均爲三角花瓣邊飾,作减地平鈒,其中一方

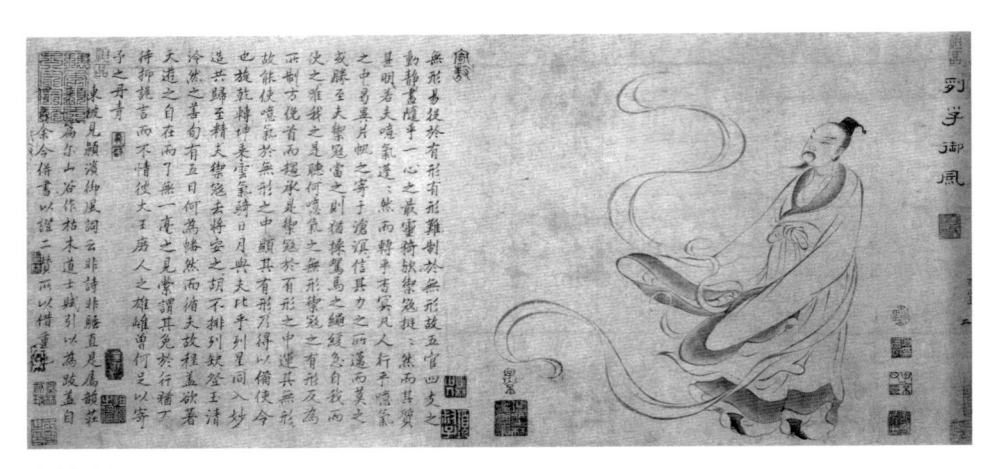

莊列高風圖

列子圖

補刻康熙八年（1669）重修題記；朶殿兩石均爲卷草邊飾，作細綫刻，其中一方附有至正四年（1344）初刻題記。列子御風圖所屬一組石刻題材及技法爲宋元所習見，晉東南同類石作之繁，始於大定，而盛於泰和，可進而斷其年於金末元初[12]。

如此雙人構圖本事似源出《列子·黃帝篇》："列子師老商氏，友伯高子，進二子之道，乘風而歸。尹生聞之，從列子居，數月不省舍，因間請蘄其術者，十反而十不告。尹生慼而請辭，列子又不命。尹生退。數月，意不已，又往從之。列子曰：

登封王上墓壁畫列子圖

登封王上墓壁畫

高平古中廟石刻

磁州窯瓷枕

汝何去來之頻？尹生曰：曩章戴有請於子，子不我告，固有憾於子。今復脫然，是以又來。列子曰：曩吾以汝爲達，今汝之鄙至此乎？姬！將告汝所學於夫子者矣。自吾之事夫子友若人也……九年之後……足之所履，隨風東西，猶木葉幹殼。竟不知風乘我邪？我乘風乎？今女居先生之門，曾未浹時，而數憾者再三。女之片體將氣所不受，汝之一節將地所不載。履虛乘風，其可幾乎？尹生甚怍，屏息良久，不敢復言。"[13] 圖中欲乘風而去者爲列子，拱手相謝者爲尹生。

景德鎮青花瓷

　　同類圖像亦見於瓷畫。磁州窯白地黑花瓷枕見有三例[14]，均屬元代，尹生作跪拜之狀。景德鎮青花殘瓷另有一例，約當明正統、景泰間[15]，云氣散作三團。綜觀諸圖列子形象，或如玄門十子圖，左手捻指平置胸前，右手垂而隱於袖中；或如莊列高風圖，兩臂並垂，雙手俱藏，大同而小異，似傳承有緒。反觀乾隆御題册頁，策杖人物與前例迥然有別，是否得以歸入列子題材，不無可商。

2018 年 8 月 10 日

1　郭慶藩《莊子集釋》卷一上《逍遥游》第一，北京：中華書局，1961 年，17 頁。

2　董逌《廣川畫跋》卷一《列子御風圖》，《景印文淵閣四庫全書》第 813 册，臺北：臺灣商務印書館，1986 年，450—451 頁。

3　鄧椿《畫繼》卷四《喬仲常》，《中華再造善本》影印遼寧圖書館藏宋臨安府陳道人書籍鋪刻本，葉七。夏倪《和王子飛題李伯時畫列子御風圖》，陳思《兩宋名賢小集》卷六八《五桃軒集》，《景印文淵閣四庫全書》第 1362 册，臺北：臺灣商務印書館，1986 年，734 頁。

4　臺北故宫博物院藏《煙雲集繪》第 3 册，册 8，故畫 001247N000000008。此圖電子檔承游逸飛先生提供。

5 弘曆《御製詩四集》卷九〇《劉松年列子御風》,《景印文淵閣四庫全書》第 1308 冊, 臺北:臺灣商務印書館, 1986 年, 738 頁。
6 浙江大學中國古代書畫研究中心編《元畫全集》第 2 卷第 3 冊, 杭州:浙江大學出版社, 2012 年, 244—277 頁。
7 浙江大學中國古代書畫研究中心編《元畫全集》第 2 卷第 1 冊, 杭州:浙江大學出版社, 2012 年, 142—151 頁。
8 中國古代書畫鑒定組編《中國繪畫全集·明》第 3 卷, 杭州:浙江人民美術出版社, 2000 年, 80 頁。
9 鄭州市文物工作隊《登封王上壁畫墓發掘簡報》,《文物》1994 年 10 期, 4—9 頁。鄭州市文物考古研究所《鄭州宋金壁畫墓》, 北京:科學出版社, 2005 年, 178—197 頁。
10 劉未《尉氏元代壁畫墓劄記》,《故宮博物院院刊》2007 年 3 期, 41 頁。
11 戊戌季夏考察所見, 影印拓本參王樹新主編《高平金石志》, 北京:中華書局, 2004 年, 862 頁。
12 三角花瓣邊飾爲晉東南金元石作所僅見, 類似者曾見於日本德川美術館藏堆黑鳳凰花紋長方漆盤。根津美術館《宋元の美—伝来の漆器を中心に—》, 東京:根津美術館, 2004 年, 圖 89。
13 楊伯峻《列子集釋》卷二《黄帝篇》, 北京:中華書局, 1979 年, 46—48 頁。
14 張子英《磁州窰瓷枕》, 北京:人民美術出版社, 2000 年, 96—97、106—107 頁。磁縣中國磁州窰博物館展品。
15 香港大學馮平山博物館《景德鎮出土陶瓷》, 香港:香港大學馮平山博物館, 1992 年, 圖 230。

小關管

長子縣城東北二十里有村名小關，民舍外閑置金貞元元年（1153）《潞州長子縣欽崇鄉小關管重修靈貺廟碑》一通。其文略云[1]：

> 小關村西北崗，舊有三峻行廟。乾德間，莊民虞其弊壞，重修祠舍，增飾神像，春秋祭奉，及立碑刻，叙所由來。逮今百有餘載，殿宇廊廡，久而隳圮，繪塑暴露，是非恭神之意。於茲本管耆壽等僉然建議，重更故陋，增以高敞。召匠計之，約費錢二萬。於是鳩工掄材，室室樂輸，人人竭力，無須鼙鼓，而不日告成。建大殿、舞樓、東西挾廊、門樓，磚基石楹，上棟下宇，焕然一新。

此碑原在村北偏西小關館，即宋金靈貺廟故址。國朝廢廟以爲糧庫，碑且毁，有識者移諸村中，幸存至今。

碑陰磨損嚴重，字跡殘泐不完。細辨之，出資修廟衆村題名猶存，是爲：小關村、東鮑村、谷村、李莊、常村、李收村、大關村、董村、宋村、南辛莊。質諸輿圖，十村均在小關村周邊方圓數里之內，約略爲小關管所轄範圍。管，本係宋代鄉村基層管理組織。"開寶七年，廢鄉分爲管，置户長主納賦。"[2]鄉遂轉而爲地域組織，管則代之爲聯户組織。至熙寧行保甲法，鄉管制又演變爲鄉都制，石刻中的鄉管層級或用於表示地域關係[3]。長子縣之鄉數，《元和郡縣圖志》多達三十三[4]，《太平寰宇記》從舊二十降而爲九[5],《元豐九域志》則僅存四[6]。此後自宋迄明,四鄉數額及範圍恒定不易。即縣城東北爲欽崇鄉,西北爲漳德鄉,西南爲義風鄉,東南爲神義鄉[7]。小關管處於欽崇鄉之東端,南爲神義鄉,東爲上黨縣,北爲屯留縣。

明清以來,小關管之制雖廢,所在十村聯繫未斷,於小關村靈貺廟輪轉承辦春祈秋報、迎神賽社活動。"夫賽者,所以報天地生成之德,而樂享豐年之慶也。""既享

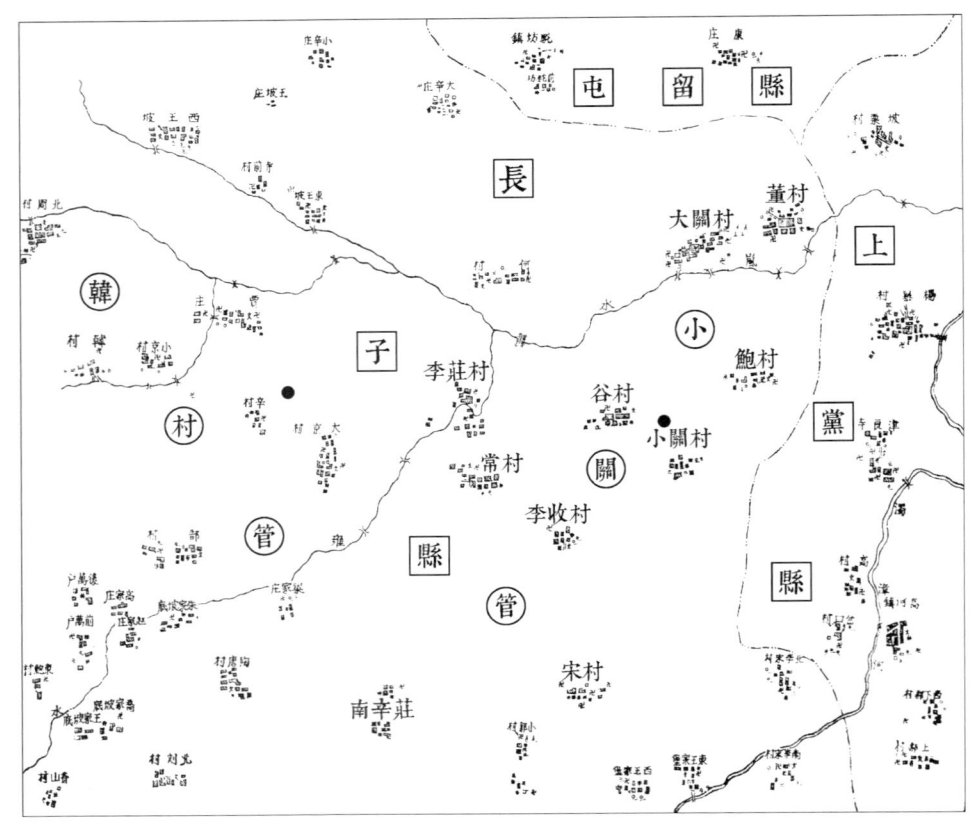

小關管位置圖

大有之利，干望降福之由，於是琴瑟擊鼓，迎迓諸神而報賽焉。"⁸清鈔本告白文書云："神傳十村香老人等知悉：兹因小關館護國靈貺王尊神位前，舊有祭賽之典，蓋仿古者春祈秋報，以介我黍稷，穀我士女之意而行之者也。""右傳通知：李莊轉大關、董村、鮑村、小關、谷村、李收、宋村、辛村、常村神村。"故至今村耆尚能隨口傳誦"李董鮑谷常，大小宋辛莊"之名。

小關村西十里，上辛村北偏東亦曾有靈貺廟一所，原存元至元十九年（1282）《韓村靈貺王廟碑》。其文略云⁹：

> 長子縣欽崇鄉韓村館上辛村舊有廟廡，屢罹兵火。是宇掃地無餘，惟存堁垣、舊址、瓦礫而已。有館録起用，率籲衆人，太息而告：粤此村三峻神廟，曷再興構否？如肯締造，非一力可成，非一錢可辦，須恃衆村力爲之。視爾等竭力協謀，何如耳？衆聞言嘉諾，願爲之副。

則館與管通，作爲小關村靈貺廟之小關館，其前身即宋金小關管衆集資修建者。韓村管與小關管同屬欽崇鄉，惜所轄諸村範圍不甚明確。至元八年（1271）《重修文宣王廟碑》題名中[10]，合資重修東賢堂十九村，去除小關管下九村外，尚有北劉、大景、王波南、陶唐、小景、上辛、韓村、周村、馬村、藍水十村，圖上觀之，均處小關管諸村之西，大致團聚於上辛村南北，或即韓村管屬地。

2017 年 12 月 2 日

---

1 拓本及録文参：段建宏《舞樓碑刻與晉東南社會：金代舞樓碑發現的意義》，《中華戲曲》第 48 輯，北京：文化藝術出版社，2014 年，122—124 頁。此據原碑校正録文。

2 徐松《宋會要輯稿》職官四八引《兩朝國史志》，上海：上海古籍出版社，2014 年，4321 頁。楊炎廷以爲《輯稿》此處有脱文,當作"廢〔里〕,鄉分爲管",參下引包偉民文。
3 包偉民《宋代鄉村"管"制再釋》,《中國史研究》2016 年 3 期,103—116 頁。
4 李吉甫《元和郡縣圖志》卷一五《河東道》四,北京:中華書局,1983 年,418 頁。
5 樂史《太平寰宇記》卷四五《河東道》六,北京:中華書局,2007 年,939 頁。
6 王存《元豐九域志》卷四《河東路》,北京:中華書局,1984 年,163 頁。
7 馬暾纂修〔弘治〕《潞州志》卷六《長子縣》閭里志,明弘治刻本,葉一四至一六。
8 楊孟衡《上黨古賽寫卷十四種箋注》,臺北:施合鄭民俗文化基金會,2000 年。
9 豫謙修,楊篤纂〔光緒〕《長子縣志》卷七《金石志》,《中國方志叢書》影印清光緒八年刻本,臺北:成文出版社,1976 年,630 頁。
10 豫謙修,楊篤纂〔光緒〕《長子縣志》卷七《金石志》,《中國方志叢書》影印清光緒八年刻本,臺北:成文出版社,1976 年,616 頁。

倪瓚像

《石渠寶笈續編》著錄寧壽宮藏張雨題《倪瓚像》一幅[1]，今藏臺北故宮博物院[2]。像主倚憑几坐於榻上，左手展卷，右手持筆。榻上另有卷軸一帙、石硯一隻。榻後竪屏風，繪有水墨山水。榻左方案，上置樽、斝、瓶、盒、筆山，案前男侍抄手擁篲而立。榻右女侍右手提瓶，左手舉匜，帨巾搭於臂間。圖左有句曲外史張雨題贊。此畫多定爲元代晚期作品[3]。《石渠寶笈三編》又著錄延春閣藏仇英摹《倪瓚小像》一幅[4]，今藏上海博物館[5]。構圖與前者大體一致，唯置換案上清玩，並去除屏風，代以長樂王賓所撰《倪雲林墓銘》，係嘉靖二十一年（1542）文彭手書。

隆慶二年（1568），文彭又於張鳳翼處得見張雨題贊本，因留跋語云："雲林像，嘗見摹於王氏，上有細楷光庵墓銘。每欲命工摹以爲供，竟爾不果。其庸俗亦可笑也。伯起藏此，忽爾再睹，令人靦顔，他日終當遂此願。倘伯起能拓一幅以見惠，樂當何如？"[6] 板倉聖哲據此提出，仇英本固然依張雨題贊本所摹，但兩者之間應另有含王賓所撰墓銘之中介作品存在[7]。

嘉定孔廟藏有倪瓚墓銘小像合刻一石[8]，上文下圖，正與仇英本形式相類。光緒《嘉定縣志》著錄之："王述祖曰……雲林小像，侍女童奴，茶尊經卷，超然有避世意。上方刻墓誌一首，文亦峻潔不群，小楷古勁……舊藏予從祖如齋壁間，今歸周氏……雲林像，金氏柳雲居故物也。"[9] 王述祖從祖即王輔銘，得石康熙中。金氏柳雲居謂嘉定金兆登，時當萬曆間。或以爲此石底本即板倉所推測之"中介作品"[10]。

臺北故宮博物院藏張雨題贊本倪瓚像

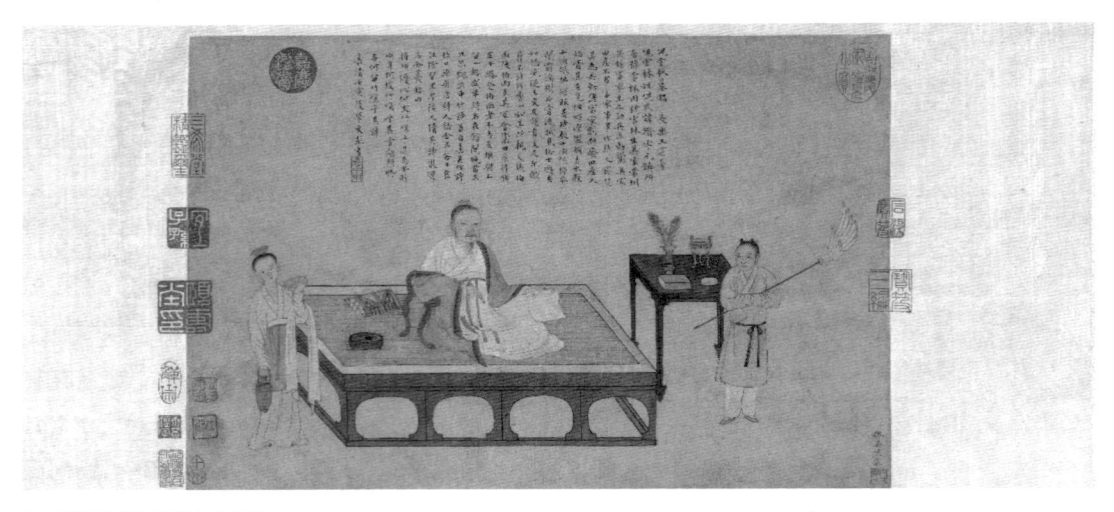

上海博物館藏仇英摹本倪瓚像

就圖像形式而言,石刻本與張雨題贊本及仇英摹本初看相似,實多不同。顯見之處:前者牀榻與屏風等寬,而後者屏風稍闊;前者方案處於榻後屏前,而後者案置側旁。如此,石刻本在視覺方面便矛盾重重。屏與榻之側邊本在一綫,屏脚却居於榻之外側;榻之後緣與屏本相貼合,方案却夾於屏榻之間。雖然,石刻本亦不無可觀之處。女侍裙帶展現雙繫,牀榻表面鋪設茵席,壺門上緣做出尖角(類劉貫道《消夏圖》),案上瓷瓶頸部稍長(近南宋式樣),凡此細部刻劃又顯精細合宜。

倪瓚像存世原本不在少數。弘治元年(1488)朱存理作《雲林子逸事》曰:倪瓚"吴城則與陳惟寅、惟允、周正道、陳升方游。嘗自寫影留正道家。正道爲葬誌,詳其家世與生卒歲月。繼又得王賓作銘……予從正道裔孫漢昭家得觀其遺像,有伯雨贊其上。雲林子古冠服,坐一匡牀,據梧几,時握筆伸紙,搜吟於景象之外。几上設酒尊一、硯山、香鼎各一。牀倚畫屏,籍以錦裀,上置詩卷盈束。一蒼頭持長麈拂立几之側,一女冠左持古銅洗、右攜斟水之器巾帨具焉。予乃摸臨一本,軸而藏之。"[11] 顧元慶《雲林遺事》移録之,並稱:"雲林遺像在人間者甚多,大抵皆形似。"[12] 王士禛《居易録》云:"梁溪門人秦道然言……元鎮之族,今爲邨世,以貨殖資雄里中,士人甚少。其家有元鎮寫真,上有張伯雨、楊廉夫、柯敬仲輩題贊具存。"[13] 清人繆曰藻《敬米齋筆記》云:"倪雲林像,張伯雨書贊於像左,高季迪、楊孟載各咏一詩。雲林方坐牀上,女奴執拂侍立,高梧修竹,環繞其旁,静對移時,如游清閟也。下方有王繹印記。"[14] 楊維楨(廉夫)、柯九思(敬仲)、高啓(季迪)、楊基(孟載)均與倪瓚同時,可知其生前像贊已不止一本。諸本均有張雨題贊居左,圖文並列,是爲橫卷。石刻本既將墓銘置於圖頂,格局乃改橫爲縱。圖中屏風收窄、方案縮進兩處重大改動似乎亦與此相關。則石刻之底本或爲一便於懸覽之立軸?即如傳倪瓚爲顧瑛所作《金粟道人小像》[15]者。而其圖像來源,慮及裙帶、茵席、壺門、瓷瓶等處細節差異,或爲與張雨題贊本時代相近之已佚某本。至於仇英所摹,圖像與張雨題贊本屬於同一系統殆無疑問,圖頂抄録墓銘做法則又源自石刻本系統影響。之所以簡省屏風而讓位

嘉定孔廟藏石刻本倪瓚像

於墓銘，似不欲圖幅過寬以保持固有之橫卷形式也。

2017 年 2 月 5 日

1　王傑等《欽定石渠寶笈續編》卷五五《寧壽宮藏》一二，《續修四庫全書》影印清內府抄本，第 1073 冊，上海：上海古籍出版社，2002 年，134 頁。

2　王耀庭主編《故宮書畫圖錄》第 21 冊，臺北：故宮博物院，2003 年，331—334 頁。

3　約 1330 年代，參：高居翰著，宋偉航等譯《隔江山色：元代繪畫（1279—1368）》，北京：生活・讀書・新知三聯書店，2009 年，116 頁。約 1340 年代，參：方聞著，李維琨譯《心印：中國書畫風格與結構分析研究》，西安：陝西人民美術出版社，2004 年，117 頁。

4　英和等《石渠寶笈三編》卷四五《延春閣藏》二一，《續修四庫全書》影印清嘉慶內府抄本，第 1077 冊，上海：上海古籍出版社，2002 年，602—604 頁。

5　中國古代書畫鑑定組《中國繪畫全集》第 14 卷明 5，杭州：浙江人民美術出版社；北京：文物出版社，2000 年，112—113 頁。

6　王傑等《欽定石渠寶笈續編》卷五五《寧壽宮藏》一二，《續修四庫全書》影印清內府抄本，第 1073 冊，上海：上海古籍出版社，2002 年，135 頁。

7　板倉聖哲《張雨題〈倪瓚像〉與元末江南文人圈》，《區域與網絡：近千年來中國美術史研究國際學術研討會論文集》，臺北：臺灣大學藝術史研究所，2001 年，210 頁。

8　中國文化遺產研究院等《新中國出土墓誌・上海天津》，北京：文物出版社，2009 年，40 頁。

9　程其玨修，楊震福纂〔光緒〕《嘉定縣志》卷二九《金石》，清光緒七年刻本，葉一一。參陶喻之文及其所引程庭鷺《涂松遺獻錄》。清代遞藏情況並見孫星衍《寰宇訪碑錄》卷一二，《石刻史料新編》影印清光緒十年吳縣朱氏刻本，第 1 輯，臺北：新文豐出版公司，1977 年，20082 頁；韓崇《寶鐵齋金石文跋尾》卷下，清光緒四年吳縣潘氏刻《滂喜齋叢書》本，葉二六。

10　陶喻之《上海嘉定〈倪雲林小像墓銘合刻〉索隱》，《鬳雲》第 2 輯，上海：中西書局，2016 年，82—86 頁。

11　朱存理《雲林子逸事》，《樓居雜著》，《景印文淵閣四庫全書》第 1251 冊，臺北：臺灣商務印書館，1986 年，601—602 頁。

12 顧元慶《雲林遺事》，清虞山張氏刻《借月山房匯鈔》本，葉三。

13 王士禎《居易錄》卷九，《景印文淵閣四庫全書》第 869 冊，臺北：臺灣商務印書館，1986 年，408 頁。

14 繆曰藻《敬米齋筆記》，繆幸龍主編《江陰東興繆氏家集》中冊，上海：上海古籍出版社，2014 年，1052 頁。

15 紙本藏美國私家，石刻本藏嘉定孔廟。顧工《顧瑛研究三題》，《中國書畫》2016 年 1 期，7 頁；張建華、陶繼明主編《嘉定碑刻集》中冊，上海：上海古籍出版社，2012 年，1049 頁。

泰和寫真

乾隆《泰和縣志》云："蕭士信，清沂里人，號書隱。生父以德，養母以孝聞。士信姿穎敏，嗜書畫，尤長於寫照。洪武中，抵京師，以其藝行公卿間。朝貴名流迎致旁午，雖百金不吝，信笑而謝之。子于喬、于淵、于京，皆世其業。"[1]據解縉《蕭氏三世字叙》："泰和縣南江滸曰清沂，蕭氏世居之。"以德名復，三男：長曰聞，字士信；仲曰生，字士行；季曰禮，字士倫。士信三男：長曰遷，字于喬；仲曰潛，字于淵；季曰止，字于丘[2]。又據梁潛《蕭母郭氏墓誌銘》："子三人：曰士信、士行、士倫。女二人，適某。孫男四人：于喬、于淵、于丘、于京。曾孫男三人。"[3]則于京爲士信之侄，縣志誤植。

士信父子事跡多見於時人文字。解縉《送寫真蕭士信序》："泰和蕭生士信，十餘年前相見京師，以傳神稱於士大夫間。"[4]梁潛《題蕭于喬行卷》："于喬善寫真，其來京師，所遇無貴賤老少，凡道人、劍客、書生、小子之形狀，所寫輒似。"[5]王直《題蕭于喬南歸序後》："吾邑蕭于喬，以寫真得名，蓋自其父士信已然矣。父子挾藝游公卿間，諸公貴人争致之。凡所摹寫，既得其形似，又與其風神氣韵而盡得之，誠可謂能矣。"[6]

士信有孫名公北，于淵子也，亦嗣祖業。王直《貽安堂詩序》："蕭氏昔居江南市，以寫真得名。久之，生齒日繁，而地不加闢。公北父于淵……乃作室於泉谷而徙居焉，距舊居蓋二里許。""公北挾其藝游京師，名公貴人多命寫真，而皆得其形似，京師畫者莫不讓其能，諸公亦無不愛公北者。"[7]《蕭氏三世小像贊》："吾鄉蕭公北以

語石　481

處州太守李君神道碑拓本

壽榮松軒張公合葬墓表拓本

寫真游京師，持其曾祖、祖、父三世小像求贊，乃爲作歌：吾鄉蕭氏工寫神，此圖此貌皆逼真。阿翁前行顧其子，後有賢孫宛相似。"[8]

蕭氏寫真雖名噪一時，其筆跡却未能寓目。幸而存世明代碑誌或有綫刻墓主像贊者，或可據以想象蕭氏技藝。如正統十三年（1438）《處州太守李君神道碑》，上部中爲李信圭像，兩側有同邑楊士奇及門生吕原贊文。弘治八年（1495）《壽榮松軒張公合葬墓表》，上部中爲張孟遠夫婦像，其側有里姻劉仲儒贊文[9]。另如成化十年（1474）《明故劉處士益齋墓誌銘》，弘治六年（1493）重葬補刻背面，下部爲劉弼紳像，上部爲國史劉戩像贊[10]。三者皆泰和寫真之例也。

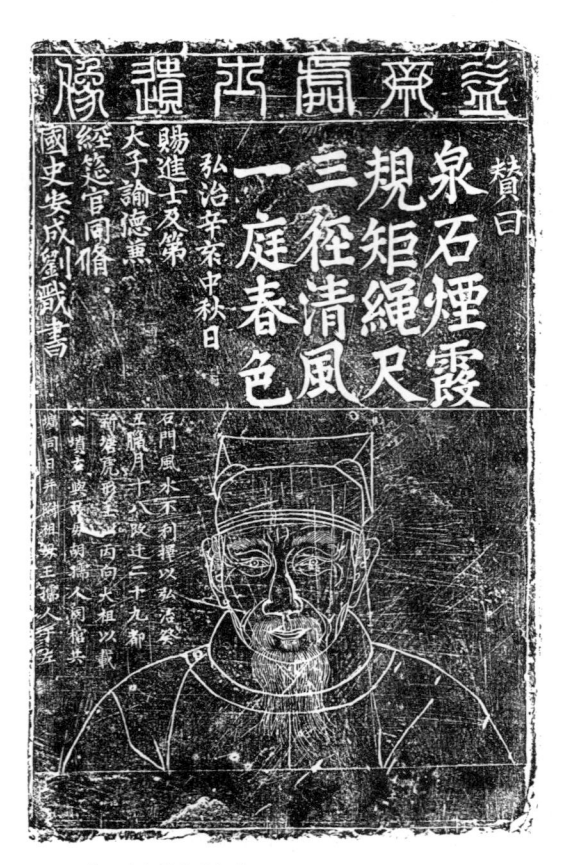

明故劉處士益齋墓誌銘拓本

2017 年 4 月 16 日

---

1 冉棠修，彭元瑞等纂〔乾隆〕《泰和縣志》卷二五《人物志》方術，清乾隆十八年刻本，葉一五。
2 解縉《解學士文集》卷六，《明別集叢刊》影印明嘉靖四十一年刻本，第 1 輯第 27 册，合肥：黄山書社，2013 年，592 頁。

3 梁潛《泊庵集》卷一一,《景印文淵閣四庫全書》第 1237 冊,臺北:臺灣商務印書館,1986 年,378 頁。

4 解縉《解學士文集》卷六,《明別集叢刊》影印明嘉靖四十一年刻本,第 1 輯第 27 冊,合肥:黃山書社,2013 年,578 頁。

5 梁潛《泊庵集》卷一六,《景印文淵閣四庫全書》第 1237 冊,臺北:臺灣商務印書館,1986 年,421 頁。

6 王直《抑庵文後集》卷三六,《景印文淵閣四庫全書》第 1242 冊,臺北:臺灣商務印書館,1986 年,364 頁。

7 王直《抑庵文後集》卷一七,《景印文淵閣四庫全書》第 1241 冊,臺北:臺灣商務印書館,1986 年,744—745 頁。

8 王直《抑庵文後集》卷三七,《景印文淵閣四庫全書》第 1242 冊,臺北:臺灣商務印書館,1986 年,401 頁。

9 蕭用桁《石上春秋:泰和古碑存》,南昌:江西人民出版社,2013 年,55、219 頁。

10 高立人《廬陵古碑錄》,南昌:江西人民出版社,2007 年,137—138 頁。原石藏吉安文信國公祠,此據自藏拓本。

致　謝

　　北京大學鄧小南、齊東方、杭侃、韋正、徐怡濤，中國人民大學魏堅、包偉民、劉後濱、張林虎、邱靖嘉、陳姝婕、李馥瑪，首都師範大學袁泉，山西大學王煒，吉林大學趙俊傑，復旦大學沈岳明、陳曉偉，浙江大學薛龍春，浙江師範大學王巨山，鄭州大學何新所，中興大學游逸飛，中國社會科學院考古研究所徐保善、王子奇，中國社會科學院歷史研究所康鵬，中國國家圖書館全鳳燕，河北省文物研究所黃信，山西省考古研究所王俊、韓炳華、劉巖，上海博物館王建文，南京博物院左駿，南京市考古研究院龔巨平、許志強，浙江省文物考古研究所鄭嘉勵、羅汝鵬，浙江省博物館湯蘇嬰，天一閣博物館章國慶，安徽省文物考古研究所張輝，江西省文物考古研究院張文江、李育遠、饒華松，新余市博物館高增忠，重慶市文化遺產研究院袁東山，四川省文物考古研究院李飛，貴州省博物館李飛，漢城百濟博物館宋東林，蘭溪趙廷璜，嘉興姚湧進，新浪博主樂浪公、草禪書屋。

　　劄記寫作承蒙諸位師友襄助，謹此致謝！

後　記

　　讀書心境有張弛之別，所得亦可分而爲二：或矢志求索反思拷問自覺自律方成學者論著，或漫無目標悠然閑適自娛自樂以爲文人劄記。本書當屬後者。

　　研習歷史考古雖已有年，撰寫劄記初非主動發起。甲申盛夏，承鄧小南師關照，隨北大中古史中心學術考察團有雁北之行，歸來依規須提交作業一篇。考察期間曾於大同華嚴寺得見金張澄石棺銘，因與當時所留心之五音墓地問題相關，遂整理録文並結合文獻及考古材料略作考釋以應。嗣後，爲搜輯南宋臨安城營建史料，始涉獵宋元文獻以爲故常。鵠的之外，屢有零金碎玉意外呈現。一時興之所至，擇其彼此關聯且可與文物考古材料相互發明者草成數劄。初無發表之念，隨即擱置側旁。直至乙未晚秋，方受鄭嘉勵兄激勉，注册微信公衆號"雞冠壺"，每週發布劄記。刊畢舊作，再補新篇，選材一依前例，以"文"、"物"互證爲限。兩年之間，勉力達成百篇，僥倖未曾中輟。

　　公衆號之名"雞冠壺"，貌似取之契丹陶瓷，實則源自日人島田貞彦所著考古隨筆標題。往時查閲遼代墓葬論著，於遼寧省博物館獲見其書，偶生獵奇之心，遂藉以標識網絡身份，迄今已逾一十六載。兹復冠名歷史考古劄記，雖屬無心插柳，却合其名初衷。網文散漫，本無類次，結集略依題材之别，釐爲"讀城"、"説墓"、"談物"、"語石"四編，各據時代早晚，重定先後。原作倉促，續添新知，諸篇内容多有訂補，爲明緣起，仍綴首發日期於篇尾。寫作期間多承師友襄助，或提攜鼓勵，或指引綫索，或惠賜材料，銘感在心。吴長青兄惠允梓行劄記，繆丹女史費心編輯書稿，楊東峰君勞神校對文字，謹致謝忱。

己亥初冬於燕園德齋